Ouvrages de
**Françoise Gauquelin**

*La Psychologie au XXe siècle*
(en collaboration avec M. Gauquelin, Editions Sociales Françaises, 1963)

*Méthode de Lecture Rapide*
Trois volumes
(en collaboration avec F. Richaudeau et M. Gauquelin, C.E.P.L. 1966; édition librairie, 1 volume, RETZ, 1977)

*L'Epanouissement de la personnalité dans la famille et la société modernes*
(Editions Sociales Françaises, 1969)

*Savoir communiquer*
(RETZ, 1970)

*J'apprends à lire à la maison*
(en collaboration avec A. Moerman, RETZ, 1971)

Encyclopédie
*La Psychologie Moderne*
(codirection avec M. Gauquelin, RETZ, 1971)

*Apprendre à apprendre*
(RETZ, 1973)

Ouvrages de
**François Richaudeau :**

*La Lettre et l'Esprit*
(Planète, 1968)

*La Lisibilité*
(RETZ, 1969-1976)

*Le Langage efficace*
(RETZ, 1973)

*L'Ecriture efficace*
(RETZ, 1978)

Encyclopédie
*La Chose imprimée*
(codirection avec John Dreyfus - RETZ, 1977)

*Méthode de Lecture Rapide*
Trois volumes
(en collaboration avec F. et M. Gauquelin, C.E.P.L., 1966; édition librairie, 1 volume, RETZ, 1977)

*Conception et production des manuels scolaires*
(UNESCO, 1979)

*La linguistique pragmatique*
(RETZ, 1981)

# DÉVELOPPER SA MÉMOIRE

## MÉTHODE RICHAUDEAU

par
Françoise Gauquelin

EDITIONS RETZ

2, rue du Roule - 75001 Paris

# Sommaire


| | | |
|---|---|---|
| Chapitre 1 : | **Quiz : Quel est votre type de mémoire?** | **11** |
| | Résultats | 23 |
| | Interprétation | 25 |
| | Votre profil mnémonique | 27 |
| Chapitre 2 : | **Quelques considérations** | **28** |
| | Les six points d'une théorie de la mémoire | 30 |
| | La forme doit être correctement perçue | 30 |
| | Cette forme doit être enregistrée | 30 |
| | Forme mémorisée et circuits mémoriels | 31 |
| | Réseau mémoriel et réseau téléphonique | 31 |
| | L'infinité des circuits mémoriels | 34 |
| | L'efficacité des nœuds et circuits mémoriels | 36 |
| | Ils ont écrit à propos de la mémoire | 37 |
| | Les six principes à la base d'une pédagogie de la mémoire | 40 |
| | Se préparer à un état de réceptivité maximale | 40 |
| | Bien mémoriser une information | |
| | Formes propices à une bonne information | 41 |
| | Organiser son processus de rappel | 42 |
| | Affecter un sens à l'information et l'insérer dans un contexte | 43 |
| | Associer l'information à une forme visuelle et la placer dans un contexte affectif | 47 |
| | Multiplier les associations mentales | 49 |

Chapitre 3 : **1er cours : Etre en forme pour bien retenir** **52**

L'inconvénient des excitants 53
Le rôle de la respiration 54
Le rôle de l'alimentation 56
Le rôle de la relaxation 57
Comment se relaxer 58
Le training autogène de Schultz 60
Le cycle inférieur 61
La sensation de pesanteur 61
La sensation de chaleur 63
Le contrôle du cœur 64
Le contrôle de la respiration 65
La sensation de chaleur dans l'abdomen 66
La sensation de fraîcheur sur le front 66
Le fond musical 67
Utilité de la relaxation 68
Le stress bloque les souvenirs 69

Chapitre 4 : **2e cours : La répétition** **72**

La répétition n'est plus en faveur 74
Apprendre peu à la fois 78
Utiliser l'information mémorisée 78
Le « surapprentissage » 79
L'attitude active 81
Se fixer des buts précis 82
Le feedback 82
S'adapter au matériel 84
L'empan de mémoire 86
Avec de l'exercice l'empan s'élargit 87
Testez votre empan de mémoire 88
Exercez-vous à la mémorisation par répétition 92
— pour une mémorisation efficace 94
— pour stimuler votre apprentissage 96

Chapitre 5 : **3e cours : Bien percevoir pour bien retenir** **98**

Les circuits complexes de la perception 98
Le schéma simplifié du mécanisme de la perception 100
Les images mentales 104
La pyramide des signes et super-signes du langage 105

La perception visuelle 106
Formez-vous de bonnes images visuelles? 111
Exercice 112
Le développement du raisonnement affaiblit la propension à visualiser 113
La méthode des loci 113
Efficacité de la localisation en des lieux connus 120
Apprendre à visualiser 122
Le support mnémonique 123
Les associations 125
Le passage à l'acte 126
Faire des associations visuelles 127
Exercice 129

Chapitre 6 : **4e cours : Les enchaînements structurés** **133**

La classification en arbre 134
Variété des possibilités d'enregistrement 135
Adaptation spontanée de la mémoire 135
L'interférence 136
La mémoire retravaille le matériel 137
Les détails appréciés ou rejetés 139
Mettre de l'ordre dans le désordre 140
Les systèmes raisonnés 141
Comme dans une bibliothèque 142
L'organisation au moment du rappel 144
Exercice 144
Organiser l'enregistrement des données 146
Exercice 146
La structure n'a pas besoin d'être logique 148
Le rythme 149
Les rimes 150
Les allitérations 151
Les acrostiches 152
Les phrases humoristiques de rappel 153
Exercice 155
Les phrases les mieux retenues 156
Les résultats surprenants de F. Richaudeau 157
Extraire les idées principales d'un texte 158
Exercice 159
Mémoire et niveau culturel 160
Résumé des idées principales 163
Plan d'accès hiérarchique de stockage 165
Exercice 165

| Chapitre 7 : | **5e cours : Affectivité et mémoire** | **168** |
|---|---|---|
| | Le besoin vital immédiat | 168 |
| | Les conseils traditionnels | 169 |
| | Les conseils qui stimulent | 174 |
| | L'éveil de l'intérêt | 174 |
| | Les illusions d'optique | 176 |
| | Situation et rôle de l'hippocampe | 178 |
| | Les neurones de la nouveauté | 180 |
| | Apprendre à être attentif aux nouveautés | 181 |
| | Eviter les distractions | 182 |
| | Un environnement neutre | 183 |
| | Du temps pour se concentrer | 183 |
| | La promesse d'une détente possible | 184 |
| | L'intérêt | 184 |
| | Eveiller la curiosité | 185 |
| | Exercice 1 | 186 |
| | Exercice 2 | 188 |
| | Exercice 3 | 190 |
| | Essayer de résoudre soi-même les questions posées | 192 |
| | Chercher dans les documents à mémoriser la réponse | 192 |
| | Compléter par des documents supplémentaires | 193 |
| | Trous de mémoire affectifs | 194 |
| | L'excitation excessive | 195 |
| | L'excitation insuffisante | 196 |
| Chapitre 8 : | **6e cours : Inconscient et mémoire** | **197** |
| | Sommeil et mémoire | 197 |
| | Un état de forte concentration mentale | 198 |
| | L'hypnopédie | 200 |
| | La relaxopédie | 201 |
| | La sophropédie | 202 |
| | La suggestopédie | 203 |
| | La suggestologie | 208 |
| | La lutte contre l'oubli | 214 |
| | Mais l'oubli est nécessaire | 214 |
| | Utiliser la mnémotechnie | 217 |
| | Au stade du rappel : éviter les interférences | 218 |
| | Lutte contre l'interférence proactive | 220 |
| | Lutte contre l'interférence rétroactive | 221 |
| | La réminiscence | 222 |
| | Apprendre à faire confiance à votre mémoire | 226 |
| | Exercice | 228 |
| | Mémoire jeune et mémoire moins jeune | 229 |

| Chapitre 9 : | 7e cours : Principe de la mnémotechnie | | 231 |
|---|---|---|---|
| | Renforcer la perception mentale | 231 | |
| | Apprendre à associer des perceptions visuelles | 235 | |
| | Différentes techniques | 238 | |
| | Se raconter une histoire | 238 | |
| | 2. S'établir une « chaîne » | 240 | |
| | 3. Se faire un itinéraire | 246 | |
| | 4. L'élaboration progressive | 254 | |
| | 5. Se donner des repères | 258 | |

| Chapitre 10 : | 8e cours : Comment retenir des mots | | 264 |
|---|---|---|---|
| | Le groupe non entraîné | 265 | |
| | Le groupe entraîné | 267 | |
| | Listes d'activités diverses | 270 | |
| | Exercice | 271 | |
| | Les noms propres | 275 | |
| | Noms longs et difficiles | 279 | |
| | Exercice | 282 | |
| | Résultats | 284 | |
| | Noms à consonance étrangère | 285 | |
| | Des règles pour enrichir votre mémoire des mots | 286 | |
| | Exercices | 287 | |
| | Les mots abstraits | 289 | |
| | Exercice | 292 | |
| | Associations multiples | 295 | |
| | Comment lutter contre la distraction | 296 | |

| Chapitre 11 : | 9e cours : L'orthographe des mots | | 297 |
|---|---|---|---|
| | L'étymologie | 298 | |
| | Quelques particularités | 301 | |
| | Les exceptions | 302 | |
| | Les pièges du bilinguisme | 302 | |
| | Mémoires visuelle, auditive, motrice et sensorielle | 303 | |
| | Exercice | 305 | |
| | Faites appel aux méthodes mnémotechniques | 306 | |
| | Comment retenir les mots abstraits | 308 | |
| | Exercices | 310 | |
| | Exemple d'un mot difficile | 311 | |
| | Exemple d'une règle difficile à mémoriser | 313 | |
| | Votre répertoire personnel | 316 | |

| | | |
|---|---|---|
| | La méthode des « chefs de file » | 317 |
| | Pour améliorer votre orthographe | 318 |
| Chapitre 12 : | **10e cours : Les mots d'une langue étrangère** | **319** |
| | Mémorisation d'une liste de mots | 320 |
| | Vocabulaire anglais | 322 |
| | Test | 327 |
| | Le budget d'apprentissage | 328 |
| | Système cumulatif de révision | 329 |
| | Les méthodes globales | 330 |
| | La méthode silencieuse de Caleb Gattegno | 332 |
| | Comment appliquer les techniques nouvelles | 334 |
| | Méthodes d'approfondissement | 336 |
| | La musique rétablit l'harmonie entre les deux hémisphères cérébraux | 341 |
| Chapitre 13 : | **11e cours : Nombres et formules** | **346** |
| | Les repères phonétiques | 347 |
| | Comment s'en servir | 349 |
| | Exercice | 351 |
| | Tableau de mots clés | 352 |
| | Utilisation des repères phonétiques | 353 |
| | Exercice | 356 |
| | Repères phonétiques en initiales | 358 |
| | Exercice | 359 |
| | Les numéros de téléphone | 360 |
| | Exercice | 361 |
| | Retenir nombres et formules en sciences | 365 |
| | Il faut varier les tactiques | 372 |
| | Il faut chercher la structure logique | 372 |
| | Quand structure et mnémotechnie vont de pair | 373 |
| | Les formules | 375 |
| | Exercice | 379 |
| | Applications | 379 |
| Chapitre 14 : | **12e cours : Retenir une conférence, un texte...** | **384** |
| | Le titre | 384 |
| | Les titres faciles | 385 |
| | Les titres plus difficiles | 387 |

| | | |
|---|---|---|
| | Exercice | 389 |
| | Les titres trop difficiles | 389 |
| | Le nom de l'auteur | 391 |
| | Le contenu du texte | 391 |
| | La lecture | 391 |
| | Mémoire et lecture | 393 |
| | Suivre des cours ou des conférences | 396 |
| | Inconvénient du magnétophone | 397 |
| | Restructurer les informations | 397 |
| | Révision finale | 398 |
| | Situer les idées mémorisées | 399 |
| | Si vous êtes le conférencier | 400 |
| | Le mot-à-mot d'un texte | 403 |
| | Le système des relais | 403 |
| | Exercice | 406 |
| | Le système des indicatifs | 408 |
| | Pour bien retenir l'essentiel d'un texte | 409 |
| | Conclusion | 410 |
| Chapitre 15 : | **Annexe : Recherches modernes sur la mémoire** | **412** |
| | Les registres sensoriels | 415 |
| | La mémoire à court terme | 417 |
| | L'évocation des souvenirs | 419 |
| | Qu'est-ce qu'un hologramme? | 420 |
| | La biochimie de la mémoire | 422 |
| | Nos deux hémisphères cérébraux | 427 |
| Chapitre 16 : | **Annexe : Les mémorisateurs prodiges** | **430** |
| | Petite histoire des mémoires extraordinaires | 430 |
| | ... de l'Antiquité... | 430 |
| | ... à la Renaissance | 431 |
| | La mémoire des langues | 434 |
| | Les jeux radiophoniques | 437 |
| | Les cas étranges | 438 |
| | L'hypermnésie | 440 |
| | La synesthésie | 442 |
| | La mémorisation eidétique | 443 |
| **Index** | | **444** |
| **Bibliographie** | | **446** |

CHAPITRE 1

# quiz quel est votre type de mémoire?

*Prenons garde qu'il est tout à fait inexact, comme on le fait couramment, de parler au singulier de sa « bonne » ou de sa « mauvaise » mémoire. Ce terme très général de « mémoire » recouvre un ensemble d'aptitudes dont on peut affirmer qu'elles ne sont jamais toutes bonnes ou toutes mauvaises, sauf déficience mentale caractérisée.*

*Nous n'avons pas une « mémoire » comme nous avons un nez ou une bouche. Ce terme recouvre les efforts de réminiscence variés dont notre cerveau est capable. Mais la variété même de ces performances entraîne leur difficulté. Il y a parfois des failles, des bavures dans l'évocation des souvenirs enregistrés. Devons-nous alors accuser le sort ou une fatalité génétique qui handicaperait notre mémoire ?*

*Le psychologue soviétique Luria a étudié une série de paires de jumeaux vrais, possédant une même hérédité, ce qui permet de discerner la part génétique et la part des acquisitions au cours de la vie, dans les tâches de mémorisation. Luria a constaté qu'à l'âge préscolaire les tâches de mémorisation donnaient des résultats très semblables chez ces jumeaux : les capacités innées prédominent donc dans la petite enfance. Mais à partir de l'âge scolaire, les performances des jumeaux se différencient. Et, à l'âge adulte, elles ne sont plus guère comparables. Ainsi, nous dit Luria, le facteur génétique perd de l'importance, laissant la place, au cours du développement de l'individu, au rôle prédominant des intérêts, qui incitent à développer tel aspect de la mémoire au détriment de tel autre*[1]*. La mémoire n'a ainsi rien de fatal. Elle peut être développée dans le sens que nous désirons.*

1. Michael et Sheila Cole : « Interview d'Alexander Romanovich Luria », in *Psychologie*, n° 17, p. 42.

*C'est pourquoi, avant de vous exposer, dans les cours qui vont suivre, les méthodes et techniques qui permettent de développer différents aspects de la mémoire, nous vous proposons tout d'abord de faire le « check-up » de votre mémoire : où en êtes-vous aujourd'hui ? Quels sont vos points forts et vos points faibles ? C'est en les examinant avec objectivité que vous serez en mesure, ensuite, d'organiser au mieux de vos intérêts l'entraînement qui vous permettra de surmonter vos faiblesses et d'épanouir vos qualités dans certains domaines de votre mémoire.*

*Le test d'aptitudes que nous vous proposons comporte, dans une première partie, une série de questions sur vos expériences passées en matière de mémorisation. Une seconde partie vous permet d'explorer divers secteurs de votre aptitude naturelle à mémoriser. Un tableau de correction des résultats guidera ensuite l'évaluation de votre type de mémoire et vous permettra d'établir votre profil mnémonique actuel. C'est en examinant ce profil que vous pourrez décider quels sont les domaines où vous devez tenter d'améliorer vos capacités actuelles.*

*Répondez à chacune des questions posées dans la première partie en cochant l'une des réponses (a, b, c...) proposées au choix. Dans la seconde partie, il sera bon que vous vous munissiez d'un chronomètre (ou, à défaut, d'une montre-bracelet) pour respecter les temps de mémorisation impartis, avant d'établir la liste de vos réponses à chaque question.*

---

**1 Que faites-vous pour ne pas oublier une obligation qui risquerait de vous échapper ?**

☐ a) Un nœud à mon mouchoir.

☐ b) Je la note sur une feuille volante destinée à être placée bien en vue ou à portée de ma main comme un rappel constant.

☐ c) Je la note sur mon agenda.

☐ d) Rien : je n'oublie jamais rien.

---

**2 Votre agenda est-il régulièrement tenu à jour ?**

☐ a) Oui.
☐ b) Assez régulièrement ; par moments j'oublie tout de même d'y noter ce que je devrais.
☐ c) J'utilise rarement un agenda ; c'est trop ennuyeux.

---

**3 Actuellement vous semble-t-il plus facile de mémoriser ?**

☐ a) des chiffres,
☐ b) des renseignements sous forme de graphiques ou schémas,
☐ c) des vers rythmés ou mélodies,
☐ d) aucun de ces trois domaines ne vous est facile.

---

**4 En classe, préfériez-vous être interrogé ?**

☐ a) en algèbre,
☐ b) en géométrie,
☐ c) en langues vivantes,
☐ d) en langues mortes.

---

**5. Pour apprendre par cœur, était-il pour vous plus efficace de :**

☐ a) réécrire vous-même les données à mémoriser,
☐ b) répéter plutôt à mi-voix ces données,
☐ c) autre technique adoptée.

---

**6. Résumez en une phrase sur la ligne suivante le premier souvenir d'enfance qui vous est resté :**

____________________________________________

____________________________________________

---

**A présent, classez-le dans une des catégories suivantes :**

☐ a) perception sensorielle indifférenciée,
☐ b) impression visuelle avant tout,
☐ c) impression auditive avant tout,
☐ d) problème affectif,
☐ e) problème de raisonnement.

**7 Si un ami voulait vous offrir pour votre anniversaire un abonnement à une revue, choisiriez-vous qu'elle traite de préférence de :**

☐ a) littérature,
☐ b) poésie,
☐ c) musique,
☐ d) peinture,
☐ e) arts graphiques,
☐ f) histoire,
☐ g) politique,
☐ h) bricolage,
☐ i) jardinage,
☐ j) cuisine.

---

**8 Vous souvenez-vous d'avoir rêvé**

☐ a) souvent
☐ b) parfois
☐ c) très rarement.

---

**9 Vous rappelez-vous avoir fait des rêves où la couleur imposait ses tonalités ?**

☐ a) Rarement : la couleur ne joue en général pas un rôle dans mes rêves.
☐ b) Jamais.
☐ c) Oui, souvent.

---

**10 Des sons imaginaires interviennent-ils souvent dans vos rêves ?**

☐ a) Oui, les sons que je rêve peuvent même devenir si intenses que parfois ils me réveillent.
☐ b) Le matin, il m'arrive parfois de rêver que le réveil sonne, avant qu'il ne sonne en réalité. A part cela, je ne me rappelle pas avoir rêvé de sons imaginaires.
☐ c) Je n'en sais rien.

---

**11 Des mets que vous goûtez évoquent-ils parfois nettement pour vous des couleurs ou des sons ?**

☐ a) Non, jamais. Leur goût me suffit.
☐ b) Oui : une couleur peut s'associer pour moi à un goût.
☐ c) Oui : un son peut s'associer pour moi à un goût.

**12 Une odeur agréable peut-elle s'associer pour vous à une couleur ou à un son ?**

☐ a) A une couleur, oui : je vois une rose quand je sens l'odeur d'une rose ; je vois un jambon quand je sens l'odeur du jambon.

☐ b) De façon très indistincte : oui, de telles associations se produisent chez moi sans raison apparente.

☐ c) Il m'arrive souvent très nettement d'associer des perceptions d'origine différente, je ne sais pourquoi, mais c'est un jeu qui me plaît.

☐ d) Non, jamais.

**13 Avez-vous fait parfois l'expérience décrite par Proust sur la madeleine trempée dans une tasse de thé : une sensation caractéristique a-t-elle réveillé en vous une succession de souvenirs que vous croyiez effacés ?**

☐ a) Oui, cela m'est arrivé plusieurs fois.

☐ b) Il me semble que oui, mais je n'en suis pas certain.

☐ c) Non, cela ne m'est jamais arrivé.

**14 Dans vos lectures quotidiennes, qu'estimez-vous plus facile à enregistrer ?**

☐ a) Les idées générales traitées.

☐ b) Plutôt les données chiffrées expérimentales.

☐ c) Je n'enregistre en général rien du tout, car je lis pour m'amuser seulement.

**15 Vous est-il arrivé, devant des lettres isolées, ou une poésie, ou une liste de mots qui se suivent sans ordre, de faire l'expérience décrite par Rimbaud dans son poème sur les voyelles : avez-vous vu les lettres ou les mots parés de couleurs spécifiques ?**

☐ a) Oui, très souvent.

☐ b) Je ne sais pas.

☐ c) Non, certainement jamais.

**16 Quand vous lisez un livre d'histoire, avez-vous l'impression de retenir plus facilement :**

☐ a) les dates plutôt que les noms propres,
☐ b) les noms propres plutôt que les dates,
☐ c) ni les dates, ni les noms, mais uniquement la succession des événements relatés.

**17 Quand vous reprenez une lecture interrompue la veille, vous est-il facile de vous rappeler le chiffre de la page à laquelle vous en êtes resté ?**

☐ a) Non, cela ne m'arrive jamais ; je préfère mettre une marque à la page où je suis arrivé.
☐ b) Je ne me souviens pas de la page exacte, mais seulement de l'endroit approximatif d'après les idées que je retrouve en feuilletant.
☐ c) Oui, je me rappelle sans peine la page exacte si j'y ai prêté garde.

**18 Lorsqu'un objet vous intéresse, vous rappelez-vous son prix ?**

☐ a) Oui, sans difficulté.
☐ b) Non, sauf si je désire beaucoup l'objet.
☐ c) Je souhaite me rappeler le prix des choses, mais je ne peux jamais y parvenir : je les oublie à peine les ai-je lus.

**19 Connaissez-vous le montant actuel de votre compte en banque (ou de vos économies en argent liquide, si vous n'avez pas encore de compte en banque) ?**

☐ a) Il doit se situer aux environs de... mais je ne connais pas son montant exact.
☐ b) Oui, très exactement : il est égal à...
☐ c) Je ne peux dire de mémoire où il en est ; je n'ai qu'à consulter le dernier relevé pour le connaître.

**20 Pendant <u>trois minutes au maximum</u>, notez tous les numéros utiles que vous savez par cœur** (Exemple : votre numéro de téléphone, celui de vos amis et connaissances, votre numéro de Sécurité sociale, de carte d'identité ou de compte bancaire) :

A la fin des trois minutes, faites votre total.

Nombre de numéros notés : ...............

**21 Pendant trois minutes au maximum, notez le plus possible de dates apprises en histoire, en signalant à quel événement elles se rapportent** (exemple : an 0, naissance de J.-C.) :

A la fin des trois minutes, faites votre total.

Nombre de dates notées : ...............

**22 Pendant trois minutes au maximum notez les dates de naissance complètes (jour, mois, année) que vous savez par cœur.** (Exemple : votre date de naissance, celle des membres de votre famille, de vos amis et relations, d'hommes ou de femmes célèbres qui vous intéressent) :

A la fin des trois minutes, faites votre total.

Nombre de dates de naissance complètes : ...............

**23 Pendant cinq minutes au maximum, énumérez les poésies dont vous savez par cœur une strophe au moins, en les identifiant par quelques mots du début.** (Exemple : Maître Corbeau sur un arbre perché) :

A la fin des cinq minutes, faites votre total.

Nombre de poésies identifiées : ..............

---

**24 Pendant cinq minutes au maximum, notez de même quelques mots du début des chansons dont vous savez un couplet au moins.** (Exemple : Allons Enfants de la Patrie) :

---

---

---

A la fin des cinq minutes, faites votre total.

Nombre de chansons identifiées : ..............

---

**25 Pendant cinq minutes au maximum, cherchez les noms et les prénoms de camarades de classe dont vous vous souvenez, en précisant si possible également quelle classe ils suivaient avec vous** (exemple : 11° Philippe Souchet, Anne-Marie..., 6° Gendrot, Pascal Cossonet, Claudia...) :

---

---

---

A la fin des cinq minutes, faites votre total : 2 points pour chaque nom et prénom associés, 1 point pour chaque nom ou prénom isolé. Dans l'exemple ci-dessus, on aurait un total de 7 points.

Nombre de noms et prénoms identifiés : ..............

---

**26 Pendant une minute au maximum, regardez avec attention les petits dessins géométriques suivants. Puis couvrez-les avec votre main gauche et reproduisez, dans l'espace blanc placé au-dessous, tous les dessins dont vous vous souviendrez. L'ordre de reproduction importe peu. Ce qui compte, c'est la fidélité des dessins.**

**Corrigé :** Comptez 1 point pour chaque reproduction exacte, 1/2 point pour une reproduction déformée.

Votre total : ..................

---

**27 Pendant <u>une minute au maximum</u>, étudiez les mots en désordre indiqués ci-dessous. Ensuite, couvrez-les avec votre main gauche et notez, dans l'espace blanc qui les suit, tous les mots dont vous vous souviendrez, dans l'ordre où vous les retrouverez.**

RAPIDE ROUTE ETRANGE
TOILETTE casserole ARBRE
TRAPU BOULE
ARRIVÉE ruisseau SALON Herbe
SIFFLET
MEETING Course
AUTOMATIQUE
Soleil COMPLET SATELLITE
FAMEUX

**Corrigé :** Comptez 1 point pour chaque mot exact. 1/2 point pour un mot déformé. Votre total : ..................

**28 Pendant <u>une minute au maximum</u>, regardez l'image suivante Puis masquez-la, et notez dans l'espace blanc ci-contre les éléments de l'image dans l'ordre où ils vous reviennent.**

2. Extrait de *Psychologie*, n° 86, p. 31.

Nombre d'éléments de l'image notés : ..............

**29 Lisez une fois pour vous-même, lentement et à haute voix, la phrase suivante. Ensuite, vous la dissimulerez et noterez dans l'espace réservé à cet effet ce que vous aurez retenu. Vous procéderez de même pour les deux phrases qui suivent la première [3].**

*Première phrase à lire, puis à reproduire de mémoire :*
« J'en ai vu l'exemple en une grand-mère fort instruite qui n'arriva jamais à enseigner à sa petite fille le calcul et l'orthographe. »

Masquez la phrase et reproduisez-la ici :

---

---

*Deuxième phrase :*
« Au temps des concours de récitation, celui qui n'était pas sûr de sa mémoire trichait un peu, non pas pour conquérir une bonne place, mais pour éviter une punition. »

3. Extraites de l'ouvrage d'Alain : *Propos sur l'éducation* (Paris, P.U.F., 1932). Pour l'analyse de 47 sujets ayant mémorisé ces phrases consulter *le Langage efficace*, par François Richaudeau (Paris, Retz-C.E.P.L., 1973), p. 57-82.

Masquez la phrase et reproduisez-la ici :

________________________________________

________________________________________

________________________________________

*Troisième phrase :*
« Les jeunes musiciens ressemblent assez aux physiciens de la dernière minute qui nous lancent des paradoxes sur les temps et les vitesses. »

Masquez la phrase et reproduisez-la ici :

________________________________________

________________________________________

________________________________________

**A présent, corrigez vos réponses en cherchant les inexactitudes qu'elles contiennent :**
1. Soulignez d'un trait les expressions ou les mots reproduisant l'idée, mais pas le mot à mot textuel. Exemple : *« qui ne parvenait pas »* à la place de « qui n'arriva jamais ».
2. Mettez un O lorsqu'un mot manque complètement. Exemple : « à sa petite-fille O l'orthographe » au lieu de « à sa petite-fille le calcul et l'orthographe ».

29/1. Nombre de soulignés pour l'ensemble des trois phrases : ........................

29/2. Nombre d'omissions pour l'ensemble des trois phrases : ........................

**30 Pendant une minute au maximum, regardez avec attention le graphique ci-dessous, en observant toutes ses composantes. Ensuite masquez-le, et essayez de le reproduire avec le plus de détails possible, tout en respectant aussi ses proportions.**

A présent, comparez votre dessin au modèle. Notez un point par élément reproduit à peu près, deux points par élément tout à fait exact.

Votre total : ..................

## ETUDE DE VOS RESULTATS AU QUESTIONNAIRE

Dans le tableau suivant, encerclez votre réponse à chaque question posée. Si, une fois ou deux, vous avez choisi une lettre qui n'est pas mentionnée dans le tableau, ne vous inquiétez pas : il s'agit de réponses normales, fréquemment données, mais qui ne sont pas significatives dans le cadre de ce test. Passez tout simplement à la ligne suivante. Puis, lorsque le tableau est rempli, faites le total par colonne de vos réponses.

| TYPE | I | II | III | IV | V | VI | VII |
|---|---|---|---|---|---|---|---|
| Question | | | | | | | |
| 1 | | | | c | | b | a |
| 2 | | | | a | | | c |
| 3 | | c | b | | a | | |
| 4 | | c | b | d | a | | |
| 5 | | b | a | | | | |
| 6 | a | c | b | e | | | d |
| 7 | | e,f | g,h | b,c | | i,j,k | a,d |
| 8 | | | | | | c | a |
| 9 | | | c | | b | a | |
| 10 | | a | c | | | b | |
| 11 | b,c | | | | | a | |
| 12 | c | | | | | a | b |
| 13 | a | | | | | c | b |
| 14 | | | | a | b | | c |
| 15 | | | a | | | c | b |
| 16 | | b | | c | a | | |
| 17 | | | | b | c | | |
| 18 | | | | | a | b | c |
| 19 | | | | | b | | c |
| 20 | | | | | 10 et plus | 5 à 9 | 4 et moins |
| 21-22 | | | | | 10 et plus | 5 à 9 | 4 et moins |
| 23 | | 4 et plus | 3 et moins | | | | |
| 24 | | 4 et plus | 3 et moins | | | | |
| 25 | | 7 à 14 | | 6 et moins | | | 15 et plus |
| 26 | | | 7 et plus | | | 9 à 14 | 4 et moins |
| 27 | | | 15 et plus | 8 et moins | | 5 et 6 | |
| 28 | | | 10 et plus | 5 à 9 | | | 4 et moins |
| 29/1 | | | | 5 et plus | | | |
| 29/2 | | 0 à 5 | | | | | |
| 30 | | | 15 et plus | | | 5 à 14 | 4 et moins |
| Totaux | | | | | | | |

## INTERPRETATION

*Les trois premières colonnes* du tableau étudient quel mode sensoriel est le plus favorable chez vous aux acquisitions mnémoniques.

**La colonne I** correspond à des *acquisitions synesthésiques* [4], c'est-à-dire où tous vos sens participent, sans qu'aucun ne soit privilégié. C'est un mode d'aperception fondamental mais primitif, celui que le nouveau-né utilise dès sa naissance, tant qu'aucun de ses sens n'a acquis une autonomie suffisante pour agir indépendamment des autres. Il est encore opérant chez vous si vous avez encerclé *trois éléments ou plus* dans la colonne I.

**La colonne II** correspond à des acquisitions par le *sens auditif* avant tout. C'est un mode d'acquisition généralement plus développé dans l'enfance qu'à l'âge adulte. On s'en aperçoit par exemple dans la prononciation d'une langue étrangère, bien plus fidèle quand elle est apprise tôt. Cependant, pour ceux qui « ont de l'oreille », la mémorisation auditive peut rester longtemps importante. C'est votre cas, si vous avez encerclé *quatre éléments ou plus* dans la colonne II.

**La colonne III** correspond à des acquisitions par le *sens visuel* avant tout. C'est la technique de mémorisation la plus classique chez l'adulte. Elle est particulièrement développée chez les mémorisateurs prodiges (comme Veniamine, étudié par le psychologue Luria à l'université de Moscou). C'est aussi votre technique privilégiée de mémorisation si vous avez encerclé *cinq éléments ou plus* dans la colonne III.

Les *deux colonnes suivantes* révèlent si votre rétention mnémonique privilégie, selon l'expression de Pascal, « l'esprit de géométrie » ou « l'esprit de finesse » ?

**La colonne IV** correspond à une mémoire qui retient surtout les *idées générales*. Ceux qui possèdent cet esprit de synthèse se plaignent parfois de ne pas retenir les détails aussi facilement qu'ils le souhaiteraient. En revanche, ils discernent d'emblée la

4. Sur la synesthésie, lire l'article de Laurence E. Mark : « Quand nos sens se confondent », in *Psychologie*, n° 72.

structure de base de ce qu'ils ont à mémoriser ; cela permet à leur cerveau d'emmagasiner les grandes lignes et de négliger les détails. Vous avez cette forme de mémoire si vous avez encerclé *cinq éléments ou plus* dans la colonne IV.

Vous pouvez aussi, à titre de contrôle, examiner de nouveau les questions 25 à 29. Avez-vous compté comme exactes des réponses qui n'étaient qu'approximatives ? Ce serait normal si vous avez une forte tendance à la synthèse. Un examen plus minutieux vous permettra de le déceler (exemple : « costume » mis pour « complet » à la question 28). Vous pourrez mettre un demi-point à ces réponses, ainsi que le corrigé le prévoyait, si vous voulez.

**La colonne V** correspond à la mémoire qui retient le plus facilement les *chiffres*. Ce don, inné, est très utile dans les professions commerciales, scientifiques, techniques. Vous avez ce don si vous avez encerclé *quatre éléments ou plus* dans la colonne V.

Enfin, les *deux dernières colonnes* révèlent si votre type de mémoire est plutôt tourné vers les réalités matérielles ou non.

**La colonne VI** correspond à une capacité plus grande de retenir les *faits concrets* que les données abstraites, immatérielles. Cette capacité paraît liée à un intérêt porté plus vers les problèmes pratiques que vers les théories. C'est votre orientation habituelle si vous avez encerclé *six éléments ou plus* dans la colonne VI.

**La colonne VII** correspond le plus souvent à une *pensée intuitive*. Les détails pratiques ne passionnent guère ceux qui préfèrent ce type de mémorisation. On le rencontre fréquemment chez les poètes, gens de lettres et artistes, et beaucoup moins chez les scientifiques. C'est aussi votre façon de mémoriser si vous avez encerclé *six éléments ou plus* dans la colonne VII.
La question 30 : le corrigé vous demandait de compter la quantité d'éléments de l'image modèle que vous aviez fidèlement reproduits ; mais il ne tenait pas compte de l'impression d'ensemble qui se dégage de votre reproduction. Estimez-vous que cette impression d'ensemble est meilleure que la somme des détails additionnés ? Ce serait conforme au type de mémorisation intuitive.

## VOTRE PROFIL MNEMONIQUE

Vous pouvez résumer dans le tableau suivant, selon les trois axes étudiés, vos modes de mémorisation privilégiés. Pour cela, encerclez à chaque ligne le chiffre romain pour lequel le nombre de vos réponses dépasse la moyenne indiquée dans l'interprétation des résultats. Par exemple, vous tracez un cercle autour de I si vous avez donné trois réponses positives ou plus dans la colonne I.

| Les trois axes étudiés | Encerclez votre réponse la meilleure à chaque ligne | | |
|---|---|---|---|
| Mode sensoriel d'acquisition privilégié | I synesthésique | II auditif | III visuel |
| Mode de rétention | IV mémoire des idées | | V mémoire des chiffres |
| Orientation mnémonique vers | VI les faits concrets | | VII l'imagination intuitive |

En remplissant ce tableau, vous dessinez le profil psychologique de votre mémoire. Peut-être ce profil vous surprendra-t-il. Peut-être surestimiez-vous ou sous-estimiez-vous votre mémoire dans certains domaines. Rappelez-vous que la cotation de vos réponses est fondée sur les résultats de nombreux autres sujets à ce test : il vous permet de vous situer par rapport à ces sujets, au lieu de vous juger en fonction de votre désir de réussir dans certains domaines uniquement. L'étude de votre profil mnémonique devrait vous inciter à chercher de nouvelles tactiques pour tirer le meilleur parti possible de vos domaines forts et vous donner envie de rééduquer vos secteurs faibles grâce aux Cours de la présente méthode.

N'hésitez pas, d'ailleurs, si vous voulez aller vite en besogne à sélectionner dans le sommaire, parmi les différents domaines traités, ceux qui vous paraissent actuellement les plus urgents à améliorer, pour les étudier en priorité.

Mais ces premières acquisitions rapidement obtenues ne doivent pas vous faire oublier que, pour approfondir vos capacités mnémoniques de façon plus durable, il est indispensable de lire attentivement la succession des douze Cours tels que cet ouvrage les présente et de pratiquer les exercices conseillés en leur consacrant le temps nécessaire à toute acquisition sérieuse.

CHAPITRE 2

# quelques considérations théoriques

Nous sommes tous pourvus d'une très bonne mémoire.
Mais le plus souvent, nous ne savons pas utiliser ses ressources ; et en déduisons par voie de conséquence — et un peu légèrement — que cette mémoire est médiocre.
Permettez-moi de citer un exemple personnel. Il m'arrive assez souvent d'effectuer de courts déplacements en France et à l'étranger : participation à un congrès, animation d'un séminaire, conférence, visite chez des confrères éditeurs..., vacances aussi (mais hélas plus rarement). Et le plus fréquemment, c'est à l'hôtel que je réside durant ces séjours, la clé de ma chambre étant repérée par un numéro de trois ou quatre chiffres. Jamais — quelle que soit la durée de mon séjour — je n'oublie ce numéro et n'ai été obligé de le demander au concierge.
Et je retiens à chaque fois ce numéro tout naturellement sans effort particulier, sans le secours d'aucune association mentale ou d'aucun procédé mnémotechnique, ces procédés qui se révèlent pourtant si utiles dans certaines circonstances. Mais le lendemain même de mon départ, j'ai oublié ce numéro ; et pour toujours.
En revanche, si l'on m'énonce, ou me donne à lire, en

toute autre circonstance, un numéro de trois ou quatre chiffres, par exemple le numéro du poste téléphonique intérieur d'un correspondant, je n'en garde généralement aucun souvenir dans les heures qui suivent ; et cela même si je sais que j'aurai à me servir encore de ce numéro. Ce qui me conduit alors à utiliser l'une des techniques mentionnées plus haut pour me le rappeler.

Par contre, je suis incapable de programmer volontairement ma mémoire pour oublier tel souvenir ; un fait déplaisant et inutile que j'aimerais effacer de mon esprit.

Ces exemples correspondent évidemment au cas particulier de ma personnalité ; mais chaque lecteur de cet ouvrage en découvrira aisément d'autres qui lui sont également particuliers mais se révèlent tout aussi significatifs.

Significatifs : en ce sens qu'ils nous montrent le fossé entre notre mémoire apparente et notre mémoire réelle ; entre notre mémoire consciente et notre mémoire inconsciente. Car enfin, si je retiens le numéro gravé sur la clé d'une chambre d'hôtel, il n'y a pas de raison fondamentale pour que je ne retienne pas celui qui est imprimé sur le répertoire des postes téléphoniques intérieurs d'une société. Et, de plus, j'ai la preuve que ce numéro de téléphone, je ne l'ai pas vraiment oublié, comme il me semble, à première vue ; car si je le consulte plusieurs jours de suite, j'arrive alors à m'en souvenir ; grâce évidemment au mécanisme bien connu de la répétition. Mais pour que ce mécanisme puisse fonctionner, il faut nécessairement que ce numéro ait été enregistré par ma mémoire dès la première fois où je l'ai lu ; s'il avait été vraiment, réellement, oublié, le renforcement provoqué par cette répétition serait inopérant : on ne peut ajouter une information à une précédente pour la consolider si celle-ci a disparu, est nulle.

Donc dans les deux cas : le numéro de la chambre, le numéro de téléphone, ma mémoire a correctement fonctionné dans un premier temps et a bien « retenu » le numéro ; dans un second temps, elle a refusé, pour le deuxième cas, de le restituer ; le rappel était bloqué.
Encore faut-il — évidemment — que j'aie correctement perçu ce numéro, avant cet enregistrement, et que, lisant trop hâtivement : 1769, je n'aie pas cru percevoir et aie mémorisé : 1789, cette distorsion étant due à ma connaissance bien ancrée de l'année de la prise de la Bastille. Par contre, si lisant et enregistrant 1769, je note en même temps sa ressemblance avec 1789, le 8 étant seulement remplacé par un chiffre qui lui ressemble : 6, je faciliterai incontestablement le rappel de ce numéro.

## LES SIX POINTS D'UNE THÉORIE DE LA MÉMOIRE

Ces quelques exemples — très personnels, et très élémentaires — me permettent néanmoins d'ébaucher une première approche du fonctionnement de ma mémoire :

### Premier point

Pour qu'une chose (mot, phrase, entendus ou lus, image, son...) puisse être mémorisée, il faut préalablement qu'elle soit correctement vue, entendue. Utilisant le vocabulaire du psychologue, nous appellerons cette chose une *forme* (ou *Gestalt*), et nous dirons qu'elle doit être correctement *perçue*.

### Deuxième point

Cette *forme* sera alors « enregistrée » [1] en notre mémoire. Pour combien de temps : quelques minutes, quelques

1. J'ai placé le terme « enregistrée » entre guillemets car nous verrons plus loin qu'il ne signifie pas une reproduction, pas une empreinte de la *forme* dans nos structures mentales.

heures, quelques mois, toute notre vie... Il est très difficile de répondre à cette question. Mais la seule chose dont nous soyons certains, c'est que la conservation de cet « enregistrement » dure très souvent bien plus longtemps que nous ne le croyons généralement [2] ; l'efficacité du processus de répétition cité plus haut constitue, parmi beaucoup d'autres, une preuve de cette affirmation.

**Troisième point**

Chaque souvenir, chaque *forme* n'est pas simplement déposée en nos archives mentales, elle est reliée par de nombreux « fils » à d'autres « formes » ; par exemple « 1769 » à « 1789 » ; mais aussi « 1769 » à chacun des chiffres qui le composent ; « 1 », « 7 », « 6 », « 9 » et chacun de ces chiffres aux sonorités qui le constituent, et aux signes qui le figurent...

Si bien qu'à l'image d'archives mémorielles nous devons substituer l'image, plus fidèle — mais tout aussi analogique —, d'un réseau ; par exemple, celle d'un réseau téléphonique, chaque « poste » téléphonique..., chaque *nœud mémoriel* étant en rapport avec d'autres *nœuds mémoriels.*

Et chaque *forme* mémorisée ne correspond probablement qu'à la convergence d'un certain nombre (un très grand nombre, nous le verrons plus loin) de *circuits mémoriels.*

**Quatrième point**

Mais il existe une différence fondamentale entre mon réseau mémoriel et un réseau téléphonique. Dans ce dernier, le même fil, le même câble relie l'émetteur au récepteur : si je pose une question en sachant que mon correspondant connaît la réponse [3], je recevrai cette

2. Lire F. Richaudeau : « 6 phrases, 200 sujets, 42 lapsus, 1 rêve », in *Communication et langages*, n° 23, Paris, 1974.
3. Et, bien entendu, s'il est disposé à me la communiquer.

réponse et par l'intermédiaire du même câble téléphonique que celui que j'ai utilisé pour ma question.

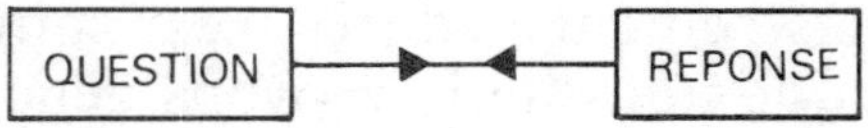


Il n'en est pas de même pour mon réseau mental : je sais que ma mémoire connaît le numéro du poste téléphonique de Durand, je lui pose la question, mais je n'obtiens pas la réponse.
Au cours d'une réception j'aperçois une personne, je la connais, je sais où et quand je l'ai déjà rencontrée ; je suis sûr de connaître son nom... mais ne puis le retrouver. Au point que je fais semblant de ne pas percevoir une légère inclinaison de la tête à mon intention ; pour ne pas avoir à décliner son nom à mon épouse. En passant pour un personnage impoli..., ou au mieux pour un timide invétéré.
Qu'il s'agisse du nom de cette personne ou du numéro du poste téléphonique de Durand, le circuit de ma communication se révèle double :

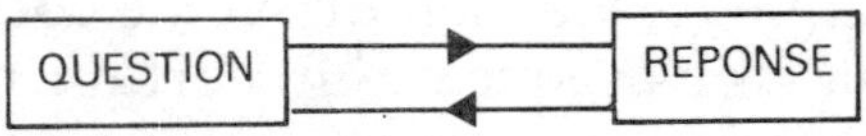


Le circuit « question ⟶ réponse » est indépendant du circuit « réponse ⟶ question ». Le premier peut fonctionner, alors que le second peut être « en panne ». Et tout le problème du *rappel* mémoriel consiste à assurer et à rétablir ce dernier circuit.
Cette thèse est confirmée par ce que nous savons sur les structures biologiques de notre mémoire. Ce sujet est traité en fin du présent ouvrage et l'on rappelle que les cellules fondamentales de notre cerveau sont les neu-

rones, dont l'ensemble constitue un gigantesque réseau, comparable, en partie — en partie seulement — à un réseau téléphonique. J'ai déjà évoqué cette image d'une structure en réseau ; mais il s'agissait alors d'un réseau d'entités mentales que j'avais appelées *nœuds mémoriels,* et non d'entités biologiques. Peut-on assimiler l'unité purement opérationnelle de *nœud mémoriel* à l'unité biologique qu'est la cellule nerveuse : le neurone ? Chaque *nœud mémoriel* est-il matérialisé par un neurone ? Ou chaque *nœud mémoriel* rélève-t-il d'une hiérarchie structurale supérieure, correspond-il à un sous-ensemble, à une configuration de neurones ?
Je ne crois pas que les connaissances actuelles sur la physiologie du cerveau permettent de répondre sûrement à ces questions. Mais on peut avancer que chaque *nœud mémoriel* correspond au moins à un neurone ; et que, par voie de conséquence, les lois fondamentales concernant les liaisons entre neurones sont transposables pour les liaisons entre *nœuds mémoriels.* Or, il est établi par de très nombreux travaux scientifiques que chaque neurone communique avec d'autres neurones par deux sortes de « fils » bien différents, les *dendrites,* qui reçoivent des informations, et les *axones,* qui envoient des informations.

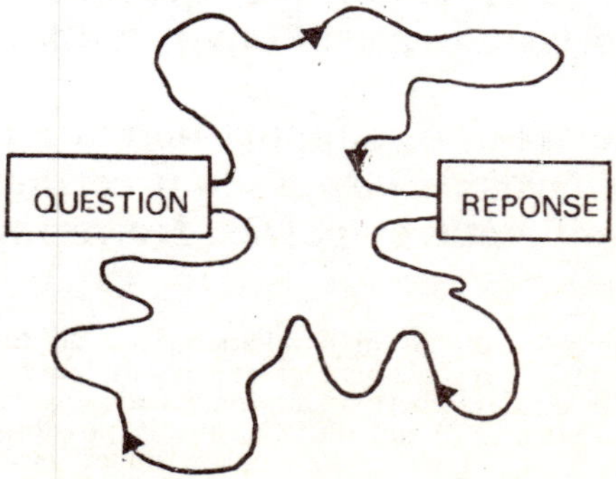

Non seulement ces deux sortes de « fils » sont différents quant à leur nature et leur fonction, mais leurs itinéraires, leurs cheminements au sein du réseau cérébral sont différents.
Ce qui nous explique le paradoxe apparent du « trou de mémoire » : bien que je sache que je connais la réponse à une question, je ne suis pas toujours capable de la rappeler au niveau conscient de ma mémoire : le fil (ou les fils) matérialisant la question fonctionne ; le fil différent (ou les fils) matérialisant la réponse ne répond pas [4].

**Cinquième point**

Deux autres traits marquent de profondes différences entre les structures de mon *réseau mémoriel* et celles du réseau téléphonique :
a) Je ne puis être branché, quand je téléphone, que sur un autre et un seul autre poste téléphonique [5]. Chacun des neurones de mon cerveau est branché en permanence sur un grand nombre d'autres neurones, parfois jusqu'à dix mille autres neurones.
b) Mon agenda téléphonique contient en général au plus quelques centaines de correspondants. Ma potentialité d'informations téléphoniques correspond donc à un réseau comprenant ces quelques centaines de postes. Mon cerveau contient environ dix milliards de neurones.

Mon cerveau, ce support de ma mémoire : un réseau de dix milliards de *postes,* dont certains sont, chacun, reliés à dix mille autres *postes.* Notre imagination, mais aussi

4. J'écarte ici l'explication psychanalytique du blocage, de l'oubli apparent lié aux concepts de refoulement et de censure ; car elle ne s'applique qu'à des cas particuliers et très peu fréquents parmi tous les rappels mémoriels contrecarrés.
5. Un seul poste ; ce qui n'exclut pas la possibilité que deux personnes (grâce à un écouteur), ou plus, m'entendent ; mais branchées sur un même, unique, numéro de téléphone.

la formulation mathématique, mais aussi la modélisation cybernétique sont incapables de nous décrire avec précision le fonctionnement d'un tel organe [6].
Néanmoins, cette complexité de structures biologiques de la mémoire s'accorde avec mes très modestes et très sommaires constatations sur mon processus de mémorisation ; et, nous le verrons plus loin, elle s'accorde également avec les principes de base d'une pédagogie de la mémoire ; et l'analyse introspective élémentaire d'un processus aussi simple que la mémorisation d'un numéro de quatre chiffres (1769) me révèle la multitude, la quasi-infinité des *circuits mémoriels* mis en jeu.

6. Un tel réseau relève peut-être alors des principes d'une structure d'hologramme. (voir page 420).

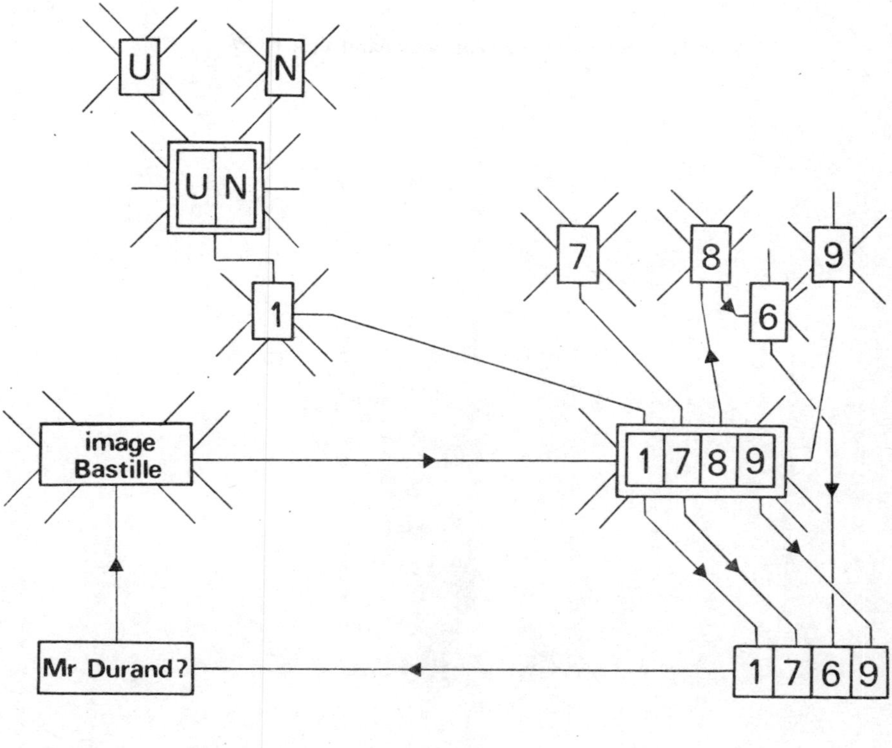

Le schéma précédent n'en donne qu'une infime partie ; il ne constitue qu'un très faible extrait du *sous-réseau mémoriel* engendré par la liaison rapport DURAND ⇄ 1769. Néanmoins, tel quel, il éclaire et résume certains des traits décrits précédemment.

**Sixième point**

Mais, on peut s'en douter : tous les *nœuds* et *circuits mémoriels* ne sont pas également efficaces. Certains, localisés probablement dans des zones spécifiques[7] de notre cerveau, se révèlent plus propices à une bonne mémorisation. Ce sont ceux notamment qui paraissent spécialisés dans les informations de nature visuelle, concrète et effective. Nous y reviendrons plus loin.

*Suite page 40*

7. Voir la « carte » du cerveau au chapitre 5, p. 99.

# ILS ONT ECRIT
# A PROPOS DE LA MEMOIRE

**Sur la perception**

« Et si j'avais coutume d'examiner un visage par parties, le menton, le nez, les yeux, jamais je ne reconnaîtrais un visage... L'esprit d'ensemble c'est l'esprit. »

Alain

« L'attention... tend à faire de l'objet... une chose entièrement connue, c'est-à-dire retenue par la mémoire... composée, annexée... »

Paul Valéry

« L'œil est l'organe de la vision, mais le regard est acte de pré-vision et il est commandé par tout ce qui peut être vu, doit être vu et les négociations correspondantes. »

Paul Valéry

« La perception n'est jamais un simple contact de l'esprit avec l'objet présent ; elle est tout imprégnée des souvenirs-images qui la complètent en l'interprétant. »

Henri Bergson

**Sur la brièveté de la mémoire immédiate**

« Que de choses seraient transformées à nos yeux de l'esprit si la durée maxima de conservation de l'attention s'accroissait un peu. »

Paul Valéry

**Sur la pérennité de la mémoire à long terme**

« ... il fallait qu'il n'y eût pas de discontinuité, que je n'eusse pas un instant cessé d'exister, de penser, d'avoir conscience de moi, puisque cet instant ancien tenait encore à moi, que je pouvais encore retourner jusqu'à lui, rien qu'en descendant plus profondément en moi. »

Marcel Proust

« Quand nous nous exerçons à apprendre une leçon..., l'image visuelle ou auditive que nous cherchons à recomposer... ne serait-elle pas déjà dans notre esprit, invisible et présente [...] Concentrez-vous..., vous sentirez que l'image complète est là, mais fugitive, véritable fantôme qui s'évanouit au moment précis où votre activité motrice voudrait en fixer la silhouette. »

Henri Bergson

**Sur les structures de la mémoire**

« La mémoire est le retour régulier d'une connexion... qui a été, à l'origine, arbitraire... »

Paul Valéry

« Il y aurait, sous forme de modifications physicochimiques, des cellules par exemple, des représentations auditives assoupies dans l'écorce : un ébranlement venu du dehors les réveille, et, par un processus intro-cérébral, peut-être par des mouvements transcorticaux qui vont chercher les représentations complémentaires, elles évoquent des idées. »

Henri Bergson

**Sur les associations mémorielles**

« La mémoire n'est pas... conservation du *sens* même, mais de ce qui dans le sens peut s'agréger à une chose propre...

Paul Valéry

« Tel nom lu dans un livre, autrefois, contient entre ses syllabes le vent rapide et le soleil brillant qu'il faisait quand nous le lisions. »

Marcel Proust

« Une chose que nous avons regardée autrefois, si nous la revoyons, nous rapporte, avec le regard que nous y avons posé, toutes les images qui la remplissaient alors. »

Marcel Proust

**Sur le mécanisme de rappel**

« Le secret de la mémoire gît dans l'excitabilité. »

Paul Valéry

« La mémoire attend l'intervention du présent. »

Paul Valéry

« Il faut un effort pour retrouver ce que l'on a véritablement vu... il revient comme un éclair, qui conduit au souvenir faux et conforme aux conventions significatives. »

Paul Valéry

Alain : *Propos ;* H. Bergson : *Matière et mémoire ;* M. Proust : *le Temps retrouvé ;* P. Valéry : *Cahiers.*

## LES SIX PRINCIPES A LA BASE D'UNE PÉDAGOGIE DE LA MEMOIRE

Après ces aperçus théoriques sur le fonctionnement de notre mémoire, passons en revue quelques-uns des principes à la base du présent Cours.

Certaines des sources de ce Cours sont bien antérieures à la naissance de la science moderne et datent de plusieurs millénaires [8]. D'autres éléments page 11 ont été intuitivement découverts il y a un peu moins d'un siècle par des penseurs littéraires [9] comme le montrent les citations des pages précédentes ; d'autres font appel à des disciplines ne datant que d'une ou deux décennies [10]. Mais il est intéressant de constater que toutes ces bases sont éclairées, justifiées, confortées par les théories issues de travaux contemporains en psychologie p. 412 expérimentale.

### Premier principe

On ne peut bien enregistrer en notre mémoire que ce que l'on a au préalable correctement perçu. p. 98 Il faut tout d'abord, au sens littéral du mot, que l'esprit du sujet soit ouvert ; l'esprit et les organes des sens qui le précèdent et notamment la vue et l'ouïe. Il faut pour cela une disponibilité totale, et de l'esprit et du corps. On ne peut séparer l'un de l'autre, pour recevoir sans entraves, sans blocages, sans déformations, le message à mémoriser. C'est dire qu'un sujet tendu ou nerveux, ou fatigué ou préoccupé, ou inquiet, ou simplement sceptique p. 168

8. Tel l'« art de la mémoire ».
9. Alain, avec bon sens, H. Bergson, avec aussi beaucoup d'erreurs ; M. Proust, avec pénétration, P. Valéry, avec du génie dans l'analyse introspective du fonctionnement de l'esprit.
10. Par exemple, la sophrologie, la suggestologie.

quant aux qualités de sa mémoire, percevra mal ce message.

Il existe de nombreuses méthodes éprouvées pour p. 57 nous permettre d'acquérir cet état de détente propice à la bonne réceptivité. Le lecteur en trouvera des descriptions dans le présent ouvrage, depuis les exercices individuels les plus élémentaires inspirés par le *training autogène* du Dr Schultz, jus- p. 60 qu'aux techniques de suggestopédie du Dr Loza- p. 203 nov, faisant largement intervenir l'influence de l'environnement. Il pourra aussi appliquer les enseignements pratiques de la *sophrologie* du p. 202 Dr Caycedo ; ou, plus simplement, choisir dans sa discothèque la musique la plus propice à susci- p. 67 ter sa bonne réceptivité.

> Bien mémoriser une information, c'est préparer son corps et son esprit à un état de réceptivité maximale.

### Deuxième principe

Mais la même *forme* peut être perçue, vue, entendue suivant des analyses, des découpages différents, ceux-ci se révélant plus ou moins favorables à la bonne réception de ce message. Prenons par exemple ce dernier mot : *message*. Vous pourriez « voir » l'un après l'autre chacun des traits élémentaires (ou graphèmes) qui composent chacune de ses lettres : [ I⌐I⌐I – C etc. ] ou « voir » plus glo- p. 105 balement chacune de ces lettres : les unes après les autres [ m,e,s,s ... ] ou « voir » encore plus globalement le mot [ message ] en un seul coup d'œil. La dernière méthode est évidemment la plus rapide ; mais aussi la plus propice à une bonne mémorisation ; parce que ce que vous cherchez à retenir n'est pas une succession de *graphèmes*, de dessins différents, mais le sens du mot « message ».

L'explication et la justification de cet exemple élémentaire font intervenir deux concepts de la psychologie expérimentale :

— le fonctionnement de notre *mémoire à court* p. 417
*terme*, celle qui retient par exemple un numéro de téléphone, pour très rapidement (semble-t-il) l'oublier. Nous avons intérêt à organiser notre tactique de perception en fonction des caractéristiques de cette mémoire à court terme ; or, sa capacité et sa durée de conservation sont très p. 86
faibles [11] ;

— les lois de la *psychologie de la forme* ou *Gestalt-* p. 103
*psychologie*, dont la connaissance permet de « concrétiser » le message à mémoriser en une suite de *bonnes formes*, propices à une meilleure perception.

> Bien mémoriser une information, c'est la « découper » en *formes* propices à une perception efficace.

**Troisième principe**

Il ne suffit pas de percevoir correctement un message, une *forme*, il faut encore être capable de la *rappeler*, au niveau conscient de notre mémoire ;

11. Ainsi, si nous nous astreignions à déchiffrer « message » graphème par graphème, lorsque nous en arriverions au dernier de ces signes élémentaires : —, notre mémoire immédiate aurait déjà « perdu » le premier graphème de la première lettre : l ; et, par voie de conséquence, l'image mentale, la forme « message » ne pourrait être mémorisée.

or, c'est ce processus de *rappel* qui se révèle le plus difficile. Très schématiquement, il consiste à parcourir mentalement une série d'itinéraires mentaux qui, partant de la question (le numéro de téléphone intérieur de Durand), bifurquent à de multiples carrefours (les *nœuds mémoriels*) pour me conduire à la réponse (1769).

Mon *rappel* sera d'autant plus exact, facile et rapide que ces itinéraires me seront (consciemment ou inconsciemment) connus au moment où je m'interroge.

J'ai donc intérêt à définir, à tracer ces itinéraires, p. 133
à prévoir ces *associations mentales* au moment où j'enregistre pour la première fois la forme en question (1769).

D'où la règle concernant toute information nouvelle et relativement difficile à mémoriser : mot étranger, nombre, article de loi... : c'est au moment du premier enregistrement de cette nouvelle *forme* qu'il faut — en même temps — définir la tactique de son *rappel*, c'est-à-dire l'*association mentale* p. 141
(ou les associations)[12] qui permettront ce rappel. p. 235

> Bien mémoriser une information, c'est, dès sa saisie, organiser son processus de rappel.

**Quatrième principe**

Mais certaines associations mentales sont plus aisées — et plus efficaces — que d'autres. En particulier, nous retenons mieux les *formes* associées à un sens. p. 146

Qu'entendons-nous — dans le contexte de cette étude — par sens ?

12. Voir notamment le sixième principe.

Parmi les définitions de ce terme, proposées dans les dictionnaires, je choisirai celle-ci, qui me paraît, ici, plus appropriée.
« *Sens :* Idée ou ensemble d'idées *intelligibles* que représente un *signe* ou un ensemble de *signes* [13]. »
C'est moi qui ai souligné « intelligible » et « signe » qui représentent les concepts forts de cette définition dans laquelle l'on pourrait d'ailleurs remplacer l'expression « signe » par celle, plus générale — mais plus savante —, de « forme ».
C'est parce que *1789* est plus intelligible pour moi que *1769* qu'il est plus propice à mon rappel ; parce que sa *forme* m'est déjà connue ; qu'un certain nombre de *circuits mémoriels* le « matérialisent ». 1789 a un sens pour moi : 1769 n'en a pas.

*Ce qui est vrai au niveau d'une forme simple : nombre, mot, élément visuel... l'est également au niveau d'une suite de formes.*

Par exemple : « La suite de mots composant une phrase. » Je puis facilement retenir cette dernière ; mais j'aurais beaucoup plus de mal à retenir la suite linguistique « phrase une composant mots de suite la exemple par » qui est pourtant composée par les mêmes mots, mais énoncés en sens inverse et dont l'enchaînement n'éveille aucune règle et n'a aucun sens pour moi.
La suite des mots de la phrase, elle, obéit à des *p. 156*
lois, à des habitudes, de nature syntaxique et sémantique qui correspondent à des sens, à des *circuits mémoriels* existants. En appliquant les règles de la mnémotechnie, je pourrais aisément *p. 231*

13. *Dictionnaire Robert de la langue française*, Paris, 1972.

retenir la suite de mots précédente non significative : « phrase, une, composant... » ; mais précisément parce que l'une des bases de la mnémotechnie consiste à associer le message initial à un enchaînement, à un sens supplémentaire (et arbitraire) pour en faciliter la mémorisation.

Cette mnémotechnie contemporaine tire ses origines de l'*art de la mémoire,* qui constituait l'une des cinq branches de la rhétorique gréco-romaine. Le rhéteur adepte de cet art devait tout d'abord se forger mentalement un itinéraire visuel (par exemple, le parcours à travers un édifice complexe) qui lui servait ensuite de support pour « accrocher » en chacun des « lieux » (ou *locus*) de l'édifice les éléments du message à mémoriser ; par exemple les arguments de sa plaidoirie. *p. 113*

*Ce qui est vrai au niveau d'une suite linguistique l'est aussi au niveau d'un enchaînement et d'une hiérarchie d'idées.*

La recherche, la quête d'un sens, au sens très large du mot, est souvent inconsciente, mais elle est toujours présente, et cela dès notre enfance. Ainsi le chercheur américain J. David Pearson étudiant le processus de mémorisation d'enfants âgés de neuf ans constate le fait suivant : lorsque la phrase à retenir ne contient pas une relation de cause à effet, très souvent les jeunes sujets se la rappellent en incluant (donc en inventant) une relation cause ⟶ effet [14]. *p. 135*
L'esprit humain éprouve un besoin de logique, de

14. F. Richaudeau : « Faut-il brûler les formules de lisibilité », in *Communication et langages,* n° 30, 1976.

hiérarchisation, de structuration ; sans doute parce que ces concepts facilitent son fonctionnement, et notamment celui de sa mémoire, en utilisant des schémas préexistant en lui (et en elle). C'est donc encore tenir compte de l'efficacité liée à l'utilisation du sens que de classer dans notre mémoire les informations — surtout si elles sont de nature abstraite — en fonction de critères rationnels et ordonnés. Par exemple, par classes de *formes* analogues ; par exemple, suivant des schémas hiérarchisés du type des structures dites « en arbres ». *p. 134* *p. 315*

En associant des informations nouvelles à des classes de concepts analogues, en hiérarchisant ces classes les unes par rapport aux autres, en descendant de la cause à l'effet, du particulier au général [15], nous utilisons des itinéraires mentaux éprouvés et facilitons donc la mémorisation des informations concernées.

Résumons-nous et considérons le gigantesque réseau de *nœuds mémoriels* reliés entre eux par un nombre presque incommensurable de *circuits mémoriels* constituant notre mémoire. Tandis que l'information dénuée de sens doit, pour être mémorisable, s'ouvrir de nouveaux *itinéraires mémoriels,* l'information portée par un sens utilise en grande partie des circuits déjà existants ; elle peut même les réactiver par un processus de réitération. Les itinéraires mentaux assurant son rappel mémoriel s'élaborent alors avec le minimum de travail et le maximum de fiabilité.

15. Ou inversement.

> Bien mémoriser une information, c'est lui affecter un sens et l'insérer à l'intérieur d'un contexte significatif et hiérarchisé.

### Cinquième principe

J'ai, quelques pages plus haut, cité l'exemple classique de la personne déjà rencontrée une fois, dont on se rappelle facilement le visage et plus malaisément le nom. De nombreuses expériences entreprises par les chercheurs en psychologie confirment nos constatations personnelles : parmi tous les types d'informations (visuelle, auditive, tactile, abstraite...), ce sont les informations visuelles qui p. 106 sont les mieux mémorisées : et cela tant au niveau de la *mémoire à court terme* qu'à celui de la *mémoire à long terme.* Il semble que, parmi tous les éléments de notre structure mémorielle, ceux affectés plus spécialement à la vue soient ou les plus nombreux, ou les plus efficaces, ou les plus fiables.

Les travaux des psychologues expérimentaux nous révèlent aussi (ou nous confirment) que les informations de nature concrète sont mieux retenues que celles de nature abstraite. Et aussi que les faits à dominante affective sont mieux rappelés p. 174 que ceux dénués de tout sentiment, de toute émotion. p. 185

Les spécialistes anglo-saxons en lisibilité tiennent largement compte de ces enseignements dans leurs conseils en écriture efficace [16]. Mais, depuis des millénaires, les premiers spécialistes en communication : les bardes, prêtres, troubadours, poètes,

16. F. Richaudeau : *la Lisibilité* (Paris, Retz, 1976) ; *l'Ecriture efficace* (Paris, Retz, 1978).

le savaient déjà qui utilisaient abondamment certains procédés codifiés ensuite par la rhétorique, par exemple la métaphore [17] et la métonymie [18] et adoptaient de préférence les styles épique ou lyrique.

Ce qui revenait souvent à imager, à visualiser les p. 232 concepts abstraits évoqués et à renforcer le caractère affectif des situations, et cela jusqu'à leur dramatisation.

Nous pouvons, comme eux, pour bien communiquer — mais avec nous-mêmes, avec notre propre mémoire — associer des informations abstraites ou banales que nous devons retenir à des correspondances visuelles, concrètes, affectives. Je puis par exemple associer 1789 au souvenir d'une gravure représentant la prise de la Bastille, ainsi qu'au triste sort des gardes suisses de la forteresse tués par les manifestants.

Revenons à l'« art de la mémoire ». La visualisation de chaque nouvelle information constituait le second procédé de cette discipline antique : dans chaque *locus* de l'édifice imaginaire et immuable [19] parcouru mentalement, le rhéteur devait placer une *forme* visuelle correspondant, par exemple, p. 113 à chaque argument abstrait de la harangue.

Ce même principe est également à la base des

17. *Métaphore :* transfert de sens. La métaphore est abondamment utilisée dans l'œuvre de Proust dont le thème fondamental est consacré à la mémoire. Gérard Genette écrit sur ce sujet à propos de Proust : « Ainsi la métaphore n'est pas un ornement mais l'instrument nécessaire à une restitution... parce qu'elle est l'équivalent stylistique de l'expérience psychologique de la mémoire involontaire qui seule permet, en rapprochant deux sensations séparées dans le temps, de dégager leur essence comme par le miracle d'une analogie » (*Figures I*, Paris, Le Seuil, 1966).
18. *Métonymie :* emploi d'un nom pour un autre.
19. Voir p. 45.

procédés utilisés fréquemment par la mnémotechnie moderne.
Il n'est pas question de nous entraîner à une discipline vieille de plus de deux mille ans. Il n'est pas toujours indispensable de s'astreindre aux procédés parfois contraignants — mais oh combien efficaces — de la mnémotechnie. Mais il est souvent possible, pour nous faciliter le rappel de notions abstraites, de les associer à des *formes* visuelles ou à des situations affectives. *p. 235*

Bien mémoriser une information c'est — dans tous les cas où cela est possible — l'associer à une *forme* visuelle, à un concept concret, et la placer dans un contexte affectif.

## Sixième principe

Nos structures mentales, les configurations composées par des *circuits mémoriels*, sont des complexes vivants évolutifs, qui s'enrichissent de nouvelles liaisons et sans doute s'appauvrissent d'anciennes liaisons obsolètes tombées en désuétude [20] ; le cheminement mental entre la question et la réponse peut donc au fil du temps dans ce contexte mouvant se conserver — bien entendu — mais aussi, parfois, se modifier (voir les faux témoignages, voir aussi les lapsus qui sont des faux témoignages linguistiques), ou même disparaître. Comment lutter contre cette fragilité, sinon de nos structures de rappel mémoriel ?

20. La question d'ordre physiologique restant ouverte : on ne sait pas si les circuits reliant les neurones entre eux sont permanents, disponibles, mais mis en service (ou en sommeil) pour une durée déterminée par des processus chimiques, ou s'ils évoluent, de nouvelles fibres « naissant », établissant de nouvelles liaisons entre neurones et d'autres « mourant », disparaissant.

Soit en *réactivant* périodiquement le *circuit* (ou les circuits) *mémoriel* reliant la question à la réponse : c'est la technique de la répétition ; p. 72 répétition voulue, consciente, pour apprendre par exemple un texte par cœur ; répétition inconsciente quand nous utilisons dans notre langage les mêmes mots et les mêmes structures syntaxiques.

Soit en doublant les *circuits mémoriels* entre *question* et *réponse ;* ou même en les démultipliant davantage, si bien que si un circuit se révèle défaillant, l'autre (ou les autres) en subsistant assurera néanmoins l'efficacité du rappel.

J'ai cité l'exemple du visage mieux mémorisé que le nom de la personne à laquelle il appartient en l'expliquant par la plus grande efficacité de la mémoire visuelle. On peut probablement avancer une autre raison, même si elle n'est que secondaire. C'est que les multiples facteurs visuels qui composent ce visage : dessin de chacune de ses parties, couleur des yeux, de la peau, des cheveux, etc., me permettent de mettre en jeu des *circuits mémoriels* bien plus nombreux que ceux correspondant à son nom : composé de quelques phonèmes ou de quelques lettres. A moins que chacune de ces lettres n'évoque à son tour une image particulière, et que cette image ne s'enchaîne avec celle de la lettre qui la suit ; la mnémotechnique a précisément codifié et systématisé ce type d'association ce qui permet à n'importe quel bon élève en cette discipline d'éblouir un auditoire avec des prouesses apparemment exceptionnelles. Mais il p. 238 existe à côté de ceux-ci de véritables mémorisateurs prodiges, aux performances extraordinaires.

Plusieurs pages de ce volume leur sont consacrées ; l'un d'eux, le Soviétique Veniamine, a été observé plusieurs dizaines d'années de suite par l'éminent psychologue Luria[21], et ce chercheur nous révèle que l'un des procédés utilisés systématiquement par Veniamine était la *synesthésie*. A chaque sou- p. 442 venir, le sujet prodige associait des sensations multiples : formes, couleurs, sons, odeurs, goût, toucher, etc.

Revenons aux sujets normaux ; même si nous ne recourons pas aux pratiques de la mnémotechnique, efforçons-nous pour préparer le rappel d'une *forme* à relier, à associer cette *forme* au plus grand nombre possible d'autres concepts.

> Bien mémoriser une information, c'est, dès sa saisie, multiplier les associations mentales avec d'autres concepts.

C'est notamment à partir de ces six principes que le présent cours a été élaboré, en tenant compte des nombreux résultats obtenus récemment par les laboratoires de psychologie expérimentale, le plus souvent américains. En tenant compte des p. 412 recherches de l'équipe du Centre d'étude et de promotion de la lecture, centre apparenté à l'éditeur du présent ouvrage : les éditions Retz.

En appliquant les méthodes pédagogiques les plus récentes et les plus vivantes relatives à l'autoformation des adultes (à leur domicile). Et après de nombreuses et longues expérimentations des exercices qui le composent.

F.R.

21. A.R. Luria : *Une prodigieuse mémoire* (Neuchâtel, Delachaux et Niestlé, 1970).

CHAPITRE 3

# premier cours — être en forme pour bien retenir

Un psychologue américain, ayant réuni une quarantaine de sujets pour effectuer une série d'expériences sur la mémorisation, fut obligé de renvoyer certains de ses volontaires qui se révélaient incapables de progresser : se présentant après leur journée de travail, ces étudiants étaient trop fatigués pour mémoriser [1].
Dans le même ordre d'idées, le Dr Lozanov, psychologue bulgare, cite le cas d'un de ses clients qui était soudeur à l'arc et qui suivait chez lui une psychothérapie après ses heures de travail. Cet ouvrier arriva un soir très déprimé : il n'avait pas pu mémoriser le devoir du cours du soir auquel il allait se rendre après la consultation du Dr Lozanov. Pour lui remonter le moral, le docteur lui fit une séance de relaxation accompagnée de suggestions positives. Le lendemain, le soudeur revint pour sa psychothérapie en criant au miracle : la cure du Dr Lozanov lui avait permis de réciter son cours par cœur sans même l'avoir revu [2].
On voit dans ces deux exemples à quel point la fatigue accumulée pendant une journée de travail peut nuire à

1. Irving Rock : « The Role of repetition in associative learning », in *Verbal Learning and Memory*, Leo Postman et Geoffrey Keppel (Londres, Penguin Books, 1969), p. 73.
2. Georgi Lozanov : *Souggestologia* (Sofia, Naouka i Iskoustvo, 1971).

la mémorisation. Mais le second exemple montre aussi qu'il ne faut pas se laisser décourager. Il y a des méthodes qui permettent de vaincre cet obstacle en redonnant des forces à l'esprit fatigué.

## L'inconvénient des excitants

Lorsqu'on est fatigué et qu'on veut néanmoins entreprendre une activité intellectuelle difficile, la réaction la plus fréquente est de recourir aux excitants du système nerveux. Effectivement, un peu d'alcool ou une bonne tasse de café effacent la fatigue et soutiennent le moral. Ils permettent un effort supplémentaire qui apparemment ne serait pas possible sans leur apport.

Ils ont cependant des inconvénients : le système digestif doit se charger d'éliminer les produits supplémentaires (parfois toxiques) qu'ils contiennent ; et la fatigue, masquée, n'est pas éliminée pour autant. C'est pourquoi bien souvent, après l'effort supplémentaire rendu possible grâce à eux, on enregistre des périodes dépressives caractérisées en particulier par des troubles du sommeil. Et la qualité de la mémorisation en état survolté n'est pas toujours satisfaisante. Elle risque d'être superficielle ; le lendemain, rien n'en reste, et il faut tout recommencer.

Sous la plume du Dr Paul Chauchard, on trouve des mises en garde sévères à ce sujet : « L'alcool est absolument pernicieux pour le bon fonctionnement du cerveau et l'exercice correct de la mémoire. [...] Quant au tabac, cette étrange manie, il est absolument néfaste non seulement pour la santé du fumeur, mais aussi pour celle de son entourage [3]. » Sans être tous aussi radicalement opposés aux excitants du cerveau, les spécialistes déconseillent néanmoins leur emploi systématique.

3. Paul Chauchard : *Connaissance et maîtrise de la mémoire* (Paris, Retz-C.E.P.L., 1968), p. 168.

Le courant de « psychologie humanistique » aux Etats-Unis, l'ouverture de l'esprit occidental aux méthodes orientales d'épanouissement du contrôle de soi-même et toute une floraison de recherches sur les techniques d'approfondissement de la personnalité dans les groupes ont mis en évidence qu'il existe d'autres moyens que les excitants pour surmonter la fatigue de notre trépidante vie citadine : il y a les techniques de respiration, d'alimentation saine, de relaxation, de gymnastique douce qui permettent de retrouver un « mieux-être » plus authentique que celui qu'apportent les excitants, et plus favorable aussi au travail intellectuel efficace.

### Rôle de la respiration

Notre cortex est irrigué en moyenne par 1 mètre de vaisseaux capillaires par millimètre cube de tissus, alors qu'un muscle n'a en moyenne que 6 millimètres de vaisseaux par millimètre cube de tissus. « Le cerveau est donc l'organe qui a le débit circulatoire le plus élevé. En 24 heures, 2 160 litres de sang passent à travers le cerveau de l'homme, soit environ 400 fois la masse totale du sang [4]. »

Ce débit circulatoire énorme (on le dit plus riche encore chez les intellectuels) est important surtout par sa teneur en oxygène. Une interruption de l'apport en oxygène amène rapidement des désordres graves qui se manifestent par une syncope, puis le coma. Même la simple hypotension artérielle, qui diminue la circulation du sang dans le cerveau, freine le fonctionnement cérébral. Les mineurs de fond, trop longtemps privés d'air pur, voient leur mémoire diminuer considérablement. Elle se rétablit lorsqu'ils remontent en surface.

4. R. Tocquet : *la Mémoire* (Paris, Julliard, 1967), p. 62.

Avant tout exercice de mémorisation, apportons donc à nos tissus cérébraux le surcroît d'oxygène qu'ils réclament, surtout si nous avons passé une journée de travail dans l'atmosphère appauvrie des bureaux.

Si vous habitez la campagne, ou si vous disposez d'un jardin, une promenade au grand air est la meilleure préparation au travail intellectuel. A condition, bien entendu, qu'elle n'entraîne pas un effort excessif qui conduirait à la somnolence.

Si vous habitez en ville, mettez-vous néanmoins pendant quelques minutes dans les conditions les meilleures pour apporter un supplément d'oxygène à votre cerveau : faites un tour à pied jusqu'à un espace vert ; ou bien ouvrez la fenêtre quelques instants (de préférence une fenêtre qui ne donne pas sur une artère encombrée de véhicules polluants !) ; mettez-vous dans une tenue décontractée qui facilite la respiration, et faites quelques exercices de respiration profonde. Laissez votre corps respirer naturellement. « Un des meilleurs exemples est donné par le bébé : il respire avec tout son corps lorsqu'il se repose. En le regardant, on s'apercevra qu'une respiration naturelle se décompose en trois temps : aspiration, expiration, attente. C'est pendant cette pause que notre corps utilise la provision d'oxygène qu'il vient de recevoir [5]. »

Plus tard aussi, pendant les exercices de mémorisation, n'oubliez pas, dès que la fatigue se fait sentir à nouveau, de réoxygéner votre cerveau. Une crise de bâillements profonds peut faire l'affaire. Ou quelques mouvements d'allée et venue dans la pièce, accompagnés d'inspirations et expirations complètes de l'air contenu dans les poumons.

5. S. Monneret : *Savoir se relaxer* (Paris, Retz-C.E.P.L., 1977), p. 50. Consultez au besoin cet ouvrage pour des conseils sur les exercices de respiration relaxants.

## Rôle de l'alimentation

Le fonctionnement du système nerveux ne provoque que d'infimes dépenses en calories. « Mais l'effort cérébral conduit à un affaiblissement de l'excitabilité des fibres nerveuses. Comme toutes les glandes endocrines sont sous leur dépendance, il s'ensuit une diminution des sécrétions, d'où résultent divers troubles physiologiques. Etant donné qu'il est nécessaire, pour les amender, d'apporter des substances alimentaires à l'organisme, le cerveau se trouve être indirectement un consommateur de calories [6]. » Les produits lactés (lait, fromages) sont favorables par leur apport en calcium et phosphore. Le jaune d'œuf contient des éléments nutritifs de premier ordre pour le cerveau : lécithine et graisse phosphorée, qui permettent de combattre les asthénies et les dépressions intellectuelles ; le poisson, par sa richesse en phosphore, est aussi un stimulant de l'activité intellectuelle. La levure de bière, les germes de blé, les amandes, noix et noisettes sont également conseillés pour les sels minéraux, les vitamines et les oligo-éléments qu'ils apportent [7]. Le chocolat contient de la théobromine qui est un tonique du système nerveux. En revanche, les menus riches en viandes grasses seront à éviter, de même que l'excès de sucre et de fruits acides.

« Toutefois, nous devons insister sur ce fait : le plus important c'est aussi l'hygiène de la digestion. Rien n'est plus mauvais que de s'enfermer dans un travail sédentaire à ce moment-là. Un bon fonctionnement de la mémoire serait alors hautement improbable [8]. »

6. R. Tocquet : *la Mémoire* (Paris, Julliard, 1967), p. 63.
7. Au Moyen Age déjà la noix était considérée comme l'aliment de choix du cerveau. Mais ce n'était pas pour des raisons diététiques ; c'était à cause de l'aspect de l'amande intérieure qui ressemble aux hémisphères cérébraux.
8. P. Chauchard : *Connaissance et maîtrise de la mémoire* (Paris, Retz-C.E.P.L., 1968), p. 161.

## Rôle de la relaxation

Apprendre, non pas contraint et forcé comme trop souvent nous avons dû le faire à l'école autrefois, non pas l'œil fixe, la mâchoire serrée dans un effort de volonté qui nous donne la migraine, mais relaxé, détendu, installé dans un fauteuil confortable, avec même peut-être un fond musical agréable pour renforcer le plaisir que l'on doit éprouver pour bien apprendre...

Est-ce là un rêve chimérique ? Un attrape-nigaud pour velléitaires paresseux qui voudraient apprendre en dormant ? Ou est-ce un conseil sérieux ?

C'est un conseil tout à fait sérieux. Le Dr Georgi Lozanov, et d'autres après lui, ont démontré que la mémorisation se fait mieux dans une ambiance agréable que dans une ambiance désagréable : au lieu de susciter en nous des réflexes négatifs à l'égard de l'apprentissage choisi, l'ambiance relaxante nous incite à y prendre plaisir.

Pourquoi ? Et comment obtenir des résultats valables dans une telle ambiance ? C'est là toute une nouvelle pédagogie, que nous vous exposerons dans le Cours 6. Mais nous pouvons déjà vous assurer que des résultats très positifs ont été obtenus de façon attestée par les observateurs les plus sérieux.

Le premier avantage de la mémorisation en relaxation est de balayer la fatigue et les tensions accumulées. On l'a vu dans le cas du soudeur mentionné plus haut. Deuxième avantage : lorsqu'on parvient à se relaxer véritablement avant de mémoriser, les capacités mentales sont renforcées. Et, troisième avantage : l'effort nécessaire n'est plus une peine, mais un plaisir.

L'explication en est simple : au lieu de faire appel uniquement à l'attention volontaire, dirigée par l'écorce cérébrale, l'état de relaxation rend disponibles les couches plus profondes de l'activité cérébrale, celles justement où (nous le verrons) l'essentiel du processus de mémorisation a lieu.

## Comment se relaxer ?

Il existe de nombreuses méthodes de relaxation destinées à nous débarrasser de nos tensions superflues [9]. La relaxation progressive de Jacobson apprend à reconnaître et à éliminer les tensions de nos muscles. Le training autogène de Schultz vise à obtenir un état de décontraction globale et de détente psychique par concentration personnelle. Le contrôle cérébral de Vittoz est destiné à équilibrer le psychisme en ajustant les perceptions conscientes et volontaires aux sensations physiologiques inconscientes. L'autosuggestion de Coué est une thérapeutique psychosomatique. La relaxation dynamique de Caycedo met le sujet en état de détente par une parole douce, monotone, persuasive. Le rêve éveillé dirigé de Desoille utilise notre pouvoir d'imagination pour soigner, calmer, détendre. La relaxation psychotonique d'Ajuriaguerra lutte contre les troubles qui sont le résultat de notre peur des autres, en réduisant les tensions, tout en cherchant leur signification inconsciente dans l'esprit du sujet. Le trac, l'anxiété ou les phobies qui peuvent nous faire perdre soudain la mémoire en présence des autres sont soignés par cette méthode.

Certaines de ces méthodes insistent sur la détente physique, d'autres insistent plutôt sur la détente psychique ; certaines s'attaquent à l'aspect maladif de nos troubles. Mais toutes ont des points communs portant sur la respiration adéquate, sur la décontraction musculaire, sur l'obtention d'un sentiment intérieur de paix.

9. Un panorama détaillé en est donné par *Savoir se relaxer*, de Simon Monneret (Paris, Retz-C.E.P.L., les Encyclopédies du mieux-être, 1977).

L'encadré ci-contre donne, à titre d'exemple, des indications sur le « cycle inférieur » de la méthode de Schultz pour se relaxer. Bien entendu, ce cycle n'est qu'une étape du training autogène élaboré par ce chercheur.
Pour obtenir une relaxation plus complète, il faut une certaine habitude de ces techniques. C'est pourquoi, si vous avez déjà pratiqué l'une ou l'autre des méthodes citées, utilisez-la de préférence aux autres. Vous obtiendrez l'état de relaxation favorisant la mémorisation sans avoir à vous plier à de nouvelles règles.
Mais, bien entendu, si vous n'êtes pas tenté de pratiquer une méthode de relaxation classique avant vos séances de mémorisation, vous pouvez créer votre méthode personnelle avec des moyens simples. Un bain apaisant ou une douche revigorante peuvent vous procurer la détente souhaitée.
Vous pouvez aussi choisir un endroit tranquille de votre logement, où vous exigerez de ne pas être dérangé ; desserrez les vêtements qui vous compriment ; tamisez la lumière ; installez-vous confortablement ; et laissez-vous aller à un repos décontracté de quelques minutes, soit en fermant les yeux, soit en effectuant quelques mouvements lents qui décrispent, soit en écoutant une musique agréable sur une tonalité douce pour qu'elle soit relaxante.

Suite page 67

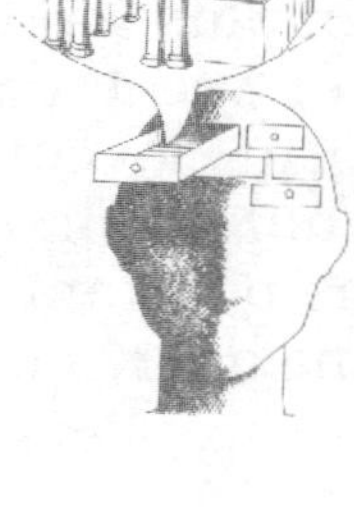

**Le training autogène de Schultz**

Le training autogène comporte deux cycles d'exercices. Le cycle inférieur s'adresse à vos tensions et fatigues quotidiennes, mais soigne aussi diverses affections pathologiques. Dans l'ensemble, tout le monde peut l'acquérir en un ou deux ans. Le cycle supérieur est beaucoup plus difficile, il touche votre personnalité profonde et s'apparente dans le temps et dans les effets à une psychanalyse.

Vous réussirez d'autant mieux à vous mettre en état de décontraction que vous vous concentrerez non pas sur un acte à accomplir, mais sur la représentation de cet acte. En pensant à l'état visé, vous l'atteindrez indirectement. Dans les exercices qui suivent, il s'agit donc de « concentration mentale » et non d'effort physique.

Schultz donne des formules sur lesquelles il faut nous concentrer. L'une d'elles revient à chaque exercice et à chaque occasion que nous aurons de nous détendre, c'est : « Je suis tout à fait calme. » Avec le temps, cette formule perdra son caractère extérieur et, peu à peu, au lieu d'être à distance de l'idée de calme, au lieu qu'il y ait un écart entre notre pensée et notre état corporel, les deux se rejoindront. Nous nous sentirons envahis par un état de quiétude et de bien-être. La formule abandonnera de plus en plus son sens grammatical, pour être immédiatement vécue dans notre corps.

Comme on peut le constater, nous sommes très proches de l'auto-hypnose ou de l'autosuggestion. Il ne s'agit pas pourtant de rabâcher une idée, mais d'essayer d'imaginer, de voir des images de calme et de repos : un paysage à la tombée de la nuit, des personnages qui se reposent, une mère nourrissant son enfant, le vent qui tombe sur les arbres, des lumières qui s'éteignent, un sourire chaleureux. Chacun selon sa personnalité produira les images qui conviennent le mieux à son accès dans un état calme.

## Le cycle inférieur

Les exercices du cycle inférieur sont à effectuer deux ou trois fois par jour, de préférence après le déjeuner, après le dîner, ou avant de s'endormir. Ils dureront de une à cinq minutes chacun.

### 1. La sensation de pesanteur

Dans la vie quotidienne vous n'avez pas directement conscience de l'existence de vos muscles. Vous n'avez même pas conscience de tout un ensemble de tensions qu'ils accomplissent constamment. Vous réfléchissez en fronçant le front, vous écrivez en crispant la main, vous conduisez en mettant en action autant de muscles que si vous marchiez. Le premier exercice de Schultz va vous faire prendre conscience de ce corps de muscles et de chair qui vous accompagne quotidiennement, à travers la sensation de pesanteur. Vous allez éprouver le poids d'un bras, puis le poids de l'autre bras, le poids d'une jambe... jusqu'à ce que vous sentiez tout votre corps peser, s'enfoncer, creuser l'espace dans lequel vous êtes.

*Exercice préliminaire*

Posez votre bras sur une table, laissez-le se détendre ; quand il sera bien détendu vous éprouverez une sensation de pesanteur. Ensuite crispez le poing, la sensation disparaîtra immédiatement. L'exercice de la pesanteur se fait en se représentant mentalement la formule : « Mon bras droit est tout lourd. » Il ne faut rien chercher à faire avec son bras, mais essayer d'imaginer un bras que l'on ne peut arriver à soulever, un bras qui ressemble à une barre de fer ou de plomb, un bras énorme.

Vous vous répéterez cinq ou six fois : « Mon bras est lourd », puis au bout de vingt à trente secondes vous reviendrez à la réalité d'abord en pliant les bras, puis en respirant profondément, enfin en ouvrant les yeux [10].

Cet ordre apparemment simple est dans les faits difficile à suivre. Votre premier réflexe sera, en effet, d'ouvrir les yeux. Vous risquez alors de ressentir des impressions désagréables. La sensation de pesanteur a lieu généralement dans le coude et dans l'avant-bras. Puis elle prendra le bras tout entier, se communiquera à l'autre bras et, de proche en proche, gagnera tout le corps. Il n'est donc pas nécessaire d'explorer un à un tous les muscles de votre corps pour éprouver cette sensation.

*Les impressions ressenties*

Les impressions de chacun pendant ces exercices sont multiples :

« Un diplomate de trente-cinq ans dit par exemple : "Le bras semble collé à la jambe, il ne semble pas y avoir de liaison entre le corps et l'avant-bras" ; un psychologue de vingt ans note :

"1. sensation de pesanteur dans les deux bras, particulièrement dans le bras droit ;

2. fourmillements dans les doigts ;

10. Schultz nomme ce retour à la réalité la « reprise ». Ce passage de la décontraction à l'attention est un des éléments principaux que le training cherche à inculquer.

3. baisse de température, sensation de froid dans les deux avant-bras ;
4. bras droit senti comme un membre étranger.
[...] J'avais très faiblement la sensation d'un courant électrique qui me traversait le bras" ; un neurologue de quarante-trois ans : "Pas de sensation musculaire, mais dans l'avant-bras une impression de vasodilatation."[11] »

D'autres éprouveront des sensations de gonflement, de vertige ou d'assoupissement. Ce qui n'est pas étonnant puisque le sommeil est lié à une décontraction musculaire.

La sensation suggestive de pesanteur ne coïncide pas dès le début avec une réelle décontraction musculaire. Il ne faut donc pas croire que l'on se relaxe uniquement parce que l'on ressent cette sensation particulière.

Au début, il faudra faire durer l'exercice très peu de temps et ne pas attendre d'en être tiré par un phénomène extérieur. Au bout d'une ou deux semaines, vous penserez : « Tout mon corps est lourd » ; et vous resterez dans cet état de relaxation autant de temps qu'il vous plaira. Vous pourrez alors passer à l'exercice suivant.

### 2. La sensation de chaleur

L'exercice a un déroulement semblable au précédent, avec comme formule : « Mon bras droit est tout chaud. » La production de sensations thermiques dans le corps n'est pas un fait nouveau, elle était déjà pratiquée, entre autres, par les yogis qui pouvaient ainsi s'exercer à combattre le froid. Le pas-

11. J.H. Schultz : *Training autogène* (Paris, P.U.F., 1974).

sage de la sensation localisée de chaleur à la sensation généralisée prendra environ quatre semaines. Pendant la séance, la sensation de chaleur disparaît d'elle-même au bout d'une demi-heure environ par une régulation automatique du système vasculaire.
Comme pour la pesanteur, l'expérience de la chaleur est aussi accompagnée de dépersonnalisation partielle et de modification de la perception du corps. Parmi les plus classiques, on trouve celles apparentées aux membres fantômes des amputés : impression d'agrandissement, de rétrécissement, de mouvement d'une extrémité immobile, sensation d'engourdissement ou de picotements.
*A noter :*
Ces deux premiers exercices sont la base du training autogène. Chez des émules de Schultz ou dans des méthodes de relaxation proches, ce seront parfois les seuls conservés. En effet, ils permettent d'atteindre un état moyen de déconnexion du système nerveux et de la conscience.

### 3. Le contrôle du cœur

Le cœur est un des premiers organes atteint par toute émotion qui vous affecte, il est profondément lié à notre état psychique. Le contrôle du cœur permettra d'assurer l'état de calme déjà atteint.
Sauf lors d'un effort particulier, ou lors d'une fièvre un peu forte, vous n'avez pas conscience des sensations cardiaques. Votre première tâche sera donc de chercher à sentir votre cœur. Là encore, l'autosuggestion et la représentation mentale seront importantes ; sans elles on ne pourrait pas maîtriser son rythme cardiaque.
Pratiquement, vous procéderez ainsi : en position

allongée, posez la main droite sur votre cœur, en prenant soin de soutenir le coude gauche avec un coussin. Vous éviterez ainsi certaines sensations angoissantes ou pénibles pendant la relaxation. Ensuite, observez ce qui se passe dans la région cardiaque. Non seulement écoutez votre cœur, mais encore laissez-vous aller à des représentations visuelles : une vague qui déferle, l'ouverture et la fermeture d'une vanne, un balancier de pendule... Vous pourrez alors vous concentrer sur la formule : « Mon cœur bat calme et fort. » Ce qui permettra de supprimer l'irrégularité des battements et les palpitations.

Enfin, par l'autoconcentration sur les formules : « Mon cœur bat plus vite » et « Mon cœur bat plus lentement », vous pourrez contrôler l'accélération ou le ralentissement du pouls. Un patient de Schultz dont le cœur battait normalement à 76 pulsations a pu ainsi le faire varier de 44 à 144.

**4. Le contrôle de la respiration**

Pas plus que dans les autres méthodes de relaxation, on ne trouve chez Schultz d'exercice forcé pour éduquer la respiration. Les exercices violents risquent de produire des états d'excitation ou des syncopes. Au contraire, il faudra vous abandonner à votre respiration en vous concentrant sur une formule simple comme : « Respirer calmement. » En même temps, soyez attentif à ce qu'éprouve votre corps : lente agitation d'un milieu marin, sensation de « masse pesante, calme et chaude ». Peu à peu le corps entier devient respiration ; à ce moment-là, vous pourrez penser : « Je suis respiration. »

Ne cherchez pas à obtenir un résultat donné ; il

faut laisser votre corps inventer ses solutions. Celles-ci sont l'établissement d'un certain rythme harmonieux de la respiration qui va accompagner vos fonctions vitales. Vous pourrez éventuellement faire coïncider les formules mentales avec ce rythme. La pensée accompagnera le corps. Le contrôle de la respiration, comme celui du cœur, demande environ deux semaines.

**5. La sensation de chaleur dans l'abdomen**

Il s'agit d'éprouver des ondes de chaleur dans l'abdomen, du nombril à l'appendice. Vous pouvez recourir à une formulation comme : « Mon ventre est tout chaud », ou, si vous craignez les conséquences érotiques de celle-ci : « Mon plexus solaire est tout chaud. » Ce qui est anatomiquement erroné. La sensation de chaleur sera facilitée en imaginant que vous expirez avec l'abdomen. Cette sensation est proche de l'action calmante produite par des compresses chaudes sur le ventre ou, tout simplement, par un bain.

**6. La sensation de fraîcheur sur le front**

Garder la tête froide, ou plutôt percevoir une sensation de fraîcheur sur le front, est le dernier exercice de ce cycle inférieur. Après avoir récapitulé les différents stades précédents, vous vous concentrerez sur : « Mon front est agréablement frais. » Cette fraîcheur doit être légère, passagère, comme si un souffle d'air frais baignait votre front. Le reste du corps reste détendu, empreint de chaleur et de pesanteur, avec une respiration calme. Certains baumes ou de l'eau de Cologne appliqués sur le front procurent une sensation de ce type.

## Le fond musical

Dans la recherche de la sérénité intérieure, la musique a un effet remarquable. Une branche des méthodes de relaxation, la musicothérapie, s'est penchée sur ces effets, afin d'aider le sujet à en faire un usage bienfaisant.
« Les sons ont un pouvoir psychique ; ils peuvent engendrer un état de bien-être comme de malaise. De même qu'une note jouée sur un instrument à cordes fait entrer en résonance un autre instrument à cordes placé dans la pièce, notre corps réagit aux vibrations musicales.
D'une manière générale, on a constaté que toute musique excitante est composée de beaucoup de sons aigus. En revanche, les notes graves et les basses profondes ont un effet lénifiant, elles enveloppent. Une musique choisie et diffusée en sourdine chasse l'anxiété [12]. »
Il est probable que le rythme musical que nous choisissons d'entendre à un moment donné aide l'organisme à recycler, à rétablir harmonieusement nos rythmes physiologiques fondamentaux. On a remarqué aussi, dans les maisons de retraite pour personnes âgées, que la musique agissait comme un revitalisant. De plus, elle nous donne accès aux manifestations de notre inconscient, elle permet à nos émotions, réfrénées pendant les heures de travail à l'extérieur, de remonter à la surface. Nous pouvons ainsi les revivre et nous en libérer.
Il y a des musiques dynamisantes, par leur rythme, leurs sons vifs, joyeux, éclatants ; il y a des musiques émouvantes, qui font venir les larmes aux yeux et remuent les sentiments ; il y a des musiques apaisantes qui sécurisent, des musiques relaxantes qui détendent.
Il existe des enregistrements spécialement conçus pour

12. « Relaxez-vous en musique », par P. Salomon, in *Mieux-Etre*, n° 14, mars 1978, p. 78.

la relaxation en musique [13]. Mais chaque individu a ses préférences ; on a donc intérêt à choisir soi-même son programme de musique relaxante. Un type de musique qui apaise un jour devient par la suite lassant pour celui qui aime la diversité. D'autres au contraire préféreront s'habituer à certains morceaux qui susciteront comme un réflexe conditionné permettant une relaxation rapide.

A chacun selon ses goûts. Voici néanmoins, à titre indicatif, quelques œuvres relaxantes, proposées par H.G. Price, musicothérapeute américain [14] :

BACH :
— Largo du *Concerto en la*
— *Suite en si bémol*
— *Concerto brandebourgeois n° 4*

BEETHOVEN :
— *Sonate « Clair de lune »*

SAINT-SAENS :
— *Carnaval des animaux*

TCHAÏKOVSKY :
— *Sixième Symphonie*

WAGNER :
— Prélude de *Parsifal*

14. S. Monneret : *Savoir se relaxer* (Paris, Retz-C.E.P.L., 1977), p. 184.

## Utilité de la relaxation

La mémorisation est un terme qui recouvre trois stades bien différenciés de la conservation des souvenirs :
— l'enregistrement des données, ou *apprentissage ;*
— la conservation des données, ou *stockage ;*
— l'évocation des données, ou *rappel.*

13. *Introduction à la méthode psychosomatique*, par le docteur Gabaï. Disque diffusé par l'Institut de musicothérapie.

La relaxation aide tout d'abord l'*enregistrement des données ;* nous en avons cité un exemple au début de ce cours. Ce rôle de la relaxation a été démontré à l'Institut de suggestopédie du Dr Lozanov.

La *conservation des données* étant un processus inconscient, nous n'avons pas d'informations sur les effets de la relaxation à ce deuxième stade. D'ailleurs, si les données sont bien enregistrées, elles n'ont pas de raison d'être soumises aux fluctuations de nos états transitoires de relaxation.

Notre aptitude à la relaxation sera en revanche d'une grande utilité au troisième stade : au moment de l'évocation des données. Il est en effet d'observation courante qu'une tension excessive de notre système nerveux nuit au rappel des souvenirs. « L'objectif à atteindre, remarque Paul Chauchard, est la suppression de l'énervement qui nous prive de notre contrôle. Pourquoi redouter de ne pas se souvenir ? Il faut faire confiance à sa mémoire, dès l'instant que l'on a appris à rester calme [15]. »

## Le stress bloque les souvenirs

Mais c'est bien là toute la difficulté : comment rester calme dans des circonstances énervantes qui risquent de bloquer les souvenirs ?

Voici ce que conseille Robert Tocquet :

« Dans les jours qui précèdent un examen ou une composition, nous vous conseillons de revoir d'abord les sujets qui vous semblent les mieux connus, puis, en dernier lieu, ceux que vous croyez avoir oubliés [16]. » Revoir des sujets bien appris donne confiance en sa mémoire. Une fois qu'on est lancé, la mémoire retrouve plus facilement

15. P. Chauchard : *Connaissance et maîtrise de la mémoire* (Paris, Retz-C.E.P.L., 1968), p. 175.
16. R. Tocquet : *la Mémoire* (Paris, Julliard, 1967), pp. 145-149.

ce qui est moins bien appris, car un souvenir évoqué en entraîne un autre, et peu à peu la cohérence interne du sujet en révision s'impose à l'esprit qui retrouve bien des éléments qui lui auraient échappé à première vue. Mais on ne peut, c'est évident, avoir retenu tous les détails. La révision continuera alors de la façon suivante : « Sans ouvrir au préalable vos livres ou vos cahiers, tracez le plan logique du sujet, notez-en les points essentiels et, enfin, les détails. Cela fait, confrontez ce que vous avez écrit avec ce que vous avez appris, et révisez soigneusement ce que vous avez oublié. Cette méthode permettra [...] de connaître vos points faibles et d'y remédier. »
Lorsqu'on a ainsi repris de l'assurance en vérifiant les connaissances acquises et en les consolidant, on peut affronter avec moins de risques l'épreuve de l'examen lui-même.

« C'est le jour d'examen. Vous êtes devant votre page blanche et le sujet qui vous est imposé ne vous inspire pas. Vous croyez en avoir oublié la plupart des éléments. Ne vous énervez pas. Dites-vous qu'ils sont emmagasinés quelque part dans votre cerveau. La difficulté est de les faire réapparaître à la conscience sous forme de souvenirs. Supposons que la question à traiter soit "l'acide nitrique". Vous savez que le cadre habituel de ces sortes de sujets est le suivant : propriétés physiques ; propriétés chimiques ; préparations ; usages. Vous écrivez par conséquent ces titres de paragraphe sur votre papier brouillon, en laissant entre eux un intervalle suffisant. Ou mieux, vous utilisez une feuille spéciale pour chacun d'eux. Cela fait, ne cherchez pas à évoquer dans leur ordre logique les différents points du sujet. Quelle que soit sa nature, et quelle que soit son importance, inscrivez dans le paragraphe convenable le premier détail qui vous vient à l'esprit [17]. »

Cette méthode, qui est applicable à n'importe quelle discipline, consiste à faire confiance à votre mémoire. Mais non pas seulement à votre mémoire consciente, logique ; ce procédé fait appel bien plutôt à votre mémoire inconsciente qui, dans n'importe quel ordre, secrètement élaboré par elle, saura établir des enchaînements d'un souvenir à l'autre, comme c'était le cas lors des révisions préalables. L'ordre logique surgira ensuite de ces morceaux épars, rajouté par la mémoire consciente. S'il reste des trous, laissez-les en blanc. Le travail inconscient de votre esprit continuera à votre insu et permettra de les combler peu à peu.

« En ce qui concerne l'oral, il arrive que le candidat souffre d'une certaine angoisse, capable d'obnubiler fâcheusement le jeu de la mémoire. S'il en est ainsi, procédez à quelques mouvements de respiration profonde avant de vous présenter devant l'examinateur. Le calme reviendra progressivement en votre pensée [18]. »

Quand on connaît les effets de la relaxation sur notre corps et sur notre esprit, il n'y a pas lieu de douter de l'efficacité de ces conseils sur la respiration profonde. Ils montrent toutefois qu'il est utile de savoir se relaxer véritablement en n'importe quel endroit, aussi inconfortable soit-il. Des exercices préalables dans ce sens ne seront jamais inutiles.

Yves Furet, spécialiste de l'expression orale, conseille la respiration abdominale : « Dans la phase aspiration, on laisse aller le diaphragme sans hausser les épaules ; pour expirer, on utilise la masse viscérale comme un piston pour renvoyer et expulser le souffle [19]. »

17. R. Tocquet : *la Mémoire, op. cit.*
18. Même référence.
19. Y. Furet : *Savoir parler en toutes circonstances* (Paris, Retz, 1975).

CHAPITRE 4

# deuxième cours

# la répétition

Lorsque nous avons repéré un numéro de téléphone dans l'annuaire et que nous nous tournons vers l'appareil pour composer ce numéro sur le cadran du téléphone, qu'avons-nous spontanément tendance à faire pour ne pas oublier les chiffres du numéro repéré ? Nous nous les répétons à mi-voix [1].
Même si nous ne pratiquons pas cette subvocalisation, mais si nous composons à plusieurs reprises le même numéro de téléphone, nous finissons par découvrir un jour que nous le savons par cœur. La répétition du numéro a fini par le graver dans notre mémoire. On rencontre cette répétition chez le petit enfant qui apprend à parler ; on la rencontre chez les publicitaires qui veulent nous faire mémoriser la marque d'un produit [2] ; on la rencontre dans la propagande politique, dans la persuasion sous toutes ses formes, dès les temps les plus anciens (voir encadré). Tous ces domaines d'application de la répétition montrent son efficacité comme méthode de mémorisation.

1. Cette répétition subvocale a été baptisée par Conrad la « boîte à écho » ; voir A. Lieury : « La mémoire à très court terme », *Psychologie*, n° 65, p. 38.
2. A. Ehrenberg : « La publicité répétitive », *Communication et langages*, n° 23, pp. 105-118.

BERCEUSE PÉDAGOGIQUE DU JOUG ET DU FARDEAU

A

Venez auprès de moi, tous, vous,

B

b

Car vous êtes surmenés

c

et vous êtes surchargés

C

b

Car je suis simple moi,

c

et bref pour la mémoire

d

et moi je vous reposerai, vous.

d

et vous trouverez repos pour vos gorges à vous.

e

Recevez sur vous mon Joug à moi

f

et soyez, vous, Appreneurs de moi

e

Car mon Joug à moi, il est aisé

f

et mon Fardeau à moi, il est léger

Texte traditionnel palestinien, transcrit en français dans une mise en page qui souligne les répétitions destinées à le rendre facilement mémorisable par la masse des fidèles.
Marcel Jousse : « Rythmo-mélodisme et rythmo-typographisme pour le style oral palestinien », cité par François Richaudeau, *la Lisibilité* [Paris, Retz, 1969], p. 132.

## La répétition n'est plus en faveur

La répétition comme méthode de mémorisation était toute-puissante à l'école autrefois. Les pédagogues en ont d'ailleurs abusé : « Chaque écolier connaît les peines et humiliations de l'apprentissage par cœur au moyen de répétitions [3]. » Aujourd'hui, par contrecoup, elle n'est plus guère en faveur. Irving Rock, par exemple, l'attaque en se fondant sur l'expérience suivante.

Il rappelle tout d'abord la courbe de mémorisation obtenue par Herman Ebbinghaus qui, pour mesurer la « mé-

3. I. Rock : « Repetition and Learning », in *Scientific American*, août 1958.

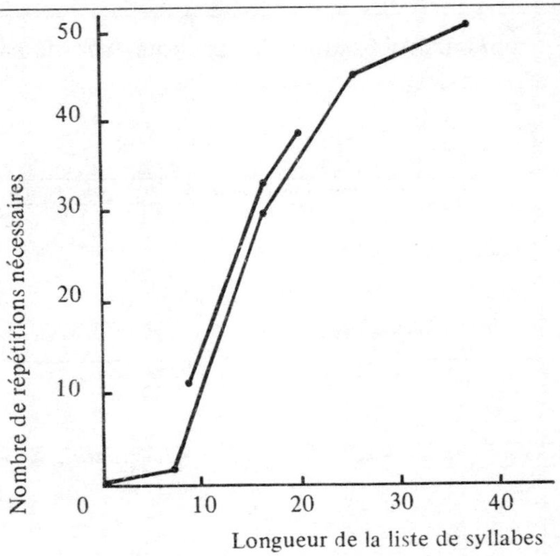


En 1885, Hermann Ebbinghaus a procédé sur lui-même aux premières expériences d'apprentissage par répétition de listes de syllabes dépourvues de sens, afin de tester la mémoire pure, sans intervention de l'intelligence. Sur ce matériel, il a trouvé entre autres que « chaque augmentation du matériel à apprendre augmente démesurément le nombre de répétitions donc le temps d'apprentissage ». C'est ce qu'on nomme la « loi d'Ebbinghaus »[4].

4. D'après H. Ebbinghaus : *Uber das Gedächtnis* (Leipzig, Dunckert & Humblot, 1885).

moire pure », sans intervention de l'intelligence, s'était astreint à mémoriser lui-même des listes de syllabes dépourvues de sens, en comptant le nombre de répétitions nécessaires pour réciter par cœur toute une liste. Dans l'expérience d'Ebbinghaus, le nombre de répétitions nécessaires pour savoir réciter une liste augmente beaucoup lorsque la liste s'allonge. Cette méthode de mémorisation par répétition n'est pas rentable, proteste Irving Rock ; en effet, une partie des syllabes était mémorisée dès la première lecture ; si, à chaque relecture, je remplace par de nouvelles syllabes celles qui ne sont pas apprises d'emblée, je retiens au total autant de syllabes sans répétitions pour les mémoriser [5].

## Doit-on la réhabiliter ?

Harry P. Bahrick a travaillé, en collaboration avec d'autres chercheurs, sur « ces inoubliables années de collège » : présentant des photos de classe à des sujets âgés de dix-sept à soixante-quatorze ans, il a testé leur mémoire à long terme en leur demandant d'associer les noms de leurs anciens condisciples avec les visages de la photo. Voici sa conclusion: « Il est clair que la somme d'informations dont les individus se souviennent dans la vie réelle est beaucoup plus importante que ne le laissent supposer les recherches fondées sur une matière apprise au cours d'une expérience de laboratoire. Nous pouvons expliquer cette disparité en observant les différences dans la manière dont les individus apprennent ces matières. Les collégiens disposent généralement de quatre ans pour acquérir et stocker les informations concernant leurs condisciples. Ils apprennent peu à la fois, mais ils utilisent et réutilisent fréquemment l'information. Dans les expériences de laboratoire, les sujets apprennent la matière une seule fois, puis sont restés aussitôt après. Ce procédé ne tient pas compte de l'apprentissage graduel étalé sur plusieurs années dans la vie quotidienne [6]. »

Voici la marche à suivre pour que la répétition devienne une méthode efficace :

1. Ne pas apprendre beaucoup à la fois.
2. Utiliser fréquemment l'information mémorisée.
3. Faire des pauses.
4. Mémoriser activement.

Suite page 78

5. I. Rock : « Repetition and Learning », in *Scientific American*, août 1958.
6. H.P. Bahrick, P.O. Bahrick, R.P. Wittlinger : « La mémoire à très long terme : ces inoubliables années de collège », in *Psychologie*, n° 65, p. 35.

**Lorsque l'arbre cache la forêt**

De quels trésors d'intelligence, d'imagination et de méticulosité font preuve les chercheurs pour traquer cette entité encore si mystérieuse : la mémoire humaine. Pourtant, comme les objectifs — et les méthodes — sont différents ! Dans le premier cas, il s'agit de contrôler notre *mémoire à long terme,* s'étalant sur plusieurs dizaines d'années ; dans le second cas, la *mémoire à court terme* qui ne dure que quelques secondes.

Dans le premier cas Fahrich montre notamment que nous retenons mieux des visages — avec leurs traits évocateurs de la personnalité des sujets — que les mots s'y rattachant, que les noms d'anciens condisciples correspondant à ces visages. Un autre chercheur américain, James J. Jenkins, a fait des expériences sur les souvenirs subsistant après plusieurs dizaines de secondes ou plusieurs minutes, c'est-à-dire sur ce que certains psychologues nomment la *mémoire à moyen terme*[7]. Et Jenkins en déduit lui aussi « la primauté générale dans la mémoire » des éléments significatifs.

Mais alors, les expériences rapportées sur la mémoire à court terme ne sont-elles pas trop artificielles pour être totalement probantes ? Peut-on, en ne soumettant aux sujets observés que des suites de lettres, de phénomènes soigneusement choisis pour n'être en aucune façon significatifs, en déduire la loi du fonctionnement de notre mémoire ? J'ai moi-même répété les expériences classiques et j'ai obtenu les mêmes courbes d'oubli, la dernière partie du message étant mieux retenue que son début.

Puis, aux mêmes sujets, j'ai fait entendre — ou lire — des messages significatifs. Et là tout changeait : c'étaient les premiers mots qui étaient les mieux retenus. J'ai montré que la structure des phrases n'expliquait pas ces résultats, des mots importants étant néanmoins mal mémorisés lorsqu'ils étaient placés en fin de phrase. Ces expériences ont été réalisées il y a quatre ans sur quarante-sept sujets ayant entendu ou lu chacun soixante-deux phrases choisies de façon aléatoire[8]. Je les ai reprises, il y a moins d'un an, sur un autre groupe, cette fois-ci deux cents sujets écoutant six phrases fabriquées spécialement pour ces expériences[9], et avec les mêmes résultats.
Comme il est curieux que les psychologues expérimentaux de la *mémoire immédiate* se cantonnent délibérément dans l'observation de fonctionnements exceptionnels, aberrants, de nos mémoires et refusent de les étudier dans leurs fonctionnements habituels, normaux ! Ont-ils alors le droit de généraliser les résultats qu'ils observent ainsi et de prétendre qu'ils expliquent notre mémoire lorsque celle-ci fonctionne normalement ?
Je ne puis m'empêcher d'évoquer la métaphore de « l'arbre qui cache la forêt », l'arbre, en l'occurrence, étant l'obsession de la « pureté » méthodologique qui en vient à faire presque oublier aux chercheurs la nature profonde des phénomènes observés.

François Richaudeau

7. *Psychologie,* n° 65, p. 38.
8. « Le Langage et la mémoire », in *Psychologie,* n° 57, oct. 1974.
9. F. Richaudeau : *Recherches en psycho-linguistique* (Paris, C.E.P.L., 1971), et « La Mémoire et le langage », in *Psychologie,* n° 30, juillet 1972. F. Richaudeau : 6 phrases, 200 sujets, 42 lapsus, 1 rêve », in *Communication et langages,* n° 23, 1974.

### Apprendre peu à la fois

La mémorisation par répétition est plus efficace si on fragmente le texte à apprendre, car :
— elle est moins fatigante ainsi,
— son efficacité est plus régulièrement contrôlée,
— les contrôles sont plus souvent couronnés de succès, ce qui encourage à persévérer.

Cependant, il y a aussi des inconvénients à fragmenter beaucoup la mémorisation par répétition :
— on manque de vue d'ensemble sur le matériel mémorisé,
— les répétitions deviennent ainsi automatiques, sans participation intellectuelle à la tâche,
— chaque fragment mémorisé sans participation intellectuelle risque d'être oublié quand on mémorise le fragment suivant.

Ces inconvénients s'éliminent toutefois si l'on suit la seconde recommandation de Bahrick.

### Utiliser fréquemment l'information mémorisée

Trois groupes de sujets ayant la même liste de mots à mémoriser, l'expérimentateur demanda au premier groupe que chaque sujet répète la liste jusqu'à ce qu'il ait réussi à redire une fois la liste entière sans omission ; au second groupe, il demanda que chaque sujet apprenne la liste de la même manière, mais qu'il continue à la répéter encore moitié autant de fois qu'il lui en avait fallu pour la redire une première fois sans omission ; et au troisième groupe, il demanda un nombre de répétitions doublant la quantité nécessaire à chaque sujet pour redire une première fois la liste sans omission. Si, par exemple, il avait fallu aux sujets du premier groupe en moyenne 10 répétitions pour satisfaire l'expérimentateur, il fallait aux sujets du second groupe en moyenne 15 répétitions, et aux sujets du troisième groupe en moyenne 20 répétitions. Le degré de mémorisation des sujets était mesuré en leur faisant redire la liste un autre jour (entre 1 et 28 jours plus tard). Dans toutes les expériences, la mémorisation du troisième groupe se révéla supérieure à celle du deuxième groupe, et la mémorisation du deuxième groupe, supérieure à celle du premier groupe [11].

### Le « surapprentissage »

Une première mémorisation correcte ne garantit donc pas une bonne mémorisation. Il faut un « surapprentissage », c'est-à-dire des répétitions après le premier apprentissage, pour retenir de façon efficace.

Les sujets de l'expérience de Bahrick, qui reconnaissaient et savaient nommer leurs anciens camarades de classe même bien des années après les avoir perdus de vue, avaient appris ces noms par petites quantités, tous les jours, pendant quatre années consécutives. C'est ce qui rendait leur mémoire si tenace. Donc on ne répète jamais trop les notions que l'on veut bien connaître. (Voir l'analogie avec des vases coniques, de B.J. Underwood, dans la figure ci-après.)

### Faire des pauses

Ebbinghaus a montré que, pour retenir efficacement des informations, il fallait couper les exercices de répétition d'intervalles de pause : on lit le matériel quelques fois ; puis on s'arrête pendant quelques minutes, on se détend ou on fait autre chose. Pendant cette pause, le cerveau opère un travail subconscient de décantation, de classement, d'enregistrement. Lorsqu'on reprend les répéti-

11. B.J. Underwood : « Forgetting », *Scientific American*, mars 1964.

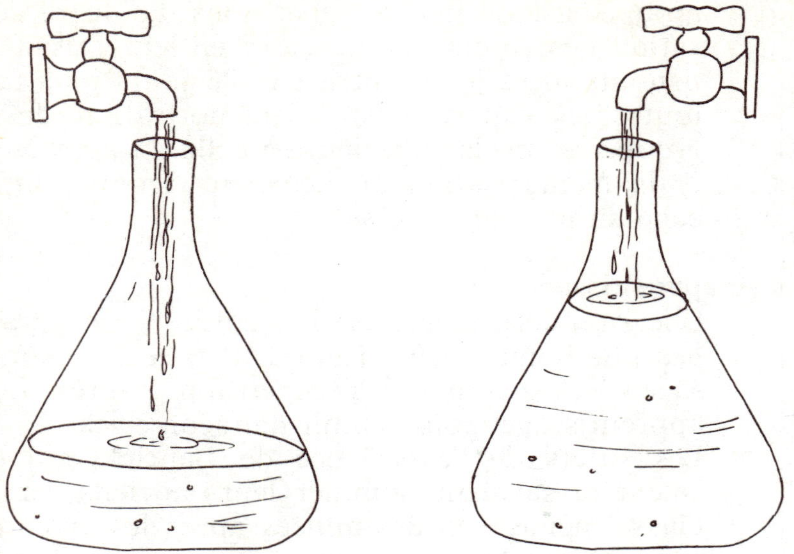

**Analogie avec des vases coniques de B.J. Underwood**
Dans ce schéma, le degré d'apprentissage est indiqué par le niveau de l'eau, et le degré d'oubli par la surface permettant l'évaporation de l'eau : plus le niveau de l'eau monte, plus la surface de l'eau devient étroite, de sorte qu'il y a moins d'évaporation. Les robinets déversant de l'eau représentent la vitesse d'apprentissage : à droite, l'apprentissage se fait rapidement (soit parce que le matériel est facile, soit parce que l'élève est doué pour apprendre vite), et dès qu'il atteint un bon niveau d'apprentissage (niveau de l'eau élevé), l'oubli devient insignifiant (petite surface d'évaporation) ; à gauche, l'apprentissage est lent ; s'il est interrompu lorsque l'apprentissage de droite est satisfaisant, celui de gauche est encore instable (grande surface d'évaporation) ; mais si on laisse à l'élève lent le temps d'atteindre le même degré de surapprentissage que l'élève rapide (remplissage du vase jusqu'à un même niveau de l'eau), Underwood a montré que la stabilité des acquisitions est aussi bonne chez l'élève lent que chez l'élève rapide (petite surface d'évaporation).
(Extrait de Benton J. Underwood : « Forgetting », *Scientific American*, mars 1964.)

tions, la mémorisation se révèle plus facile. « S'il faut, par exemple, onze lectures successives pour apprendre un texte, il n'en faudra plus que six lorsqu'une pause de quelques minutes les sépare... En outre, on a constaté que l'influence des pauses est plus importante au début des répétitions qu'à la fin [12]. »

D'autre part, il vaut mieux faire plusieurs courtes séances qu'une seule longue séance, afin d'éviter que l'attention ne s'émousse et que la fatigue s'installe. Il est bon d'organiser à l'avance ces séances courtes, souvent reprises, de manière à pouvoir se reposer entre elles, ou faire un travail d'une autre nature, qui exige moins d'attention. L'idéal est de terminer le travail de répétition juste avant de s'endormir. Pendant que l'on se met au lit, on peut penser à ce que l'on vient d'assimiler sans risquer d'être distrait par des problèmes plus absorbants. Pendant le sommeil, le travail de consolidation de l'apprentissage opéré par les cellules cérébrales aura le temps de se faire tranquillement.

Malheureusement, on attend souvent la dernière minute pour se mettre au travail et on n'a pas le temps de répéter les séances plusieurs jours de suite. Il faut alors se ménager tout de même des intervalles de quelques minutes de pause en changeant de pièce, en buvant un verre d'eau, ou en vaquant à une activité mineure, avant de reprendre la mémorisation.

## L'attitude active

Hunter a fait un jour l'observation suivante. Il avait lu plusieurs fois à sa classe un court poème pour que ses élèves l'apprennent par cœur. Quand les enfants surent répéter le poème et quittèrent la classe pour la récréa-

12. R. Tocquet : *la Mémoire* (Paris, Julliard, 1967), p. 116.

tion, le professeur voulut se redire le poème de mémoire ; mais il n'y parvint pas [13] ! Que s'était-il passé ? En lisant le poème à ses élèves, Hunter l'avait entendu autant de fois qu'eux, et ses capacités de mémorisation n'étaient certes pas inférieures aux leurs.

C'était l'attitude face à la tâche de mémoriser qui avait différé : pendant les lectures successives du poème, le professeur surveillait ses élèves, tandis que les élèves se préoccupaient du poème, répétaient mentalement les vers entendus, gravaient les mots clés dans leur esprit.

Cet exemple montre que répéter automatiquement un texte ne suffit pas pour le mémoriser. Il faut s'abstraire des sollicitations extérieures, se concentrer sur ce que dit le texte. Il faut une participation active de l'esprit pour bien retenir.

### Se fixer des buts précis

Savoir que l'effort de mémorisation va être utilisé aussitôt après aide beaucoup la participation active. Répéter sans but, en revanche, la décourage. Fixez-vous donc toujours des buts proches et précis, avant de mémoriser un texte par répétitions. Le but peut être simplement de vous tester vous-même après un certain temps que vous vous êtes fixé. L'avantage sera alors que cette mise à l'épreuve de votre mémoire sera proche et sans danger pour votre amour-propre. Mais recherchez aussi les mises à l'épreuve par d'autres que par vous, pour contrôler vos acquisitions. Elles sont plus stimulantes pour une mémorisation active.

### Le feedback

Quand l'apprentissage est difficile, connaître le niveau de ses performances au fur et à mesure que le travail

13. I. Hunter : *Memory* (Harmondsworth, Penguin Books), p. 101.

avance est un grand stimulant. C'est ce que les Américains nomment le « feedback » : en cours de travail, on procède à intervalles réguliers à une synthèse, à une révision de l'acquis. S'il est insuffisant, on procède à une rapide répétition en survolant les secteurs déjà appris ; si l'acquis est satisfaisant, c'est un encouragement à aller de l'avant sans tarder.

Les avantages de ces révisions sont nombreux :
1. Elles permettent de *corriger les erreurs* au fur et à mesure qu'elles se produisent. On contrôle ainsi l'enregistrement correct des données.
2. Elles introduisent des *répétitions régulières de l'ensemble* de l'apprentissage déjà réalisé, ce qui le consolide utilement.
3. Elles donnent l'occasion de se fixer *un score à atteindre* au stade suivant, du genre de : « J'ai appris tant, en tant de temps ; je vais essayer de faire aussi bien ou mieux pour la page suivante. » Une telle compétition avec soi-même est toujours stimulante, si elle se fixe des échelons réalistes : ce qu'on a réussi à faire une fois, pourquoi ne pourrait-on pas le réussir encore, en l'accélérant un peu si possible ? De cette manière, les échecs sont rares et les réussites encourageantes. L'attention est plus facile à maintenir dans cet esprit de performance facile à réaliser.

L'efficacité de ces contrôles personnels fréquents a été démontrée par une étude de R.E. Laporte et J.F. Voss. Après une séance de mémorisation, un groupe de sujets a été renseigné aussitôt sur les scores atteints par chaque individu. Un autre groupe a été laissé dans l'ignorance de ses résultats. Une semaine après, les connaissances des deux groupes ont été vérifiées. Les sujets informés de leurs résultats après la séance de mémorisation se souvenaient beaucoup mieux du matériel mémorisé que les sujets non informés. L'effet de feedback avait joué son rôle de stimulant de la répétition [14].

### S'adapter au matériel

La mémorisation par répétition du matériel doit prendre des aspects variés selon les circonstances : on ne répète pas de la même manière si l'on est seul ou en groupe, si on a beaucoup ou peu de temps devant soi, si le matériel est long ou court, facile ou difficile. Chaque cas exige, pour une bonne rentabilité de la répétition, que l'on fasse une sélection appropriée des techniques disponibles.

La répétition globale ou fragmentée d'un texte, par exemple, dépend beaucoup de la structure du texte et de sa difficulté. Alfred Binet a écrit à ce sujet : « La méthode globale est contraire à notre instinct car elle exige beaucoup plus d'attention que l'autre. Lorsqu'on répète par groupes de deux ou trois vers, on peut faire le travail machinalement, on cherche alors à retenir la sonorité de la phrase, comme une musique qui impressionne l'oreille intérieure; mais si on s'astreint à tout lire, il est impossible de retenir le son, car cette musique dénuée de sens est très courte, elle s'éteint tout de suite comme un écho ; il faut alors fixer autrement son attention, la faire pénétrer plus avant, jusqu'au sens, jusqu'aux idées du morceau. C'est ce petit effort supplémentaire qui nous déplaît, car nous sommes singulièrement ménagers de notre attention. Or l'expérience a appris que la méthode globale, malgré son caractère rébarbatif, est nettement supérieure à l'autre pour la conservation des

14. R.E. Laporte et J.F. Voss : « Retention of Prose Materials as a Function of Postacquisition Testing » (*Journal of Educational Psychology*, 67 : 259-266, 1975).

souvenirs ; elle permet d'apprendre un peu plus vite, et, surtout, ce qui est important, elle assure une conservation plus longue et plus fidèle. Ainsi, un sujet, au bout de deux ans, pouvait encore réciter 23 % des morceaux appris par la méthode globale, et rien que 12 % des morceaux analogues appris par la méthode fragmentaire. Nous croyons que la supériorité de la méthode globale tient à beaucoup de petites causes, mais la principale, à notre avis, c'est qu'elle utilise la mémoire des idées, tandis que, par l'autre méthode, on ne fait intervenir que la mémoire sensorielle des mots. » Robert Tocquet conteste un avis aussi tranché : la méthode globale et la méthode fragmentaire peuvent être adoptées à tour de rôle pour un même texte ; il suffit de lire d'abord le texte en entier, puis, quand on a compris son contenu globalement, de passer à la répétition fragmentée. Mais il reconnaît aussi que ce choix dépend de l'âge du mémorisateur : les adultes préfèrent la méthode globale et les enfants la méthode fragmentée, parce qu'elle exige une attention moins soutenue [15].

## Varier les occasions de répéter

Quand un matériel est mémorisé, il faut immédiatement faire usage de cette acquisition dans des circonstances aussi variées que possible, afin de la consolider.

Parlez de ce sujet avec d'autres personnes, en citant le plus d'éléments précis possible. Adaptez-le à votre correspondance privée ou professionnelle, selon les cas. Si vous êtes étudiant, faites partie d'un groupe de travail qui vous donnera l'occasion de faire des révisions orales. Si vous ne connaissez personne à qui en parler, posez-vous vous-même des questions nouvelles concernant ce

15. R. Tocquet : *la Mémoire* (Paris, Julliard, 1967), pp. 118-119.

sujet ; cherchez les réponses dans des dictionnaires, dans des ouvrages spécialisés, et profitez-en pour réviser à nouveau votre sujet, formulé de manière différente dans ces ouvrages. Faites-en des notes de lecture qui fixeront les détails dans votre esprit, et que vous pourrez comparer entre elles.

### L'empan de mémoire

Notre « mémoire immédiate » absorbe les informations qui lui parviennent par fractions limitées. D'un sujet à l'autre, l'ampleur de ces fractions varie. On appelle « empan de mémoire » la capacité moyenne d'un sujet à absorber des informations en mémoire immédiate. Plus l'empan de mémoire est large, plus le sujet mémorise facilement ce qui l'intéresse.

Dès 1887, Joseph Jacobs examina l'empan de mémoire des chiffres. Il disait lentement, à haute voix, des séries de chiffres, et notait à combien de chiffres s'élevaient les séries répétées sans erreur par un sujet. Il constata ainsi que l'empan moyen de mémoire des chiffres se situe, chez l'adulte, aux alentours de séries de 6 ou 7 chiffres retenus à la fois. Ses études ayant montré que l'empan de mémoire des chiffres varie au cours de l'enfance, cela permit à Alfred Binet d'incorporer ce genre d'épreuve dans son test de l'âge mental des enfants. Plus près de nous, George A. Miller a étudié l'empan de mémoire d'un nombre considérable de sujets dans différents domaines de la connaissance. Il a montré qu'à un empan de mémoire de 8 chiffres correspond en général un empan de 7 lettres de l'alphabet et de 5 ou 6 mots qui se suivent au hasard[16].

Mais les résultats de ces expériences ne sont valables que

16. G.A. Miller : « Information and Memory », *Scientific American*, août 1956.

pour des messages non significatifs ; si les chiffres correspondent pour nous à une date, par exemple : 1789, si la suite de lettres correspond à un mot, si la suite de mots correspond à une phrase, les performances sont bien supérieures ; en effet, l'unité n'est plus le signe élémentaire, mais le super-signe : nombre, mot, groupe de mots et, dans ce dernier cas, le fil conducteur du sens aide à prévoir le mot ou le groupe de mots qui va venir. Ainsi, François Richaudeau [17] a montré que les lecteurs dont la mémoire immédiate ne retient en moyenne qu'une suite non significative de 5 mots retiennent en moyenne des suites significatives de 15 mots ; certains retenant jusqu'à 22 mots.

### Avec de l'exercice l'empan s'élargit

Cependant l'empan de mémoire immédiate n'est pas une donnée rigide, fixée une fois pour toutes. Il peut s'améliorer avec l'exercice, comme le démontre le tableau suivant, tiré d'une étude de Martin et Fernberger [18] :

**Effet de l'exercice sur la mémoire des chiffres**

| *Nombre de jours d'exercice* | *Empan du sujet A* | *Empan du sujet B* |
|---|---|---|
| 1 - 5 | 9 | 10 |
| 6 - 10 | 9 | 11 |
| 11 - 15 | 9 | 11 |
| 16 - 20 | 10 | 12 |
| 21 - 25 | 10 | 11 |
| 26 - 30 | 13 | 12 |
| 31 - 35 | 12 | 12 |
| 36 - 40 | 12 | 12 |
| 41 - 45 | 13 | 14 |
| 46 - 50 | 13 | 15 |

17. F. Richaudeau : *le Langage efficace* (Paris, Retz, 1973) ; « 6 phrases, 200 sujets, 42 lapsus, 1 rêve », *Communication et langages*, n° 23.
18. Cité par I. Hunter : « Memory » (Harmondsworth, Penguin Books), p. 67.

## Test de votre empan de mémoire des chiffres

**Prenez une feuille de papier en guise de cache, pour couvrir la colonne des nombres sur laquelle vous allez travailler, et une autre feuille de papier que vous placerez à côté de cet ouvrage pour y reporter vos résultats. Munissez-vous aussi d'un stylo pour noter ces résultats.**
**Servez-vous du cache pour masquer la première colonne de nombres. Puis faites apparaître le premier nombre de la colonne masquée : 1708. Prononcez chaque chiffre de ce nombre. Puis, sans regarder, notez ce nombre tel que vous l'avez retenu sur la feuille préparée à côté du livre. Faites de même pour tous les nombres suivants. Quand vous avez fini la première colonne, faites-en autant pour les deux autres colonnes.**

| | | |
|---:|---:|---:|
| 1708 | 7932 | 5106 |
| 2467 | 3326 | 8045 |
| 9774 | 2467 | 6242 |
| 12568 | 85992 | 26969 |
| 96682 | 73105 | 03729 |
| 55595 | 63564 | 38548 |
| 172277 | 943949 | 544354 |
| 844217 | 533157 | 245506 |
| 630163 | 785916 | 955557 |
| 3321123 | 4297864 | 5607825 |
| 5780863 | 2440947 | 2796544 |
| 1818079 | 2464417 | 1658097 |
| 26623897 | 75841607 | 44998311 |
| 23424064 | 74829777 | 81074532 |
| 52362819 | 95509226 | 11970056 |
| 378594351 | 283395008 | 304234079 |
| 702917121 | 340332038 | 261389510 |
| 566218373 | 596835087 | 759712259 |
| 9949572277 | 8842954572 | 1664361600 |
| 1608150472 | 3327143409 | 4559346849 |
| 1272073445 | 3116933243 | 5027898719 |

### Corrigé du test

Comparez à présent les nombres inscrits sur votre feuille avec ceux de la liste d'origine. Indiquez sur votre feuille les divergences, de préférence avec une couleur différente. Notez, dans les carrés blancs ci-dessous, à partir de quelle quantité de chiffres ces divergences apparaissent pour chaque colonne.

— Dans la première colonne, la première divergence apparaît dans un nombre de /——/ chiffres,
— Dans la deuxième colonne, la première divergence apparaît dans un nombre de /——/ chiffres,
— Dans la troisième colonne, la première divergence apparaît dans un nombre de /——/ chiffres.

Il est peu probable qu'en l'espace de trois courts exercices seulement vos performances aient eu le temps de s'améliorer. Ce que nous allons tirer de cet exercice, c'est votre empan de mémoire des chiffres actuel.
Pour le connaître, faites la moyenne de vos résultats sur les trois colonnes. Par exemple, si votre première erreur est apparue dans les nombres de 6 chiffres dans la première colonne, de 8 chiffres dans la deuxième colonne et de 7 chiffres dans la troisième colonne, additionnez $6+8+7 = 21$, et divisez ce total par 3. Dans cet exemple, votre empan serait de 7 chiffres en moyenne. Ce qui veut dire que vous savez retenir en mémoire immédiate des nombres de 7 chiffres, mais avec des risques d'erreurs.
Les numéros de téléphone comprennent 7 chiffres. Il serait profitable que votre empan de mémoire des chiffres soit consolidé pour les nombres de cette dimension. Nous vous conseillons, si vos erreurs apparaissent à partir des nombres de 7 chiffres, d'exercer régulièrement votre mémorisation immédiate des chiffres.

## Exercice pour étudier votre empan de mémoire des mots

**Procédez pour cet exercice comme pour le précédent : placez sous la première ligne la feuille qui vous sert de cache, prononcez chaque mot de cette ligne, puis, sans les regarder à nouveau, essayez de reproduire ces mots sur une feuille à part.**
**Faites ensuite de même pour la deuxième ligne, et pour toutes les lignes suivantes.**
**Le chiffre en retrait indique le nombre de mots par ligne.**

3 réponse - châtaigne - financier
4 cygne - reproduction - fenêtre - plutôt
temps - combat - extension - beauté
trompette - caillouteux - complication - vigoureux
5 beuverie - caréner - obscure - entrepont - attrayant
conséquence - expédition - vitre - puni - proéminent
poitrine - doucement - bassin - réveiller - ingrat
6 grue - ensuite - œuf - voyage - appliqué - ramper
brunir - livre - précipice - souverain - manger - sinistre
descendre - taxi - baron - alcool - inégalité - province
7 bienfaiteur - oublier - léthargie - cannelé - tour - assistance - obéissance
cordialité - plongeon - prolonger - marteau - nettement - immérité mauvais
comté - dindon - cela - valve - avant-poste - élargir - isolément

3 solennité - guetter - prévoyant
4 Breton - latitude - tâche - café
excessif - chauffer - compétence - certain
longe - reculer - question - exposant
5 prose - ressource - intermittent - roux - Corse
habiter - perroquet - nicher - raisin - paquebot
communiste - Canada - débauche - engloutir - estimation
6 mirage - boucle - référendum - douairière - absolu - dominant
aqueux - lunatique - problème - aptitude - avec - valser
couture - thé - réaliser - plupart - ensemble - maison

7 étaient - vouloir - concert - posté - démarche - foyer - reins
femme - apporté - spécialement - criant - beaucoup - dit - gâteau
amour - ceci - école - réflexion - auparavant - volonté - carré

3 objection - sont - couvert
4 sembler - famille - substance - dîner
pluie - dedans - noire - océan
passionnément - après - rapidité - dessous
5 tenir - garçon - apparence - réfléchir - simultanément
répétitif - local - frapper - entrer - parallèlement
quelque - derrière - féminin - repas - chœur
6 journal - profond - soleil - gentil - dortoir - apprécier
chocolat - estimer - ouvrage - souhaiter - enseignement - ici
mur - préparé - valse - savoir - agitation - concernant
7 chien - lorsque - vous - arriver - traverser - appétit - jeu
depuis - vivre - scolaire - sauter - voulait - secours - appel
correctement - piano - erreur - chaud - incandescence - fillette - alla

**Corrigé de l'exercice**

Avec un stylo de couleur différente, notez ici aussi les différences entre votre liste de groupes de mots et la liste d'origine. A partir de quel nombre de mots (indiqué en petits caractères dans la marge) votre version commence-t-elle à différer du modèle :

1. dans la première liste ? ☐

2. dans la deuxième liste ? ☐

3. dans la troisième liste ? ☐

(Liste tirée des travaux de Miller et Selfridje sur le rappel mnémonique, *Verbal Learning and Memory*, dir. Portman et Keppel [Harmondsworth, Penguin Books, 1970], p. 251.)

Faites la moyenne de vos trois résultats, comme précédemment. Vous saurez ainsi à partir de combien de mots votre empan de mémoire devient moins sûr.
Si vous avez réussi à reproduire une moyenne de 6 mots sans lacunes, votre empan de mémoire des mots est très satisfaisant. Avec une moyenne de 5 mots sans lacune, vous vous situez dans la moyenne générale, comme le montrent les travaux de George A. Miller [19]. Mais si votre moyenne se situe au-dessous de 5 mots, votre mémoire immédiate des mots n'est pas très développée. Vous avez intérêt à l'exercer pour l'améliorer.

19. G.A. Miller : « Information and Memory », *Scientific American,* août 1956.

### Exercez-vous à la mémorisation par répétition

La mémorisation par répétition n'est pas toujours la méthode la plus efficace ; dans les cours suivants, nous allons en étudier d'autres qui, en beaucoup d'occasions, paraissent plus puissantes. Mais il est un domaine où la répétition paraît irremplaçable pour bien mémoriser : l'apprentissage des poésies.
Etiez-vous doué pour mémoriser les poésies que l'on vous faisait apprendre à l'école ? Vous lancez-vous encore volontiers aujourd'hui dans de telles tâches pour votre

plaisir personnel ? Si oui, vous n'hésiterez pas à renforcer vos aptitudes dans ce domaine en apprenant par cœur, avec les exercices de répétition que cela comporte, la la fable de La Fontaine que nous vous proposons.
Et si, au contraire, vous vous considérez comme peu doué pour mémoriser un texte poétique ? Si vous évitez tout apprentissage de texte mot à mot, en prenant pour argument que votre mémoire est « mauvaise », ou qu'à votre âge on ne peut plus mémoriser de cette manière ? Alors nous vous conseillons d'autant plus de prendre sur vous pour rompre cette mauvaise habitude ; car c'est avant tout une mauvaise habitude ; on la contracte souvent à l'âge scolaire, et on ne s'en départit plus ensuite. Comme nous vous le montrerons dans les cours qui suivent, en réalité il n'y a pas d'âge ni manque de dons qui empêchent de progresser dans ce domaine. Ce sont bien plutôt le manque d'exercice et le manque de conviction pour les reprendre qui vous ont ankylosé depuis trop longtemps. Vous allez maintenant vous entraîner à mémoriser la fable *Simonide préservé par les Dieux* présentée ci-après.
Elle met en scène le début d'un épisode fort célèbre dans l'Antiquité pour faire comprendre aux élèves en mnémotechnique les fondements de l'art de la mémoire très efficace qu'on leur enseignait déjà. Nous reparlerons de cet épisode dans le cours qui suit celui-ci, en insistant (en prose) sur ses prolongements psychologiques ; La Fontaine n'en parle pas, car il ne cherche pas à exposer un art de la mémoire, mais seulement à nous divertir par une légende antique. Il peut néanmoins vous être utile et agréable de savoir citer (en vers) ce début de l'épisode. Grâce à la plume alerte du poète, il alimentera de façon plaisante vos conversations sur les méthodes mnémotechniques.

**Exercice :**

**a) pour une mémorisation efficace**

**La fable que nous vous proposons d'apprendre par cœur n'est pas facile. Avant de vous y attaquer,. mettez-vous dans une bonne ambiance pour mémoriser efficacement. Pour cela posez-vous tout d'abord les quelques questions suivantes :**

1. Etes-vous en ce moment fatigué, contracté, nerveux ?

______________________________

2. Que pouvez-vous faire pour lutter contre la fatigue, la tension, la nervosité ?

______________________________

______________________________

3. Quels sont les principes qui rendent la mémorisation par répétition efficace ?

______________________________

______________________________

Cherchez dans les sous-titres de ce cours les rubriques que vous avez oubliées dans vos réponses aux questions ci-dessus. Ajoutez-les ici :

______________________________

______________________________

Faites ensuite un plan d'action. Comment allez-vous procéder pour appliquer ces principes à la fable qui suit ?

______________________________

______________________________

### Les conseils d'un spécialiste

Voici, à titre d'exemple, les conseils donnés par Hunter : « Lisez tout d'abord le poème entièrement, du début jusqu'à la fin.
Ensuite apprenez-le par récitation fragmentée.
Lisez une ligne, fermez vos yeux et essayez de vous la répéter silencieusement pour vous-même. Si vous ne parvenez pas à la répéter, relisez-la, et au besoin lisez-la une fois encore.
Lisez ensuite la deuxième ligne, fermez les yeux, essayez de vous la rappeler, vérifiez que vous la savez et passez à la ligne suivante.
Travaillez le plus vite possible.
Ne perdez pas de temps à essayer de vous rappeler les lignes apprises précédemment [20]. »

20. I. Hunter : *Memory* (Harmondsworth, Penguin Books), p. 104.

### b) et pour stimuler votre apprentissage, chronométrez-le

**— Tirez un trait toutes les dix lignes de la fable.**
**— Au moment de commencer à la mémoriser, notez à droite de la première ligne à quelle heure vous commencez, en précisant minutes et secondes.**
**— Commencez le travail de mémorisation posément, pas trop vite ni trop lentement, mais sans relâcher votre attention.**
**— Lorsque dix lignes sont apprises, notez au-dessus du premier trait tracé quelle heure il est, en précisant minutes et secondes.**
**— Puis révisez ces dix premières lignes : en les dissimulant avec un cache**

ou avec votre main, vous récitez à haute voix ce que vous vous rappelez de la première ligne, vous la faites apparaître et soulignez d'un trait de crayon vos omissions éventuelles ; et ainsi de suite, jusqu'à la dixième.

**— S'il y a beaucoup d'omissions, vous répétez encore ces dix lignes, autant de fois qu'il vous paraît nécessaire pour bien les savoir.**

**— Puis vous vous offrez une petite pause de détente, pour récupérer vos forces mentales avant de passer au fragment de mémorisation suivant.**

**— Procédez fragment par fragment, exactement comme vous l'avez fait pour les dix premières lignes : en face de la première ligne, notez l'heure de début, en face de la dixième ligne, notez l'heure de la fin, en précisant minutes et secondes ; puis révisez, notez les omissions, répétez encore les dix lignes, puis accordez-vous une petite pause.**

**— Mettez-vous en état de compétition avec vous-même : essayez d'améliorer vos performances de dix lignes en dix lignes, en réduisant le temps de mémorisation, mais aussi le nombre des omissions après la première mémorisation. Peu à peu, votre esprit trouvera des tactiques pour mieux retenir.**

## SIMONIDE PRESERVE PAR LES DIEUX

*par Jean de La Fontaine*

*Début de lecture*

On ne peut trop louer trois sortes de personnes : ______ *mn/s*
Les dieux, sa maîtresse, et son roi.
Malherbe le disait, j'y souscris, quant à moi :
Ce sont maximes toujours bonnes.
La louange chatouille et gagne les esprits.
Voyons comme les dieux l'ont quelquefois payée.
Simonide avait entrepris
L'éloge d'un athlète ; et la chose essayée,
Il trouva son sujet plein de récits tout nus.
Les parents de l'athlète étaient gens inconnus ; ______ *mn/s*
Son père, un bon bourgeois, lui, sans autre mérite ;
Matière infertile et petite.
Le poète d'abord parla de son héros.
Après en avoir dit ce qu'il en pouvait dire,
Il se jette à côté, se met sur le propos
De Castor et Pollux ; ne manque pas d'écrire
Que leur exemple était aux lutteurs glorieux ;
Elève leurs combats, spécifiant les lieux
Où ces frères s'étaient signalés davantage ;
Enfin l'éloge de ces dieux ______ *mn/s*

Faisait les deux tiers de l'ouvrage.
L'athlète avait promis d'en payer un talent ;
Mais quand il le vit, le galand
N'en donna que le tiers ; et dit fort franchement
Que Castor et Pollux acquittassent le reste.
« Faites-vous contenter par ce couple céleste.
Je vous veux traiter cependant :
Venez souper chez moi ; nous ferons bonne vie :
Les conviés sont gens choisis,
Mes parents, mes meilleurs amis ; ________ mn/s
Soyez donc de la compagnie. »
Simonide promit. Peut-être qu'il eut peur
De perdre, outre son dû, le gré de sa louange.
Il vient : l'on festine, l'on mange.
Chacun étant en belle humeur,
Un domestique accourt, l'avertit qu'à la porte
Deux hommes demandaient à le voir promptement.
Il sort de table ; et la cohorte
N'en perd pas un seul coup de dent.
Ces deux hommes étaient les gémeaux de l'éloge. ________ mn/s
Tous deux lui rendent grâce ; et, pour prix de ses vers,
Ils l'avertissent qu'il déloge,
Et que cette maison va tomber à l'envers.
La prédiction en fut vraie.
Un pilier manque ; et le plafond
Ne trouvant plus rien qui l'étaie,
Tombe sur le festin, brise plats et flacons,
N'en fait pas moins aux échansons.

. . . . . . . . . . . . . . . . . . . . . . . . . . . . . . . . . . . . . . . .

Source. — *Phèdre*, IV, 23, *Simonide préservé par les Dieux*. Nevelet, p. 442.

CHAPITRE 5

# troisième cours

# bien percevoir pour retenir

La première condition pour que notre mémoire puisse retenir une information, c'est qu'elle ait été correctement perçue. Mais cette condition de base n'est pas aussi simple qu'elle le paraît. Qu'est-ce que « percevoir » ? Comment notre cortex cérébral est-il organisé pour « recevoir des informations » ? En prenant mieux conscience des mécanismes subtils et complexes dont nous disposons pour enregistrer les signaux qui nous parviennent de l'environnement, nous pourrons apprendre à nous en servir de façon plus efficace.

## Les circuits complexes de la perception

Les deux petites figures ci-contre montrent que chaque signal de l'extérieur suit un chemin compliqué ; il tourne un certain temps dans les parties centrales du cerveau afin d'être comparé aux enregistrements précédents, puis il est envoyé, en général par plusieurs voies, jusqu'aux centres supérieurs d'élaboration et de stockage de l'information. Ces centres eux-mêmes semblent être constitués d'éléments si complexes et ramifiés que les physiologistes sont loin d'en avoir percé tous les secrets.

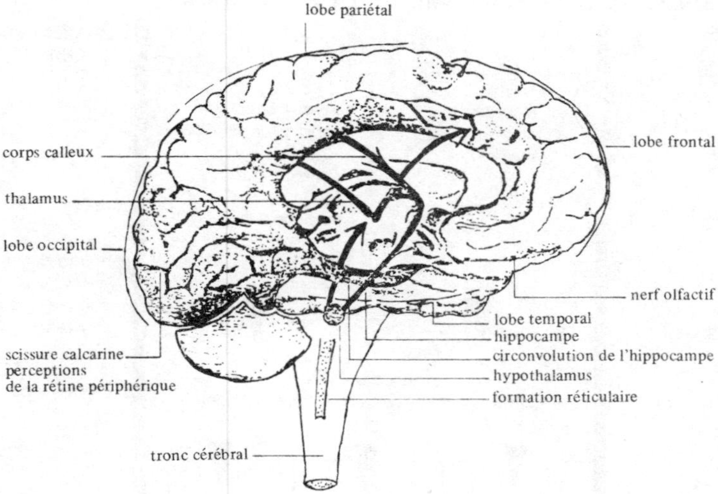


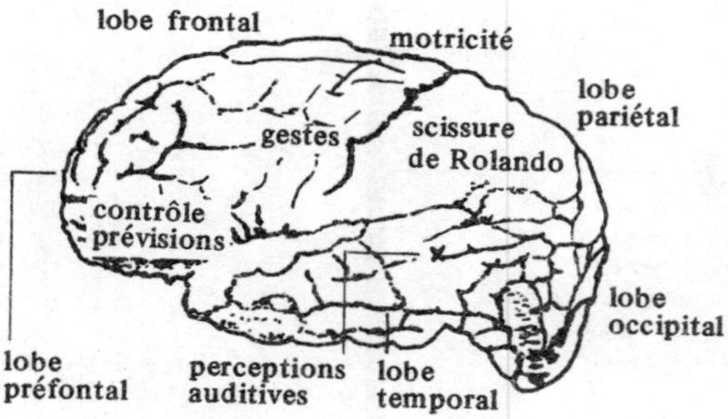


**Face externe de l'hémisphère cérébral gauche d'un droitier.**
C'est là que s'inscrivent les perceptions sensorielles : visuelles (lobe occipital), auditives (lobe pariétal), tactiles (scissure de Rolando).

**Face interne de l'hémisphère cérébral gauche d'un droitier.**
Au centre, le rhinencéphale, partie ancienne, inconsciente, du cerveau. On y a tracé les circuits des enregistrements mnémoniques : les informations arrivant par le tronc cérébral (gestes, perceptions tactiles), le lobe occipital (perceptions visuelles), le lobe temporal (perceptions auditives), etc., passent par la circonvolution de l'hippocampe, l'hypothalamus et le thalamus, avant d'être redistribuées dans les centres externes et conscients du cortex cérébral.

d'après Paul Chauchard, *Connaissance et maîtrise de la mémoire* (Paris, C.E.P.L., 1968) p. 89 et 91

## SCHÉMA SIMPLIFIÉ DU MÉCANISME DE LA PERCEPTION

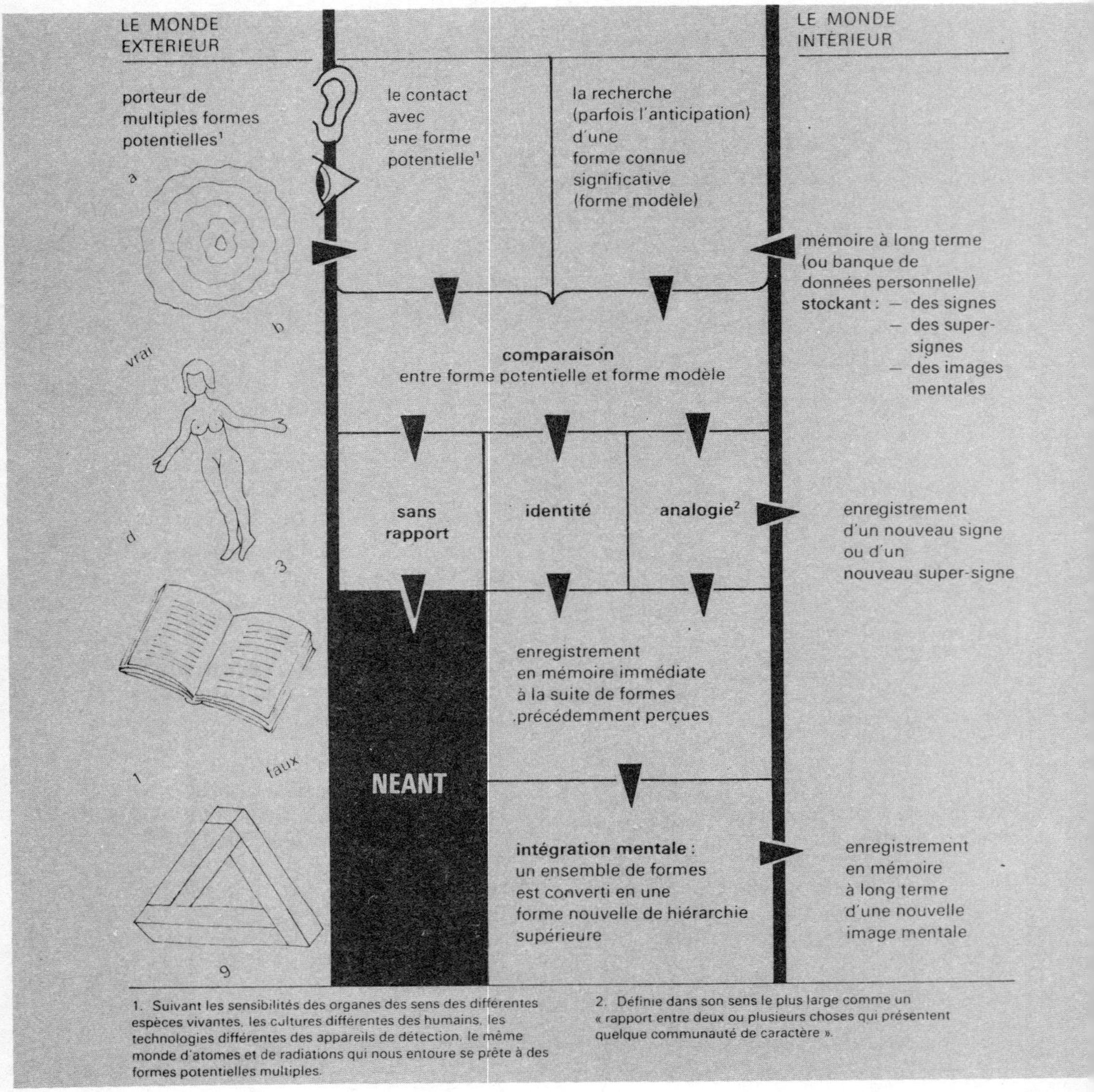


1. Suivant les sensibilités des organes des sens des différentes espèces vivantes, les cultures différentes des humains, les technologies différentes des appareils de détection, le même monde d'atomes et de radiations qui nous entoure se prête à des formes potentielles multiples.

2. Définie dans son sens le plus large comme un « rapport entre deux ou plusieurs choses qui présentent quelque communauté de caractère ».

Dans le tableau ci-contre ces mécanismes de la perception sont synthétisés sans en cacher la complexité : entre l'enregistrement par les organes de nos sens d'un signal venu du monde extérieur et l'enregistrement en mémoire à long terme d'une nouvelle image mentale suscitée par ce signal, un long travail de recherche, d'anticipation, de comparaison, a lieu dans nos centres mnémoniques. Ce travail, en grande partie inconscient, se fait le plus souvent à notre insu. Mais il est d'une grande efficacité ; il passe en jugement chaque information : est-elle nouvelle ou déjà connue ? Est-elle sans rapport, identique ou analogue à d'autres enregistrements qui se seraient révélés importants par le passé ? Doit-elle être par conséquent rejetée, ou enregistrée provisoirement, ou intégrée parmi nos connaissances actuelles ? Réactivera-t-elle seulement des notions déjà acquises ? Ou formera-t-elle une nouvelle image mentale destinée à compléter notre savoir ? Ou cette nouvelle image mentale risque-t-elle de bouleverser notre savoir antérieur ? [0]
L'enregistrement des signaux venus de l'extérieur se fait par des voies complexes dans le cerveau. Mais on peut penser que leur perception au niveau de nos sens est simple, comme le laissent supposer les schémas des ouvrages de physiologie : dans l'œil par exemple, un faisceau de lumière frappe la rétine, activant certains des neurones qui la tapissent ; ceux-ci transmettent aussitôt un influx de nature électrique le long des fibres nerveuses qui les relient au cerveau. Le schéma physiologique est simple : à chaque stimulus sa réponse.
Cependant, les travaux de François Richaudeau sur la lecture lui ont fait constater que le lecteur entraîné ne lit pas signe par signe, mais par groupes de lettres ou même par groupes de mots, « comme si l'œil se bornait

0. Voir schéma p. 100. F. Richaudeau : *le Langage efficace* (Paris, Retz, 1973).

M. C. Escher : *Belvédère.*

à percevoir le contour global, la forme de chaque mot, sans percevoir le détail du mot, les lettres qui le constituent[1] ». Et « les messages perçus composés par des mots ou des groupes de mots comportent trois fois plus de signes que les messages composés par des groupes de chiffres[2] ». De tels exemples montrent que l'œil n'est pas un organe simple transmettant automatiquement les signes qui frappent la rétine. Même au niveau de la perception sensorielle, un choix s'opère. L'œil ne voit pas des signes, mais des « formes » qu'il sélectionne en fonction de « Gestalt », c'est-à-dire « bonnes formes » apprises[3] ; et cette première sélection préfigure celles qui se feront dans le cerveau avant que celui-ci n'accepte de stocker une nouvelle information.

Cette élaboration perceptive au niveau de la perception sensorielle est manifeste dans l'illusion d'optique qu'un dessinateur talentueux comme le Hollandais Escher réussit à provoquer, dans le tableau reproduit ci-contre : nous voyons un bâtiment à voûtes supportées par des colonnes ; mais l'analyse des composantes réelles du tableau révèle que le dessinateur s'est amusé à placer à contresens les colonnes du premier étage qui ne peuvent pas supporter les voûtes du deuxième étage dans cette disposition absurde. L'étrange inaptitude de nos yeux à percevoir d'emblée l'absurdité du dessin montre à quel point ils ont tendance à structurer ce qu'ils enregistrent selon une logique mentale interne[4].

1. F. Richaudeau : *le Langage efficace* (Paris, Retz, 1973), p. 31.
2. Même référence, p. 30.
3. Mises en lumière par les tenants d'une « psychologie de la forme » (*Gestalt*, en allemand) au début de ce siècle ; idée reprise par certains théoriciens de la communication aujourd'hui (Abraham Moles en France).
4. On voit cette logique interne à l'œuvre également dans les faux témoignages, rapports de témoins sincères, mais prévenus de telle manière qu'ils ne peuvent pas percevoir correctement la scène qu'ils décrivent.

## Les images mentales

« Passons de la Gestaltpsychologie à la théorie de la communication. Selon cette théorie, toute communication implique, entre une *source* et son *destinataire*, la transmission de *signes* appropriés au canal qui relie la première au second... Si le destinataire regarde la première phrase de cet ouvrage, le canal est constitué par les rayons lumineux joignant la page du livre aux yeux du lecteur ; et si le destinataire est un Européen étranger habitué à l'alphabet occidental mais possédant extrêmement mal notre langue, il lira chaque mot lettre par lettre, puis recourra aux services d'un dictionnaire bilingue pour traduire, décoder ces mots inconnus ; mais si le destinataire est un Français adulte, il percevra directement, globalement les mots ou groupements de mots qui le composent, ignorant les signes élémentaires, décodant directement des combinaisons de signes appelées *super-signes*[5]. »

Le schéma ci-contre donne une idée de la rentabilité croissante de l'information captée, quand la perception, au lieu de s'arrêter aux graphèmes (signes graphiques simples) ou aux lettres, enregistre des mots, des phrases ou des images mentales (notions plus vastes que le contenu d'une phrase). Ici la « bonne forme », c'est l'unité la plus élevée possible dans la pyramide des signes. Notre cerveau préfère mémoriser des unités contenant beaucoup d'informations. Nous l'avons noté à propos de l'empan de mémoire : s'il est large, il aide l'efficacité de la mémorisation ; nous le verrons à nouveau à propos des « chunks » riches en information.

5. F. Richaudeau : *le Langage efficace* (Paris, Retz, 1973), p. 35.

LA PYRAMIDE DES SIGNES ET SUPER-SIGNES DE LECTURE

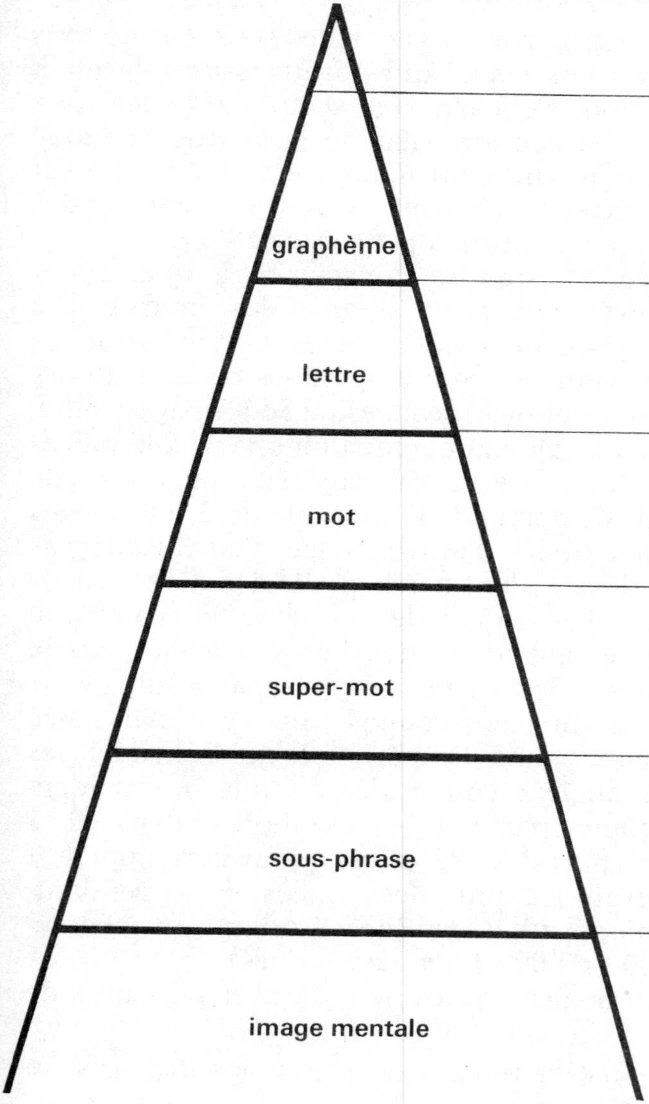


éléments du signe d'écriture ou de dessin des lettres : I — ( ) etc. ; l'apprentissage analytique de la lecture (lettre par lettre) suppose que l'enfant sait distinguer des graphèmes différents ou simplement symétriques ( et )

l'unité d'écriture et de composition ; communément assimilée au « signe », bien qu'elle puisse être considérée comme un super-signe, composé de graphèmes

communément assimilé au *super-signe*, unité minimale de perception en processus de lecture (voir pages 30 et 31).

groupement de deux ou trois *mots*; fréquemment associés et pouvant être considéré comme une seule unité par nos mémoires (voir page 60).

suite cohérente de *mots* (ou de *super-mots)* stockés pendant un court temps par la *mémoire immédiate ;* ce peut être soit une *phrase* courte, soit une partie de *phrase* autonome et significative (voir pages 57 et 96).

ce qui est transféré de la *mémoire immédiate* à la *mémoire à long terme* et sera retenu quelques heures... ou toute une vie : mots, phrases, images, sentiments, bref, ce que, faute de connaissances précises, les psychologues appellent *patterns* ou *images mentales*

D'après F. Richaudeau : *le Langage efficace* (Paris, Retz, 1973), p. 34.

## La perception visuelle

La perception passe par les organes des sens. Or, de tous nos sens, c'est le sens visuel qui paraît assurer la meilleure mémorisation. Cela n'a rien d'étonnant, car chez l'être humain la perception visuelle constitue le mode privilégié de connaissance du monde extérieur. Elle est « au rang des activités qui ont nourri l'invention des symboles. L'homme a appris à penser avec l'œil[6] ».

Il est nécessaire de prendre conscience à quel point notre cerveau est doué pour retenir des images. Les recherches faites sur ce sujet ont révélé des capacités étonnantes. Par exemple : Standing et ses collaborateurs présentèrent, en quelques séances, 2 560 images différentes à leurs sujets. Quelque temps plus tard, 280 paires d'images furent montrées à ces sujets : une image de chaque paire faisait partie de l'ensemble de 2 560 images déjà vues par les sujets, l'autre image n'en faisant pas partie. Le sujet devait identifier laquelle des deux images il avait déjà vue. Les sujets de Standing parvinrent à identifier correctement 90 % des images faisant partie de l'ensemble des 2 560 images vues auparavant[7].

Nous retrouvons un pourcentage de reconnaissance visuelle aussi élevé dans l'expérience de Bahrick : les photos de leurs anciens camarades d'étude furent identifiées correctement, parmi d'autres photos, dans 90 % des cas, par la plupart des 392 sujets qui avaient pourtant terminé leurs études depuis des années. Et cependant, leurs cours étaient suivis par des étudiants très nombreux (entre 100 et 1 000 élèves par cours) !

« Seuls ceux qui avaient quitté le collège depuis plus de

6. P. Delagrange : « Le rôle de la perception visuelle », in *Psychologie,* n° 40, p. 49.
7. L. Standing, J. Conezio et R.N. Haber : « Perception and Memory for Pictures ; single-trial learning of 2500 visual stimuli », in *Psychonomic Science*, n° 19.

quarante ans échouaient dans la reconnaissance de 90 % des portraits de leurs condisciples, remarque l'auteur ; puis il ajoute : mais ils en reconnaissaient encore 75 %. » Ce qui n'est pas si mal après un tel laps de temps [8] !
On peut en conclure que notre mémoire des images paraît presque illimitée. Un proverbe anglo-saxon dit : « Une image vaut mille mots », en parlant de l'efficacité d'une image pour communiquer une idée ; mais on peut en dire autant de son efficacité pour mémoriser une idée.
Une recherche de M. Denis le démontre : les images des objets sont retenues plus facilement que les descriptions verbales des mêmes objets ; et les descriptions d'objets sont encore mieux retenues que les noms de ces objets [9].
Parmi les messages de nos sens, ce que l'esprit retient le mieux, ce sont donc les images enregistrées par nos yeux. Cependant, la grande découverte des mnémonistes, c'est que nous retenons également remarquablement bien les images créées par notre cerveau. Pour mémoriser facilement, il faut faire travailler notre imagination visuelle. L'extrait de *Sans famille,* d'Hector Malot, reproduit en encadré page 108 en est un excellent exemple.

Suite page 111

8. P. Bahrick, O. Bahrick et R.P. Wittlinger : « La Mémoire à très long terme : ces inoubliables années de collège », in *Psychologie,* n° 65, p. 34.
9. M. Denis : « Stabilité comparative de l'apprentissage de matériel pictural et verbal », in *Psychologie française,* n° 18, p. 47-59, 1973.

**Sans famille**

A quel travail ce pauvre petit malade était-il donc propre ? Je vis que sa mère lui faisait répéter une leçon, dont elle suivait le texte dans un livre ouvert. Etendu sur sa planche, Arthur répétait sans faire un mouvement. Ou plus justement, il essayait de répéter, car il hésitait terriblement, et ne disait pas trois mots couramment ; encore bien souvent se trompait-il. Sa mère le reprenait avec douceur, mais en même temps avec fermeté. [...] « Vous ne savez pas votre fable, dit-elle. — Oh ! Maman, dit-il d'une voix désolée. — Vous faites plus de fautes aujourd'hui que vous n'en faisiez hier. Pourquoi me désolez-vous en n'apprenant pas vos leçons ? — Je ne peux pas, maman, je vous assure que je ne peux pas. — J'aurais voulu vous laisser jouer ce matin avec Rémi et avec les chiens, continua-t-elle, mais vous ne jouerez que quand vous m'aurez répété votre fable sans faute. » Alors, reprenant le livre, elle commença à lire doucement la fable qui s'appelait *le Loup et le Jeune Mouton ;* après elle, Arthur répétait les mots et les phrases. Lorsqu'elle eut lu cette fable trois fois, elle donna le livre à Arthur, en lui disant d'apprendre maintenant tout seul, et elle rentra dans le bateau.

Aussitôt Arthur se mit à lire sa fable, et, de ma place où j'étais resté, je le vis remuer les lèvres. Mais cette application ne dura pas longtemps ; bientôt il leva les yeux de dessus son livre, et ses lèvres remuèrent moins vite, puis tout à coup elles s'arrêtèrent complètement. Ses yeux, qui erraient çà et là, rencontrèrent les miens. De la main je lui fis un signe pour l'engager à revenir à sa leçon. Il me sourit et ses yeux se fixèrent de nouveau sur son livre. Mais bientôt ils se relevèrent et allèrent d'une rive à l'autre du canal. Comme il ne regardait pas de mon côté, je me levai, et lui montrai son livre. Il le reprit d'un air confus. Malheureusement, deux minutes après, un martin-pêcheur, rapide comme une flèche, traversa le canal à l'avant du bateau. Arthur leva la tête, puis, quand la vision fut évanouie, il m'adressa la parole.

— Je ne peux pas, dit-il, et cependant je voudrais bien.

Je m'approchai. — Cette fable n'est pourtant pas bien difficile, lui dis-je, en écoutant votre maman la lire, il me semble que je l'ai retenue.

Il se mit à sourire d'un air de doute.

— Voulez-vous que je vous la dise ?

Il reprit le livre et je commençai à réciter ; il n'eut à me reprendre que trois ou quatre fois. — Vous la savez ! s'écria-t-il. Comment avez-vous fait ?

— J'ai écouté votre maman la lire, mais je l'ai écoutée avec attention, sans regarder ce qui se passait autour de nous.

Il rougit, et après un court moment de honte : « Je comprends, dit-il, et je tâcherai d'écouter comme vous ; mais comment avez-vous fait pour retenir tous ces mots ?

— De quoi s'agit-il dans cette fable ? dis-je. D'un mouton. Je commence à penser à des moutons. Ensuite je pense à ce qu'ils font : "Des moutons étaient en sûreté dans leur parc." Je vois les moutons couchés et dormant dans leur parc, puisqu'ils sont en sûreté, et, les ayant vus, je ne les oublie plus.

— Bon, dit-il, je les vois aussi : "Des moutons étaient

en sûreté dans leur parc." J'en vois des blancs et des noirs, je vois des brebis et des agneaux. Je vois même le parc ; il est fait de claies.

— Alors vous ne l'oublierez plus ? — Oh non. — Ordinairement, qui est-ce qui garde les moutons ? — Des chiens. — Quand ils n'ont pas besoin de garder les moutons parce que ceux-ci sont en sûreté, que font les chiens ? — Ils n'ont rien à faire. — Alors ils peuvent dormir ; nous disons donc : "Les chiens dormaient." En m'entendant parler ainsi et lui expliquer comment il pouvait être facile d'apprendre une leçon qui tout d'abord paraissait difficile, Arthur me regarda avec émotion et avec crainte, comme s'il n'était pas convaincu de la vérité de ce que je lui disais ; cependant, après quelques secondes d'hésitation, il se décida. "Des moutons étaient en sûreté dans leur parc, les chiens dormaient et le berger à l'ombre d'un grand ormeau jouait de la flûte avec d'autres bergers voisins." Alors frappant ses mains l'une contre l'autre : — Mais je sais ! s'écria-t-il, je n'ai pas fait de faute.

— Voulez-vous apprendre le reste de la fable de la même manière ?

— Oui, avec vous je suis sûr que je vais l'apprendre. Ah ! comme maman sera contente. »

Et il se mit à apprendre le reste de la fable, comme il avait appris sa première phrase.

H. Malot : *Sans famille* (Paris, Hachette, 1966).

## Formez-vous de bonnes images visuelles ?

L'intérêt accordé à l'imagination visuelle par les mnémonistes vient de son efficacité dans la mémorisation. Sir Francis Galton le soulignait dès 1883 [10], et de nombreux travaux ont approfondi cette question depuis [11]. « Les mots concrets sont mieux mémorisés par les sujets à qui on a demandé d'imaginer, au fur et à mesure de leur présentation, les représentations picturales familières de ces mots... et plus le taux d'imagerie est élevé, plus l'apprentissage est efficace, le rappel variant du simple au double lorsque l'imagerie varie du taux le plus faible au plus élevé... Les mots à forte imagerie sont habituellement des noms concrets familiers : piano, serpent, horloge, crayon, cigare, étoile, etc., tandis que les mots à faible imagerie sont des noms abstraits : justice, aptitude, morale, bravoure, quantité, théorie, etc. La meilleure rétention des mots concrets, lorsque les sujets les imaginent picturalement, suggère que cette efficacité vient d'un double codage, verbal et imagé dans ce cas, tandis que les mots abstraits ne bénéficient que d'un seul codage [12]. »

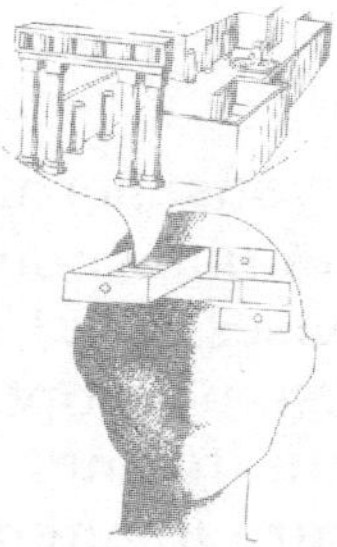

10. F. Galton : *Inquiries into Human Faculty and its Development*, 1883.
11. Une bibliographie détaillée est fournie par Charles H. Hargis et Edward E. Gickling : « The Function of Imagery in Word Recognition Development », in *The Reading Teacher*, vol. 31, n° 8, mai 1978, p. 870-874.
12. A. Lieury : *la Mémoire* (Bruxelles, Dessart et Mardaga, 1975), p. 150-151.

**Exercice**

Vous pouvez tester votre aptitude à la visualisation mentale en répondant aux deux questions suivantes :

**1 Pouvez-vous dire combien de fenêtres comporte la façade de votre maison, sans faire mentalement l'addition du nombre de fenêtres par pièce qu'elle comporte ?**

Encadrez votre réponse :
a) oui
b) non

**2 Situez sur l'échelle qui suit votre niveau de représentation visuelle lorsque vous pensez à une scène qui s'est passée devant votre maison. Pour cela, entourez d'un cercle la réponse qui convient le mieux :**

☐ a) Représentation aussi claire et vive que les objets qui m'entourent actuellement.
☐ b) Représentation modérément claire et vive.
☐ c) Représentation ni claire ni vive, mais reconnaissable.
☐ d) Représentation vague et faible.
☐ e) Je n'ai pas de représentation visuelle de cette façade dans l'esprit.

Votre réponse vous permet de juger si vous avez une visualisation mentale spontanée qui est vive (réponse *a*), moyenne (réponses *b, c*) ou faible (réponses *d, e*). Des exercices vous sont proposés à la fin de ce cours pour vous entraîner à former de bonnes images mentales, faciles à retenir longtemps. Car c'est sur une telle aptitude que se fondent beaucoup de méthodes pour améliorer la mémoire.

## Le développement du raisonnement affaiblit la propension à visualiser

Galton a tiré de ses expériences la conclusion que chez la plupart des sujets, l'imagination mentale repose sur le sens visuel d'abord, ensuite sur le sens auditif, puis le sens tactile, le goût et, bon dernier, l'odorat.

Il a observé également que plus un sujet a développé ses facultés de raisonnement logique, moins il a tendance à visualiser ce qu'il pense. Galton avait formé un groupe de cent sujets « intellectuellement supérieurs à la moyenne ». Les résultats en imagination visuelle de ces cent sujets s'est révélée inférieure à celle d'enfants et d'adultes du tout-venant.

Un psychologue américain, G.H. Betts, a confirmé cette observation en interrogeant des étudiants et leurs professeurs. Les étudiants avaient une imagerie intérieure le plus souvent claire et vive ; les professeurs le plus souvent vague et faible [13]. Peut-être la mémorisation que l'on dit plus facile chez les jeunes que chez les adultes est-elle liée à cette évolution de l'imagination visuelle. Car nous verrons que chez ceux qui utilisent les méthodes mnémotechniques, l'aptitude à mémoriser ne baisse pas avec l'âge.

## La méthode des loci

On retient plus facilement ce que l'on sait visualiser. Cette règle d'or de la mnémotechnique est connue depuis fort longtemps, depuis bien avant l'avènement de la psychologie expérimentale. L'historienne Frances Yates en retrace les origines dans des textes de l'Antiquité, latins et grecs, jusqu'en 477 avant l'ère chrétienne ; elle pense que ces origines sont encore bien plus anciennes que les

13. I. Hunter : *Memory* (Harmondsworth, Penguin Books), p. 192.

textes qui les mentionnent : reprises et enseignées par l'école pythagoricienne, la mnémotechnique remonterait à certaines traditions égyptiennes ou mésopotamiennes ; car la rareté des textes écrits rendait, dans ces lointains débuts de la civilisation, la transmission fidèle des traditions orales de la plus grande importance. Voici la légende, attribuant cette découverte aux dieux, que l'on trouve dans différents textes [14] :

« Au cours d'un banquet donné par un noble de Thessalie qui s'appelait Scopas, le poète Simonide de Céos chanta un poème lyrique en l'honneur de son hôte, mais il y inclut un passage à la gloire de Castor et Pollux. Mesquinement, Scopas dit au poète qu'il ne lui paierait que la moitié de la somme convenue pour le panégyrique et qu'il devait demander la différence aux dieux jumeaux auxquels il avait dédié la moitié du poème.

Plus tard, on avertit Simonide que deux jeunes gens l'attendaient à l'extérieur et désiraient le voir. Il quitta le banquet et sortit, mais il ne put trouver personne. Pendant son absence, le toit de la salle du banquet s'écroula, écrasant Scopas et tous ses invités sous les décombres ; les cadavres étaient à ce point broyés que les parents venus pour les emporter et leur faire des funérailles étaient incapables de les identifier. Mais Simonide se rappelait les places qu'ils occupaient à table et il put ainsi indiquer aux parents quels étaient leurs morts. Castor et Pollux, les jeunes gens invisibles qui avaient appelé Simonide, avaient généreusement payé leur part du panégyrique en attirant Simonide hors du banquet juste avant l'effondrement du toit. Et cette aventure suggéra au poète les principes de l'art de la mémoire, dont on dit qu'il fut l'inventeur. Remarquant que c'était

14. On retrouve le début de cette légende, avec une variante cependant, dans la fable de La Fontaine proposée comme exercice de mémorisation page 96.

grâce au souvenir des places où les invités s'étaient installés qu'il avait pu identifier les corps, il comprit qu'une disposition ordonnée est essentielle à une bonne mémoire [15]. »

Selon la tradition grecque qui nous est parvenue à travers différents textes latins [16], Simonide serait devenu ainsi le premier professeur de mnémotechnique, en associant l'avantage de la visualisation, pour mieux retenir, à d'autres facultés très développées en nous sans que nous en ayons conscience, la localisation et l'ordonnance des informations : car les places des invités, identifiés de mémoire par Simonide, étaient ordonnées en fonction de leur importance hiérarchique.

## Proust et la « madeleine »

De façon analogue, lorsque Marcel Proust part « à la recherche du temps perdu » à travers le goût de la petite madeleine trempée dans du thé, c'est tout d'abord l'ordonnancement des lieux oubliés de son enfance qui remonte à sa conscience « comme un décor de théâtre [17] ». Nous oublions difficilement les lieux que nous avons fréquentés. Ils se gravent dans une partie profonde et instinctive de notre mémoire. Car à l'aube de l'humanité ils devaient constituer une information essentielle à mémoriser fidèlement.

Suite page 120

15. F. Yates : *l'Art de la mémoire* (Paris, N.R.F.-Gallimard, 1975), p. 15.
16. Cicéron, dans le *De oratore* et un auteur inconnu, dans *Ad Herennium* donnent les meilleures descriptions de la méthode qui aient survécu jusqu'à nos jours, mais quantité d'autres auteurs y font allusion.
17. Voir l'encadré, page suivante.

**A propos de la « petite madeleine »**

Réflexions sur la mémoire, de Marcel Proust

... Un jour d'hiver, comme je rentrais à la maison, ma mère, voyant que j'avais froid, me proposa de me faire prendre, contre mon habitude, un peu de thé. Je refusai d'abord et, je ne sais pourquoi, me ravisai. Elle envoya chercher un de ces gâteaux courts et dodus appelés petites madeleines qui semblent avoir été moulés dans la valve rainurée d'une coquille de Saint-Jacques. Et bientôt, machinalement, accablé par la morne journée et la perspective d'un triste lendemain, je portai à mes lèvres une cuillerée du thé où j'avais laissé s'amollir un morceau de madeleine. Mais à l'instant même où la gorgée mêlée des miettes du gâteau toucha mon palais, je tressaillis, attentif à ce qui se passait d'extraordinaire en moi. Un plaisir délicieux m'avait envahi, isolé, sans la notion de sa cause. Il m'avait aussitôt rendu les vicissitudes de la vie indifférentes, ses désastres inoffensifs, sa brièveté illusoire, de la même façon qu'opère l'amour, en me remplissant d'une essence précieuse : ou plutôt cette essence n'était pas en moi, elle était moi. J'avais cessé de me sentir médiocre, contingent, mortel. D'où avait pu me venir cette puissante joie ? Je sentais qu'elle était liée au goût du thé et du gâteau, mais qu'elle le dépassait infiniment, ne devait pas être de même nature. D'où venait-elle ? Que signifiait-elle ? Où l'appréhender ? Je bois une seconde gorgée où je ne trouve rien de plus que dans la première, une troisième qui m'apporte un peu moins que la seconde. Il est temps que je m'arrête, la vertu du breuvage semble diminuer. Il est clair que la vérité que je cherche n'est pas en lui, mais en moi. Il l'y a éveillée, mais ne la connaît pas, et ne peut que répéter indéfiniment, avec de moins en moins de force, ce même témoignage que je ne sais pas interpréter et que je veux au moins pouvoir lui redemander et retrouver intact, à ma disposition, tout à l'heure, pour un éclaircissement décisif. Je pose la tasse et me tourne vers mon esprit. C'est à lui de trouver la vérité. Mais comment ? Grave incertitude, toutes les fois que l'esprit se sent dépassé par lui-même ; quand lui, le chercheur, est tout ensemble le pays obscur où il doit chercher et où tout son bagage ne lui sera de rien. Chercher ? pas seulement : créer. Il est en face de quelque chose qui n'est pas encore et que seul il peut réaliser, puis faire entrer dans sa lumière.

Et je recommence à me demander quel pouvait être cet état inconnu, qui n'apportait aucune preuve logique, mais l'évidence, de sa félicité, de sa réalité devant laquelle les autres s'évanouissaient. Je veux essayer de le faire réapparaître. Je rétrograde par la pensée au moment où je pris la première cuillerée de thé. Je retrouve le même état, sans une clarté nouvelle. Je demande à mon esprit un effort de plus, de ramener encore une fois la sensation qui s'enfuit. Et, pour que rien ne brise l'élan dont il va tâcher de la ressaisir, j'écarte tout obstacle, toute idée étrangère, j'abrite mes oreilles et mon attention contre les bruits de la chambre voisine. Mais sentant mon esprit qui se fatigue sans réussir, je le force au contraire à prendre cette distraction que je lui refusais, à penser à autre chose, à se refaire avant une tentative suprême. Puis une deuxième fois, je fais le vide devant lui, je remets en face de lui la saveur encore récente de cette première gorgée et je sens tressaillir en moi quelque chose qui se déplace, voudrait s'élever, quelque chose qu'on aurait désancré, à une grande profondeur ; je ne sais ce que c'est, mais cela monte lentement ; j'éprouve la résistance et j'entends la rumeur des distances traversées.

Certes, ce qui palpite ainsi au fond de moi, ce doit être l'image, le souvenir visuel qui, lié à cette saveur, tente de la suivre jusqu'à moi. Mais il se débat trop loin, trop confusément ; à peine si je perçois le reflet neutre où se confond l'insaisissable tourbillon des couleurs remuées ; mais je ne peux distinguer la forme, lui demander, comme au seul interprète possible, de me traduire le témoignage de sa contemporaine, de son inséparable compagne, la saveur, lui demander de m'apprendre de quelle circonstance particulière, de quelle époque du passé il s'agit.

Arrivera-t-il jusqu'à la surface de ma claire conscience, ce souvenir, l'instant ancien que l'attraction d'un instant identique est venue de si loin solliciter, émouvoir, soulever tout au fond de moi ? Je ne sais. Maintenant je ne sens plus rien, il est arrêté, redescendu peut-être ; qui sait s'il remontera jamais de sa nuit ? Dix fois il me faut recommencer, me pencher vers lui. Et chaque fois la lâcheté qui nous détourne de toute tâche difficile, de toute œuvre importante, m'a conseillé de laisser cela, de boire mon thé en pensant simplement à mes ennuis d'aujourd'hui, à mes désirs de demain qui se laissent remâcher sans peine.

Et tout d'un coup le souvenir m'est apparu. Ce goût, c'était celui du petit morceau de madeleine que le dimanche matin à Combray (parce que ce jour-là je ne sortais pas avant l'heure de la messe), quand j'allais lui dire bonjour dans sa chambre, ma tante Léonie m'offrait après l'avoir trempé dans son infusion de thé ou de tilleul. La vue de la petite madeleine ne m'avait rien rappelé avant que je n'y eusse goûté ; peut-être parce que, en ayant souvent aperçu depuis, sans en manger, sur les tablettes des pâtissiers, leur image avait quitté ces jours de Combray pour se lier à d'autres plus récents ; peut-être parce que, de ces souvenirs abandonnés si longtemps hors de la mémoire, rien ne survivait, tout s'était désagrégé ; les formes — et celle aussi du petit coquillage de pâtisserie, si grassement sensuel sous son plissage sévère et dévot — s'étaient abolies, ou, ensommeillées, avaient perdu la force d'expansion qui leur eût permis de rejoindre la conscience... Et dès que j'eus reconnu le goût du morceau de madeleine trempé dans le tilleul que me donnait ma tante (quoique je ne susse pas encore et dusse remettre à bien plus tard de découvrir pourquoi ce souvenir me rendait si heureux), aussitôt la vieille maison grise sur la rue, où était sa chambre, vint comme un décor de théâtre s'appliquer au petit pavillon donnant sur le jardin, qu'on avait construit pour mes parents sur ses derrières (ce pan tronqué que seul j'avais revu jusque-là) ; et avec la maison, la ville, depuis le matin jusqu'au soir et par tous les temps, la Place où on m'envoyait avant déjeuner, les rues où j'allais faire des courses, les chemins qu'on prenait si le temps était beau.

Proust (M.) : *A la recherche du temps perdu*, éd. La Pléiade, N.R.F., 1954.

Alexandre Luria, dans son ouvrage sur le mémorisateur prodige Veniamine, en fait aussi l'observation : la visualisation, d'une part, la localisation en des lieux connus, d'autre part, forment la base des techniques de mémorisation adoptées spontanément par Veniamine :

« En lisant une longue liste de mots, il voyait une image correspondant à chacun de ces mots. Mais si la liste était très longue, Veniamine avait recours au procédé qui consistait à en "disposer" les éléments en file, procédé qu'il utilisa durant toute sa vie. Le plus souvent, il "alignait" ces images le long d'une route. Tantôt c'était une rue de sa ville natale ou la cour de la maison où il passa son enfance et dont l'image s'était fortement gravée dans sa mémoire. Tantôt c'était une rue de Moscou. Il suivait fréquemment cette rue — la rue Gorki le plus souvent, en partant de la place Maïakovski ; il la descendait lentement et « disposait » les images devant les maisons, les portes cochères ou les vitrines des magasins, et puis, sans savoir comment, il se trouvait de nouveau dans son Torjok natal et terminait la promenade devant la maison de son enfance[18]. »

Et au Japon, un autre psychologue, Tukasa Susukita, fait des observations tout à fait comparables sur le mémorisateur prodige Ichihara, qui « disposait ses images » le long de lieux qui lui étaient familiers, et pouvait ainsi les retrouver quand il le désirait[19].

### Efficacité de la localisation en des lieux connus

L'efficacité de la méthode des localisations a été testée à plusieurs reprises, les résultats ont toujours été positifs.

18. A. Luria : *Une prodigieuse mémoire* (Neuchâtel, Delachaux et Niestlé, 1970), p. 35.

19. T. Susukita : « Untersuchungen eines ausserordentlichen Gedächtnisses in Japan », in *Tohoku Psychological Folia I*, Sendai, 1933-34 (111-134), p. 15-42.

Gordon H. Bower et D. Winzenz demandèrent à des étudiants d'apprendre successivement 5 listes d'achats, contenant 20 produits différents chacune. Les étudiants disposaient de 5 secondes par mot à mémoriser. Ils récitaient chaque liste immédiatement après l'avoir apprise ; puis ils devaient essayer de redire l'ensemble des 5 listes, c'est-à-dire 100 mots au total, à la fin de la séance. Cette tâche n'était donc pas facile.
Les expérimentateurs enseignèrent à la moitié des sujets comment se servir de la méthode des localisations, et laissèrent les autres libres d'apprendre comme ils voulaient, ce qui veut dire qu'ils procédèrent en majorité par « répétitions ». En fin de séance, les sujets ayant utilisé la méthode des localisations visualisées retrouvèrent 72 % des noms de produits mémorisés, et le groupe de contrôle, 28 % seulement. De plus, grâce aux localisations, les premiers sujets savaient indiquer l'ordre correct des produits, ainsi que la liste dont ces produits faisaient partie, ce que le groupe de contrôle était incapable de faire[20].
Quant à L.D. Groninger, il fit mémoriser par ses étudiants une liste de 25 mots concrets. La première moitié du groupe utilisait les localisations visualisées, l'autre moitié du groupe n'était pas au courant de cette méthode. Tous disposaient du temps qu'ils voulaient pour bien apprendre la liste. Les étudiants qui « localisaient » leurs mots eurent besoin de moins de temps que les autres pour bien mémoriser la liste ; et ils surent redire plus de mots : en moyenne 6 mots de plus après un intervalle d'une semaine, et en moyenne 10 mots de plus après cinq semaines. Vingt-cinq paires de mots furent ensuite présentées à tous les étudiants, dont à chaque paire un mot

20. G.H. Bower : « How to... uh... Remember », in *Psychology Today* 7(5), 1973, p. 63-70.

faisait partie de la liste initialement mémorisée et pas l'autre mot. Tous les étudiants, quelle que fût la méthode qu'ils avaient utilisée pour apprendre les mots, surent identifier correctement à peu près la totalité des 25 mots appris. Ces mots étaient donc enregistrés dans toutes les mémoires. Mais il fallait un système de rappel efficace pour pouvoir les dire à la demande. La méthode des localisations offrait ce système efficace[21].

## Il existe d'autres méthodes

D'autres méthodes font appel aux principes de représentation visuelle pour résoudre des problèmes variés de mémorisation. Si elles n'ont pas toutes des lettres de noblesse remontant aussi loin que la méthode des localisations, elles sont néanmoins toutes efficaces.

La gamme de ces méthodes et leurs domaines particuliers d'application seront détaillés dans le Cours 7, qui introduit la partie pratique de cet ouvrage. Quant au Cours 4, qui développe les méthodes adaptées à la mémorisation de notions abstraites, nous ne l'aborderons pas avant d'avoir un peu exercé la visualisation des notions concrètes. L'imagination visuelle est une qualité facile à développer. Elle rend d'inestimables services pour renforcer la mémoire et faciliter le rappel des notions mémorisées.

## Apprendre à visualiser

Pour mémoriser facilement, il faut faire travailler notre imagination visuelle. L'ouvrage le plus ancien qui nous décrit cette méthode, *Ad Herennium,* recommande de « créer des images capables de rester le plus longtemps possible dans la mémoire. Nous y réussirons si nous

21. L.D. Groninger : « Mnemonic Imagery and Forgetting », in *Psychonomic Science*, 23, p. 161-163, 1971.

établissons des ressemblances aussi frappantes que possible ; si nous créons des images qui ne soient ni nombreuses ni vagues, mais actives ; si nous leur attribuons une beauté exceptionnelle ou une laideur particulière ; si nous en ornons quelques-unes avec des couronnes par exemple, ou des manteaux de pourpre, de façon à les rendre plus évidentes ; si nous les enlaidissons d'une façon ou d'une autre, en introduisant par exemple une personne tachée de sang, souillée de boue ou couverte de peinture rouge, de façon à ce que l'aspect en soit plus frappant ; ou encore si nous donnons un effet comique à nos images. Car cela aussi nous garantira plus de facilité à nous les rappeler. Ce que nous nous rappelons facilement quand c'est réel, nous nous le rappelons aussi facilement quand c'est fictif [22]. » Ces recommandations n'ont rien perdu de leur actualité.

Comme cela se produit dans nos rêves, plus une représentation visuelle est intense, précise, stable, et mieux nous nous en souviendrons. A la différence de nos rêves cependant, nous pouvons consciemment contrôler la production de nos représentations visuelles faites à l'état de veille. Nous pouvons les choisir de manière qu'elles soient efficaces et garantissent le rappel mnémonique au moment de notre choix. C'est pour cela que, pour bien mémoriser, il faut apprendre à bien visualiser.

## Le support mnémonique

Vous pouvez évoquer à votre gré :
« Une plage », c'est-à-dire l'ensemble de vos notions sur les rives de sable au bord de l'eau...

Ou bien vous pouvez évoquer :
« La plage où j'ai passé mes dernières vacances », c'est-

22. F. Yates : *l'Art de la mémoire* (Paris, N.R.F.-Gallimard, 1975), p. 23.

à-dire une cohorte de souvenirs précis et vécus très récemment.

Dans le premier cas, vous évoquez une notion abstraite ; dans le second cas, vous évoquez une image concrète, qui remue en vous des souvenirs où votre affectivité était concernée. Cette stimulation émotionnelle par des images concrètes et connues doit être recherchée pour mieux se souvenir.

Pour favoriser l'assimilation mnémonique et le rappel, il est donc recommandé de fonder le support mnémonique sur des représentations visuelles qui soient :
1 - concrètes,
2 - précises,
3 - pourvues de détails frappants,
4 - et si possible amusants,
5 - personnalisées.

*Par exemple :* il vaut mieux se représenter « un arbre » que « la nature » ; un arbre est un objet plus concret que la notion de nature en général. Mais se représenter « un chêne » est encore préférable, car c'est un arbre précis parmi toutes les sortes d'arbres qui peuplent nos forêts. « Un chêne centenaire à l'écorce crevassée » ajoute des détails qui rendent l'image plus frappante. « L'énorme chêne dans lequel fut taillée la flûte à six schtroumfs » nous place dans un contexte amusant préférable aux clichés scolaires du type « Fable du chêne et du roseau » ou « Saint Louis rendant la justice sous un chêne ». Mais le meilleur support mnémonique, c'est encore : « le chêne que j'ai connu et sur lequel je grimpais dans mon enfance », parce qu'il fournit une représentation visuelle personnalisée.

## Les associations

L'histoire de Simonide aidé par les dieux[23] montre que le rappel des souvenirs est facilité par un support concret. Même si les souvenirs existent, quelque part dans la mémoire, pour parvenir à les ramener à la conscience, il faut introduire un ordre dans le désordre des notions accumulées. Les places occupées par les invités, selon leur importance hiérarchique, fournissaient à Simonide un support concret et mnémonique ordonné dans l'espace ; mieux, ce support faisait appel à la mémoire visuelle : Simonide avait vu les invités festoyer autour de la table avant l'accident qui empêchait d'identifier leur corps. Ainsi, dans cette anecdote,

— le souvenir à rappeler à la mémoire, c'est chaque invité, connu de Simonide et formant une bonne image visuelle ;

— le support mnémonique ordonné permettant de tirer les souvenirs de leur désordre initial, c'est la table de banquet où les places sont ordonnées selon le rang et les affinités des invités ;

— le lien entre le souvenir enregistré et le support mnémonique qui permet de le retrouver, c'est le festin auquel participait chaque invité. Ce lien est important. On l'appelle l'association.

Pour être sûr de retrouver un souvenir, il faut établir entre chaque souvenir et son support mnémonique une association solide. L'association sera efficace si nous savons la rendre elle aussi visuelle et frappante. Il est bon qu'elle étonne ou qu'elle fasse rire, pour que l'esprit prenne plaisir à la retrouver. Le mouvement, l'activité exprimant une interaction entre l'information et sa localisation renforcent le lien établi par l'association. L'acte

23. Narrée p. 114.

de festoyer était une bonne association entre les invités et la table de banquet autour de laquelle ils se trouvaient.

### Il faut passer à l'acte

Afin de faire votre profit de ces considérations, il s'agit maintenant de les mettre en pratique. Prenons un cas simple, dont l'utilité saute aux yeux : une longue liste d'achats à faire sans en oublier si possible. Voici un exemple de *liste d'achats,* donnée à titre d'exercice :

| | |
|---|---|
| 1. Le journal | 11. De la pâte dentifrice |
| 2. Une carte de la région | 12. Une brosse à dents |
| 3. Un stylo à bille | 13. Une éponge |
| 4. Une lampe de poche | 14. Du cognac |
| 5. Six mouchoirs | 15. Du pain |
| 6. Du papier quadrillé | 16. Du beurre |
| 7. Une agrafeuse | 17. Du fromage |
| 8. Une gomme | 18. Du jambon |
| 9. Un thermomètre | 19. De la salade |
| 10. De la glycérine | 20. Des pommes |

Comment mémoriser efficacement cette liste ? Première étape : établir un itinéraire donné. Celui qui paraît convenir dans ce cas, c'est un tour à pied dans votre quartier, qui passe : 1) chez le marchand de journaux, 2) chez le pharmacien, 3) chez l'épicier.

Bien entendu, vous inverserez ces facteurs s'ils diffèrent dans un ordre à partir de chez vous. La méthode la plus simple consiste à vous représenter, chez le marchand de journaux le stand des journaux, et d'y associer l'image de votre journal habituel, puis de penser au coin où se trouvent les cartes de la région, et d'y associer l'image de la carte précise que vous voulez acheter, etc. C'est une méthode valable : se représenter les lieux réels avec force, ainsi que les gestes que vous

devez accomplir quand vous y serez, pour ne rien oublier de ce que vous voulez acheter. Cependant, dans la boutique, vous vous trouvez pris dans une ambiance trop connue. Les gestes accomplis souvent déjà, vous les retrouverez automatiquement. Mais tout achat qui sort des normes quotidiennes, comme l'achat d'une carte de la région ou d'une lampe de poche, risque de vous échapper si vous n'avez pas de méthode plus puissante.
Quel est ce moyen plus puissant ? De sortir d'emblée des normes, dans votre préparation mentale. Peut-être pour l'itinéraire ; à coup sûr, pour les images visuelles à associer avec chaque localisation mémorisée. Pour cet exemple de liste d'achats, qui n'est pas compliqué à retenir, faisons varier seulement le second facteur, et gardons l'itinéraire normal d'un tour chez les différents commerçants concernés ; mais voyons comment associer à cet itinéaire des images visuelles originales et frappantes pour chacun des achats à effectuer.

### Procéder de gauche à droite

Markoff et ses collaborateurs recommandent d'établir les associations en procédant de gauche à droite, comme dans nos lectures ou nos écrits [24]. Cette orientation des associations d'images contribue utilement à nous les faire retrouver dans l'ordre où nous les avons mémorisées.

### Faire des associations visuelles

Chez le marchand de journaux, nous allons donc nous représenter un premier lieu : le marchand lui-même, et lui associer une image visuelle de notre journal habituel. Cette image n'a pas besoin d'être particulièrement forte, si c'est un achat que nous faisons quotidiennement chez

24. D. Markoff, A. Dubin, D. Carcel : *How to remember anything* (New York Memory School Publishing), p. 2.

lui. En revanche, s'il s'agit d'un journal que nous n'achetons pas d'habitude, il faut nous en faire une image visuelle frappante : par exemple, des centaines d'exemplaires de ce journal, avec leur titre bien apparent, qui s'échappent des bras du marchand de journaux pour s'envoler et flotter dans toute la boutique où vous-même et d'autres clients présents essayent de les attraper en sautillant.

Vous parvenez, d'un revers habile de la main, à saisir un de ces journaux en le tirant par son titre. Vous le posez sur le comptoir pour le payer. Mais aussitôt, des cartes de la région s'échappent de ses pages, envahissant tout le comptoir sans vous laisser régler le journal.
Vous saisissez une carte pour examiner si elle contient bien un plan de la région qui vous intéresse. Mais à l'intérieur, vous découvrez un nid de stylos à bille qui grouillent comme des serpents et menacent de vous piquer. Un stylo tombe à terre. Vous retirez le pied pour ne pas être piqué.
Ce geste vous fait heurter, sur votre droite, une forme oblongue que vous croyiez être un client. Erreur, il s'agit d'une énorme lampe de poche, qui se tourne vers vous en grommelant...

Et ainsi de suite. Chaque image visuelle doit être aussi claire que possible, et l'association que vous formez avec les lieux de votre itinéraire doit être aussi animée que possible, avec éventuellement une part de comique, d'inattendu, qui la rende facile à retrouver.

## Exercice

### Formez vous-même vos associations

**Pour qu'elles soient plus efficaces, il est préférable que vous formiez vous-même des associations selon ces règles. Reprenant la liste de la page 126 depuis le début, notez ci-dessous :**

**A)** Vingt localisations **précises, soit chez les commerçants concernés, soit sur un autre itinéraire de votre choix.**

**B)** Des associations frappantes **entre chaque localisation et l'objet à acheter.**

**C) Si possible, ajoutez un schéma qui représente visuellement l'association que vous formez, par exemple comme ceci pour l'association « marchand de journaux - journal à acheter » que nous avons proposée comme début :**

**Procédez selon le modèle suivant :**

| | A<br>Lieu de l'itinéraire | B<br>Association visuelle | C<br>Schéma de l'association |
|---|---|---|---|
| 1 | Le marchand de journaux | Le journal s'échappe de ses bras |  |
| 2 | Le comptoir du marchand | Des cartes sortent du journal |  |
| 3 | | | |
| 4 | | | |
| 5 | | | |
| 6 | | | |
| 7 | | | |
| 8 | | | |
| 9 | | | |
| 10 | | | |
| 11 | | | |
| 12 | | | |
| 13 | | | |
| 14 | | | |
| 15 | | | |
| 16 | | | |
| 17 | | | |
| 18 | | | |
| 19 | | | |
| 20 | | | |

**A présent, vous allez vérifier l'efficacité de la visualisation. Pour cela, essayez d'inscrire, sur chaque ligne de la première colonne ci-dessous, les mots de la liste dans l'ordre où vous les avez appris :**

**MOTS RETENUS**

| | Aujourd'hui | Le lendemain | Huit jours après |
|---|---|---|---|
| 1 | | | |
| 2 | | | |
| 3 | | | |
| 4 | | | |
| 5 | | | |
| 6 | | | |
| 7 | | | |
| 8 | | | |
| 9 | | | |
| 10 | | | |
| 11 | | | |
| 12 | | | |
| 13 | | | |
| 14 | | | |
| 15 | | | |
| 16 | | | |
| 17 | | | |
| 18 | | | |
| 19 | | | |
| 20 | | | |

Comparez ensuite vos réponses avec les mots de la liste page 126.
Combien de réponses correctes avez-vous données ?
. . . . mots retrouvés sur 20.
Reportez-vous à présent à la page 19, à la fin du Quiz. Vous aviez là également à mémoriser 20 mots, mais sans ordre aucun, et sans visualisation pour vous aider à les retenir. Combien aviez-vous su en retrouver pour les noter dans l'espace blanc prévu à cet effet ?
. . . . mots retrouvés sur 20.
Comparez vos deux performances. L'écart entre votre performance à ce premier test et votre performance actuelle, après effort de perception visuelle des mots de la liste, pourrait bien vous surprendre. Il vous donnera une idée de l'efficacité des méthodes mnémotechniques.
Car vous n'avez fait là qu'un premier pas. Avec de l'entraînement, les méthodes d'association visuelle devraient vous permettre d'améliorer beaucoup vos performances. Prenez le temps nécessaire pour retenir plus sûrement le matériel, que de se hâter et ne plus rien savoir ensuite. Mais l'exercice aidant, les associations visuelles se feront sans effort, comme un jeu amusant. Continuez donc à vous entraîner à ce jeu, et si possible dans des situations réelles, qui seront plus stimulantes pour votre effort de mémorisation[25].
Tant que vous n'êtes pas sûr que vos associations visuelles sont efficaces, faites le travail en double : notez sur une feuille la liste des mots à retenir, et emmenez la feuille avec vous pour des contrôles éventuels, mais apprenez aussi votre liste par des associations visuelles.

25. Herbert F. Crovitz a montré que cette méthode n'aidait que les sujets entraînés à faire de bonnes associations visuelles : *Mnemonics and the Total-time Hypothesis* (Denver, Meeting of the Psychonomic Society, november 1975).

CHAPITRE 6

# quatrième cours

# les enchaînements structurés

Une troisième technique est plus puissante encore que la répétition ou la visualisation mentale des données à mémoriser, c'est l'organisation des données. Car la mémoire n'est pas une fonction mentale simple, capable seulement d'accumuler les données du monde extérieur. « Le comportement de mémorisation le plus fréquent n'est pas l'apprentissage par cœur de listes courtes, mais un travail d'extraction des idées et d'organisation de celles-ci [1]. »

Cette affirmation d'un chercheur contemporain fait écho à la réaction d'un homme de la Renaissance, Pierre de La Ramée [2] qui révolutionna les méthodes d'enseignement en protestant contre les excès de mémorisation artificielle [3] : l'art de la mémoire selon la méthode des « loci » à la mode antique n'est pas toujours le plus efficace. Pour bien retenir, mieux vaut sérier les informations selon un « ordre dialectique », séparant les aspects généraux des détails plus spéciaux.

1. A. Lieury : « l'Art de la mémoire », in *Psychologie*, n° 80, p. 40.
2. Pierre de La Ramée dit aussi Pierre Ramus, naquit en 1515 et mourut en 1572, assassiné comme huguenot lors du massacre de la Saint-Barthélemy.
3. F. Yates montre qu'à la fin du Moyen Age, les érudits, redécouvrant la méthode des « loci » dans les écrits des Anciens, avaient tendance à lui attribuer des vertus intellectuelles si grandes qu'ils en faisaient un art magico-religieux permettant de « s'unir à l'âme du monde ». Cf. *l'Art de la mémoire* (Paris, N.R.F.-Gallimard, 1975). C'est contre de tels excès que s'élève Pierre de La Ramée. Sa « classification en arbre » aidait la mémorisation de façon plus sobre. Elle eut un grand succès dans l'Angleterre puritaine sous Elisabeth Ire.

### La classification en arbre

Beaucoup de travaux récents confirment cette intuition de Pierre de La Ramée. Pour James J. Jenkins, la « hiérarchie à niveaux multiples » selon laquelle les mots du langage s'ordonnent en phrases, fonctionne selon le même processus que l'enregistrement mnémonique [4]. Pour Collins et Quillian, le temps de réaction des sujets qui ont à comparer des mots du genre : « un *chien* est-il un *animal ?* » est plus rapide entre mots de catégories sémantiques proches (« Oui, un chien est un animal ») qu'entre mots de catégories sémantiques plus éloignées (« Non, une fleur n'est pas un animal ») à cause de la mémorisation par « catégories emboîtées » de notre savoir (voir fig.).

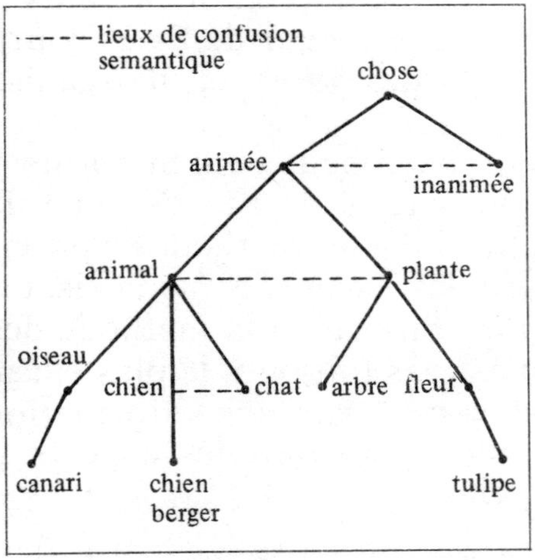


**Carte partielle de la mémoire sémantique**
Quand on demande aux sujets d'associer des mots selon différentes catégories sémantiques, l'étude de leurs temps de réaction montre des « lieux de confusion » indiquant l'existence d'une hiérachie conceptuelle des notions mémorisées à long terme [5].

4. James J. Jenkins : *Communication, Language and Meaning : Psychological Perspectives,* direction George A. Miller, New York, Basic Book.
5. Collins et Quillian : *Journal of Verbal Learning and Verbal Behavior,* 9, 432-438. 1970. Cependant, dans un autre numéro de la même revue (août 1971), Arnold Wilkins montre que les temps de réaction des sujets reflètent avant tout les caractéristiques statistiques de la langue. Ce qui relie, comme le faisait Jenkins. langage et mémoire. (Lire A. Lieury : *Psychologie,* n° 5, p. 31.)

Et pour Karl Spencer Lashley, la façon dont se produisent les lapsus ouvre « une fenêtre sur la vie cérébrale... [on voit que celle-ci s'ordonne en] une série hiérarchique d'organisation. Il y a l'ordre des mouvements vocaux pour prononcer un mot, l'ordre des mots dans la phrase, l'ordre des phrases dans un paragraphe »[6].

## Variété des possibilités d'enregistrement mnémonique

Comme un ordinateur très raffiné, la mémoire semble donc classer de façon hiérarchique les données qu'elle enregistre. Et cela semble se passer le plus souvent de manière inconsciente. Voici quelques observations qui révèlent cet intense travail souterrain.

Selon la « courbe d'oubli » d'Ebbinghaus, les listes de syllabes dénuées de sens ne sont retenues que très peu de temps par la mémoire[7]. Mais pourquoi d'autres matériaux, comme les phrases[8] ou les histoires, ne suivent-ils pas cette courbe ? Plus troublant encore : Jenkins découvre qu'un sujet apprenant une *unique liste* de syllabes dépourvues de sens se la rappelle très bien vingt-quatre heures après, contrairement à ce qui se passe s'il a appris plusieurs listes auparavant (voir l'encadré).

## Adaptation spontanée de la mémoire

Ainsi, lorsque la mémoire reçoit des informations, elle ne les accumule pas aveuglément, mais elle les analyse en fonction de leur fréquence d'apparition, de leur intérêt, des informations de même type déjà stockées antérieurement Puis, au vu de cette analyse, le mécanisme de mémorisation le plus économique entre en action.

6. Voir la figure p. 134.
7. Victoria A. Fromkin : « Slips of the Tongue ». in *Scientific American* (décembre 1973), p. 110.
8. Voir dans l'encadré de la page 33 les résultats de François Richaudeau à ce sujet.

**Phénomène d'interférence**

« On explique souvent ce phénomène par l'"interférence" que causeraient les listes apprises les jours précédents. Mais on n'a pas pu prouver l'existence réelle de cette interférence. Les sujets ne se rappellent pas les éléments des autres listes à la place de ceux des listes qu'ils sont censés retenir. Nous pensons plutôt que les sujets finissent par adopter un mécanisme d'apprentissage très simple qui accomplit immédiatement sa tâche mais de façon telle que leur mémoire n'enregistre qu'à court terme. Lorsqu'il vient d'apprendre sa première liste, un sujet peut généralement nous raconter toutes sortes de choses sans rapport avec ce qu'on lui demandait : il sait combien d'éléments contenait la liste, ce que les syllabes ont évoqué pour lui et ce à quoi il pensait en essayant de lier les syllabes les unes aux autres. Toute cette activité n'est pas particulièrement utile au sujet dans ce genre d'expérience. Il en fait plus qu'on ne lui demande et se rappelle très bien vingt-quatre heures plus tard ce qu'il a appris. Mais il en va tout autrement si on l'interroge après sa quinzième ou vingtième liste. Il sait très peu de chose de sa dernière liste étudiée. Il a acquis la bonne technique de mémorisation mais ne retient rien de tous les autres "riches" détails qu'il avait accumulés les premières fois. Il est incapable de décrire en détail les syllabes dénuées de sens, et de se souvenir des images ou des associations qu'elles ont suscitées en lui. Il n'attache aucun sens aux items, etc. Autrement dit, le sujet a appris à se comporter comme une machine beaucoup plus simple. Il fournit moins d'efforts mais son efficacité immédiate a augmenté. Il apprend plus vite de jour en jour mais retient beaucoup moins longtemps. On pourrait conclure de tout cela que le mécanisme qui s'acquitte efficacement de l'apprentissage de ces listes dépourvues de sens se révèle inapte à garder des éléments en mémoire pendant un laps de temps supérieur à vingt-quatre heures[9]. »

9. James J. Jenkins : « le Langage et la mémoire », in *Psychologie,* n° 57, p. 68.

On peut donc comparer la mémoire humaine à un ordinateur très raffiné. Mais en vérité elle surpasse tout ce que la technique moderne a mis sur pied jusqu'à présent.

## La mémoire retravaille le matériel

En effet, la mémoire est même capable de retravailler le matériel, sans que nous en ayons conscience, de manière à en absorber le plus possible à la fois.

Nous avons vu[10] qu'en mémoire immédiate l'empan de mémoire est limité : nous pouvons retenir en une fois des séries de 7 chiffres seulement, et 5 ou 6 mots, s'ils se suivent au hasard.

10. Dans le cours 2, expériences de Jacobs, Binet, Miller.

Mais les enregistrements de la mémoire immédiate ne sont pas stockés tels quels. Ils circulent dans les noyaux centraux du cerveau, y sont analysés, retravaillés, filtrés. Un travail mystérieux d'organisation s'opère dans ces centres sans que nous en ayons conscience.

### « Bit » et « chunk » d'information

Selon la théorie de la communication de Norbert Wierner et Claude Shannon, un chiffre binaire (0 ou 1) transmet 1 *bit* d'information ; mais un mot transmet 12 *bits* d'information en moyenne. L'enregistrement en mémoire immédiate d'un mot est donc plus rentable que l'enregistrement d'un chiffre binaire isolé.

Or nous pouvons constater journellement que notre mémoire capte plus volontiers les mots que les chiffres, et plus encore les concepts, les idées générales que les mots isolés ; elle préfère donc les bons morceaux, les « chunks » riches en information, plutôt que les parcelles maigres qui recèlent peu d'information. C'est une sorte de loi du « moindre effort mnémonique » qui nous encourage à grouper les lettres en mots, les mots en phrases, les phrases en idées, les idées en catégories conceptuelles.

Or notre mémoire immédiate limite la quantité d'éléments enregistrés en une fois, mais non pas la qualité de ces éléments, c'est-à-dire l'information qu'ils contiennent. Pour retenir le plus possible des informations présentées, notre esprit ne doit pas s'arrêter aux éléments isolés, mais les regrouper en « chunks » riches en information. Lorsque nous écoutons une conférence, que nous regardons un film, que nous lisons un livre, il est souhaitable que notre mémoire enregistre en premier lieu les idées générales, les grandes lignes de l'exposé.

## Les détails appréciés ou rejetés

Mais que se passe-t-il quand nous imposons à notre mémoire de retenir des détails en série ?
De deux choses l'une : ou ces détails viennent agrémenter des connaissances déjà bien assimilées dans leurs grandes lignes ; alors la mémoire les enregistre facilement et volontiers ; ils s'insèrent dans un cadre, comme les pièces d'un puzzle complété peu à peu. Dans ce cas, l'esprit absorbe les détails avec un sentiment de plaisir souvent intense.

Mais si, au contraire, les détails à absorber ne peuvent pas se rattacher à des connaissances déjà assimilées, si notre volonté consciente impose à la mémoire d'ingurgiter des données dépourvues de sens, c'est-à-dire des éléments isolés, l'enregistrement peut être obtenu par diverses techniques, en particulier par la répétition du matériel. Mais l'effort de mémorisation est alors ressenti comme déplaisant ; et son résultat n'est pas de longue durée : nos mécanismes inconscients rejettent dans l'oubli ce matériel imposé. C'est ce qui se passe chez l'étudiant qui « bachote », c'est-à-dire qui impose à sa mémoire de retenir pêle-mêle des notions imposées par le programme scolaire, sans prendre le temps de chercher les idées générales qui sous-tendent ces notions. A peine l'examen passé, les notions « bachotées » seront oubliées. C'est ce qui se passe également dans les expériences sur la mémorisation de syllabes dépourvues de sens.

Cependant, l'observation de Jenkins sur des sujets mémorisant leur *première liste* de syllabes dépourvues de sens montre qu'avant de les considérer comme telles et de les rejeter dans l'oubli, l'esprit cherche d'abord à organiser ces syllabes, à les relier à d'autres connaissances déjà enregistrées, de manière à leur conférer un sens si cela est possible.

## La mémoire met de l'ordre dans le désordre

**Pour vérifier que la mémorisation n'est pas un processus d'enregistrement simple, mais qu'elle est susceptible d'organisation spontanée, vous pouvez effectuer l'expérience suivante. Choisissez comme sujet quelques personnes de votre entourage. A chacune d'elles (séparément ou réunies en groupe, à votre choix) vous lirez lentement, à raison d'un mot par seconde, la liste de mots suivante :**

| France | canard | Allemagne | Hollande |
|---|---|---|---|
| alouette | poule | chemise | Canada |
| manteau | bonnet | Espagne | tablier |
| Angleterre | Suisse | cymbales | hautbois |
| piano | violon | pinson | pigeon |
| tourterelle | Autriche | mésange | pantalon |
| rossignol | guitare | écharpe | orgue |
| flûte | caleçon | Etats-Unis | blouse |
| robe | moineau | fauvette | tambourin |
| veste | tambour | clarinette | Belgique |

**Ensuite, vous distribuerez feuilles de papier et crayons et demanderez à vos sujets de noter « tous les mots qu'ils se rappellent dans l'ordre qu'ils désirent » (bien formuler la consigne dans ces termes précis).**

Collectez les feuilles de réponse et comptez le nombre de mots retrouvés par personne. Plus ce nombre de mots retrouvés sera grand, et plus vous pourrez constater que l'arrangement des mots restitués est différent à la fois d'un ordre dû au hasard et de l'ordre initial de la liste lue : pour bien retenir les mots de cette liste, les meilleurs mémorisateurs ont probablement cherché à les regrouper par catégories. Par exemple : France, Angleterre, Espagne, Belgique... [11]. On voit ainsi que notre mémoire peu souvent, à notre insu, procéder à un travail d'organisation des informations parvenues en désordre.

11. Expérience conçue par Bousfield, Cohen et Whitmarsh, et publiée dans *Psychological Reports*, 4, 39-44. 1958.

## Les systèmes raisonnés

L'ordre que la mémoire tend à introduire spontanément dans le désordre des informations qui l'assaillent a suggéré à Tulving et Pearlstone une expérience utile pour comprendre comment améliorer le rappel de ce que nous mémorisons. Ces chercheurs faisaient apprendre à leurs sujets une liste de mots, accompagnés chacun du nom de la catégorie à laquelle ils appartenaient : par exemple « France = pays, alouette = oiseau, manteau = vêtements, Angleterre = pays », etc. Ainsi les mots à mémoriser étaient dans le désordre, comme dans l'expérience ci-dessus ; mais les quelques catégories permettant de les regrouper étaient explicitées. Après lecture de la liste, des feuilles blanches furent distribuées à une moitié des sujets pour y noter les mots retenus ; à l'autre moitié des sujets, on distribua des feuilles portant les noms des catégories auxquelles les mots pouvaient être rattachés. Le second groupe eut toujours de meilleurs résultats que le premier : les catégories notées en haut de ses feuilles de réponse étaient un indice qui facilitait le rappel des mots mémorisés [12].

## Variété des indices facilitant le rappel mnémonique

De nombreux indices peuvent faciliter l'évocation de termes mémorisés. Ils vont de la simple association phonétique jusqu'aux catégorisations complexes. Voici certains indices parmi ceux qui sont les plus souvent utilisés spontanément lorsqu'on cherche à se rappeler des mots mémorisés :

1) Ressemblance entre des débuts de mots, appelée assonance (Chambourcy - Champigny...).

12. Tulving et Pearlston : *Journal of Verbal Learning and Verbal Behavior*, 1966, p. 381-391.

2) Ressemblance entre des fins de mots, appelée rime (Chambourcy - Annecy...).
3) Même nombre de syllabes ou rythme similaire (facilite la mémorisation des poésies et pièces de théâtre classiques).
4) Similitude de sens (maison - demeure - habitation).
5) Liaisons verbales statistiquement fréquentes (Moyen Age - armure - chevalier).
6) Concepts abstraits (catégories regroupant les mots dans l'expérience mentionnée ci-dessus).
Etc.

### Comme dans une bibliothèque

Selon Alain Lieury, les systèmes de classement que l'on observe dans le fonctionnement de notre mémoire ressemblent aux fichiers d'une bibliothèque. Fichiers classant les livres par ordre alphabétique des noms d'auteur, par matières traitées, par titres, par types de reliure, de présentation, etc., et sans lesquels un ouvrage serait introuvable dans l'amoncellement des documents rassemblés par la bibliothèque.

Il en est de même de notre mémoire : sans système de classement des informations enregistrées, une information particulière est difficilement accessible ; avec un système de classement, son rappel devient facile [13]

### Faites une expérience

Vous connaissez beaucoup de villes en France. Prenez une feuille blanche et commencez à noter tous les noms de villes qui vous reviennent, au hasard. A moins d'être un géographe professionnel, il est probable que vous vous sentirez bientôt à court d'idées.

13. A. Lieury : « Notre mémoire est-elle organisée comme une bibliothèque ? », in *Psychologie,* n° 25.

Prenez alors une deuxième feuille blanche, et recommencez à noter tous les noms de ville qui vous reviennent, en suivant cette fois-ci un système de rappel simple : l'ordre alphabétique des noms. Vous alignez d'abord tous les noms de ville commençant par la *lettre A* qui vous reviennent ; puis tous les noms commençant par la *lettre B ;* puis par la *lettre C ;* etc.

En faisant l'expérience, vous sentirez combien la recherche de ces noms est plus efficace lorsqu'elle est guidée par l'indice phonétique des lettres de l'alphabet. Mais vous pouvez encore l'améliorer. Prenez pour cela une troisième feuille blanche, et alignez toutes les villes dont le nom commence par *Ba,* puis *Be,* puis *Bi,* etc. Le nombre des noms retrouvés augmentera notablement [14].

Rappelez-vous cette méthode, lorsque vous vous désolerez d'avoir un trou de mémoire. Essayez de chercher le mot qui vous échappe en suivant les différentes lettres de l'alphabet. Peut-être le retrouverez-vous ainsi...

Mais peut-être cela ne suffira-t-il pas : certains mots ne commencent pas par une, mais par deux lettres qui, associées, forment un son différent (comme « ch », par exemple) ; beaucoup de noms ont des initiales doubles (comme « Saint-Germain » ou « La Ferté-Macé »), ce qui égare l'esprit. Enfin, l'indice phonétique est redoutable pour les personnes douées de beaucoup d'imagination : elles risquent de confondre le mot recherché avec un autre mot, phonétiquement analogue, que leur imagination investit aussitôt de signes de reconnaissance divers mais fallacieux. Une vieille dame était ainsi renommée parmi ses amis pour régulièrement demander au guichet de la gare un billet pour « Villeneuve-Saint-Georges », alors qu'elle voulait aller à « Verneuil-sur-Avre » ; une

14. Expérience suggérée par Kenneth L. Higbee : *Your Memory* (Englewood Cliffs, Prentice Hall), p. 43.

même initiale au début des deux noms ainsi qu'un rythme similaire d'énonciation expliquaient la confusion. Si le système alphabétique vous joue ainsi des tours, cherchez d'autres indices de rappel : rimes, rythme, liaisons verbales, catégories peuvent vous venir à l'aide.
Le plus sûr, pour garantir un rappel exact, c'est, au stade de l'enregistrement de données importantes, de prendre la précaution de mémoriser plusieurs indices de rappel. Si l'un se révélait défaillant ou incomplet, un autre serait mis à contribution pour définir l'information exacte.

### L'organisation au moment du rappel

Brown et McNeill ont soumis à un groupe de sujets des définitions de mots rares, en leur demandant de retrouver de quel mot il s'agissait. C'était mettre chaque sujet dans la situation du « mot sur le bout de la langue », car ils reconnaissaient le mot à travers sa définition, mais ils avaient des difficultés à retrouer la formulation exacte à cause de sa rareté.
Les auteurs demandaient alors aux sujets de chercher systématiquement selon les approches suivantes[15] :
1) Nombre de syllabes du mot que vous cherchez.
2) Par quelle lettre commence-t-il ? Par quelle lettre se termine-t-il ?
3) Trouvez un mot qui lui ressemble phonétiquement.
4) Trouvez un mot qui lui ressemble sémantiquement.

15. Dans *Journal of Verbal Learning and Verbal Behavior*, p. 325-337, 1966.

### Exercice de rappel de mots difficiles

**Livrez-vous à votre tour à cet exercice de rappel organisé. Voici quelques définitions de mots peu fréquents. Si vous savez le mot exact, indiquez-le directement. Si vous ne le trouvez pas, entraînez-vous à le retrouver à travers les quatre systèmes d'approche proposés par Brown et Mc Neill.**

| | Nombre de syllabes | Lettre du début ou de la fin | Mot qui sonne pareil | Mot dont le sens ressemble |
|---|---|---|---|---|
| 1. Nom complet des molécules complexes qui forment les chromosomes et dont le nom abrégé est : A.D.N. | | | | |
| 2. Comment s'appelle la formation à la base du cortex cérébral, qui semble particulièrement chargée de trier les informations enregistrées dans la mémoire à court terme (voir chap. 7). | | | | |
| 3. Comment s'appelle la méthode permettant de combattre la fatigue accumulée durant une journée de travail ? Certains chercheurs modernes se sont inspirés des coutumes orientales pour la mettre au point, d'autres l'ont trouvée par eux-mêmes (voir chap. 3). | | | | |
| 4. Quelle est la technique de mémorisation qui passe « à travers l'œil » ? Il est formé sur une racine latine (chap. 5). | | | | |
| 5. Comment se nomme l'étude des éléments du langage, pris dans leur signification ? | | | | |

REPONSES : 1. Acide désoxyribonucléique 2. Hippocampe 3. Relaxation 4. Visualisation 5. Sémantique.

### Apprendre à organiser l'enregistrement des données

En matière de mémorisation, la structuration consciente du matériel peut être envisagée à deux moments du processus : au départ et à l'arrivée. C'est au départ, nous l'avons dit, que se situe le moment le plus favorable, c'est-à-dire au stade de l'enregistrement mnémonique. En organisant les informations que nous voulons retenir, nous pourrons en assimiler plus avec moins d'effort.

### Chercher une structure

A la fin du siècle dernier, William James remarquait déjà : « De deux personnes possédant la même expérience des choses et la même ténacité, celui qui *réfléchit* aux expériences qu'il a eues et les met en relation les unes avec les autres sera celui dont la mémoire sera la meilleure[16]. » Pour une bonne assimilation des données du monde environnant, il est effectivement utile de comprendre la structure qui les sous-tend.

Prenons un exemple très simple pour comprendre l'utilité de la structure des données pour notre assimilation

16. Ian Hunter : *Memory* (Harmondsworth, Penguin Books, 1973), p. 311.

Pour assurer une mémorisation efficace, cherchez un système raisonné qui structure vos informations, car :

1) Le cerveau enregistre plus facilement ce qui est structuré.

2) Le cerveau retient plus longtemps ce qui est structuré.

3) Le cerveau restitue plus fidèlement ce qui est structuré.

mnémonique : dans la figure ci-dessous, le graphique A et le graphique B sont faits chacun de douze lignes identiques ; en A, les douze éléments sont répartis au hasard ; en B, ils sont organisés selon un schéma symétrique simple. Il n'est pas besoin d'expérimentations pour se rendre compte que le graphique A, non structuré, sera beaucoup plus difficile à mémoriser que le schéma B dont les éléments sont ordonnés symétriquement [17]

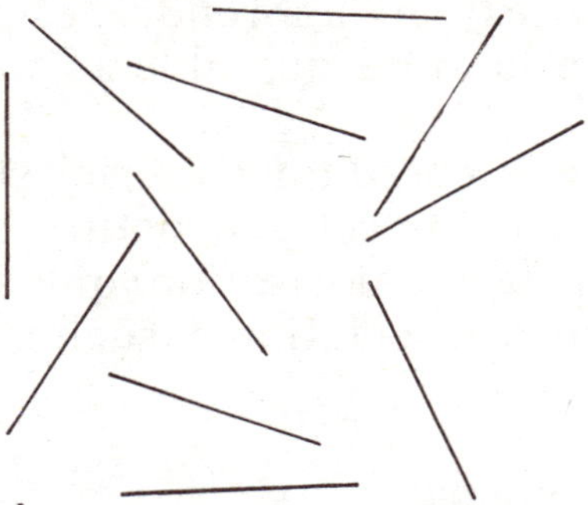

A

B

L'étonnante mémoire visuelle spontanée de Vienamine, le mémorisateur prodige étudié par le psychologue russe Luria, accaparait tellement son champ mnémonique qu'il omettait de faire usage de la mémorisation logique. Au cours d'une séance publique, on lui donna, parmi d'autres listes de chiffres, le tableau suivant à mémoriser :

| 1 | 2 | 3 | 4 | |
|---|---|---|---|---|
| 2 | 3 | 4 | 5 | |
| 3 | 4 | 5 | 6 | |
| 4 | 5 | 6 | 7 | etc. |

17 Ian Hunter : *Memory* (Hardmondsworth, Penguin Books, 1973), p. 112.

« Veniamine s'appliqua à fixer dans sa mémoire ce tableau à l'aide d'associations visuelles, sans remarquer la succession logique dans laquelle les chiffres étaient disposés [18]. »

Devant un tableau aussi bien structuré, les associations visuelles sont inutiles ; elles exigent du temps et des efforts, alors que la perception de la structure de ce tableau permet en un clin d'œil (juste le temps de l'« insight » cher aux gestaltistes) de l'apprendre, et même de deviner par anticipation la suite du tableau non reproduite ici.

On voit ainsi que, dans le cas d'un matériel structuré, la compréhension raisonnée de cette structure est beaucoup plus efficace pour la mémorisation que les techniques de répétition, ou d'association visuelle, élément par élément.

## La structure n'a pas besoin d'être logique

Ce qui compte, c'est qu'elle soit explicitée au moment de l'enregistrement des données.

Ainsi l'étudiant qui doit savoir reproduire les contours tourmentés des cartes géographiques a spontanément tendance à comparer l'Afrique à un triangle, ou la France à un hexagone, toutes deux figures géométriques rationnelles. Mais il comparera les contours de l'Italie à une botte pointée vers la Sicile figurant un ballon prêt à être poussé par la botte ; il comparera la Grèce à une main à quatre doigts (le Péloponnèse) sortant de la manche d'une veste (l'Attique) ; et la mer Méditerranée sera mémorisée par analogie avec un canard prêt à s'envoler (l'Adriatique figurant une aile et la mer Egée l'autre aile à demi soulevée).

18. Alexandre R. Luria : *Une prodigieuse mémoire* (Neuchâtel, Delachaux et Niestlé, 1970), p. 53.

Du temps où les écoliers avaient à mémoriser les 90 départements de la France, avec leurs préfectures et sous-préfectures, ce genre d'aide-mémoire leur était proposé sous la forme d'un jeu de loto par exemple [19] :

La tête de chacun des personnages de ce loto géographique a la forme d'un département. Un petit cercle indique l'emplacement de la préfecture.

## Le rythme

Les temps forts et faibles du langage parlé introduisent divers rythmes oratoires qui structurent le discours en le rendant plus mémorisable. Dans « Comment le cerveau travaille », le directeur du Centre de recherche sur le cerveau, E. Roy John, constate que « le souvenir de ce qui est appris ne se trouve pas dans une région spécifique du cerveau, mais plutôt dans un modèle d'activité rythmique [20] ».

C'est probablement pour cela que l'introduction d'une alternance régulière entre syllabes accentuées et syllabes inaccentuées rend les vers classiques, les alexandrins par exemple, plus aisés à retenir que la prose. Ainsi des enfants de dix ans éprouvaient de grandes difficultés à se servir du texte de leur manuel pour préparer un exposé sur la légende d'Hercule, jusqu'à ce que l'un d'entre eux

19. Rabecq-Maillard : *Histoire des jeux éducatifs* (Paris, Fernand Nathan, 1969), p. 42.
20. E. Roy John : « Comment travaille le cerveau », in *Psychologie*, n° 85, p. 33.

fasse remarquer aux autres que certaines phrases étaient rédigées de façon rythmée ; comme cet ordre d'Eurysthée à Hercule : « Et maintenant va-t'en vers les marais de Lernes ; purge-les de l'hydre qui infeste la région ! » qui forme un véritale alexandrin. Malgré sa forme très éloignée du langage courant d'un enfant de dix ans, cette phrase fut aussitôt assimilée par toute la classe, qui pouvait la redire sans peine encore un an plus tard.

Les nombres de plusieurs chiffres aussi sont retenus plus facilement s'ils sont marqués de haltes régulières qui leur confèrent un rythme. Dans les tests de mémoire des chiffres, les sujets qui introduisent de tels rythmes lors de l'enregistrement des séries de chiffres parviennent en moyenne à des résultats meilleurs que ceux qui se contentent d'enregistrer les chiffres sans séparation. L'usage de regrouper trois par trois les nombres élevés, qui paraît surtout fait pour faciliter la lecture de ces nombres, en facilite en fait aussi la mémorisation. De même un numéro de téléphone rédigé en groupes de trois puis de deux chiffres (exemple : 359-86-50) est plus assimilable par la mémoire que si tous les chiffres se suivaient sans intervalles (ainsi : 3598650).
Il est donc fort conseillé de chercher et au besoin d'introduire du rythme dans les données importantes à bien retenir. Une méthode pour cela, qui est à la portée de tous, c'est d'adapter à un air connu mots ou chiffres que l'on veut mémoriser. La moindre ritournelle possède un rythme qui permet la mémorisation efficace des termes qui lui sont ajustés.

### Les rimes

Les rimes, comme chacun sait, contribuent autant que le rythme à faciliter la mémorisation, en introduisant la répétition d'un même son à la fin de deux lignes (ou plus). Ce rythme, différent de l'alternance des syllabes accentuées et non accentuées, n'est pas moins efficace en mémorisation.

Les conteurs et poètes s'en sont beaucoup servis pour rendre leurs textes à la fois plus musicaux et plus assimilables. Mais on rencontre aussi ce type d'aide-mémoire pour aider les élèves réfractaires à certaines règles de science ou de mathématique. Nous donnerons quelques classiques du genre dans le Cours 11, mais voici à titre d'exemple un petit quatrain bien utile pour ceux qui ont une mauvaise mémoire en géométrie :

« *Le carré de l'hypothénuse*
*Est égal, si je ne m'abuse,*
*A la somme des carrés*
*Des deux autres côtés.* »

Le rythme en est maladroit, mais les rimes soulignent l'importance des termes « hypothénuse », « somme des carrés » et « des deux autres côtés », qui sont les termes importants à retenir pour savoir énoncer le théorème.

## Les allitérations

A l'inverse des rimes, qui répètent la fin des mots, les allitérations sont une répétition du début des mots. Cela donne également un rythme, une structure phonétique au matériel à mémoriser.

Par exemple, pour permettre aux étudiants de mieux retenir les règles principales de mémorisation qu'ils enseignent, les mnémonistes offrent souvent ces règles sous forme d'allitérations. Il est manifeste que cette formulation aide le rappel mnémonique. Alain Lieury en donne un exemple en français dans son article : « Les quatre R de la mémoire : elle *r*eprésente le réel, elle le *r*econstruit, elle le met en *r*egistre, elle le *r*éarrange [21]. » François Richaudeau, analysant une publicité rédactionnelle de la maison Aubanel, d'Avignon, note son efficacité remarquable depuis cinquante ans ; cependant les mesures de lisibilité appliquées à ce texte n'expliquent pas cette efficacité de longue durée aussi bien que d'autres analyses plus subtiles, comprenant des allitérations insistantes qui favorisent la mémorisation du message principal [22].

### Les acrostiches

Une autre utilisation des lettres initiales des mots s'appelle « acrostiches » (du grec : *acros* = extrême et *stichos* = vers). Il s'agit d'une succession de vers dont les premières lettres forment elles-mêmes un mot. Voici un acrostiche composé sur Louis XIV par un courtisan qui sollicitait des subsides :

L ouis est un héros sans peur et sans reproche.
O n désire le voir ; aussitôt qu'on l'approche
U n sentiment d'amour enflamme tous les cœurs ;
I l ne trouve chez nous que des adorateurs.
S on image est partout, excepté dans ma poche.

Le mot clé (dans l'exemple donné : Louis) permet de se rappeler la première lettre de chaque vers, ce qui facilite leur mémorisation.
Les sociétés scientifiques, les associations politiques, etc., utilisent souvent cet aide-mémoire pour donner plus d'impact au nom qu'elles se choisissent.
En voici quelques exemples :

21. Dans *Psychologie*, n° 75, p. 29. D'après Karl R. Pribram : *The Four R's of Remembering* (Londres, Penguin Books, 1969).
22. F. Richaudeau : « Le Texte le plus efficace que je connaisse », in *Communication et langages*, n° 37, p. 6-24.

Centre International de Recherches et d'Etude des Facteurs de l'Ambiance
(initiales : CI - RE - FA, ce qui rappelle trois notes de musique)
Groupe d'Etude des Rythmes Biologiques
(initiales : GERB, ce qui rappelle une « gerbe »)
Centre d'Etudes et de Recherches Culturelles de Lille et des Environs
(initiales : CERCLE)

Higbee remarque que « l'acrostiche n'a pas même à être un mot réel, mais à y ressembler seulement pour être retenu facilement [23] ». Ce que souligne aussi Robert Tocquet : « Parfois, la réunion des premières lettres ou syllabes d'une suite de mots constitue un enchaînement d'assonances dont la bizarrerie assure sa mémorisation [24]. » Ainsi il propose d'utiliser « *vibvjor* » comme mot clé pour retenir les sept couleurs de l'arc-en-ciel : violet, indigo, bleu, vert, jaune, orange, rouge ; et « *Bétaugé - Canlivi - Bascorsa - Caverpois* » pour mémoriser la succession des douze signes du zodiaque : Bélier, Taureau, Gémeaux, Cancer, Lion, Vierge, Balance, Scorpion, Sagittaire, Capricorne, Verseau, Poissons.

## Phrases humoristiques de rappel

Si l'on peut se servir d'un mot clé pour se rappeler une phrase, une idée ou une tâche importante à accomplir (nous l'avons vu au Cours 3), on peut aussi suivre le chemin inverse : composer une phrase plus facile à retenir que le mot difficile que l'on désire mémoriser. Car une phrase facile et amusante, quoique comportant plus

23. Kenneth L. Higbee : *Your Memory* (Englewood Cliffs, Prentice Hall), p. 24.
24. R. Tocquet : *la Mémoire* (Paris, Julliard, 1967), p. 164.

de mots, est plus aisée à évoquer que certains mots. Il faut pour cela qu'elle offre une meilleure possibilité de visualisation que le mot.

La phrase de rappel englobera le mot difficile, en se servant des sons qui le composent, sans suivre forcément ni son orthographe ni sa composition exacte. Il est bon qu'elle évoque des notions concrètes pour être aisément visualisable. Il n'est pas mauvais qu'elle soit légèrement humoristique, le rire laissant un souvenir plus agréable que la mémorisation forcée.

Voici quelques exemples de cette méthode ; ils ont été créés pour aider les écoliers à retenir les fameux départements français, avec leurs préfectures et sous-préfectures, et survivent aujourd'hui comme légendes humoristiques de cartes postales pour amuser le touriste qui visite les chefs-lieux des départements en question :

— « *Ah! race* d'avocats, pour vous *pas de cas laids !* » (car *Arras* est le chef-lieu du département du *Pas-de-Calais*)

— « *Chartreux,* vous êtes d'*heureux loirs* » (car *Chartres* est le chef-lieu du département de l'*Eure-et-Loir*)

— "Un jour que j'étais pris d'une soif de *lionne*
(= département de l'*Yonne*)

» Je vis à quoi l'*eau sert,* (chef-lieu : *Auxerre*)

» et comme un homme de bon *sens,*
(sous-préfectures : *Sens,*

» j'y *joignis* un peu de sucre, *Joigny,*

» et je me dis : *tonnerre, avalons !* » *Tonnerre,*

*Avallon*)

On voit par ces exemples que la phrase, unité d'ordre supérieure au mot sur le plan de l'information et de l'organisation mnémonique, est beaucoup plus évocatrice que le mot et mieux tolérée par nos mécanismes inconscients de mémorisation, lorsqu'elle est bâtie sur un modèle simple et aisément visualisable.

### Exercice

**Vous connaissez certainement des mots difficiles, qui sont importants pour vous et qu'il vous faudra savoir évoquer rapidement lorsque vous aurez l'occasion de les citer. Saisissez l'occasion de bien les mémoriser et de les rendre en même temps faciles à rappeler en temps voulu, en les insérant dans des phrases de rappel humoristiques et concrètes :**

Mot difficile à mémoriser ______________________
Phrase humoristique de rappel

________________________________________

________________________________________

Mot difficile à mémoriser ______________________
Phrase humoristique de rappel

________________________________________

________________________________________

Mot difficile à mémoriser ______________________
Phrase humoristique de rappel

________________________________________

________________________________________

## Les phrases les mieux retenues

Lorsqu'il ne s'agit plus de retenir certains mots isolés, mais les idées exprimées par les phrases d'un texte, quels sont les types de phrases les mieux retenues ? Beaucoup de linguistes se sont penchés sur la question.

« La première formule de lisibilité aurait été établie en 1923 par Lively et Pressey[25] ; elle consistait à appliquer pour chaque mot du texte à évaluer un indice de' fonction de la fréquence de ce même mot relevé dans un vocabulaire de base : plus les mots du texte se révélaient d'usage courant, meilleure était la lisibilité. Mais il faut attendre 1943 pour que l'Américain Rudolph Flesh suscite un très large intérêt pour ces recherches auprès non seulement des psychologues expérimentaux, mais aussi des gens de l'enseignement, de la presse, de la publicité ; et même du grand public. D'autres formules seront élaborées — notamment par Dale et Chall en 1948, par Gunning en 1952, puis par Coleman en 1968 et Bormuth en 1969 ; ces deux dernières étant fondées sur les travaux de Taylor, inventeur en 1963 du test dit « de closure ». Ces formules font intervenir des facteurs de lisibilité : longueur des mots, caractère usuel de ces mots, intérêt humain[26]... »

Les travaux de François Richaudeau lui ont permis de vérifier la validité statistique de deux principes issus des recherches de ces spécialistes : la lisibilité d'un texte croît

a) si la proportion de mots usuels, courts, concrets, personnels croît

b) si la longueur moyenne des phrases décroît.

25. Selon G. Henry : *Comment mesurer la lisibilité* (Bruxelles, Labord, 1975).

26. F. Richaudeau : « Faut-il brûler les formules de lisibilité ? », in *Communication et langages*, n° 30, p. 6.

### Des résultats surprenants de François Richaudeau

62 phrases ont été extraites — suivant un processus aléatoire — des *Propos sur l'éducation* d'Alain, et expérimentées sur 47 sujets adultes évolués. Deux résultats surprenants sont apparus :

1) Les mots les plus fréquemment oubliés n'étaient pas les « mots outils » (articles, conjonctions, pronoms)... Or les « mots outils » sont ajoutés aux mots plus originaux de la phrase noyau pour la transformer en une phrase à structure syntaxique plus complexe. Ils semblent néanmoins assez solidement retenus au niveau de notre mémoire immédiate.

2) La phrase la mieux retenue par les 47 lecteurs était plus complexe et plus longue que la phrase la moins bien retenue par ces mêmes sujets. C'était : « J'en ai vu l'exemple en une grand-mère fort instruite qui n'arriva jamais à enseigner à sa petite-fille le calcul et l'orthographe » comprenant 27 mots, dont 22 retenus en moyenne.

Tandis que : « Le prolétariat isolé dans ses rêveries, la bourgeoisie fermée, les fonctionnaires prudents, la jeunesse résolue et muette, voilà ce qu'on vit » comprenait seulement 22 mots, dont seulement 10 avaient été retenus en moyenne.

Or la structure énumérative de la seconde phrase est plus simple que celle de la première phrase. Et la première phrase est encombrée de « mots outils d'avertissements » : « en », « qui »... qui auraient pu être éliminés au moyen d'une rédaction plus simple, plus proche des phrases noyaux. Mais ces deux phrases n'étaient pas équivalentes, ni quant à leur signification ni quant à leur vocabulaire...

En revanche, il n'a pas trouvé que les phrases à structure syntaxique plus complexe étaient moins bien retenues que les phrases simples (« phrases noyaux » de Chomsky). Il semble que les phrases simples énumèrent les idées, tandis que les phrases grammaticalement plus élaborées structurent ces idées, selon l'importance qu'elles doivent prendre au cours d'un raisonnement. Ce sont donc ces phrases élaborées qui aident le mieux la mémorisation des idées véhiculées par les phrases, car elles les organisent à l'avance. Le récepteur de ces idées (lecteur ou auditeur) peut se servir des « mots outils » jalonnant la phrase pour deviner à l'avance comment elle va s'articuler, comment elle va ordonner la succession des idées présentées. Ainsi les conjonctions de coordination et de subordination par exemple, ces « mots outils » proscrits par certains précurseurs, ne sont pas des inhibiteurs de la compréhension ; ils n'alourdissent pas la phrase inutilement ; ils permettent au contraire d'anticiper le déroulement de la pensée exposée, ce qui favorise une mémorisation plus active et plus efficace [27].

## Extraire les idées principales d'un texte

Lorsque Karl H. Pribram était étudiant, il voyait des amis préparer en secret des « antisèches », petits papiers sur lesquels ils condensaient l'essentiel des matières d'examen pour pouvoir les copier en cas de besoin. Il se mit à en préparer lui aussi, nous dit-il ; mais il n'eut jamais à s'en servir pour copier par fraude durant l'examen. Car l'antisèche, en résumant l'essentiel du cours, mettait si bien en relief les idées principales que l'étudiant les mémorisait sans difficulté [28].

27. F. Richaudeau : *le Langage efficace* (Paris, Retz, 1973).
28. Karl H. Pribram : *The Four R's of Remembering* (Londres, Penguin Books, 1969).

Cette anecdote montre la place que doit prendre, en vue de la mémorisation correcte d'un texte, l'extraction des idées principales qu'il contient.
Nous pouvons faciliter le travail de notre « mémoire organisatrice » en améliorant nos capacités d'identification des notions nouvelles et en apprenant à les sérier dès l'instant de leur identification selon l'importance qu'elles présentent pour nous.

*Suite page 163*

## Exercice d'identification des idées principales d'un texte

**Exercez-vous à extraire les idées principales du texte ci-après : « Mémoire et niveau culturel ».**
**Comparez ensuite votre résumé à celui que nous vous proposons (voir fin du texte).**

Il vous indiquera combien en moyenne on peut extraire d'« images mentales » d'un texte assez dense pour en retirer l'essentiel. Vous aurez l'occasion de vérifier votre mémorisation de ce texte un peu plus tard : quand vous aurez étudié les Cours 5 et 6. Vous verrez alors si votre résumé écrit des idées principales vous a servi à mieux les retenir.

**Mémoire et niveau culturel**

Il nous est apparu — intuitivement — tout au long de ces épreuves qu'en moyenne les meilleures performances de mémorisation étaient réalisées par les sujets les plus évolués sur le plan culturel.

Ce thème n'était point cependant l'objet des expériences et nous ne pouvons étayer notre sentiment que par quelques résultats sans le contrôle statistique qui les validerait.

C'est ainsi que nous avons trié, parmi les 200 sujets testés, ceux qui avaient :

— mémorisé sur chacune des trois phrases entendues plus de 20 mots ; en les assimilant aux sujets à hautes performances ;

— mémorisé sur ces mêmes phrases entendues moins de 10 mots ; en les assimilant aux sujets à basses performances.

Rappelons le nombre moyen de mots retenus par l'ensemble des sujets sur les 6 épreuves : 15,3 mots par phrase.

*Les sujets à hautes performances*

Ils sont au nombre de 6 ; ce sont :

— un écrivain, très connu et à succès ; âgé de cinquante-quatre ans ;

— un écrivain scientifique également connu et apprécié du public ; âgé de soixante-trois ans ;

— une mathématicienne, responsable d'un service informatique, titulaire de plusieurs grades universitaires ; âgée de trente ans ;

— un enseignant, également écrivain, agrégé de l'Université ; âgé de quarante-huit ans ;

— un ingénieur des Arts et Métiers ; manager de qualité ; âgé de trente-neuf ans ;

— un ingénieur de Centrale, à la retraite ; mais toujours lecteur assidu, âgé de soixante-dix ans.

*Les sujets à basses performances*
Ils sont au nombre de 5, soit :
— un graphiste suisse alémanique, vivant en France depuis douze ans, et parlant très correctement notre langue ; âgé de trente-trois ans ;
— un graphiste également suisse alémanique, séjournant en France depuis vingt ans et parlant très bien notre langue ; âgé de quarante-trois ans ;
— un responsable d'un service de tourisme, d'origine italienne, vivant en France depuis trente-sept années et maniant parfaitement la langue française ; âgé de soixante ans ;
— un chef correcteur ; âgé de quatre-vingt-un ans ;
— un chauffeur ; âgé de trente-huit ans.
Ces deux listes nous permettent de formuler en outre trois remarques :

*1re remarque :* qu'est-ce qui explique la meilleure mémorisation, en mots, d'un sujet écrivain par rapport à un sujet manuel ?
La capacité biologique — par exemple le nombre de neurones disponibles pour cette fonction — est-elle supérieure pour notre écrivain ?
On peut penser — mais nous ne pouvons développer ici nos arguments — que ce sont plus précisément les facilités d'organisation des textes au sein de la mémoire qui sont supérieures. Par là, nous entendons la compréhension du message qui facilite plus ou moins le processus d'anticipation. Et nous entendons aussi le processus de codage : l'unité de codage étant d'une complexité variable qui croît en fonction de la culture du récepteur :

— *lettre* ou *phonème* pour un récepteur qui ignore totalement une langue,
— *mot usuel* seul pour un récepteur moyennement cultivé,
— *mot plus rare* pour un récepteur évolué,
— et mêmes groupements de mots jouant le rôle de *super-mots*[29].

*2e remarque :* contrairement aux croyances courantes, il n'est pas certain que la capacité de mémorisation décroisse toujours inéluctablement avec l'âge[30] ; parmi nos sujets, une dizaine d'autres avaient dépassé la soixantaine, notamment des retraités de la Mutuelle générale de l'enseignement, sans que l'on relève systématiquement des performances faibles de leur part.
Et nous avons testé deux lycéennes de douze et treize ans dont les performances sont simplement bonnes pour l'une, passables pour l'autre.

*3e remarque :* nous avons testé, au cours de ces épreuves, 4 sujets d'origine étrangère, mais implantés depuis au moins douze ans dans notre pays ; et semblant avoir parfaitement assimilé notre langue ; trois d'entre eux sont parmi ceux qui ont réalisé de très mauvaises performances ; il semble donc que nos mécanismes de mémorisation — et de compréhension — d'une langue soient profondément marqués, modelés par l'apprentissage de cette langue durant la prime enfance.

29. Que George Miller appelle le *chunk*. Voir notamment F. Richaudeau : *le Langage efficace* (Paris, C.E.P.L., 1973), p. 59-75.
30. Cette même thèse est soutenue et appuyée par des expériences par Paul P. Baltes et K. Warner Schaie dans l'article : « Le Déclin de l'intelligence dans le 3e âge », in *Psychologie*, n° 51, avril 1974.

**Résumé des idées principales**

Les sujets les plus évolués réalisent les meilleures performances de mémorisation.

200 sujets testés, dont :
— 6 sujets à haute performance (2 écrivains, un enseignant-écrivain, 2 ingénieurs) ;
— 5 sujets à basse performance (2 graphistes suisses alémaniques, un cadre d'origine italienne, un chef correcteur, un chauffeur).

Cause de la différence des performances ?
(Capacité biologique non retenue)
Facilité d'organisation des textes, processus d'anticipation, codage complexe. Car ces facteurs croissent en fonction de la culture des sujets.

La capacité de mémoire ne semble pas décroître avec l'âge.

L'apprentissage d'une langue durant la prime enfance semble profondément marquer nos mécanismes de mémorisation.

Extrait de « 6 Phrases, 200 sujets, 42 lapsus, un rêve », par F. Richaudeau, in *Communication et langages*, n° 23, p. 12.

## Un plan hiérarchique de stockage facilite le rappel

Alain Lieury nomme « mémoire bloc-notes » la consigne qu'au moment du rappel nous donnons à notre mémoire de fournir un certain type d'informations [31]. Cette « mémoire bloc-notes » qui sert à la recherche d'une information donnée est (tout comme la mémoire immédiate, lors de l'enregistrement des faits) d'une contenance limitée. On ne peut pas lui demander de chercher beaucoup de données à la fois. C'est ainsi qu'Alain Lieury explique la nécessité de prévoir un stockage hiérarchique des faits mémorisés. La « mémoire bloc-notes » retrouve beaucoup plus aisément une information si celle-ci a été enregistrée sous un terme très général, qui lui-même contient quelques renseignements moins généraux mais limités, etc. Nous retrouvons ici la « classification en arbre » préconisée par Pierre de La Ramée (voir l'explication p. 134).

Bower, Clark, Lesgold et Winzenz ont fait mémoriser par des étudiants une série de 112 mots qui, pour la moitié du groupe, était présentée hiérarchiquement et, pour l'autre moitié, au hasard. La présentation hiérarchique des 112 mots a permis aux sujets d'en reproduire correctement 60 % dès la première séance, et 100 % après quatre séances ; alors que la présentation au hasard n'avait permis que 20 % de rétention mnémonique après une séance et 60 % après quatre séances [32].

Utilisez vous-même le « plan d'accès hiérarchique », tel qu'il a été donné aux sujets de la première moitié du groupe de Bower et ses collaborateurs. 18 éléments de nature peu variée sont difficiles à mémoriser fidèlement.

31. A. Lieury : « Notre mémoire est-elle organisée comme une bibliothèque ? », in *Psychologie,* n° 25, p. 34.
32. Bower, Clark, Lesgold et Winzenz : *Journal of Verbal Learning and Verbal Behavior,* p. 323-343, 1969.

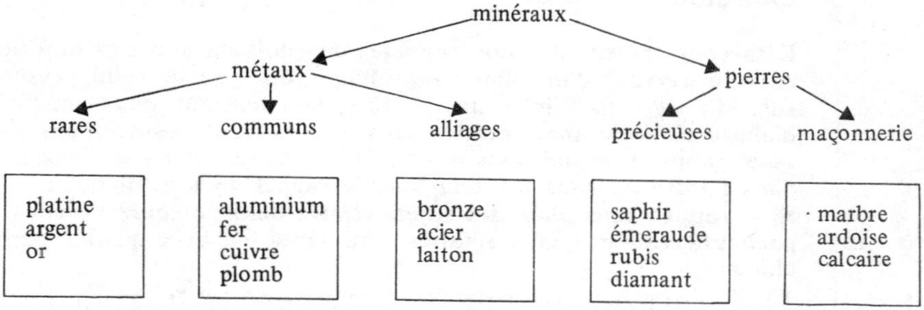


**Plan d'accès hiérarchique utilisé dans l'expérience de Bower, Clark, Lesgold et Winzenz.**

Mais si vous commencez par apprendre les catégories dans lesquelles entrent ces éléments de façon hiérarchique, si vous remarquez qu'il y a 5 classes de 4 ou 3 éléments chacune, la mémorisation de la liste de 18 éléments devient beaucoup plus aisée. Essayez donc cette méthode.

## Exercice

**Essayez à présent de vous rappeler des notions apprises antérieurement, en vous servant d'un plan hiérarchique, du type de celui présenté ci-dessus. Afin de vous faire sentir l'utilité d'un tel plan, nous vous conseillons d'abord de faire une tentative sans plan du tout : essayez par exemple de vous rappeler la succession des sujets traités dans le présent Cours 4 dans l'ordre où vous les avez lus. Ce rappel vous est-il facile ?**
**Si le rappel, sans plan, des sujets traités dans ce cours ne vous a pas été particulièrement facile, refaites une tentative avec plan d'accès hiérarchique :**

1) Essayez de formuler clairement le sujet de l'ensemble du cours 4 :

________________________________________

2) Cherchez les différents thèmes concernant la mémorisation qui devaient nécessairement être traités dans ce cours :

________________________________________

3) Cherchez à présent quelles rubriques pourraient vous être restées en mémoire à chaque thème traité :

Rubriques dont vous vous souvenez :
Thème 1 = ______________________________

________________________________________

________________________________________

Thème 2 = ______________________________

________________________________________

________________________________________

Thème 3 = ______________________________

________________________________________

________________________________________

Si vous ne retrouvez pas grand-chose à noter dans ce tableau, revenez au début de ce cours, et feuilletez-le en remplissant au fur et à mesure le tableau.
Procédez de même pour les cours précédents. Il est fort probable que l'utilisation de cette méthode vous permettra de mémoriser beaucoup mieux le contenu de cet ouvrage. Continuez donc à vous en servir, aussi bien pour enregistrer les différentes techniques de ce cours, que pour tout autre ouvrage dont vous désirez connaître à fond le contenu. Cherchez le plan d'un texte, avant de mémoriser les différentes parties du texte, facilite beaucoup la mémorisation au stade de l'enregistrement des informations ; de plus cela rend le rappel ultérieur de ces informations plus aisé également.
C'est donc une technique que vous aurez intérêt à appliquer le plus souvent possible dans vos apprentissages ultérieurs.

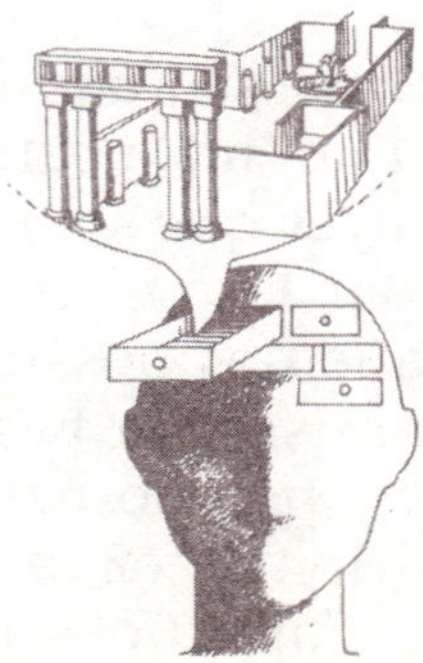

CHAPITRE 7

# cinquième cours

# affectivité et mémoire

« L'attention est le burin de la mémoire », a dit Montaigne. Oui, mais quel est le moteur de l'attention ? « Ce sont les expériences vives, vitales, agréables, qui sont les plus faciles à retenir », écrit John Holt. Oui, mais comment rendre une expérience vive, vitale et agréable parce qu'on juge qu'elle doit être retenue ?
Là est l'un des grands problèmes de la mémorisation : ce qui nous intéresse est mieux retenu que ce qui ne nous intéresse pas. Mais ce qui nous intéresse n'est pas toujours le plus utile à mémoriser.

## Le besoin vital immédiat

On ne connaît pas ses possibilités réelles de mémorisation tant que l'on n'a pratiqué que des apprentissages voulus par d'autres que soi-même : par des adultes quand on est enfant, par les nécessités de la vie professionnelle ensuite. Pour que nos possibilités réelles se manifestent, il faut qu'apparaisse un besoin interne d'apprendre.
Vladimir Lévy, psychothérapeute soviétique, cite la brusque apparition, chez un vieux paysan syrien illettré, nommé Kouzi, d'aptitudes phénoménales au calcul. Ces

aptitudes apparurent quand, ruiné, Kouzi passa des jours et des nuits à compter fiévreusement ses dettes [1]. Ce sont en effet les objectifs directement utiles dans la vie pratique qui sont les meilleurs stimulants de l'attention. Ce qui ne paraît pas devoir être concrètement utilisable risque de décourager à un niveau très profond notre désir d'apprendre.

### Les conseils traditionnels

Cependant, les conseils donnés par Vladimir Lévy, à la suite de la petite anecdote que nous venons de citer, négligent la portée pratique de l'exemple et préconisent, dans un esprit traditionnel, des exercices de l'attention sans implication personnelle :

« Choisissez un fauteuil confortable et asseyez-vous aussi commodément que possible. Prenez ensuite une pièce de monnaie, ou quelque objet simple, et examinez-la soigneusement pendant quelques minutes. Fermez les yeux et tâchez, ne serait-ce que pendant quelques minutes, de ne pas détacher en pensée votre regard de l'image de l'objet que vous venez d'examiner. Ce n'est pas facile, car les pensées cherchent à chasser l'image enregistrée, mais après un certain entraînement de la volonté, on ne se laissera plus distraire. En vous évertuant assidûment à subordonner votre attention à votre volonté, vous apprendrez progressivement à diriger votre imagination au lieu d'être le jouet de ses caprices. Ne renoncez pas aux exercices tant que vous ne serez pas parvenu pendant trois ou quatre minutes à observer en pensée l'objet choisi. Une fois capable de ne pas vous détacher d'une contemplation mentale quelconque pendant ce laps de temps, essayez de l'appliquer à un but pratique. Choisis-

1. V. Lévy : *les Mystères du cerveau* (Moscou, Editions Mir, 1972), p. 299.

sez un livre qui vous intéresse, par exemple. Lisez lentement une phrase, fermez les yeux et essayez de la reconstituer mot à mot dans votre mémoire. Apprenez une page entière par ce procédé. Quand vous saurez accomplir cette tâche sans efforts particuliers, vous serez en mesure de procéder à des études couronnées de succès [2]. »

Tout sujet normal, s'il suit ces conseils, devrait s'endormir d'ennui dans son confortable fauteuil, et être définitivement dégoûté de la tentation d'apprendre. Ce n'est certes pas ainsi que l'attention est suscitée et facilite la mémorisation. C'est le besoin urgent, pratique, immédiat de ne pas être mis en faillite, qui avait incité le vieux paysan Kouzi à manipuler des chiffres abstraits et à devenir ainsi calculateur prodige aux yeux de son entourage. Ce sont la recherche et la mise en pratique d'objectifs concrets qui peuvent mettre en évidence nos capacités réelles de mémorisation.

L'encadré ci-contre décrit l'expérience d'un enfant turbulent, mauvais élève et mauvais mémorisateur à l'école, et qui hors de la classe se découvre soudain capable d'apprentissages complexes et efficaces grâce à une préparation concrète judicieuse.

*Suite page 174*

2. Même référence, p. 305.

**« Quand j'ai pêché... pour ceci ou pour cela »**

Quand j'ai pêché des brêmes — c'est un poisson plat — je me souviens comment le père Chevalier m'a appris à sentir la façon dont la brême se comportait quand elle était accrochée au bout de la ligne. Il disait : « laisse-la tourner » et, de son propre mouvement, elle se fatiguait, elle arrivait bientôt à la surface. A ce moment on tirait un tout petit peu pour qu'elle se mette sur le côté et, comme elle est plate, on la faisait glisser bien perpendiculairement à l'épuisette qu'on avait placée au ras de l'eau, pour qu'elle vienne d'un seul mouvement sans se rendre compte de ce qui se passait.

Ça, le père Chevalier me l'a appris et, plus tard, je l'ai fait exactement aussi bien que lui. Un jour, j'en ai pris beaucoup, des brêmes... Il faut dire aussi que, toujours à propos de pêche mais à un autre niveau cette fois, mon oncle m'avait beaucoup appris. Mon oncle était « agent-voyer » (celui qui surveillait les quelques routes du pays), c'était un homme supérieurement intelligent, prodigieusement observateur des bêtes, des oiseaux, des poissons et des êtres vivants. Il lisait des livres sur la pêche et il me les faisait lire.

Dans les rivières lentes de plaines qui sont barrées tous les deux kilomètres par un petit moulin, le fond va entre 1,50 et 2,50 mètres, on ne le voit pas parce que l'eau est louche. Mon oncle m'avait donné l'idée de sonder, avec un gros plomb et une grosse canne, le fond sur quelques centaines de mètres pour établir une courbe de niveau. D'après les discussions avec mon oncle et grâce aux livres que j'avais lus, je savais que les carpes avaient besoin d'un trou, le plus profond de la rivière, avec des encombrements de vieux arbres, et pas trop loin, une remontée des fonds vers des plages entourées d'herbes où elles vont chercher leur nourriture. Alors, j'ai bien été déterminé par mon oncle et par les livres qu'il me faisait lire, parce que j'avais fait ce sondage sur quatre kilomètres, et ça aucun pêcheur du pays ne l'avait fait dans une rivière qui, par ailleurs, se trouvait à vingt-cinq kilomètres de chez nous, ce qui était énorme autrefois quand on y allait à bicyclette. Un jour j'ai dit à mon camarade : « Les carpes sont ici. » J'y suis allé pêcher et j'ai trouvé effectivement un nid de carpes, vingt-cinq à trente carpes entre cinq et vingt livres. Mais je n'étais pas bien équipé (il n'y avait pas de nylon à ce moment-là), et tout a cassé. Je suis rentré et mon père m'a dit : « Tu vas enlever le scion et tu vas découper une chambre à air que tu mettras à la place. » Le bout de la canne à pêche, c'est un scion flexible qui a pour objet d'empêcher que ça casse quand on a un petit fil. Mais avec une carpe de dix livres, le scion ne sert à rien, il faut la tenir en force : comme ma ligne ne pouvait pas tenir, ça cassait, alors j'ai remplacé le dernier bout fin par une lanière de caoutchouc de 50 cm de long et de 1,50 cm de large environ, découpée dans une chambre à air et qui faisait ressort. Au lieu de tirer la canne verticalement, je l'ai tenue devant moi, comme une lance, et, quand la première carpe a mordu, elle est partie comme une flèche mais ma ligne avait maintenant une élasticité de 50 cm : ça n'a pas cassé et j'ai ramené deux grosses carpes. C'était la première fois qu'on en prenait dans le pays et ça a fait sensation. Ah oui, ça a fait du bruit parce qu'on a demandé aux gendarmes de s'inquiéter comment le petit Charnay allait chercher les grosses carpes. Je ne sais pas ce qu'ils ont mis dans leur rapport, mais moi, je sais que, pour les prendre, ces carpes, j'avais dû apprendre à observer la rivière, ses méandres, les fonds différents, les herbes. Et j'ai dû acquérir aussi des notions pratiques sur la résistance des matériaux.

Cette réussite extraordinaire est la conjonction d'un ensemble d'apprentissages. Mais, dans ces apprentissages, il y avait toujours :

- l'observation d'un fait (le plus souvent quelqu'un attirait mon attention) ;
- l'analyse d'une certaine relation (avec les brêmes, les carpes) ;
- la narration de l'expérience de l'autre (« Voilà comment je m'y prends ») ;
- (mais beaucoup plus) la monstration, la démonstration. On me montrait comment il fallait faire : « Regarde comment je fais, Riri ! Regarde ! Tourne ta main ! Bon ! ». Il y avait une transmission AUTORITAIRE : « C'est comme ça parce que ce n'est pas autrement ! »... Et on ne discutait pas.

De mon côté, j'étais une sale bête, rebelle chaque matin comme tout le mois de mai, mais je ne discutais pas, j'acceptais ce qu'on me disait comme parole d'évangile parce que je savais que c'était éprouvé, que c'était sûr, que ces gens avaient la CAPACITÉ. Il y avait donc la notion du respect de l'autre, du respect de son expérience. Ce n'est pas lui qui avait de l'autorité, c'était son expérience, c'était son savoir.

## ...Et les conseils qui stimulent

« Pour moi, ce professeur était un bon professeur parce qu'il m'avait renseigné sur quelque chose que je ne savais pas : le sens de l'observation. Je ne connaissais pas ça... Il m'a renseigné sur moi-même, il m'a encouragé à être de plus en plus fort sur ce chemin-là », expliquait un étudiant interrogé sur les motivations qui l'avaient conduit à entreprendre des études de sciences.

Un éveil de la curiosité, une mise en route de l'attention par implication personnelle, peut permettre de réussir non seulement une tâche de mémorisation limitée, mais, de réussite en réussite, elle peut donner de l'intérêt aux activités de toute une vie.

## L'éveil de l'intérêt

Les travaux de François Richaudeau montrent qu'entre deux phrases d'un même auteur (le philosophe Alain), de longueur peu différente (l'une de 27, l'autre de 22 mots), celle qui est le mieux mémorisée n'est pas la plus courte, ni celle dont la structure grammaticale est la plus simple, contrairement à ce que les linguistes auraient annoncé, mais celle dont l'intérêt humain est le plus élevé [3].

Comment juger de l'intérêt humain d'une phrase ? Lecteurs et auditeurs retiennent plus facilement les phrases où l'auteur s'exprime à la première personne, emploie des mots « personnels » (mots comme « peuple », « gens », « maman », ou pronoms) dans un style direct, adressé au lecteur [4].

Analysant le texte d'une publicité rédactionnelle qui, rédi-

3. Voir encadré p. 157, extrait de : François Richaudeau, « Faut-il brûler les formules de lisibilité ? », in *Communication et langages*, n° 30, p. 8.
4. « Le langage simple de Rudolph Flesh », cinq méthodes de mesure de la lisibilité, par A. Conquet et F. Richaudeau, in *Communication et langages*, n° 17,

gée il y a cinquante ans, résiste aujourd'hui encore à l'usure du temps, François Richaudeau constate que ce texte commence par des phrases à intérêt humain élevé, qu'il provoque habilement la curiosité du lecteur par la mention d'un « compagnon invisible » et l'annonce d'une « conversation passionnante » avec ce compagnon [5].

Pour celui qui écrit ou qui s'apprête à parler devant un auditoire, ces quelques remarques montrent comment on suscite l'attention qui permettra au message que l'on veut transmettre d'être compris et retenu. Il faut tenir compte de la nécessité d'éveiller l'intérêt personnel et l'attention de l'autre, pour être entendu.

## Mais l'attention déforme ce qu'on mémorise

Il faut susciter de l'intérêt pour être entendu. Mais au-delà d'un certain niveau, l'émotion déforme ce qu'on mémorise. Cette constatation a été faite à plusieurs reprises au cours d'expériences destinées à vérifier la confiance que l'on peut accorder aux témoins devant les tribunaux.

En 1905 déjà, le psychologue suisse Edouard Claparède montra par diverses expériences à quel point les erreurs de témoignage peuvent être grandes : erreurs sur la durée de temps écoulé, sur les détails de lieux parcourus pourtant tous les jours par les témoins, sur les faits et gestes de personnages bien ou mal habillés. De telles expériences ont été reprises par des auteurs récents, qui confirment la difficulté de mémoriser de façon fidèle ce que nous percevons. Ils ont montré que la mémoire transforme les faits de plusieurs manières :

5. F. Richaudeau : « Le texte le plus efficace que je connaisse », in *Communication et langages*, n° 37.

## Les illusions d'optique

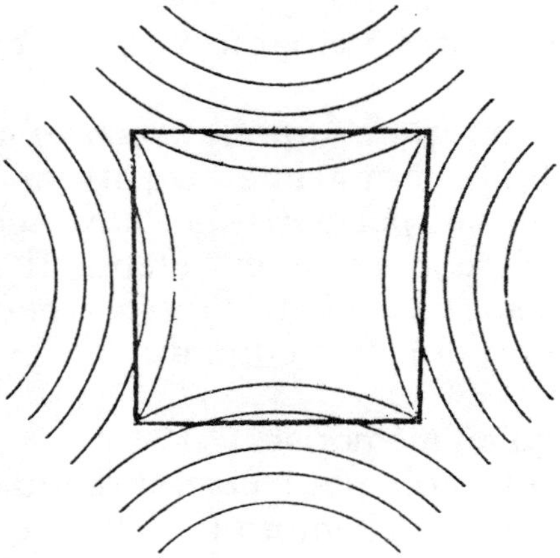

figure 1

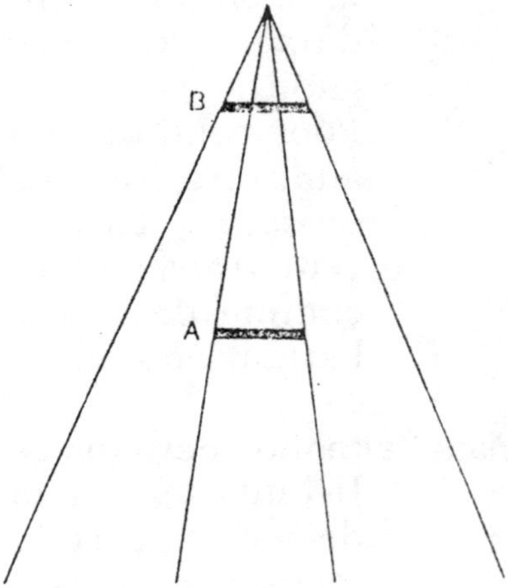


figure 2

Les illusions d'optiques sont connues depuis longtemps, puisque les philosophes de l'Antiquité en ont décrit certaines. Elles présentent une caractéristique commune : nous avons beau savoir que nos yeux nous trompent, nous ne parvenons pas à rectifier la perception de l'image.

Ainsi la figure 1 représente un carré, mais le fond sur lequel elle est posée en déforme les côtés. La figure 2 nous fait voir le segment B plus grand que le segment A, alors qu'ils sont égaux. Même les animaux partagent avec nous cette illusion.

— la simplification : le sujet ne peut pas retenir tous les détails d'une scène ou d'une information complexe ; il en omet donc beaucoup à la première narration, un peu plus encore à la deuxième narration, et ainsi de suite, jusqu'à ce que la scène soit devenue assez simple pour être conservée sans changements en mémoire ;
— l'accentuation : les détails retenus sont ceux qui ont frappé le sujet ; celui-ci a tendance à majorer l'importance de ces détails (un arbre devient un bosquet, puis une forêt...) ;
— la cohérence : le sujet a tendance à transformer les détails pour rendre sa narration plus logique (dans une scène de bataille, un civil est transformé en soldat ; dans une scène d'agression, l'arme est vue dans la main du personnage le moins bien habillé, etc.). C'est de ce processus que relèvent les illusions d'optique (voir p. 176).
— l'émotion : il faut que le témoin d'un événement se sente concerné pour bien l'observer ; par conséquent le récit de ce que les témoins ont retenu est plus détaillé et plus précis lorsque l'événement a suscité une émotion modérée chez eux. Mais quand l'émotion devient trop forte, le témoignage se détériore. « Cela ressort d'un incident préfabriqué raconté par Gorphe, dans *Critique du témoignage :* lors d'un cours, un étudiant interpelle le professeur, sort un revolver et tire. Dans les témoignages recueillis plus tard, il y a davantage d'erreurs sur la seconde partie de la scène que sur la première[6]. »
L'émotion et la tendance à rationaliser ce qu'on retient d'une scène se mélangent pour former un faux témoignage dans l'expérience d'Allport et Postman sur la rumeur publique : ils projetaient une image sur un écran devant un sujet qui la décrivait ensuite à un second sujet, et ainsi de suite, chaque chaîne comprenant six

6. C. Bert : « Etre un bon témoin, c'est difficile », in *Psychologie,* n° 101, p. 115.

ou sept sujets. Or l'une des images représentait un Noir et un Blanc debout face à face dans un wagon de métro. Le Blanc tenait un rasoir ouvert à la hauteur de la ceinture. Dans plus de la moitié des récits recueillis, c'est au Noir qu'était attribué le rasoir, certains ajoutant même qu'il le « brandissait » ou s'en servait pour « menacer le Blanc[7] ».

L'émotion sert donc à susciter l'attention nécessaire à une mémorisation satisfaisante des informations qui nous parviennent. Mais trop d'émotion est nuisible à une attention de bonne qualité. Dans la mesure du possible, il est utile d'aborder toute mémorisation par un aspect susceptible de nous émouvoir ; mais il faut chercher à rester maître des émotions suscitées.

## Situation et rôle de l'hippocampe

Les formations hippocampiques occupent une région limite entre le cortex, partie la plus récente de notre cerveau, et les noyaux centraux, partie plus archaïque. C'est dans le cortex qu'ont lieu les processus les plus élaborés de notre vie mentale : raisonnement, anticipation, activité consciente ; dans les régions centrales, en revanche, se situent les centres de l'émotion (thalamus et hypothalamus) et de la vie végétative (cervelet, formation réticulaire). L'hippocampe se trouve donc à la limite entre les deux, il occupe une place intermédiaire entre les structures récentes et les structures anciennes du cerveau. Toutes les voies de la sensibilité, de la motricité, du tonus et même des lobes frontaux aboutissent à l'hippocampe, et atteignent à travers lui les centres de l'émotion situés au-dessous.

Au cours de deux opérations, le neurochirurgien Penfield

7. Allport et Postman : « Psychology of Rumor » (New York, 1947), *Readings in Social Psychology* (New York, 1957).

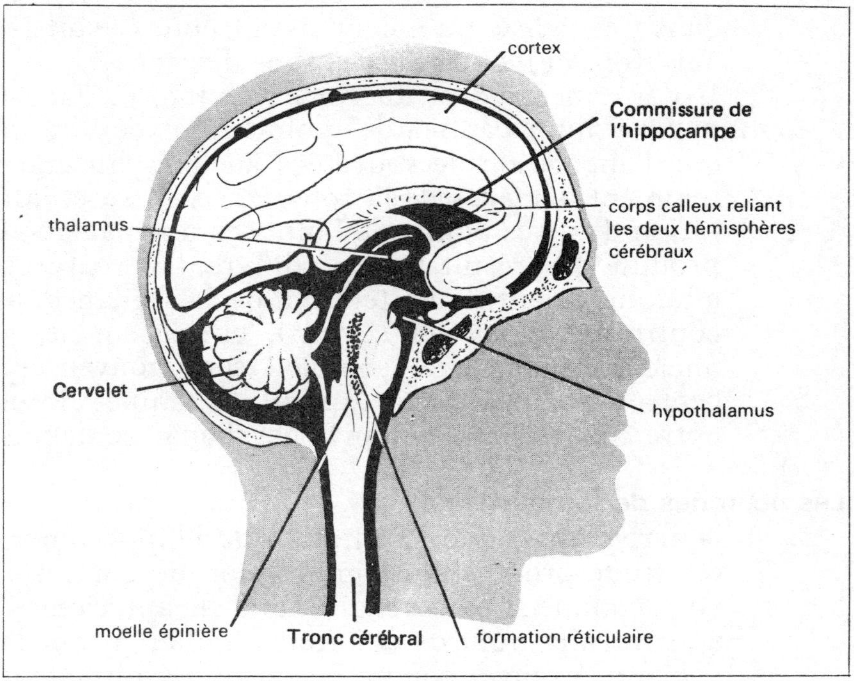


**Coupe à travers le cerveau humain vu de profil.**
On peut y distinguer la commissure de l'hippocampe, entre le corps calleux (qui relie les deux hémisphères du cortex cérébral) et le thalamus (siège des émotions).

eut l'occasion d'insérer une électrode dans le lobe temporal, entre le cortex et la région sous-corticale. Des impulsions électriques de l'électrode déclenchèrent chez la première malade le souvenir d'un air familier, qu'elle redécouvrit, une fois sortie de la clinique, sur un vieux disque de son enfance. Le second malade eut une hallucination mnémonique plus complexe : tout en continuant à se rendre compte qu'il était sur une table d'opération, et sans perdre conscience de ce qui se passait autour de lui, il éprouva en même temps la sensation de se trouver

dans une église, qu'il connaissait pour l'avoir fréquentée autrefois, et il entendit des sons d'orgue.
Il y a donc au-delà du cortex temporal, dans la région appelée hippocampe, des points dont l'excitation provoque l'apparition de souvenirs anciens qui étaient apparemment disparus de la conscience du sujet. Mais l'excitation d'autres points de l'hippocampe par une électrode produit des résultats tout différents : renforcement ou affaiblissement de l'attention, de la vigilance, ou de son contraire, le sommeil. Ainsi, curieusement, souvenirs anciens, vigilance et sommeil sont gouvernés par des centres voisins. Cela explique certaines interférences entre eux, soulignées par la psychanalyse depuis Freud.

## Les neurones de la nouveauté

Il arrive aussi que l'excitation de l'hippocampe par une électrode produise une impression de connu, de « déjà-vu », comme si on revenait à une vie antérieure. Ou bien, au contraire, tout ce qui était familier jusque-là devient soudain étrange, comme si on ne l'avait jamais vu...
Les responsables de ces sensations bizarres sont des « neurones de la nouveauté », des cellules de l'hippocampe qui émettent des impulsions si le signal qui leur parvient n'a jamais été rencontré auparavant. Quand le signal neuf s'est répété plusieurs fois, les « neurones de la nouveauté » s'apaisent ; et leurs opposés, les « neurones de la familiarité », produisent des impulsions de plus en plus fortes [8].
L'existence d'un centre qui fait la différence entre le nouveau et l'ancien rend compte de la tendance de notre mémoire à préférer assimiler ce qui ressemble à ses connaissances antérieures. Dans le cours 4, nous avons

8. V. Lévy : *les Mystères du cerveau* (Moscou, Editions Mir, 1972), pp. 133-135.

vu que le cerveau évite d'accumuler les informations pêle-mêle, mais qu'il cherche à relier chaque information avec celles qu'il a déjà emmagasinées [9].

Cette activité spontanée de classement opérée par les centres de la mémorisation a un avantage ; elle les rend plus efficaces que les plus gros ordinateurs : « Sa supériorité sur les systèmes de documentation actuels, c'est sa capacité de réduire la redondance dans les informations nouvelles, n'en intégrant, semble-t-il, que le supplément d'information qu'un message apporte. Tout se passe dans certains cas comme si le sujet pouvait discerner le "nouveau" du "déjà-vu", et n'enregistrer que les différences qu'il y a entre la nouvelle stimulation et l'ancienne [10]. »

Ce travail de sélection permet un stockage à la fois *économique*, par la réduction d'éléments retenus, et *créateur*, par les liaisons entre le nouveau et l'ancien qui s'établissent spontanément.

## Apprenons à être attentif aux nouveautés

Nous avons vu que l'attention émane des parties centrales du cerveau, région archaïque, qui reçoit des ordres du cortex, mais garde une relative autonomie. Nous pouvons donc commander à notre attitude de correspondre à celle d'un être attentif : dos redressé, muscles tendus, œil vif, en alerte. Cette attitude est meilleure pour prêter attention que son contraire, l'attitude affaissée, muscles relâchés, œil éteint. Mais elle ne suffit pas pour devenir apte à bien mémoriser. Les éducateurs ne le savent que trop : ce ne sont pas les élèves mous, mais pas non plus

9. Voir p. 141.
10. A. Lieury : « Notre mémoire est-elle organisée comme une bibliothèque ? », in *Psychologie*, n° 25, p. 34.

les élèves nerveux, tendus, réagissant trop vite à toutes les sollicitations extérieures, qui retiennent le mieux ce qu'on veut leur faire apprendre [11].

**Eviter la distraction**

Il est difficile d'enregistrer deux choses à la fois. Nous pouvons conduire une voiture tout en fumant une cigarette, parce que ce sont deux types d'activités dont nous avons acquis la maîtrise antérieurement. Mais nous ne pouvons pas apprendre à conduire tout en apprenant à additionner. Nous ne pouvons même pas observer correctement deux choses à la fois, comme l'a montré Smith, en 1930 : il a demandé à ses sujets (des policiers, des détectives ou des magistrats, donc des personnes entraînées à bien observer) d'évaluer le nombre de carrés sur une grande carte. Pendant ce temps, lui-même effectuait divers gestes et déplacements dans la salle. L'épreuve terminée, il a prié ses sujets de relater ce qu'il avait fait. La moitié d'entre eux n'ont pas pu décrire un seul de ses mouvements.

Pour un policier, qui doit observer tout ce qui se passe d'anormal dans son secteur, tout en poursuivant des activités de routine, cette absence de disponibilité de l'attention pour autre chose que la tâche entreprise peut représenter un handicap. En revanche, pour celui qui veut mémoriser des informations difficiles, il est précieux de pouvoir s'abstraire de tout ce qui se passe alentour pour monopoliser l'attention sur un seul objectif. Cette capacité s'appelle la concentration. Il faut la cultiver pour augmenter ses capacités de mémorisation.

11. Les expériences de L.J. Kleinsmith et S. Kaplan : « Paired-associate learning as a function of arousal and interpolated interval », in *Journal of Experimental Psychology*, n° 65, pp. 190-193, 1963 et celles d'E. Howarth et H.J. Eysenck : « Extraversion, Arousal and Paired-Associate Recall », in *Journal Experim. Research on Personality*, n° 3, pp. 114-116, 1968, le démontrent.

Pour celui qui sait se concentrer à volonté, les sollicitations de l'environnement disparaissent de son champ d'attention dès qu'il se « plonge dans sa tâche ». Il ne perçoit, ne ressent, que ce qui a trait à l'activité entreprise. C'est une sorte d'état d'auto-hypnose : les activités cérébrales qui ne sont pas sollicitées par cette activité unique sont comme endormies ; le rythme respiratoire et les battements du cœur peuvent ralentir, la digestion s'arrêter pour un temps, les seuils de sensation s'abaisser nettement, excepté les sens concernés directement par l'activité entreprise, qui, eux, sont au contraire aiguisés. Ainsi le chef d'orchestre, tendu vers l'œuvre à diriger, ressentira comme un coup de tonnerre le moindre bruit inattendu venant de la salle ; mais des sensations de froid, de chaleur, de faim ou de douleur ne l'atteindront que très difficilement.
Celui qui ne sait pas se concentrer, au contraire, oublie la tâche entreprise à chaque sollicitation venue de l'extérieur : une mouche qui vole, une porte qui grince, un rideau qui remue introduisent des pensées parasites dans son esprit, lesquelles interfèrent avec les données à mémoriser et empêchent l'intégration dans les circuits de la mémoire à long terme de se produire efficacement.

### Environnement neutre

La première chose à faire dans un tel cas, c'est de se ménager un environnement aussi neutre que possible : pièce calme, portes et fenêtres fermées, au besoin musique de fond, atténuée mais qui neutralise les bruits.

### Du temps pour se concentrer

La seconde tactique, pour obliger l'esprit à se concentrer, c'est de se promettre de ne pas quitter sa place avant qu'un certain travail ne soit accompli. Si l'esprit persistait à vagabonder, il serait puni par une durée d'immobilité forcée plus longue. Dans ces conditions, il a tout intérêt à accepter la tâche imposée le plus vite possible.

### La promesse d'une détente possible

Celui qui n'est pas entraîné à la concentration d'esprit ne doit pas surestimer ses capacités. Mieux vaut qu'il s'attaque d'abord à ce qui lui paraît le moins difficile, le moins austère, qu'il répartisse la tâche à effectuer en petites tranches et s'accorde une détente entre chaque tranche. La promesse d'une détente prochaine aide l'esprit à persévérer dans une tâche difficile. Cette tactique est plus fructueuse qu'une immobilité forcée de longue durée qui ne serait admise par l'esprit qu'en surface, l'inconscient se rebellant en mettant des entraves à une mémorisation efficace.

Les moments de détente, cependant, doivent rester de courte durée et ne pas impliquer de déplacements importants, qui détourneraient trop l'esprit de la suite de la tâche à accomplir. Si on parle à un interlocuteur, il faut lui parler de préférence de ce qu'on est en train d'apprendre, pour ne pas perdre le fil de l'action.

### L'intérêt

Les nécessités de la vie incitent notre mémoire à enregistrer en priorité les faits qui peuvent améliorer notre sort et faire réussir nos projets. Le « centre de l'attention » dans notre cerveau est programmé dans ce sens.

Autant la mémorisation peut être lente et pénible pour des informations sans lien avec nos intérêts personnels, autant elle se révèle rapide et facile pour les faits qui nous concernent de près.

Mais justement, nous objectera-t-on, la plupart des apprentissages qui se révèlent nécessaires au cours de la

vie souvent ne touchent pas à nos intérêts personnels.
Il n'est pas question de le nier : souvent on se voit forcé de mémoriser sans joie des listes de faits peu attrayants. Dans ce cas, les méthodes mnémotechniques, que nous passerons en revue dans le Cours 7, sont d'un grand secours, car elles offrent une gamme de procédés variés s'adaptant à toutes les situations de mémorisation difficile.
Pour un étudiant intelligent, toutefois, il est bien rare qu'une situation d'apprentissage nouveau ne puisse pas éveiller l'intérêt ; cela à condition de ne pas adopter une attitude passive devant cet apprentissage. Tant qu'on se laisse mener à l'examen en suivant tout bêtement le programme, on a peu de chances de s'y intéresser. Mais il suffit d'adopter une attitude active pour que le goût des recherches personnelles s'éveille et nous fasse découvrir mille points de contact entre les matières à apprendre et nos intérêts personnels. Qu'est-ce donc que l'attitude active ? On peut la résumer en quatre points :
1) Eveiller la curiosité en se posant des questions avant d'aborder l'apprentissage.
2) Essayer de résoudre soi-même les questions posées.
3) Puis chercher dans les documents à mémoriser la réponse à ces questions.
4) Enfin, si elle ne nous satisfait pas entièrement, la compléter en se documentant ailleurs.

## Eveiller la curiosité

Pourquoi faut-il se poser des questions avant de consulter les documents à mémoriser ? Parce que, ainsi, nous avons des chances d'établir des liens entre nos intérêts personnels et ces documents.
Sans nous laisser impressionner par leur contenu, réfléchissons au sujet qu'ils traitent, puis interrogeons-nous

sur la façon dont nous souhaiterions que ce sujet soit traité. Alors des questions intéressantes pour nous peuvent surgir. Elles se rattachent en général à notre savoir antérieur. L'espoir que le matériel à apprendre pourrait combler des lacunes dans ce que nous savons déjà rend moins redoutable l'ensemble de faits nouveaux que nous aurons à intégrer : tout n'est peut-être pas nouveau parmi ces faits, ce qui diminue d'autant la tâche de les apprendre ; et pour ce qui est nouveau, une partie viendra peut-être s'insérer dans des structures de pensée déjà acquises, l'effort sera minime et le résultat plus harmonieux pour l'esprit.

Ce raisonnement n'est pas illusoire ; ceux qui savent beaucoup s'aperçoivent qu'apprendre plus leur est facilité par l'organisation du savoir déjà accumulé. Ce sont les débutants, les illettrés dans un domaine, les découragés par des habitudes de mémorisation passive qui ne savent pas trouver de connexions entre le matériel qu'ils abordent et leur acquis antérieur. Un peu d'entraînement permet de ressentir l'agréable morsure de la curiosité chaque fois qu'une occasion d'apprendre se présente.

### Exercice 1

**Apprenez à éveiller mieux votre curiosité pour retenir plus de vos lectures. A titre de premier exercice, prenons l'encadré sur la pêche aux brêmes (pages 171 à 173). L'avez-vous lu ? Si oui, vous rappelez-vous quel sujet il traitait ?**

**Prenez une feuille de papier. Notez ce que vous vous rappelez du sujet traité par ce texte :**

**— D'abord les grandes lignes.**

**— Puis les détails qui vous en sont restés.**

**— Quand vous aurez terminé, notez votre performance d'après le Corrigé qui suit.**

**Corrigé**

Le sujet du texte des pages 171 à 173 était :
— Quels sont les motifs de la réussite d'un apprentissage.

Le thème illustrant ce sujet était :
— La pêche à la ligne des brêmes et des carpes.

Les guides du héros faisant l'apprentissage étaient :
1) son oncle (un agent-voyer) ;
2) le père Chevalier (bon pêcheur, mais personnage rustique).
Combien des grandes lignes données par le corrigé aviez-vous notées sur votre feuille ?
Combien de détails avez-vous fournis, en plus des grandes lignes du corrigé ?

Si vos notes contenaient trois des quatre réponses du corrigé et dix détails supplémentaires au moins, vous avez suffisamment retenu le texte en question ; il n'est pas nécessaire que vous y reveniez.
Mais si vos notes étaient moins fournies, réfléchissez une minute aux divers renseignements apportés par ce texte :
1) sur la psychologie de l'apprentissage,
2) sur l'histoire des coutumes d'autrefois,
3) sur les mœurs des poissons,
4) sur les techniques de la pêche à la ligne.

L'un ou l'autre de ces sujets n'exciterait-il pas votre curiosité ? Si c'était le cas, reprenez le texte ; lisez-le « en diagonale », pour repérer rapidement les passages traitant du sujet que vous avez choisi d'examiner. Cochez ces passages d'un trait au crayon, et lisez-les attentivement, en soulignant chaque renseignement intéressant qu'ils fournissent.

Après cette relecture, fermez le livre, prenez une seconde feuille de papier et notez ce que vous avez retenu. D'abord sous forme de mots clés seulement. Puis essayez de rédiger un petit compte rendu à partir de ces mots clés. Il serait amusant que votre mémoire se révèle soudain beaucoup plus riche qu'elle ne l'était avant. Et cela grâce à une lecture de quelques minutes à peine. Faites donc cet essai.

**Exercice 2**

Les méthodes d'éveil de la curiosité, appliquées dans l'exercice 1 à un texte court publié dans cet ouvrage, peuvent être généralisées à d'autres textes.

Examinez votre table de travail, votre bureau ou votre bibliothèque. Combien de textes, livres, revues y gisent, oubliés, alors que vous aviez la ferme intention, en les y plaçant, de les examiner à tête reposée ? Mais voilà : vous n'avez jamais trouvé le temps de le faire jusqu'à présent. Vos obligations familiales et professionnelles étaient trop absorbantes.

Il suffirait cependant que votre curiosité soit la plus forte, et le temps de parcourir ces textes surgirait brusquement. Car en réalité, le temps dont on dispose est une notion souple : on trouve toujours du temps pour

faire ce qui intéresse vraiment. Vos obligations journalières absorbent vos forces intellectuelles et vous fatiguent. Il ne vous reste plus assez de force ensuite pour meubler votre esprit de connaissances supplémentaires, même si vous en admettez l'intérêt.
Ce qu'il faut, c'est renforcer votre motivation, exciter votre curiosité trop vite éteinte à l'égard de ces textes. Voici comment faire : sans tarder, ce livre à la main, levez-vous de votre siège, et passez à l'action.

1) Vous savez à quel endroit vous avez entassé des documents que vous aviez l'intention d'examiner. Allez-y, ramassez le plus possible de ces documents. S'ils sont égarés partout dans votre appartement, prenez le temps d'en rassembler une bonne quantité, que vous étalez par terre.

2) Cherchez à introduire un classement parmi les documents rassemblés : intérêt qu'ils présentent, sujets traités, durée de lecture qu'ils nécessitent sont des types de classement utile.

3) Une fois ces documents répartis par piles, réfléchissez à l'usage que vous pourriez en faire : lesquels sont assez distrayants pour pouvoir être examinés quand vous avez besoin de vous détendre (entre le retour du travail et le repas, le soir au lit avant de dormir, entre deux rendez-vous, ou pendant un voyage dans les transports en commun) ; lesquels nécessitent un examen plus concentré, dans un moment de loisir où votre esprit est reposé (soirée à la maison, week-end, vacances) ; lesquels seront vite lus, et lesquels prendront plus de temps ?

4) En fonction de vos réponses aux questions 2) et 3), établissez un plan d'action : vous possédez ces documents, vous allez vous en servir, au lieu de les laisser

s'empoussiérer. Notez sur trois ou quatre feuilles de papier les moments libres que vous leur réservez, et rassemblez sous chaque feuille les documents concernés. Les piles seront placées en des endroits bien apparents correspondant aux moments d'utilisation décidés.

5) Consacrez cinq minutes à chaque pile ainsi constituée, pour un examen préliminaire rapide. Chaque document doit être feuilleté rapidement, ou sa table des matières doit être lue, et les pages contenant une indication qui vous intrigue doivent être marquées d'un signet au haut duquel vous notez le point problématique (découpez d'avance plusieurs feuilles de papier en bandeaux, afin de disposer de suffisamment de signets).

**Exercice 3**

Pendant le premier moment tranquille que vous pourrez consacrer à vos piles de documents, prenez celui qui vous paraît à la fois le plus intéressant et le plus difficile. A chaque endroit marqué d'un signet, essayez de capter en cinq minutes (et pas une seconde de plus : chronométrez-vous pour cela) l'essentiel des informations fournies.

Quand vous avez fini de vous documenter, mettez l'ouvrage ou la revue de côté, prenez une feuille de papier et résumez les grandes lignes de ce qui vous intéressait dans les informations étudiées.
Au-dessous de ce résumé, notez les questions que ces informations laissent en suspens. Ajoutez éventuellement quelques hypothèses qu'elles vous suggèrent.
Cherchez à présent si, parmi les autres documents de la même pile, certains répondent aux questions restées en suspens. Si c'est le cas, consultez ces documents de la même manière que le premier : cinq minutes, pas plus, et même éventuellement beaucoup moins, vous permettront de savoir si les renseignements cherchés s'y trouvent ou non. Si aucun document de la pile ne concerne les questions posées, cherchez ailleurs dans votre bibliothèque ; sinon, notez une liste d'endroits où vous pourriez aller vous documenter. Et prévoyez dans votre emploi du temps de le faire assez rapidement.

Cet exercice, répété avec d'autres documents de vos piles une fois par semaine au moins, améliorera rapidement vos capacités d'attention et de concentration. Il aura en outre l'avantage non négligeable de contribuer avec efficacité à votre culture personnelle. N'oubliez donc pas de le pratiquer régulièrement.

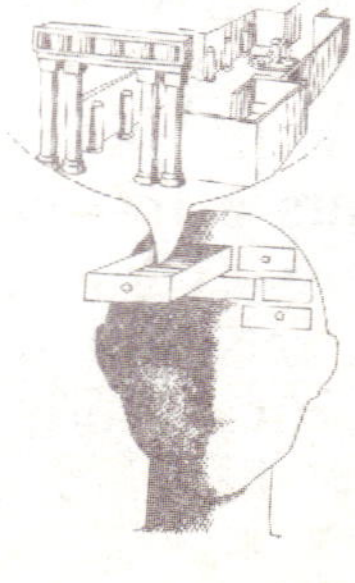

### Essayer de résoudre soi-même les questions posées

Les exercices qui précèdent montrent comment éveiller la curiosité afin que le « centre de la nouveauté » et le « centre du plaisir » soient sollicités et contribuent à nous permettre de retenir ce que nous apprenons. Mais la curiosité une fois éveillée, il ne faut pas la laisser s'éteindre avant que la tâche de mémorisation ne soit menée à bon terme. Apprenons donc à fournir d'autres armes pour la maintenir en éveil.

L'une des meilleures armes, qui est toujours à notre disposition, c'est, chaque fois que nous allons nous pencher sur un texte pour apprendre ce qu'il contient, de nous interroger au préalable rapidement sur ce que nous savons déjà du sujet, et ce que nous espérons que le texte nous apprendra.

Trop souvent, nous avons la fallacieuse impression que nous savons tout d'avance. Nous feuilletons le texte avec le sentiment blasé qu'il ne nous apprend pas grand-chose. Cette attitude désamorce le « centre de la nouveauté » dans notre cerveau. Nous ne retenons rien de ce que nous lisons.

Mais si nous sondons vraiment nos connaissances, nous nous apercevons qu'elles comportent de nombreuses lacunes. Nos réponses aux questions posées par notre curiosité éveillée sont rarement suffisantes. Ainsi se crée la possibilité de consulter avec plaisir les documents à notre disposition, pour y chercher les réponses qui nous manquent.

### Chercher dans les documents à mémoriser la réponse

L'attention une fois éveillée, doit-on essayer de mémoriser le document tel qu'il se présente à nous ? Non, ce n'est pas la meilleure méthode pour maintenir l'attention. Mieux vaut y chercher d'abord les points qui nous concernent le plus directement, les passages qui répondent aux questions que nous nous sommes posées. Abordés tout de suite, ces passages seront plus vite mémorisés.

Ensuite nous examinerons leur situation dans l'ensemble du document, les liens qui les rattachent à la structure de l'ensemble. Abandonnant peu à peu notre point de vue personnel, nous rentrerons ainsi dans les vues de celui qui a conçu le document. Il nous deviendra familier. Nous pourrons assimiler sans trop de difficulté les informations restantes.

### Compléter par des documents supplémentaires

Mais une fois éveillée, notre curiosité ne s'éteint pas toujours de sitôt. L'effort de mémorisation fourni, s'il se borne à nous faire réussir un examen pour être rejeté aussitôt après dans l'oubli, n'est pas satisfaisant pour l'esprit. Nous pouvons lui donner une plus longue survie si nous lui fournissons quelques aliments supplémentaires.

Il ne faut donc pas hésiter à rester actif tant que des questions surgissent dans notre esprit sur un sujet mémorisé : il est bon de recourir souvent à des dictionnaires ou encyclopédies, d'acheter des revues donnant le point de vue le plus récent sur la question apprise (de nos jours, les connaissances évoluent terriblement vite), de lire des livres qui font la synthèse de la question, d'en parler avec d'autres personnes qui s'y intéressent.
Alors nos acquisitions formeront peu à peu un ensemble solide que nous ne risquerons plus d'oublier. Nous le retrouverons à notre disposition toutes les fois que nous en aurons besoin.

### Trous de mémoire affectifs

Vous avez l'habitude de mémoriser certaines notions selon une technique éprouvée. Et généralement elle ne vous pose pas de problèmes. Sauf dans un domaine, où vous avez régulièrement des « trous de mémoire » imprévisibles. Il peut s'agir des rendez-vous avec une certaine personne, ou du numéro de téléphone de quelqu'un de votre famille, ou du prénom d'un collègue, etc. Alors que votre mémoire fonctionne sans défaillance dans les autres domaines, celui-là vous pose trop souvent un problème de rappel.

De telles amnésies partielles sont en général liées à des problèmes affectifs du type de ceux décrits par Freud dans *Psychopathologie de la vie quotidienne*[12]. Vos trous de mémoire peuvent être dus au refoulement de quelque chose qui se relie pour vous à un souvenir désagréable. C'est un moyen pour votre inconscient de vous signaler qu'il n'est pas d'accord. Mieux vaut reconnaître ce signal pour ce qu'il est : une information utile.

Tenez compte de cette information pour éliminer ce handicap : réfléchissez à l'état d'esprit dans lequel la nécessité d'utiliser la notion fuyante vous met. Peut-être trouverez-vous un motif à l'effet désagréable qu'elle provoque. En examinant ce motif au grand jour, peut-être pourrez-vous, sinon éliminer, du moins accepter votre gêne. Vous préviendrez ainsi les désagréments du trou de mémoire inattendu.

Et si toutefois vous n'arriviez pas à élucider les motifs de cette inhibition, il vous resterait la ressource de pallier votre mémoire spontanée incertaine par une des méthodes mnémotechniques plus puissantes détaillées dans

12. Petite Bibliothèque (Payot, Paris, 1968).

le Cours 7. Il ne faut pas, en tout cas, rester passif et se résigner aux trous de mémoire dans un secteur précis de votre activité.

### L'excitation excessive

Que de fois, lors d'un examen ou d'une réunion importante, nous sommes incapables de retrouver le fait qui nous est demandé malgré de grands efforts de remémoration ! et dès que nous nous trouvons seul, le fait nous revient à l'esprit, alors que nous n'y pensions plus. Rien n'est plus irritant que cette impuissance d'évocation dans une situation importante, suivie d'un rappel spontané quand il est trop tard.

Il ne faut pas attribuer ce type de mésaventure à une « mauvaise mémoire » en général, mais à un excès d'excitation cérébrale, qui empêche le fonctionnement normal des centres inconscients. Or nous savons que, sans eux, les consignes de rappel émanant des centres supérieurs (logique, raisonnement, volonté consciente) sont impuissantes.

Cet excès d'excitation en présence des autres dépend de notre tempérament : chez les personnes très sociables ou facilement anxieuses, l'excitation est plus forte que chez les personnes intériorisées ou très calmes [13]. L'effet est renforcé par la chaleur, le bruit et les drogues stimulantes [14].

Cette inhibition de la mémoire peut être prévue à l'avance, dans une large mesure. Quand vous devinez que les conditions d'une réunion alliées à votre tempérament

13. Les conséquences de l'excitation sur la mémorisation sont compliquées par l'intervention de différents facteurs. On en trouvera une discussion approfondie chez Michael W. Eysenck : *Human Memory, Theory, Research and Individual Differences* (Oxford, Pergamon Press, 1977), p. 162-190.
14. D.E. Broadbent : « The Recognition of words which cannot be recalled » (in P. Rabbitt et S. Dornic : *Attention and Performance*, vol. V, Londres, Academic Press, 1975).

particulier risquent de provoquer l'inhibition de vos capacités d'évocation mnémonique, mettez par écrit les diverses informations dont vous prévoyez d'avoir besoin. Et mémorisez-les selon les techniques exposées dans le Cours 7. Vous éviterez de vous trouver « à sec » dans les circonstances qui vous inhibent. N'oubliez pas, en outre, de faire une séance de relaxation avant ces réunions.

### L'excitation insuffisante

Il arrive aussi que des domaines entiers de notre activité nous paraissent bloqués par une incapacité totale d'enregistrer les connaissances nécessaires. Nous accusons alors une absence de dons innés dans ce secteur : « Je n'ai pas la bosse des maths » ou « Je n'ai pas d'oreille pour les langues »...

Mais l'incapacité innée est beaucoup plus rare que le désintérêt lié à un blocage affectif. Dans le domaine que vous vous déclarez incapable de maîtriser, n'y a-t-il pas eu, à un certain moment de votre existence, des événements qui expliquent son rejet par le « centre du déplaisir » de votre cerveau archaïque ? L'élève qui s'est trouvé en butte aux sarcasmes de ses camarades à cause d'une mauvaise habitude de prononciation, celui qui s'est senti rejeté par le professeur de mathématiques parce qu'il suivait mal son rythme d'explication, celui qui faisait crouler de rire toute la classe quand il récitait un poème en gardent des souvenirs cuisants. Un sentiment d'infériorité s'est installé par un malencontreux hasard, et il est difficile de le surmonter. « Je ne peux pas » est leur excuse habituelle. En fait, ils peuvent. Mais certainement pas en utilisant les méthodes scolaires qui ont été liées à l'échec inhibant. Nous examinerons, dans le Cours 6, certaines méthodes nouvelles d'apprentissage qui ont fait leurs preuves en débloquant les inhibitions.

CHAPITRE 8

# sixième cours

# inconscient et mémoire

Au-dessous des centres de l'affectivité, le long du tronc cérébral qui contient les fibres nerveuses en provenance de la moelle épinière, se situe la *formation réticulée* dans laquelle on a pu identifier un centre de la veille et du sommeil (voir schéma p. 179). A ce niveau semblent se situer des réserves d'énergie permettant les performances de mémorisation les plus mystérieuses obtenues à ce jour. Dans différents pays, des chercheurs de pointe ont obtenu des résultats qui se confirment mutuellement : il y a entre le centre du sommeil et les performances mnémoniques des liens surprenants.
Est-il donc possible de mémoriser en dormant ? Pendant un temps, on a pu lire diverses publicités proposant des appareils à placer sous l'oreiller ou à côté du lit, dans lequel leur heureux possesseur était censé tout apprendre pendant son sommeil. La réalité est moins simple, comme nous allons le voir.

## Sommeil et mémoire

Dans le cerveau, il n'y a jamais ni veille ni sommeil absolu, écrit Vladimir Lévy. Les rêves et les états hypnotiques sont des états intermédiaires dont on commence seulement à entrevoir le mécanisme. L'encadré ci-dessous décrit un cas de forte concentration mentale (donc un état de *veille*) que l'auteur traite d'« état somnambulique » (donc état proche du *sommeil*).

**Un état de forte concentration mentale**

Un jour que j'étais assis au fumoir de la bibliothèque Lénine de Moscou et que je m'entretenais avec un camarade, j'aperçus soudain un de mes collègues et amis. Il marchait de long en large, l'air profondément pensif. Parvenant à l'angle opposé de la pièce, il fit demi-tour et marcha droit sur moi. Je le regardai, tout heureux de le voir et me levai, mais il n'eut pas l'air de me reconnaître.

Continuant d'avancer dans ma direction, il me regarda droit dans les yeux, d'un regard totalement absent, comme s'il ne me voyait pas... Je demeurai interdit et attendis. Il s'approcha de moi sans cesser de me fixer, mais quand son visage fut tout près du mien, il fit demi-tour. Je n'y comprenais rien. Ne m'avait-il pas reconnu ou ne voulait-il pas le faire ? J'attendis qu'il revint dans ma direction, mais le même manège se renouvela. La troisième fois, l'air pensif, il secoua négligemment sur moi la cendre de sa cigarette. Si à ce moment-là je m'étais allongé à ses pieds, dans le meilleur des cas il m'aurait sans doute enjambé comme il aurait fait d'une bûche.

Mon ami se trouvait dans un état somnambulique, le rôle d'hypnotiseur étant tenu par ses propres pensées [1]. »

1. V. Lévy : *les Mystères du cerveau* (Moscou, Editions Mir, 1972), p. 177-178.

Il y a effectivement des états situés entre la veille et le sommeil dont l'analyse des rythmes électriques du cerveau démontre l'ambiguïté : les ondes alpha [2], caractérisées par une fréquence d'environ 10 cycles par seconde, apparaissent dans les états de vigilance détendue et s'opposent aux états d'attention ou de stimulation sensorielle ; mais au milieu des périodes de sommeil profond et calme apparaissent des phases de sommeil dit paradoxal pendant lesquelles les ondes cérébrales ont un tracé semblable aux ondes alpha (quoique moins régulier). C'est pendant ces phases de sommeil paradoxal que nous rêvons et que les épisodes de véritable somnambulisme peuvent se produire [3].

Les rêves ne sont-ils qu'un sous-produit des périodes de sommeil paradoxal ou sont-ils nécessaires au cerveau ? Ce sommeil paradoxal sert-il à empêcher l'assoupissement de durer trop longtemps en introduisant une tonification périodique ? On a pu le penser, le sommeil paradoxal se produisant à intervalles réguliers, quatre ou cinq fois par nuit, chez un sujet équilibré. Mais les sujets chez qui on interrompt ces phases se plaignent plus, le matin venu, d'avoir mal dormi que les sujets réveillés pendant les phases de sommeil calme. Et la nuit suivante, les phases de sommeil paradoxal sont plus fréquentes, comme si le sujet devait rattraper le temps de rêve perdu. Si on continue à perturber le sommeil paradoxal du sujet, il devient irritable, indolent et sa mémoire s'affaiblit.

De telles observations font supposer que le sommeil paradoxal contribue activement à la maturation du cerveau, en particulier à la fixation des informations enregistrées

2. Décrites dans *le Biofeedback*, par Lucien Gérardin (Paris, Retz-C.E.P.L., 1978), p. 26 et 28.

3. Consulter à ce sujet : *le Sommeil et les Rêves*, par Simon Monneret (Paris, Retz-C.E.P.L., 1976).

pendant la journée par la mémoire à long terme. De nouvelles connexions s'établiraient entre les neurones, de nouvelles voies seraient consolidées. « D'après certains calculs, au cours du sommeil nocturne, le cerveau a le temps de passer en revue jusqu'à dix mille fois tous les échos des événements de la journée écoulée. Mais cette revue ne se borne pas à la seule journée qu'on vient de vivre. Elle embrasse des traces bien plus anciennes et profondes. Une analyse des rêves faits tout au long de la nuit a révélé qu'au cours des premiers il se produit un "brassage" des événements les plus récents : il n'est pas rare qu'à peine endormie une personne qui mène une vie tendue soit réveillée par un cauchemar d'un contenu qui rappelle de près la situation dans laquelle elle se trouve. Les rêves suivants se déplacent de plus en plus vers les couches profondes de la mémoire à long terme, de sorte qu'au matin on a des chances de rêver de personnes ou choses disparues depuis longtemps [4]. »
Ainsi les acquisitions faites au cours de la vie d'un individu seraient peut-être malaxées et ruminées par la mémoire à long terme, chaque nuit, jusqu'à former un ensemble bien assimilé qui constituerait sa personnalité propre, ses opinions et son caractère. On comprendrait ainsi pourquoi la privation de sommeil paradoxal donne au sujet une impression de dépersonnalisation et affaiblit sa mémoire.

### L'hypnopédie

Près des centres du sommeil, il y aurait donc une région stimulante pour les enregistrements mnémoniques.
Des chercheurs russes et américains s'en sont servis en « hypnopédie » (du grec : *ypnos* = sommeil et *paideia* =

4. V. Lévy : *les Mystères du cerveau* (Moscou, Editions Mir, 1972), p. 160.

instruction, éducation). Cette méthode utilise la période où le sujet est en train de s'endormir pour lui faire mémoriser des informations enregistrées sur bande magnétique. La bande magnétique débute en général par quelques phrases apaisantes qui suggèrent que l'étudiant assimilera le matériel sans peine pendant son sommeil. Ces expériences révèlent que l'état de sommeil léger est le plus favorable à l'acquisition de connaissances nouvelles. L'inconvénient de l'hypnopédie, c'est que le sommeil devient graduellement trop profond. Alors le texte n'est plus assimilé. Chaque soir, le début du texte est mémorisé, mais la suite se perd dans le sommeil qui est intervenu.

Thomas H. Budzynski, directeur de l'Institut de biofeedback de Denver, aux Etats-Unis, y remédie en couplant le magnétophone, chargé du programme d'enseignement, avec un appareil enregistrant les ondes du cerveau. Quand les ondes cérébrales indiquent que le sujet s'endort, le son du magnétophone s'amplifie, ce qui réveille un peu le sujet. Il parvient ainsi à se maintenir dans la zone de demi-sommeil qui favorise la mémorisation. Mais un tel appareillage est complexe et coûteux. Il n'est donc pas à la portée de tous [5].

## La relaxopédie

S'inspirant des méthodes de relaxation enseignées par H. Schultz en Allemagne et en Suisse, par Edmund Jacobson aux Etats-Unis, le professeur Schwarz, de l'Institut pédagogique de Perm, en Biélorussie, a mis au point une technique d'amélioration de l'enseignement des langues qu'il nomme la « relaxopédie ». Ses expériences

5. Th. H. Budzynski : « Les Surprises du demi-sommeil », in *Psychologie*, n° 95, p. 42-45.

ont été reprises à Moscou et dans d'autres villes soviétiques [6].

Cette technique rejette l'utilisation des périodes d'endormissement pour mémoriser, à cause de leur inconvénient, la mémorisation étant satisfaisante au début de l'endormissement, mais devenant trop aléatoire quand le sommeil s'approfondit.

En revanche, la relaxation engendre des états de repos qui rendent disponible le même type de mémorisation profonde et sans effort, sans les inconvénients de l'hypnopédie : le sujet détendu reste néanmoins éveillé et peut diriger consciemment son esprit vers le type de mémorisation souhaité.

On enseigne au sujet à rester décontracté mais lucide comme aux futures mères qui, dans l'accouchement sans douleur, apprennent à abandonner les crispations néfastes pour se fier aux réflexes utiles du cerveau ancien.

### La sophropédie

Alfonso Caycedo qui, à partir de l'étude de l'hypnose, a fondé la science de la sophrologie, a étudié plus particulièrement ce qu'il appelle le « niveau sophroliminal », c'est-à-dire le « niveau de conscience séparant le niveau de veille du niveau du sommeil [7] ». Les ondes cérébrales sont alors entre la veille et le sommeil, la tension est relâchée, mais il reste une certaine vigilance. Dans cet état, l'être n'est plus angoissé, toute entreprise lui paraît plus facile à réaliser, plus positive, ses facultés d'imagination et de mémorisation sont décuplées. Caycedo met à profit cet état pour des expériences de sophropédie, c'est-à-dire

6. Bagriana Bélanger : *la Suggestologie* (Paris, Retz, 1978), p. 113.
7. Dr H. Boon, Dr Y. Davrou, J.-C. Macquet : *la Sophrologie* (Paris, Retz-C.E.P.L., 1976), p. 9.
— Dr Y. Davrou et J.-C. Macquet : *le Guide pratique de la sophrologie, 50 exercices à faire soi-même* (Paris. Retz, 1978).

des séances d'apprentissage des langues étrangères, des préparations d'examen ou de concours sans angoisse. Les sujets, assemblés en groupes de huit à dix personnes, atteignent l'état sophroliminal par des techniques s'inspirant à la fois de l'hypnose et de la relaxation. Dans cet état, ils suivent pendant une heure l'enseignement d'un professeur pratiquant la technique oratoire du Terpnos Logos [8]. Toute la séance ayant été enregistrée sur cassette, l'enseignement collectif peut être répété de façon individuelle à la maison, autant de fois qu'il est nécessaire, ce qui améliore l'efficacité de la méthode.

## La suggestopédie

Avec la suggestopédie, l'utilisation des aptitudes mnésiques inconscientes fait un pas de plus vers l'état d'éveil. Ce que Hippolyte Bernheim affirmait à la fin du siècle dernier, à Nancy, Georgi Lozanov le redécouvre en 1955 au cours de sa pratique psychothérapeutique, à Sofia, en Bulgarie : il existe en chacun de nous une disponibilité envers les idées et émotions qui nous sont communiquées à travers les paroles, les gestes, les attitudes d'un autre. Cette disponibilité est un instinct très fort chez l'enfant. Elle forme la base de tous les premiers apprentissages. Le Dr A. Demaret, de Liège, la compare à la « tendance à suivre » (ou « imprinting ») qui est innée chez les petits des animaux et leur permet, par attachement au premier être vivant qu'ils rencontrent (en principe, leur mère), d'acquérir par imitation de ses actes toutes les connaissances nécessaires à leur survie. Cet instinct de disponibilité affective et intellectuelle envers plus savant que soi s'appelle la « suggestibilité ».

8. Terpnos logos : Lorsque le sophrologue dirige une sophronisation, il parle en employant la persuasion, un ton harmonique, parole (*logos*) agréable (*terpnos*).

Il est plus fort dans l'enfance qu'à l'âge adulte ; il varie selon le caractère des individus. Mais on peut dire qu'il existe à l'état latent chez tous les êtres humains. Etroitement lié à l'affectivité, il peut, s'il est stimulé, libérer des réserves énergétiques insoupçonnées. Ce sont ces réserves auxquelles la méthode suggestopédique de Lozanov s'adresse [9].

Après avoir constaté au cours de sa pratique psychothérapeutique que les sujets en état d'hypnose retrouvent un nombre surprenant de souvenirs anciens, il s'aperçut qu'une atmosphère fortement suggestive suffisait à susciter cette hypermnésie. La confiance du patient en son thérapeute, le prestige et l'autorité de celui-ci, une ambiance émotionnellement intéressante permettent au patient de retrouver des souvenirs anciens apparemment disparus de sa conscience, sans les inconvénients de l'hypnose qui prive le patient de son sens critique, de sa volonté, et même, le plus souvent, du souvenir de ce qui s'est passé durant la séance. L'action suggestive agit sur l'inconscient comme le sommeil hypnotique, mais sans ses inconvénients : elle permet au sujet de se servir directement des résultats obtenus, sans passer par l'interprétation du thérapeute. Le travail psycho-éducatif en est grandement facilité. C'est à la suite de ces observations que Lozanov rejeta l'hypnose au profit de séances de suggestion thérapeutique. Il s'aperçut qu'il pouvait stimuler le tonus du patient déprimé et la mémoire du patient complexé, et que cette stimulation avait des effets positifs de longue durée. Un premier succès (cité p. 52 dans le Cours 1) l'amena à vérifier avec des personnes préparant des examens difficiles que l'améliora-

9. Consulter à ce sujet : Bagriana Bélanger, *la Suggestologie* (Paris, Retz, 1978).

tion de la mémoire par suggestion avait des conséquences durables. Bientôt, il n'y eut plus de doute : la suggestion à l'état de veille donnait des résultats meilleurs que sous hypnose. C'est ce que Lozanov appela l'« hypermnésie suggestive ».

Les premières expériences sur des groupes eurent lieu en 1964. L'année suivante, une équipe formée par Lozanov fut chargée d'étudier les effets de la méthode suggestopédique sur l'apprentissage des langues étrangères, dans le cadre de l'Institut de recherches pédagogiques de Sofia : 15 personnes âgées de vingt-deux à soixante ans eurent 1 000 mots en langue étrangère à assimiler en une seule journée. Lozanov, dans son ouvrage *Souggueestologuia,* fait état de résultats étonnants : une mémorisation de 98 % en moyenne des 1 000 mots. Ainsi fut créé, en 1966, un Centre de recherches sur la physiologie de la suggestion, rebaptisé en 1971 Institut de suggestologie.

Une nouvelle méthode d'apprentissage était née, appelée par Lozanov la « suggestopédie ». Les apprentissages efficaces passent par l'éveil de sentiments affectifs positifs envers le professeur qui enseigne et le domaine qui est enseigné. Les réserves d'énergie libérées par les sentiments positifs sont si considérables que non seulement l'apprentissage est décuplé, mais l'élève ne ressent pour ainsi dire pas de fatigue en apprenant. Bien souvent, Lozanov entendit ses élèves remarquer qu'ils étaient moins fatigués en sortant de ses cours qu'en y arrivant.

L'efficacité de la méthode du Dr Lozanov fut bientôt connue. Partout de nouveaux centres furent créés, à Sofia, puis dans toute la Bulgarie, en U.R.S.S., en Allemagne, en Autriche, en France, au Canada, aux Etats-Unis. Il en existera bientôt un à Cuba, affirme Fanny Saféris, la première spécialiste de cette méthode dans notre pays.

Partant de l'apprentissage des langues, la méthode fut étendue à l'ensemble des enseignements des écoles secondaires et techniques de Sofia. Elle couvre toute la scolarité des élèves qui fréquentent l'école rattachée à l'Institut de suggestologie dirigé par Lozanov. Cette large expansion vient de l'efficacité et de la simplicité apparente de la méthode, nous dit Lozanov. En trois heures par jour, et sans travail à la maison, les élèves assimilent le programme officiel plus vite que les élèves suivant l'enseignement classique.

Le Dr Lozanov pense que toutes les formes d'art marquent très intensément l'inconscient et l'affectivité. Le texte à mémoriser est ainsi associé à un rythme et des sons agréables pour l'élève en état de relaxation mentale. L'efficacité de la phase musicale sur la mémorisation a été testée, avec des résultats positifs : les séances sans phase musicale sont moins bien assimilées que les séances avec concert classique [10].

L'ambiance agréable des cours suggestopédiques permet, sans technique de relaxation spécifique, « mais en s'attachant seulement à désuggestionner l'inconscient des éléments négatifs qui l'inhibent et à le resuggestionner positivement, d'arriver à des résultats qui prouvent qu'elle atteint bien une partie encore inexplorée et inexploitée de l'être humain [11] ». A tous les stades de l'apprentissage, des tests contrôlent les connaissances. D'autres tests sont appliqués trois mois, six mois, un an et deux ans après la fin des cours de langues étrangères, pour mesurer le taux de mémorisation.

« Voici les chiffres :

— En fin de session, 70 % du matériel appris est immé-

*Suite page 208*

10. M. Rabcsak : « Results of the First Suggestopaedic Foreign Language Courses in Hungary », in *Suggestology and Suggestopaedia*, 3, 34, 1975.
11. F. Saféris : « Une langue étrangère assimilée en un mois », in *Psychologie*, n° 77, p. 36.

### Efficacité de la suggestopédie

Fanny Saféris énumère sept facteurs actifs pour expliquer l'efficacité de la suggestopédie :

1) La renommée de l'institut est grande dans le pays, et les listes d'attente sont longues ; lorsque l'étudiant est enfin accepté, sa motivation est intense à l'égard de l'enseignement qu'il va suivre.

2) Les cours ont lieu dans un cadre agréable, qui ressemble plus à un salon pour bavarder et se détendre qu'à une salle de classe habituelle ; l'endroit ne suggère pas le travail ennuyeux, mais la détente agréable.

3) Dès la première séance, chaque élève reçoit un nom nouveau ; en quittant son identité véritable, l'élève se trouve moins embarrassé et plus libre d'agir avec fantaisie.

4) Les leçons sont fondées sur la vie de tous les jours, la forme cède le pas au sens, la théorie cède le pas à la pratique des phrases apprises.

5) Chaque leçon contient beaucoup d'unités nouvelles à mémoriser, ce qui permet à la mémorisation de se faire globalement, en structurant l'apprentissage selon les formes qui lui conviennent le mieux.

6) Le professeur ne juge ni ne réprimande les élèves qui font des fautes ; il les corrige après avoir laissé l'élève exprimer entièrement sa pensée, et sans insister.

7) L'apprentissage est coupé, à chaque séance, d'un concert de musique classique à la tonalité calmante.

diatement utilisable dans la vie courante, 30 % restant du domaine des connaissances passives.
— Trois mois après la fin des cours, le niveau de mémorisation est de 100 % et reste stationnaire six mois après la fin des cours.
— C'est seulement un an après la fin des cours, dans le cas de non-utilisation des connaissances, que le pourcentage de l'acquis descend à 80 %, et à 60 % après trois ans. Le Dr Lozanov explique ce phénomène de rétention tout à fait exceptionnel par le fait que le subconscient continue à travailler sur les données mémorisées longtemps encore après la fin des cours [12]. »

*Suite page 214*

12. F. Saféris : « Une langue étrangère assimilée en un mois », in *Psychologie*, n° 77, p. 36.

**Les trois bases physiologiques de la suggestologie**

Le Dr Mateev a défini les bases physiologiques de la suggestion [1]. Il en mentionne trois principales :
1. L'effet physiologique de la dominance.
2. Le mécanisme du repos actif ou le phénomène de Setchenov.
3. Le principe de la décharge à l'aide d'un excitant.

1. *L'effet physiologique de la dominance.*
Il a été découvert par le psychologue soviétique Ouchtomski. Elève de Vedenski et de Pavlov, Ouchtomski, après de longues recherches expérimentales sur les automatismes complexes du système nerveux végétatif et les relations entre celui-ci et le

1. Pr D. Mateev, membre de l'Académie bulgare des sciences, ancien directeur de l'Institut de physiologie. Voir « Les bases physiologiques de la suggestion et de la suggestopédie », dans *Problems of Suggestology* (Sofia, Naouka i Iskoustvo, 1973).

système nerveux autonome, a établi des lois physiologiques importantes, régulatrices des manifestations volontaires ou involontaires du comportement humain. Il avait travaillé d'abord sur les structures fonctionnelles de la moelle épinière des mammifères, étendant ensuite ses investigations au fonctionnement du cortex chez l'homme. Le mécanisme physiologique de la dominance peut être observable quand on parvient à créer, à l'intérieur de certaines structures corticales, un centre d'excitation optimale [2]. La caractéristique fondamentale de ce centre est que les structures corticales, dans son périmètre, se trouvent dans un état particulier d'activité. Elles fonctionnent avec une intensité optimale. En raison même de cette activité, les autres centres du cortex tombent dans un état d'inhibition ou, pour utiliser le terme de Pavlov, dans un état d'« induction négative [3] ». Toutefois, le foyer de la dominance ne saurait être localisé avec une précision absolue. « Il s'agit plutôt de systèmes cellulaires, de constellations de neurones qui, étant en état d'excitation accrue, manifestent une réceptivité intense par rapport aux stimulations extérieures ou intérieures [4].» En revanche, dans les zones d'induction négative, les stimuli ne suscitent pas de réponse. Ceux-ci sont attirés par le foyer de la dominance, lequel augmente sa propre intensité.

Pour illustrer cette loi physiologique qu'il a formulée, Ouchtomski cite ses observations de l'acte de défécation chez les mammifères. Il a pu constater

2. Appelé aussi « foyer de l'excitation optimale » ou « foyer de la dominance ».
3. Pr Mateev, *ibidem*.
4. Dr Balevski : « Les bases physiologiques et psychohygiéniques de la suggestopédie », art. dans *Narodna Prosveta*, n° 6, 1977.

que si un chat est en défécation, les stimuli extérieurs appliqués sur sa peau, sur sa vue, sur son ouïe ou ailleurs ne provoquent pas la réponse habituelle — réflexe conditionnel —, mais qu'ils renforcent, intensifient et accélèrent l'acte de défécation lui-même. Ainsi, par exemple, le réflexe habituel à un stimulus douloureux sur la patte du chat se modifie selon les conditions. Dans des conditions normales, le chat retire sa patte en la fléchissant. Mais s'il est en défécation, le même stimulus douloureux reste sans réponse (le chat ne retire pas la patte), mais la défécation elle-même s'accélère. Découvert par Ouchtomski, ce phénomène a été étudié et observé à d'autres niveaux de fonctionnement du système nerveux central et appliqué d'abord à la médecine clinique, ensuite à la psychologie du comportement et des relations humaines.

A la lumière de la théorie lozanovienne, cette loi physiologique devient valable pour les situations de communication et d'échanges humains. Si, en organisant consciemment les conditions psycho-environnementales, on parvient à créer, à l'intérieur des structures corticales du sujet (patient ou étudiant), un centre d'excitation optimale, un foyer dominant, les suggestions verbales ou non verbales, supplémentaires au réflexe conditionnel de la dominance, s'achemineront naturellement vers ce centre pour en renforcer l'effet.

Savoir se servir de cette loi faciliterait, dans les situations pédagogiques, la transmission des connaissances. En suggestopédie, l'enseignement de la matière à étudier s'accompagne d'intonations solennelles ou artistiques, douces ou chuchotantes ; de même, un large éventail de stimuli suggestifs périphériques, sensoriels ou subsensoriels — lumineux, auditifs, gestuels et autres —, contribuent, avec l'aide particulière de la musique symphonique d'arrière-fond, à l'assimilation facile de la matière scolaire.

2. *Le mécanisme de repos actif ou effet de Setchenov.* Les bases physiologiques de la suggestologie clinique et expérimentale résident, en deuxième lieu, dans ce qu'on appelle « le mécanisme du repos actif » ou « l'effet de Setchenov ». Il découle de la théorie de la dominance telle qu'elle fut formulée par Pavlov et enrichie par les recherches expérimentales de Setchenov[5]. A la suite d'une activité intellectuelle intense ou prolongée, certains centres nerveux et certaines zones cervicales succombent à la fatigue. Il sera nécessaire alors, en appliquant le réflexe de la dominance, de mettre ces zones fatiguées en état d'induction négative (en état d'inhibition) pour leur permettre ainsi de se rétablir par le repos. En effet, puisque le centre d'excitation optimale n'est pas fixe, mais mobile à l'intérieur des structures corticales, l'expérimentateur — médecin, psychologue, professeur, travailleur social ou autre — pourra organiser les facteurs suggestifs de la communication de façon à alterner les zones d'inhibition et celles d'excitation. C'est à l'aide de ce mécanisme physiologique que le patient du psychothérapeute, allant chez son médecin, le soir, après avoir travaillé six ou huit heures, parvient, à la suite d'une séance de thérapie suggestive, à surmonter la fatigue de la

5. Pr Mateev : « Les bases physiologiques de la suggestion et de la suggestopédie », communication présentée au Ier Symposium de la suggestologie, publiée dans *Problems of Suggestology* (Sofia, Naouka i Iskoustvo, 1973).

journée et à quitter le cabinet du médecin dans un état d'esprit optimiste et confiant en lui-même [6].
Il en est de même pour des étudiants en suggestopédie. Après un cours intensif de langue étrangère d'une durée de 4 heures et se déroulant souvent l'après-midi ou le soir — ce qui implique que les élèves aient déjà fait au moins quelques heures de bureau —, les participants au cours suggestopédique quittent les classes en pleine possession de leur énergie physique et mentale ; leur tonus général s'est amélioré, leur aptitude professionnelle s'est accrue, en même temps que leur motivation et leur confiance en eux-mêmes [7].

3. *Le mécanisme de la décharge intellectuelle à l'aide d'un excitant psychique.*

Le troisième mécanisme physiologique est celui de la décharge émotive à l'aide d'un excitant psychique. Il s'agit d'abolir, chez le sujet, les mécanismes de défense pour l'inciter à communiquer spontanément par le langage. Ce mécanisme physiologique, découvert par Pavlov, peut être obtenu, dans des conditions cliniques, par l'intermédiaire d'un médicament (ou drogue) stupéfiant telle la caféine, par exemple [8]. Dans des conditions normales, des effets de parole facile et rapide peuvent se manifester chez quelqu'un qui a pris un verre d'alcool ou simplement une tasse de bon café. La propriété commune de ces stupé-

6. Lozanov : *Sougguestologuia,* p. 20.
7. Balevski : « Les bases physiologiques et psychohygiéniques de la suggestopédie », art. dans *Narodna Prosveta,* n° 6, 1977. Mon expérience dans les classes suggestopédiques de langue française correspond aux conclusions du Dr Balevski ainsi qu'aux postulats du Dr Lozanov.
8. Pr Mateev, *ibidem.*

fiants est de créer, dans le cortex et dans le système nerveux, un centre d'excitation qui englobe de larges zones physiques, de plus en plus intenses, de sorte que le comportement verbal et psychomoteur de la personne tout entière se modifie. L'excitation pourrait également apparaître dans des situations émotives, normales ou créés intentionnellement, dans un but thérapeutique. Freud, Breuer, Forel, Moreno, Rogers et d'autres psychiatres se servaient de telles situations pour appliquer ce que Freud appelait la « cure de parole ». Le patient, libéré de ses mécanismes de défense, exprime verbalement ses sentiments, ses conflits psychiques, ses craintes et ses désirs. Après ce flot verbal spontané, il se sent soulagé et souvent réussit à découvrir non seulement raisons de ses maladies nerveuses et frustrations, mais aussi les moyens de les surmonter, de les guérir. C'est ce même mécanisme psychophysiologique et thérapeutique qui entre en jeu dans les classes suggestopédiques. Le pédagogue organise des jeux didactiques de groupe en distribuant aux étudiants des rôles spécifiques. La situation émotive étant intéressante, les étudiants assument leurs rôles avec plaisir et, puisque le plaisir éveille l'imagination créatrice en la stimulant, ils expriment, spontanément et sans crainte, sentiments, idées, désirs refoulés ou inconscients. Ainsi les classes de langues deviennent-elles des situations vécues libérant des énergies psychiques particulièrement propices à la communication verbale dont l'effet positif revêt toujours un aspect psychothérapeutique certain.

Tiré de : B. Bélanger : *la Suggestologie,* p. 40 (Paris, Retz, 1978).

## Luttons contre l'oubli

Pour apprendre à lutter contre l'oubli, nous allons examiner les raisons principales qui le provoquent aux trois stades de la mémorisation : stade des acquisitions, stade du stockage et stade du rappel des souvenirs. La prise de conscience des conditions qui provoquent l'oubli permet de préparer des parades efficaces contre lui.

Mais avant d'engager cette lutte, il nous faut d'abord prendre conscience de la valeur de l'adversaire : l'oubli n'est que rarement le vide, l'absence d'enregistrement d'un souvenir que l'on imagine. Comme Pavlov l'a démontré sur les réflexes conditionnés, l'oubli ne s'observe pas comme un effacement progressif du conditionnement, mais comme un blocage, une inhibition active des conditionnements qui ne sont pas renforcés, c'est-à-dire ceux qui paraissent inutiles. L'oubli apparaît ainsi comme un phénomène positif de notre organisation mentale [13].

## Mais parfois l'oubli est nécessaire

Nous nous demandons souvent comment faire pour améliorer notre mémoire, mais jamais comment faire pour oublier. Il est cependant instructif de voir les problèmes dramatiques qui se posaient à quelqu'un qui ne savait pas oublier: Veniamine, le mémorisateur prodige étudié par le psychologue soviétique Alexandre R. Luria. Lorsqu'on soumettait un texte à Veniamine, chaque détail accaparait sa pensée et donnait lieu à une image qui était aussitôt mémorisée. Mais bien souvent les images accumulées se contredisaient et détournaient son esprit de la compréhension du sens véhiculé par le texte. Si la lecture allait trop vite, les images se bousculaient dans

13. A. Lieury : « Apprendre et oublier », in *Psychologie*, n° 9, p. 17-23.

son esprit en un chaos incompréhensible ; si le texte était lu lentement, de nombreux détails contradictoires égaraient l'attention :

« On me donne une phrase : "N. se tenait debout, adossé contre un arbre..." Je vois un homme en complet bleu foncé ; il est jeune, mince. N. est un nom élégant... Il s'appuie contre un grand tilleul ; il y a de l'herbe autour, une forêt... "N. examinait attentivement la vitrine d'un magasin..." Tiens, il n'est donc pas dans une forêt ni dans un jardin, il est dans la rue — et me voici obligé de tout changer... [14] ! »

La poésie était pour Veniamin une épreuve particulièrement ardue ; car les vers utilisent souvent des métaphores dont le sens sous-jacent doit être saisi en dehors de l'image visuelle directe : « "Le soleil couchant tonnait..." — ce n'est pas possible. Le coucher du soleil, c'est idyllique. [...] "Les herbes ondulaient..." — c'est inexact. Les petites herbes n'ondulent pas ; ce sont les grandes qui ondulent. [...] Mais si le coucher du soleil est idyllique, pourquoi les herbes ondulent-elles ? "Le vent balayait la tente..." — il ne doit pas y avoir de vent par un coucher de soleil pareil... Balayait, balayait... il déplaçait donc la tente ? La tente a changé de place ? [15]... »

La trop grande capacité de Veniamine d'assimiler le mot à mot du texte nuisait à sa compréhension du sens. A sa première rencontre avec le psychologue Luria, Veniamine lui avait donné l'impression d'être indécis et lent. Nous avons vu, dans le Cours 4, que son habitude de visualiser terme à terme le matériel qu'on lui soumettait l'empêchait de dégager la structure logique sous-jacente. Ce qui entravait son raisonnement abstrait.

14. A.L. Luria : *Une prodigieuse mémoire* (Neuchâtel, Delachaux et Niestlé, 1970), p. 93.
15. Même référence, p. 99.

Par ailleurs, lorsqu'il devint mnémoniste professionnel, il se mit à craindre que les séances ne se confondent dans son esprit et qu'à la moindre similitude, il se rappelle un tableau mémorisé précédemment, à la place du tableau actuel. Le problème de l'oubli devint pour lui un véritable cauchemar : il essaya de mettre par écrit ce qu'il devait oublier et de jeter, puis de brûler le papier. Sans succès. Puis un jour il trouva la solution, aussi mystérieuse pour lui que pour son observateur Luria : « C'était le 23 avril. J'avais donné ce soir-là trois séances consécutives. Je me sentais fatigué physiquement et me demandais comment mener une quatrième séance. Je m'attendais à voir surgir les chiffres des trois séances précédentes. J'étais dans l'angoisse. Verrai-je dans un instant apparaître le premier tableau ? Je l'appréhendais. Je me disais : je veux — je ne veux pas... Et pendant ce temps le tableau n'apparaissait toujours pas. La raison en est compréhensible : c'est parce que je ne veux pas ! Ah, ainsi si je ne le veux pas, il n'apparaîtra pas... Donc il fallait simplement en prendre conscience [16] ! »

Il nous arrive aussi d'être obsédé par des souvenirs dont la permanence s'oppose à de nouvelles acquisitions. Parfois l'appel à notre volonté pour les oublier est couronné de succès, comme ce fut le cas pour Veniamine fatigué et angoissé. Parfois ce remède se révèle pire que le mal.

Sir Winston Churchill conseillait de « dresser la liste de toutes les causes éventuelles de soucis que vous pouvez avoir. Une fois posés sur le papier, ces problèmes s'abordent plus facilement. Celui-ci ne mûrira pas avant six mois, vous dites-vous ; je connais la solution de celui-

16. A.L. Luria : *Une prodigieuse mémoire* (Neuchâtel, Delachaux et Niestlé, 1970), p. 61.

là ; cet autre est vraiment le seul qui exige une réponse urgente et je vais m'y atteler sur-le-champ Dès l'instant où vous divisez la masse de vos tracas en autant de cas précis et concrets, vous en devenez maître. La seule chose à laquelle l'esprit humain ne peut se résigner est le mystère[17]. »

Le grand homme d'Etat conseillait donc de noter ce qu'on veut oublier parce que ce n'est pas important à court terme, méthode qui n'avait pas réussi à Veniamine. Mais il accompagnait cet avis de propositions sur la façon de traiter le matériel noté : il doit être structuré en fonction de l'urgence des tâches à accomplir pour s'en servir utilement. C'est cette capacité de former des hiérarchies parmi les souvenirs, de retenir l'essentiel et d'oublier l'accessoire, qui manquait à Veniamine. Il peut arriver que nous nous désolions d'avoir oublié tel détail qui serait utile dans telle circonstance. Mais, dans l'ensemble, ce genre d'oubli est une bénédiction ; il évite la surcharge du cerveau qui nous empêcherait de réfléchir efficacement.

### Au stade des acquisitions : utiliser la mnémotechnie

Soyons plus équitables envers notre capacité de mémoriser. Nous pouvons apprendre à décider plus lucidement, plus consciemment, quels sont les détails dont nous voulons charger notre mémoire. Mais toujours avec une raison précise, qui charge ces détails d'un intérêt suffisant pour que nous ayons vraiment envie de faire l'effort de les retenir. Et consacrons-leur alors un temps suffisant pour les enregistrer de façon satisfaisante. Le Cours 7 expose diverses méthodes mnémotechniques d'une grande efficacité. Avec un peu d'entraînement, ces

17. R. Tocquet : *la Mémoire* (Paris, Julliard, 1967), p. 145.

méthodes nous permettront d'étendre considérablement nos connaissances.

Mais si leur emploi nous paraît trop exceptionnel pour justifier un véritable effort de mémorisation, résignons-nous à consulter les documents écrits qui peuvent nous les indiquer quand nous en avons besoin.

### Au stade du rappel : éviter les interférences

Il arrive que vous ayez travaillé pour enregistrer des données nécessaires pour votre réussite à un examen, ou dans votre travail, ou dans toute autre circonstance importante de notre vie. Et cependant, au moment de les utiliser, pas moyen de les retrouver. Que s'est-il passé? Ce n'est plus alors le soin donné à l'enregistrement qui est en défaut. Mais deux autres étapes doivent fonctionner correctement pour que la mémorisation porte ses fruits : la rétention et l'évocation des données.

Voyons quels facteurs nuisent surtout à la rétention.

Depuis les travaux (1885) du pionnier Herman Ebbinghaus [18] de très nombreuses expériences ont été entreprises. Ainsi une recherche de R. Bauer et S. Greyser sur la rentabilité des annonces publicitaires auprès du consommateur américain, montre qu'il est exposé en moyenne à 750 annonces par jour, qu'il en perçoit consciemment 76 et qu'il n'en retient après un délai d'un jour que 12, soit 16 %, nettement moins que les syllabes retenues par Ebbinghaus [19].

En revanche, James J. Jenkins, reprenant la technique d'Ebbinghaus, constate qu'un sujet qui vient d'apprendre sa première liste de syllabes dépourvues de sens, en retient vingt-quatre heures après en moyenne 80 %.

18. Voir cours 2 p. 74.
19 R. Bauer et S. Greyser : « Advertising in America the Consumer View » (Boston, Harvard Business School, 1968).

Benton J. Underwood fait apprendre à un sujet une liste de 10 paires d'adjectifs. Après quarante-huit heures, il mesure la mémoire de cette liste, puis fait apprendre une deuxième liste différente. Quarante-huit heures après, il mesure la rétention de cette deuxième liste et fait apprendre une troisième liste. L'expérience est encore renouvelée pour une quatrième liste. Voici le pourcentage de ces différentes listes qui a été retenu en moyenne :

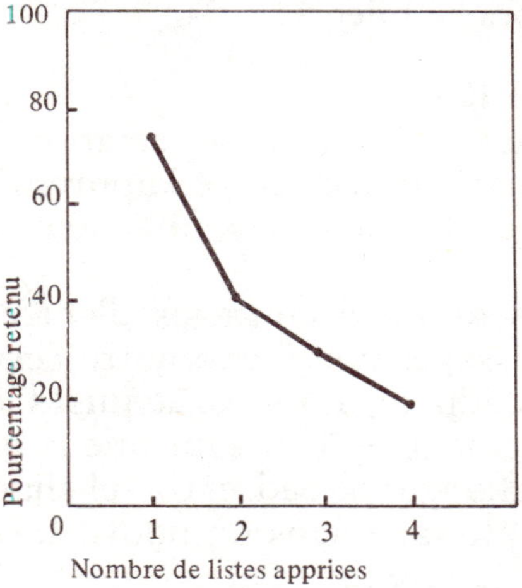


**Rôle de l'interférence selon Underwood**
(d'après A. Lieury : « Apprendre et oublier », in *Psychologie,* n° 9, p. 22).

Underwood, comme Jenkins, trouve un pourcentage d'oublis relativement faible par rapport au pourcentage retenu (entre 75 et 80 %) lorsque les sujets apprennent leur première liste. Mais après l'apprentissage de trois premières listes, la quatrième n'est plus retenue qu'à 20 %, ce qui est le pourcentage de rétention trouvé par Ebbinghaus sur lui-même.

La cause de cet oubli croissant avec la quantité de matériel mémorisé est interprétée différemment par ces deux auteurs. Pour Jenkins, comme nous l'avons dit dans le Cours 4 (voir p. 134), il s'agit d'un mécanisme d'adaptation mnémonique : le matériel étant en lui-même sans intérêt est absorbé et rejeté de plus en plus rapidement par la mémoire chez le sujet entraîné. Pour Underwood, il s'agit d'« interférence proactive » : l'apprentissage d'une nouvelle liste est entravé par l'abondance du matériel de même type déjà stocké par la mémoire. Mc Govern a montré qu'il existe également une « interférence rétroactive » : plus deux listes se ressemblent, plus la compétition est sévère ; si la seconde liste est bien apprise, la première liste est alors oubliée [20].

### Lutte contre l'interférence proactive

Mc Govern fait l'hypothèse qu'une association s'établit fréquemment et inconsciemment entre l'apprentissage et le contexte dans lequel il a lieu : ameublement du local, etc [21].

Lorsque nous nous sentons découragés d'entreprendre de nouveaux apprentissages parce que notre cerveau est déjà chargé de beaucoup de notions acquises dans un laps de temps relativement bref, il vaut mieux que nous prenions sur nous de changer de cadre. Un tel changement place le nouvel apprentissage dans un nouveau contexte, et peut aider à mieux le retenir.

De plus, le changement permet une détente de l'esprit qui, même si elle est de courte durée, peut être une remise en forme physique et mentale. Nous en avons parlé dans le premier cours (voir p. 57 à 59) ; même quand nous nous sentons fatigués par une activité monotone, notre esprit peut disposer encore de réserves d'énergie cachées. Une petite pause relaxante, un changement de local et d'ambiance, et nous voici capables d'entreprendre une nouvelle tâche de mémorisation avec moins d'interférences avec les tâches précédentes.

20. A. Lieury : « Apprendre et oublier », in *Psychologie*, n° 9, p. 22.
21. A. Lieury : *la Mémoire* (Bruxelles, Dessart et Mardaga, 1975), p. 73.

## Lutte contre l'interférence rétroactive

Dès 1932, l'Américain Mc Geogh montra aussi que l'oubli est fonction des activités qui suivent directement l'enregistrement mnémonique : avec des activités neutres, l'enregistrement a le temps de se consolider ; mais si nous apprenons, juste après une première liste de mots, une seconde liste analogue, la seconde liste fait disparaître une grande partie des acquisitions de la première liste[22]. C'est ce qu'il a appelé l'« inhibition rétroactive ».

Il arrive souvent que, lors de la préparation d'un concours ou d'un examen, nous soyons contraint d'accumuler les apprentissages dans un espace de temps restreint. Méfions-nous alors de l'interférence rétroactive. Une liste bien apprise risque d'être effacée de la mémoire par l'apprentissage de la liste suivante. Et le danger est particulièrement grand si le sujet traité dans les deux listes se ressemble, ou si les mots pour le décrire sont apparentés d'une manière ou d'une autre.

Pour lutter contre ce risque, prenons soin d'alterner les sujets, de manière à ne pas établir de rapprochement entre deux listes analogues. Et dans la mesure du possible, ménageons des pauses relaxantes entre chaque apprentissage[23].

## Méfions-nous des apprentissages cumulés

Quelle qu'en soit la cause, le fait est que le pourcentage d'oubli croît avec le nombre de listes mémorisées. Les travaux des spécialistes montrent que l'entraînement permet d'apprendre plus vite ; mais l'oubli tend à s'installer plus vite aussi.

Méfions-nous donc des apprentissages rapides ; ils

22. Même référence, p. 63.
23. Voir Cours 1, p. 6 à 9.

risquent de ne pas durer. C'est le cas des examens préparés à la dernière minute : peu de chose nous reste de ce que nous avons ainsi bachoté sans conviction. Faut-il nous en réjouir ou nous en désespérer ? Il est bien sûr regrettable que des efforts d'assimilation portent parfois peu de fruits. Mais n'était-ce pas nous-mêmes qui le voulions inconsciemment ? Si c'était le cas, il ne faudrait pas accuser notre incapacité de rétention mnémonique, mais notre absence d'intérêt personnel pour les matières à apprendre.

La lutte la plus efficace contre l'oubli par interférences se fera d'une part en étalant sur un plus long laps de temps la durée de l'apprentissage, d'autre part en intercalant des pauses dans l'apprentissage pour se poser des questions personnelles, pour chercher des occasions de le répéter, et chaque fois que cela est possible de l'utiliser dans la vie courante, de manière à lui donner un sens qui ne permette pas à notre inconscient de le classer parmi les poids morts dont il s'agit de se débarrasser au plus vite.

### La réminiscence

Il est un phénomène de mémoire assez mystérieux, qui montre que l'oubli n'est pas le phénomène simple d'effacement des données enregistrées qu'il paraît à première vue. C'est le phénomène de réminiscence. Dans l'encadré ci-contre, François Richaudeau nous en rapporte un exemple.

### Réminiscence spontanée après période de repos

Je lis une phrase (que j'appellerai la phrase A) à Yvette P. :

« Cette revue a du succès, parce que des journalistes compétents choisissent dans l'actualité des sujets intéressants, qu'ils traitent en phrases courtes, qui comportent une majorité de mots courants qui sont ainsi bien compris des lecteurs moyens. »

Elle me répète aussitôt après l'avoir entendue :

« Cette revue a du succès parce qu'elle comporte des phrases courtes qui passent bien chez un lecteur moyen »

(ce que j'appellerai la phrase B) ; soit quatorze mots (soulignés) appartenant à la phrase lue et cinq mots qui lui sont étrangers. Yvette P. est d'ailleurs consciente de la faible fidélité de sa mémoire, dans ce cas particulier, et m'avoue être déçue.
Au point que le lendemain matin, vers dix heures, elle m'aborde : « Savez-vous que j'ai rêvé à cette phrase, l'ayant dans mon sommeil reconstituée intégralement ? Et en me réveillant, je m'en suis récité une bonne partie. »
— « Et qu'en reste-t-il ? », lui dis-je en lui présentant le micro du magnétophone. Et elle me récite :

« Le succès de cette revue tient au fait de la qualité des journalistes, des textes qui sont d'actualité et de la façon dont le texte a été rédigé par les journalistes, c'est-à-dire en employant des phrases courtes, elles-mêmes composées de mots courts. »

Quels rapprochements peut-on faire entre cette dernière phrase (que j'appellerai C) et les deux précédentes phrases A et B ?

1) La phrase C est plus riche d'informations que la phrase B ; en effet elle comporte trois idées non exprimées dans celle-ci : celle se rapportant à l'action des journalistes, celle se rapportant à l'actualité et celle se rapportant aux mots.

2) Néanmoins, alors que la phrase B comprenait quatorze mots identiques à ceux de la phrase A, la phrase C ne comprend que douze mots de cette sorte.

3) Mais parmi ces douze mots de la phrase C, cinq ne figuraient pas dans la phrase B : *journalistes, texte, sont, actualité, mots.*

Ce qui tendrait à prouver qu'Yvette P. a retenu, tandis que je lui lisais la phrase A, bien plus de mots (et d'informations) qu'elle n'en a immédiatement exprimés en me récitant la phrase B, et que certains de ces mots étaient encore présents dans sa mémoire le lendemain matin. Et c'est ce qui ne rend pas absurde son histoire de rêve. Quel dommage qu'elle n'ait pas elle-même enregistré au magnétophone ses souvenirs à son réveil, quand la frontière entre l'onirique et l'éveil est encore si floue !

F. Richaudeau : « Voyage au centre de ma mémoire », in *Psychologie,* n° 53, p. 32-33.

L'exemple ci-contre montre à l'évidence que l'oubli mesuré par les tests ou les examens ne reflète qu'une partie (et peut-être pas la plus intéressante) de ce que notre mémoire retient réellement.
Lorsqu'une période de repos suit un apprentissage, la réminiscence a tendance à s'accroître. Les deux figures ci-dessous montrent : la première, l'effet de réminiscence observé par L.B. Ward immédiatement après des séances de mémorisation par répétitions ; la seconde, l'accroissement de la réminiscence si une période de repos suit la séance de mémorisation.

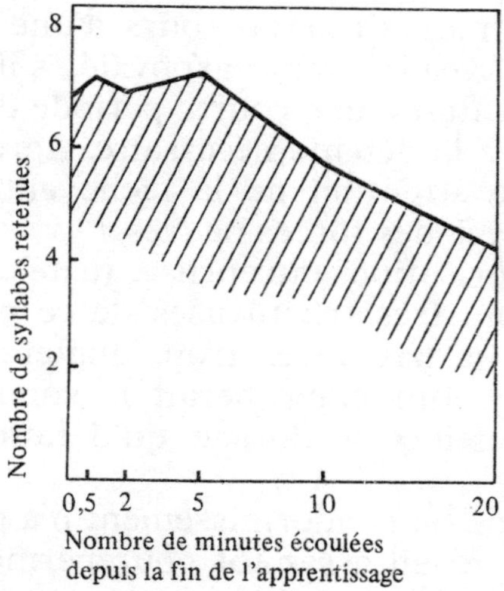


**Courbe de rétention avec réminiscence**
Le rappel est meilleur une à cinq minutes après la fin de l'apprentissage qu'au moment où cet apprentissage se termine (d'après L.B. Ward : « Reminiscence and rote learning », *Psychol. Monogr.*, 49, 220, 1937).

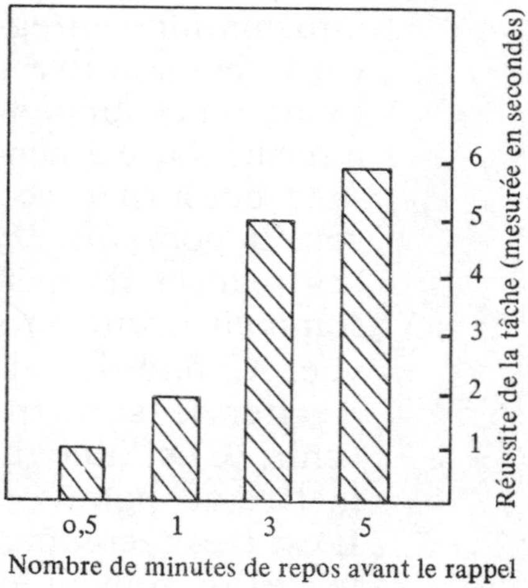


**Périodes de repos suivies de réminiscence**
La réminiscence est améliorée en fonction de la durée du repos pris juste après l'apprentissage d'une tâche exigeant de l'habileté manuelle (d'après A. Irion : « Reminiscence in pursuit-rotor learning », *J. Exp. Psychol.*, 39, 492-499, 1949).

Ces expériences montrent l'utilité d'une période de repos après chaque séance de mémorisation. La méthode de relaxopédie commence par la séance de repos, mais la méthode de suggestopédie place ce repos après l'apprentissage, sous la forme d'un concert de musique classique et reposante. Nous voyons ici que cette pratique, conseillée par Lozanov, se vérifie dans le laboratoire de psychologie expérimentale.

Dans la lutte contre l'oubli, nous vous conseillons donc de prévoir des périodes de repos, en état de relaxation, après chaque séance de mémorisation, afin de laisser à votre cerveau le temps d'assimiler, ruminer, stocker les informations enregistrées. Et si, au cours d'une séance, vous sentez votre cerveau comme asphyxié, s'il refuse tout apport supplémentaire, une courte période de repos intermédiaire amènera la détente nécessaire. Après quoi, sans détourner votre attention de la tâche entreprise, vous la poursuivrez avec des forces neuves.

Les séances de mémorisation entreprises juste avant le sommeil nocturne sont très fructueuses de ce point de vue. A condition de ne pas durer trop longtemps, afin d'éviter le surmenage qui empêcherait le sommeil de venir. C'est une question de dosage qu'il faut savoir mettre au point.

Il est très recommandé (si l'endormissement n'a pas trop tardé) de prévoir un réveil assez tôt pour permettre de réviser l'apprentissage fait la veille, avant que d'autres tâches aient détourné notre attention de ces acquisitions. Elles sont ainsi efficacement renforcées.

## Apprendre à faire confiance à notre mémoire

Dans le cas de réminiscence spontanée cité dans l'encadré (p. 223), le sujet se déclare déçu du rappel incomplet de la phrase mémorisée. Il sait que ses résultats en mémorisation sont en général au-dessus de la moyenne. C'est pourquoi il repense à ce problème, en rêve la nuit, et... retrouve nombre d'informations qui avaient été retenues par sa mémoire sans qu'il en ait fait état tout de suite. Si le sujet n'avait pas eu bonne opinion *a priori* de sa mémoire, rien ne se serait produit. L'impression d'incapacité mnémonique se serait seulement renforcée.

Nous voyons ici à quel point il est utile d'apprendre à faire confiance à notre mémoire. C'est là un point sur lequel Lozanov insiste beaucoup dans sa méthode de suggestopédie. Si nous partons perdants, nous ne connaîtrons jamais les nombreuses ressources cachées de notre mémoire. Si nous partons gagnants, nous parviendrons à en tirer beaucoup plus.

*Suite page 229*

## Exercez-vous

**Essayez de tester vos capacités de réminiscence pour apprendre à faire confiance à votre mémoire. Testez-vous aussi en utilisant vos connaissances dans un domaine qui vous intéresse, et en choisissant des interlocuteurs dont vous estimez les aptitudes mnémoniques. Essayez de vérifier combien de fois ils vous surpassent par le nombre de faits précis qu'ils savent introduire dans la conversation, puis essayez à votre tour de les surpasser.**

En faisant le Quiz, vous avez passé un test de mémorisation portant sur divers domaines. Réfléchissez aux parties de ce test qui vous ont plu, qui vous ont intéressé quand vous exécutiez la tâche demandée. Si, par exemple, les dessins à reproduire de mémoire vous ont amusé, refaites-les à présent, sur une feuille à part. Puis comparez votre résultat actuel à votre premier résultat. Peut-être découvrirez-vous un effet de réminiscence dans ce deuxième essai.

De tels exercices vous permettront de vérifier vos aptitudes mnémoniques cachées, et d'améliorer votre confiance en elles. Plus vous serez confiant, plus votre mémoire inconsciente deviendra accessible à votre mémoire consciente. Son accès n'est pas facile ; il reste caché à beaucoup d'entre nous. Nous pouvons néanmoins apprendre à mobiliser ses ressources secrètes en découvrant l'attitude de relaxation confiante qui y donne accès. Il faut nous convaincre que nous oublions moins que nous ne le pensons, et que nous savons beaucoup plus que nous ne l'imaginons.

## Mémoire jeune — et moins jeune

On entend souvent dire que les jeunes apprennent sans effort, mais que les personnes âgées perdent leurs aptitudes à mémoriser. Si bien que, souvent, à peine atteint l'âge de la maturité, des responsabilités, du travail de routine, beaucoup de personnes renoncent à entreprendre de nouveaux apprentissages sous prétexte qu'elles n'auraient plus assez de mémoire pour les réussir.

C'est là une légende que les méthodes de relaxation, de sophronisation et de suggestologie sont en train d'enterrer. Des expériences montrent que certains apprentissages « par cœur » ou par imitation directe sont mieux acceptés par les jeunes que par les personnes d'âge mûr. Mais l'oubli est souvent aussi plus rapide et plus important chez les jeunes. Car ils ne savent pas encore structurer les informations enregistrées ; leur manque d'expérience les empêche de rattacher ce qu'ils apprennent à d'autres données. Plus l'enfant est jeune, plus il imite volontiers et moins l'apprentissage a des probabilités de durer s'il n'est pas répété un nombre considérable de fois. Chez l'adulte, en revanche, il faut que l'intérêt s'éveille avant qu'il accepte de mémoriser. Mais alors les informations recueillies peuvent se rattacher à diverses connaissances déjà acquises, ce qui diminue leur probabilité d'être oubliées.

## Exercice : Avez-vous oublié ou retenu ?

**Un exercice était proposé à la fin du Cours 4 sur l'utilité d'identifier personnellement, activement, les idées principales d'un texte. Avez-vous fait cet exercice ?**
**Si c'est le cas, vous pouvez tester votre degré de mémorisation ou d'oubli en ce qui le concerne. Répondez pour cela à la question suivante :**
**— Que disait l'auteur de l'expérience sur 200 sujets à propos de** l'âge et la mémoire ?

*Votre réponse :*

*Ce que disait le texte :*

« La capacité de mémoire ne semble pas décroître avec l'âge. »

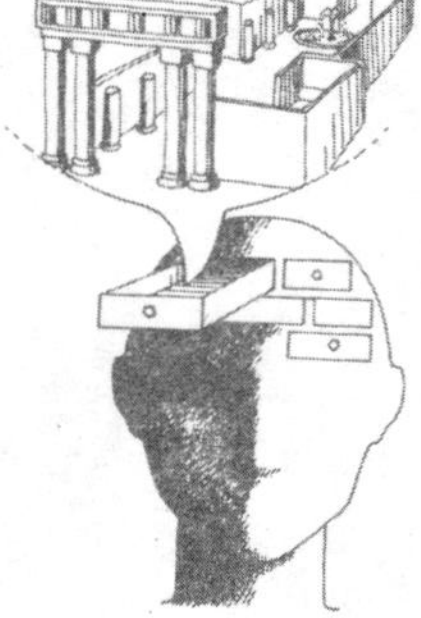

CHAPITRE 9

# septième cours

# principe de la mnémotechnie

« Tournons-nous maintenant vers la salle au trésor des inventions, vers le gardien de toutes les parties de la rhétorique, la mémoire », conseille un maître de l'Antiquité qui écrivit, à Rome vers 86-82 avant J.-C., *Ad Herennium*, un manuel pratique pour ses étudiants. « Il y a deux sortes de mémoires, la première naturelle, la deuxième artificielle. La mémoire naturelle est celle qui est gravée dans notre esprit, née en même temps que la pensée. La mémoire artificielle est une mémoire renforcée ou consolidée par l'exercice. Une bonne mémoire naturelle peut être améliorée par cet entraînement et les gens moins bien doués peuvent remédier à leur déficience de mémoire grâce à cet art [1]. »

## Il faut renforcer la perception mentale

Cette tradition ancienne qui révèle des possibilités insoupçonnées pour développer nos capacités mnémoniques rejoint la théorie aristotélicienne de la connaissance, par l'importance qu'elle donne également à l'imagination. Aristote affirmait qu'il est impossible de penser sans

1. F. Yates : *l'Art de la mémoire* (Paris, Gallimard, 1966), p. 16.

images mentales. Les principes de la mnémotechnie sont liés eux aussi à notre aptitude à renforcer notre perception mentale. Examinons les règles qui rendent la visualisation mentale efficace en mnémotechnie.

*Rendre concrètes les notions à mémoriser*

Souvent les notions que nous désirons mémoriser ont en elles-mêmes l'aspect concret qui permet de former une bonne perception mentale. Ainsi la liste d'objets à acheter, proposée comme exemple à la fin du Cours 3.

Mais il peut s'agir de tâches à accomplir. Par exemple : « prendre un billet de théâtre ce soir », ou : « poster une lettre. » Cette tâche a besoin d'être traduite en une image unique, afin de faciliter le rappel si elle fait partie d'une liste assez longue que l'on doit se rappeler. Parmi la succession d'images que nous pouvons évoquer en imaginant la tâche en question, nous allons en choisir une qui symbolisera cette action. L'image pourra être « un billet » ou « un théâtre », par exemple.

Il peut aussi s'agir de notions abstraites. Par exemple les différents paragraphes d'un cours à mémoriser, les différents articles d'une revue ou les chapitres d'un livre. L'image mentale qui symbolisera ces notions abstraites leur sera parfois directement reliée ; mais parfois aussi il faudra recourir à des analogies pour rendre l'image concrète. Ainsi un chapitre sur « l'homme de Cro-Magnon » peut être symbolisé par un être primitif à l'aspect encore un peu simiesque, si ce titre de chapitre évoque pour nous des illustrations de ce genre rencontrées au cours de nos lectures. Mais il peut être aussi efficace de se le rappeler par le jeu de mots : « l'homme aux crocs énormes » si « Cro-Magnon » a toujours été dans notre esprit une sorte de contraction de « Croc magnus » (*magnus* = grand, en latin).

Ne rejetons donc jamais les images à forte résonance inconsciente de notre esprit, car en mnémotechnie l'absurde n'est pas à redouter. C'est l'imagination qui doit primer, non les expressions apprises toutes faites.

*Rendre précises les notions à mémoriser*

Vous avez choisi comme perception visuelle symbolisant votre intention de ne pas oublier d'« aller prendre un billet de théâtre ce soir » : « le billet de théâtre ». Pour que cette image soit facile à retrouver, ne visualisez pas un quelconque rectangle de papier, mais un billet précis. Représentez-vous le billet de théâtre avec sa couleur habituelle, les caractères d'imprimerie particuliers qui le couvrent, l'aspect un peu froissé qu'il prend entre vos doigts lorsque vous le tenez pour entrer au théâtre et y chercher votre place.

Si ces particularités, qui rendraient pour vous le billet mémorable, vous sont inconnues parce que vous n'êtes jamais allé à ce théâtre, abandonnez le « billet » comme mot clé, et choisissez plutôt « théâtre ». Car il vous sera peut-être plus facile de l'imaginer avec des caractéristiques bien concrètes. Evoquez sa silhouette vue de la rue, ou son entrée avec le guichet et la caissière devant laquelle d'autres acheteurs feront la queue.

C'est ainsi que toute perception visuelle peut être rendue non seulement concrète, mais aussi dotée de précisions qui l'évoqueront plus fidèlement dans notre esprit. Il est bon qu'elle se rattache à des souvenirs antérieurs, si possible riches d'une certaine force émotionnelle.

*Rendre les détails frappants*

Les précisions se rattachant à votre connaissance personnelle de l'objet choisi comme image mentale ne sont ni toujours possibles ni toujours nécessaires. On peut les remplacer en effet par un autre genre de détail qui peut se graver aussi bien dans votre mémoire. Ce sont des exagérations volontaires qui ont le plus de chances d'avoir l'impact souhaité : « Je sais que je dois faire attention à ne pas laisser un objet m'échapper, — disait le mémorisateur prodige Veniamine à son observateur le psychologue Luria — c'est pourquoi je l'agrandis. Je vous ai parlé du mot "œuf". Il est facile de ne pas l'apercevoir... aussi je le fais très grand, je le pose contre le mur d'une maison et je l'éclaire mieux avec le réverbère [2]... »

Donc Veniamine est pour le gigantisme et les couleurs exaltées en pensées. Kenneth Higbee conseille le gigantisme contrastant avec un autre objet réduit à une taille minuscule : « Une bonne perception visuelle doit être claire, distincte et forte, écrit-il. Par exemple, si vous avez à associer "chien" et "balai"... quelle sorte de chien sera-ce ? Quelle sorte de balai ?... Imaginez l'un des éléments (ou tous les deux) de taille exagérée : un chihuahua balayant avec un balai gigantesque, ou un saint-bernard utilisant une toute petite balayette ou le mouvement : "Le chien se démène avec le balai au lieu de le tenir simplement" ou la substitution : "Vous balayez avec un chien qui vous sert de balai" [3]. »
David Markoff et ses collaborateurs conseillent de ne pas hésiter à pousser l'image vers le ridicule, le fantastique, pour la rendre frappante [4]. Nous retrouvons bien là les conseils déjà présents dans les manuels de l'Antiquité [5], et qui gardent toute leur force aujourd'hui. Nos ancêtres

2. A.R. Luria : *Une prodigieuse mémoire* (Neuchâtel, Delachaux et Niestlé, 1970), p. 42.
3. Kenneth L. Higbee : *Your Memory* (Englewood Cliffs, Prentice-Hall, 1977), p. 81.
4. David Markoff, Andrew Dubin et Denise Carcel : *How to remember anything* (New York, Memory School Publishing, 1975), p. 1.
5. Voir citation tirée de *Ad Herennium*, p. 122 de cet ouvrage.

avaient su découvrir les moteurs cachés de l'esprit : ce qui étonne, ce qui effraie, ce qui fait rire est toujours le mieux retenu.

## Il faut apprendre à associer des perceptions visuelles

Les méthodes mnémotechniques font grand usage des associations entre perceptions visuelles. Il ne suffit pas de percevoir des images ; il faut aussi savoir relier des couples d'images.

Dans la vie courante, nous avons souvent des associations d'idées qui surgissent de façon plus ou moins inattendue du vaste réservoir de souvenirs qu'est notre inconscient. Nous apercevons un chat gris et aussitôt nous revivons en pensée la dernière visite à Mme Untel (qui avait un chat noir, mais qui a parlé de chats gris...), ce qui peut nous ramener à un souvenir de vacances, etc. Notre esprit divague ainsi d'une image à l'autre sans être soumis à la logique.

C'est ce mécanisme enfoui en nous, et très actif, mais mal accepté par notre pensée raisonnante, dont nous allons nous servir consciemment pour obtenir de meilleures performances de notre mémoire. Mais pour nous améliorer il est nécessaire de renoncer aux associations banales, du genre « la vache est dans le pré » ou « couteaux et fourchettes », locutions du langage courant qui ne nous concernent pas personnellement. Pour faire de bonnes associations, il faut :

*Que l'association crée du mouvement*

Entre deux images à associer, un lien efficace est donné par un verbe de mouvement. Dans l'exemple de Higbee cité au paragraphe précédent, les deux images visuelles citées : « chien » et « balai », étaient tout naturellement reliées par le verbe « balayer ». Dans le modèle donné à

la fin du Cours 3, les divers éléments de la liste d'achats à ne pas oublier jaillissaient les uns des autres...
David Markoff et ses collaborateurs conseillent même des verbes d'action violente, dont ils donnent les vingt exemples suivants [6] :

1. Découper
2. Cracher
3. Frapper du poing
4. Entrelacer
5. Jeter
6. Ecraser
7. Inonder
8. Transpercer
9. Dévorer
10. Avaler
11. Déchirer
12. Lancer d'un coup de pied
13. Envelopper
14. Couper
15. Mordre
16. Casser
17. Boire
18. Sauter sur
19. Lécher
20. Ployer

*Que l'association crée de l'émotion*
Pour associer « chien » et « homme », il est plus efficace d'imaginer le chien sautant à la gorge de l'homme, que tout simplement un chien en promenade à côté de son maître. Ou alors on peut s'amuser à intervertir les rôles et imaginer le chien promenant son maître enchaîné (fig. ci-contre) ; ou même un petit homme sautant à la gorge de son gros chien pour le dévorer. L'humour n'a jamais nui à la mémorisation. Il en est au contraire un outil efficace.

*Que l'association soit vue clairement*
Il n'est pas suffisant de percevoir mentalement l'élément à mémoriser, puis l'élément à associer. L'association elle-même entre les deux éléments doit former une « super-image » qu'il faut prendre le temps de bien visualiser.

6. D. Markoff. A. Dubin, D. Carcel : *How to remember anything* (New York, Memory School Publishing, 1975), p. 10.

Par exemple, si vous reliez « chien » et « homme » au moyen de l'association : « un chien promène son maître à la laisse », cette idée ne doit pas rester dans votre esprit à l'état d'hypothèse farfelue et impossible. Il s'agit de vous représenter cette association de façon réaliste ; il faut prendre le temps d'imaginer des interactions entre les deux personnages, rire un peu intérieurement du chien marchant sur deux pattes et grondant son maître à quatre pattes qui tire trop sur sa laisse.
Si l'association mentale prend de la vie, alors elle sera bien mémorisée.

Les associations doivent être ainsi nettes, détaillées, fortement ressenties à travers tous les sens concernés, pour

durer dans votre mémoire et être retrouvées facilement par la suite. A chaque arrêt, il faut donc prendre le temps de les imaginer pendant quelques secondes.
En revanche, elles n'ont nul besoin d'être raisonnables. Un élément un peu fantastique ajoute à leur charme et facilite leur rétention. Ce qui peut être gênant, c'est l'inverse, l'association banale, qui ne frappe pas. Voici comment le mnémoniste Veniamine expliquait l'omission d'un terme dans une liste qu'il avait associée à un itinéraire, selon la méthode des « loci » (réinventée spontanément par lui) : « J'avais placé le "crayon" près de la barrière, vous savez, cette barrière dans la rue, le crayon s'était confondu avec la barrière et je passai sans l'apercevoir[7]... »

## DIFFÉRENTES TECHNIQUES

### 1. Se raconter une histoire

Vous avez appris le principe des associations visuelles. « L'histoire » consistera à associer les termes à mémoriser dans une succession reliée par sa trame. La trame de cette « histoire » n'a pas besoin d'être pensée et logiquement construite. Elle peut être surréaliste. Chaque terme à retenir ajoutera un rebondissement amusant, un peu à la manière des premiers films, dont les gags s'enchaînaient uniquement dans le dessein de faire rire. Les rebondissements de votre « histoire » seront donc drôles, ou inattendus, ou surprenants, pour être mémorisés plus sûrement.

7. A.R. Luria : *Une prodigieuse mémoire* (Neuchâtel, Delachaux et Niestlé, 1970), p. 37.

*Exemple :* Voyons, avec la liste qui suit, comment cette méthode se présente en pratique. Admettons que vous possédiez un commerce de vin et que vous ayiez les activités suivantes à vous rappeler :
— Dès l'arrivée au bureau, ranger des dossiers.
— Par téléphone, rappeler un rendez-vous à un ami.
— Téléphoner également à un fournisseur pour commander des caisses de vin en bouteilles.
— Répondre à quelques lettres.
— Etc.

Pour que l'élément initial de la liste soit facilement identifiable, vous formez une association avec vous-même :

*Dossiers*
Vous vous représentez *vous-même* pénétrant dans votre bureau. Une pluie de *dossiers* épais et cartonnés frappe votre *dos*. Vous pliez sous leur poids.
Mais cette première image doit tout de suite s'enchaîner sur l'*ami :*

*Ami*
Au moment où le poids des dossiers vous fait trébucher et tomber en avant, votre *ami,* les bras ouverts vous reçoit et vous évite une chute désagréable ; c'est une chance qu'il vous ait justement attendu près du *téléphone* placé sur votre bureau. Vous vous apprêtez à le remercier quand...

*Vin en bouteilles*
Votre *ami,* déséquilibré par sa rencontre un peu brutale avec vous, tombe en arrière sur une caisse de *vin en bouteilles.* Quelques bouteilles éclatent, votre ami pousse un cri, et...

*Lettres à écrire*
... Vous aussi, car de larges gouttes de *vin* ont giclé sur une pile de *lettres* qui attendaient, placées bien en évidence sur votre bureau...

*Etc.*

Ainsi la trame de *l'histoire* se développe d'images en images, qui se succèdent dans une narration comique et peu contraignante.
Une expérience de Bower montre l'efficacité de « l'histoire » pour retenir les listes de mots : il fit mémoriser par ses sujets 12 séries de 10 mots concrets par liste. Un groupe avait des instructions pour intégrer les mots de chaque liste dans une histoire, tandis que l'autre groupe recevait simplement la consigne de mémoriser chaque liste. En rappel immédiat, les performances des deux groupes furent bonnes. Mais en rappel différé, il en fut autrement : le groupe ayant utilisé la méthode de « l'histoire » pour retenir ses listes de mots put en reproduire 93 % après écoulement d'un certain laps de temps ; tandis que l'autre groupe ne se rappelait que 13 % des mots. Bower en conclut que la rétention à long terme requiert que le nouveau matériel soit activement intégré, selon un cheminement de la pensée susceptible d'être retrouvé facilement [8].

## 2. S'établir une « chaîne »

La « chaîne » est peut-être la plus simple des méthodes mnémotechniques. Utilisée judicieusement, elle n'en est pas moins d'une efficacité remarquable. Comme l'« his-

8. G.H. Bower et M.C. Clark : « Foundations of Learning on Memory », août 1969, p. 323-43.

toire », la « chaîne » s'applique à une liste de mots à mémoriser. Mais ici, on se contente d'associer chaque mot avec le suivant, en chaînons qu'aucune trame continue ne relie. L'indépendance des chaînons est moins astreignante pour l'esprit que l'imbrication de tous les mots à retenir en une histoire ; et cependant la mémorisation est aussi durable, semble-t-il [9].

Voici comment vous enchaînerez les différents maillons de la chaîne : formez, pour le premier chaînon, une association entre l'image de vous-même et le premier terme que vous avez à mémoriser. Utilisez ensuite, pour le second chaînon, le premier terme de la liste, que vous associez avec le deuxième terme. L'association se fera ensuite entre le deuxième terme et le troisième, entre le troisième terme et le quatrième, et ainsi de suite. Chaque terme est associé deux fois, une fois avec le terme précédent, et une fois avec le terme suivant, ce qui enchaîne les maillons successifs.

**Exemple**

Nous allons examiner comment appliquer cette technique à la liste de tâches à accomplir qui est utilisée comme exemple au paragraphe précédent.

*Premier maillon*

Vous vous représentez vous-même pénétrant dans votre bureau. Une pluie de dossiers cartonnés bien épais frappe votre dos (dos → dossier : jeu de mots ajouté à l'association visuelle). Vous pliez sous leur poids.

9. F.S. Murray : « Effects of narrative stories on recalll », in *Bulletin of the Psychonomic Society*, 4, 577-579, 1974.

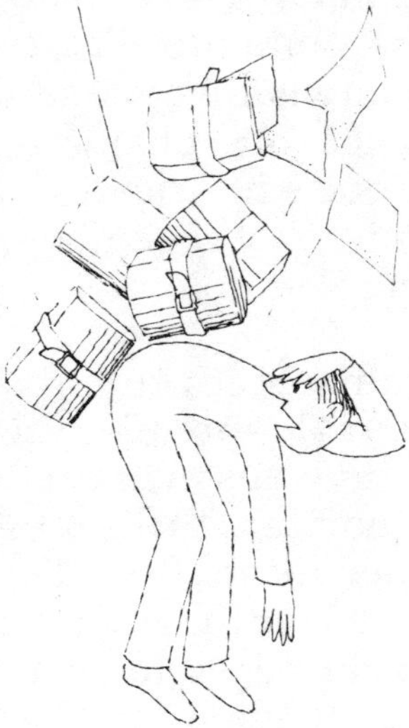

Prenez le temps de bien voir mentalement la super-image, en lui donnant du mouvement, et même du poids.

*Deuxième maillon*
Un dossier grossit démesurément, se trouve doté de membres à chacun de ses angles, et court sur ses petites jambes jusqu'à votre ami négligemment assis sur l'angle du bureau. Tous deux se serrent la main, ou se téléphonent, à votre gré.

*Troisième maillon*

Votre ami découvre une caisse de vin en bouteilles.
Il s'en empare, la soulève péniblement et s'éloigne en la transportant lentement.

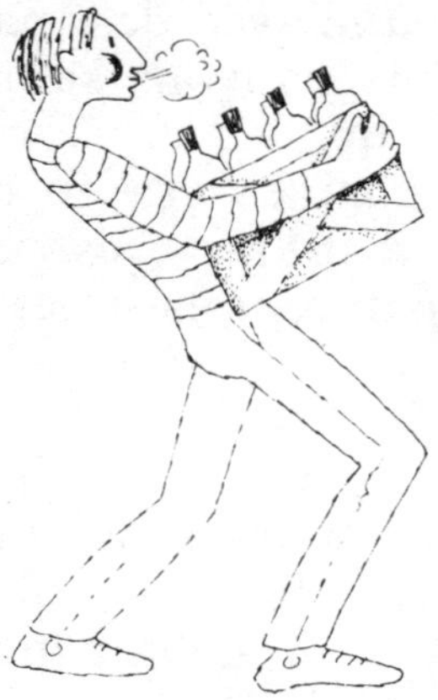

Imaginez bien la super-image.
Voyez mentalement votre ami avancer lentement : les bouteilles sont lourdes.

*Quatrième maillon*

D'autres caisses de vin sont là. Mais les bouteilles qu'elles contiennent enflent, se gonflent, et éclatent, projetant violemment des quantités de lettres dans leur enveloppe blanche avec des adresses clairement rédigées.

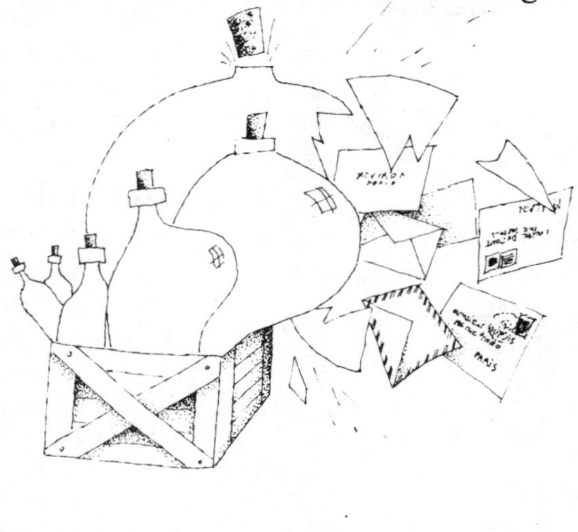

Et ainsi de suite. Les maillons peuvent s'enchaîner longtemps de cette manière les uns aux autres.

*Le remplacement*
Au lieu de former *la chaîne* avec des maillons associant chacun deux images, nous pouvons substituer aux deux images une seule image qui les représente toutes deux dans notre esprit. La chaîne sera formée ainsi d'une seule image à chaque maillon. C'est ce que Markoff nomme « l'association par remplacement ». Il en donne l'exemple suivant :

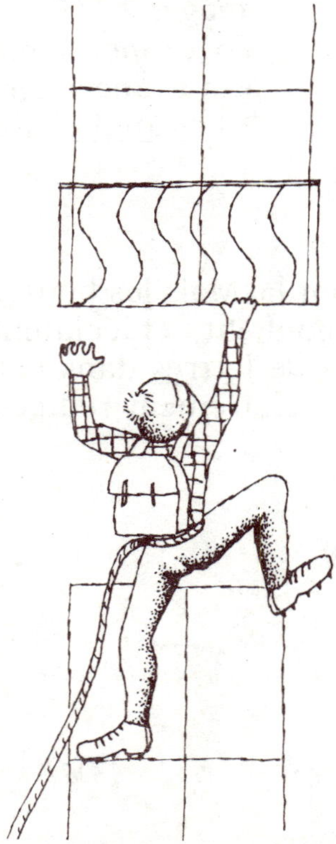

Les deux éléments successifs à mémoriser sont :
1) immeuble,
2) montagne.

Dans l'association habituelle des deux images, nous pourrions visualiser par exemple un immeuble au sommet d'une montagne. Dans l'association par remplacement, l'immeuble devient montagne, et « nous nous imaginons nous-même en train d'escalader un immeuble en tenue d'alpiniste. Alors, si on nous dit "montagne", nous voyons mentalement l'image de l'"immeuble"[10] ».

10. David Markoff, Andrew Dubin et Denis Carcel : *How to remember anything* (New York, *Memory School Publishing*, 1975), p. 17, 18.

L'association par remplacement n'a pas besoin d'intervenir à tous les maillons d'une chaîne. Mais lorsque le remplacement est une image qui vient facilement à l'esprit, il ne faut pas hésiter à s'en servir. Un tel maillon sera certainement aussi efficace que les associations habituelles de deux images. Une citation du mnémoniste Higbee mentionné ci-dessus en fournit un exemple drôle : « Si vous avez à associer "chien" et "balai", utilisez la substitution : « "vous balayez avec un chien qui vous sert de balai" ». Ainsi :

*Les simplifications*

Quand deux termes successifs sont souvent utilisés ensemble dans le langage courant, on peut les grouper en une seule image. Exemple : si vous avez « artificiel » et « satellite » à mémoriser, une seule image, celle d'un « satellite artificiel », évoquera aisément les deux mots. Mais il faudra veiller à bien marquer dans sa mémoire que l'image unique vaut, dans ce cas, deux éléments distincts.

**Exercice**

Constituez à présent votre propre liste :

| | | | |
|---|---|---|---|
| 1. ________ | 6. ________ | 11. ________ | 16. ________ |
| 2. ________ | 7. ________ | 12. ________ | 17. ________ |
| 3. ________ | 8. ________ | 13. ________ | 18. ________ |
| 4. ________ | 9. ________ | 14. ________ | 19. ________ |
| 5. ________ | 10. ________ | 15. ________ | 20. ________ |

Exercez-vous à la mémoriser au moyen de la méthode de la chaîne. Avec de la pratique, vous acquerrez une maîtrise qui rendra ce moyen mnémotechnique facile à utiliser, tout en restant très efficace.

Exercez-vous d'abord avec des listes de 10 à 20 éléments. Mais ensuite n'hésitez pas à augmenter leur longueur. Avec cette méthode, des sujets peu expérimentés sont parvenus à retenir des listes de 50 et même de 100 éléments avec moins de 10 % d'omissions [11]. Des sujets expérimentés voient leur mémoire s'accroître indéfiniment.

11. G.H. Bower et M.C. Clark : « Serial Learning », in *Psychonomic Science*, 14, 181-182, 1969.

## 3. Se faire un itinéraire

L'ancienneté de cette méthode mnémotechnique, son extension dans le monde antique qui nous l'a transmise sont une preuve de son efficacité. Nous l'avons mentionnée dans le Cours 3 accompagnée de la légende qui illustrait l'utilité de bien percevoir visuellement ce qu'on veut bien retenir.

*Les lieux*

C'est très certainement un « instinct du territoire » inné qui nous rend particulièrement sensibles aux caractéristiques des lieux que nous habitons ou que nous avons habités. Au cours des performances mnémoniques qu'il réalisait, Veniamine remarquait qu'il finissait presque toujours par associer les mots qu'il devait mémoriser avec les lieux où il avait évolué dans son enfance : « Par la force de l'inertie, les images m'y transportaient fatalement [12]. » Ce genre d'association a une force liée aux réminiscences affectives qui s'y rattachent.

Mais dans l'Antiquité et au Moyen Age, on conseillait plutôt aux étudiants de se familiariser avec des lieux vastes, beaux et bien structurés, palais ou théâtre, afin d'y ordonner systématiquement toutes les connaissances à mémoriser [13].

*Itinéraire familier ou non ?*

Mais peu importe que vous choisissiez, en fonction de vos préférences, soit des lieux « vastes et beaux », soit des lieux « aimés et familiers ». L'essentiel est que ces lieux soient bien définis dans votre esprit, avec leurs détails spécifiques.

Herbert Crovitz s'étant demandé ce qui est le plus important, dans la méthode des lieux : une connaissance approfondie des lieux ? ou une bonne image associée ? il a fait des expériences pour tester ces deux facteurs. Il a enseigné à un groupe d'étudiants à associer chaque mot d'une liste à une localisation précise que les étudiants ne connaissaient pas personnellement. Par exemple, il demandait de localiser le mot « prise de courant » à la localisation « compagnie de l'électricité ». Les moyennes de rappel correct obtenues furent peu élevées ; était-ce parce que les localisations étaient un peu vagues pour

12. A.R. Luria : *Une prodigieuse mémoire* (Neuchâtel, Delachaux et Niestlé, 1970), p. 95.
13. Frances A. Yates : *l'Art de la mémoire* (Paris, Gallimard, 1975), p. 76, 144, 166.

les étudiants ? Peut-être. Mais il a suffi que Herbert Crovitz explique à ses étudiants comment former des associations visuelles frappantes pour améliorer les résultats, quoique les localisations soient restées très générales. Il disait par exemple : « Pour associer "course" et "souris", imaginez des milliers de souris faisant la course autour d'une piste, et se bousculant violemment les unes les autres pour se dépasser [14]. » Herbert Crovitz en conclut que l'image visualisée prime la localisation ; c'est elle qui doit être surtout précisée pour être bien retenue.

Cependant, se fondant sur d'autres expériences effectuées par William E. Montague et John Carter [15], Kenneth Higbee critique la conclusion de Herbert Crovitz. S'il est exact que les images visuelles frappantes, précises, animées, aident beaucoup la rétention mnémonique, il lui paraît tout de même plus avisé de choisir aussi les localisations de façon à ce qu'elles soient connues du sujet, et bien précises. C'est ainsi que le rappel a le plus de chances d'être fidèle et durable.

*Les localisations*

Ces lieux que vous connaissez, vous pouvez vous imaginer en train de les parcourir. Vous ferez soit un tour dans votre maison à travers les différentes pièces que vous habitez, soit une promenade à travers les rues avoisinantes, soit un périple à votre lieu de travail, ou dans un bâtiment public, ou dans un parc, une forêt...

Les mnémonistes recommandent qu'avant de commencer la mémorisation, des arrêts bien définis soient précisés

14 H.F. Crovitz : « Memory in Artificial Memory », in *Psychonomic Science*, 16, 83-88, 1969.

15. W.E. Montague et J. Carter : *The Loci Mnemonic Technique in Learning and Memory* (Meeting of the American Educational Research Association, Chicago, avril 1974).

par vous sur cet itinéraire. Ces arrêts sont les localisations, auxquelles les mots à mémoriser seront associés. Il faut que ces arrêts forment une suite enchaînée logiquement dans votre esprit. Il ne faut pas de rupture, pas de vide, dans votre itinéraire. Sinon la succession des termes à évoquer risquerait de s'interrompre aussi, tandis que vous chercheriez vainement le lien qui devait les relier.
Si vous avez choisi un itinéraire dans votre appartement, le mieux est de commencer par l'entrée, et d'y faire en pensée un tour complet correspondant au trajet que vous feriez effectuer à un ami qui le visiterait, et non en allant et venant dans le désordre d'une pièce à l'autre.
L'itinéraire bien structuré, bien mémorisé, confère une structure aux informations que vous y placerez. C'est un fil conducteur qui ne doit pas risquer de se rompre.

*Savoir peupler un itinéraire familier*

Il s'agit tout d'abord de définir un itinéraire familier ; votre rue, votre maison ou votre appartement peut fournir un tel itinéraire. Sur cet itinéraire, vous définissez différents lieux, par exemple : « la porte d'entrée » - « le portemanteau » - « le porte-parapluies » - « la porte de la cuisine » - « la table de la cuisine » - « le réchaud à gaz » - « l'évier », etc. Vous mémorisez la succession des lieux que vous avez ainsi définis. Puis vous reliez mentalement chaque élément que vous devez mémoriser avec un des arrêts de votre itinéraire.
Supposons par exemple que vous ayez différentes choses à faire dans la journée. Afin de n'en oublier aucune, vous les localisez aux différents arrêts de votre itinéraire dans l'ordre où vous devez vous les rappeler.
Vous avez d'abord une lettre à poster ; sur votre première localisation : « la porte d'entrée », vous vous

représentez mentalement une boîte aux lettres des P.T.T. colorée en jaune, avec la petite flèche ailée bleue en bas à droite, et sur cette boîte aux lettres vous imaginez votre enveloppe bien blanche qui saute dans la fente bien noire, ou vous l'imaginez plongée à demi dans la fente et vous faisant signe en se tortillant.

Vous devez ensuite mettre de l'huile dans votre moteur et refaire le plein d'essence ; sur votre seconde localisation : « le porte-manteau », vous imaginez le bidon d'huile qui se balance au risque de tomber et de vous asperger, car son bouchon est à demi dévissé ; de votre troisième localisation : « le porte-parapluies », émerge, en guise de parapluie, un réservoir à essence dont le tuyau d'alimentation s'échappe et vous menace au passage.

Et ainsi de suite. L'homme d'affaires avec lequel vous avez rendez-vous à 10 heures peut surgir de la porte de la cuisine en brandissant une grosse montre ancienne qui marque juste 10 heures. Perchée sur la table de la cuisine, votre secrétaire peut tenir une machine à écrire sur ses genoux, prête à taper la lettre importante que vous ne devez pas oublier de lui dicter...

Le soir, avant de vous endormir, vous repassez plusieurs fois dans votre tête cet itinéraire animé par vos occupations du lendemain. Le matin, en prenant votre petit déjeuner, vous le passez mentalement en revue. Et chaque fois qu'une des actions décrites sera exécutée, vous repenserez à la succession de celles qui restent à faire.

**Exemple**

Appliquons la méthode de l'itinéraire aux activités que doit se rappeler le commerçant en vins déjà donné comme exemple.

1) *L'itinéraire*

Ce peut être par exemple le jardin qui entoure sa maison

à la campagne (il peut ainsi le matin, en faisant un peu de jogging, se remémorer d'avance les activités à ne pas oublier en arrivant à son bureau).

2) *Les localisations*
Voici les arrêts qu'il a choisis dans son jardin :
— les marches du perron,
— l'esplanade cimentée devant le perron,
— les dalles de pierre qui conduisent à la pelouse,
— les buissons qui bordent sa pelouse,
etc.

3) *Les associations*

— Pour associer « marches du perron » et « dossiers », il peut s'imaginer l'escalier de quatre marches construit entièrement avec de gros dossiers cartonnés, comme le montre le dessin ci-contre.

Il doit s'imaginer descendant cet escalier fait de dossiers. Il doit sentir sous ses pas les dossiers remuer et éprouver en esprit la crainte que cette pile un peu fragile ne s'effondre.

— Pour associer « esplanade » et « ami » à contacter par téléphone, il peut imaginer son ami arrivant à sa rencontre sur l'esplanade, brandissant un écouteur de téléphone dans sa main droite comme pour l'en menacer. Pour rendre l'image de l'ami plus frappante, il peut l'imaginer qui grossit démesurément en approchant, ou à l'inverse qui devient peu à peu minuscule.

— Pour associer « dalles de pierre » et « caisses de vin en bouteilles », il imagine une caisse de bouteilles pleines sur chaque dalle, ce qui exige de lui mentalement un exercice d'acrobatie pour avancer sur les dalles ainsi agrémentées. Il faut qu'il sente dans ses pieds et ses jambes et tout son corps la difficulté de l'exercice à accomplir, mais l'amusement aussi d'y réussir.

— Pour associer « buissons » et « lettres à écrire », il pique mentalement sur chaque épine du buisson (ou au bout de chaque branchette) une lettre dans son enveloppe, qui toutes forment, vues de loin, comme un vol de très gros papillons posés ou de fleurs écloses sur ces branches, contrastant avec le vert sombre de leur feuillage habituel.

— Et ainsi de suite...

*Avantages de l'itinéraire*

La méthode de l'itinéraire offre à la fois les avantages de la méthode de la chaîne et ceux de l'histoire, sans présenter leurs inconvénients.

En effet, l'association d'un mot avec une localisation sur votre itinéraire se fait chaque fois indépendamment de celle qui précède et de celle qui suit. Nous avons vu que c'était un des avantages de la méthode de la chaîne ; inutile de faire des tours de force d'imagination pour enchaîner une association avec la suivante comme dans l'histoire. Par ailleurs, il n'y a pas le risque de la chaîne,

si on omet une des associations, de perdre la suite des enchaînements. L'itinéraire connu par avance sert de guide pour retrouver les associations qui suivent ; et néanmoins, contrairement à ce qui se passe avec l'histoire, l'omission est aussitôt remarquée, puisque l'un des arrêts décidés d'avance n'a pas servi. En cherchant bien, on a des chances de retrouver l'association qui manque.
L'itinéraire est donc une méthode mnémotechnique très sûre, et assez amusante à mettre en pratique. Cependant, on peut tout de même lui faire un reproche : la nécessité de fixer d'avance les arrêts qui serviront aux associations conduit à s'en servir de nombreuses fois, pour que cet effort préliminaire porte ses fruits ; or les associations successives avec les mêmes lieux risquent, d'une liste à l'autre, de se mélanger. Pour éviter ce risque, il vaut mieux laisser un délai minimal de vingt-quatre heures s'écouler, avant de se resservir de l'itinéraire choisi.
Mais dans la pratique, l'observation de certains lieux d'arrêt pour former des associations n'a rien de strict. Si on a pris soin de choisir un itinéraire bien connu, certains arrêts supplémentaires peuvent être imaginés parce qu'ils conviendront particulièrement à tel ou tel élément d'une liste. A condition de ne pas bouleverser l'itinéraire, ces adjonctions éventuelles faciliteront l'association, et distingueront bien dans la mémoire une liste de la précédente ou de la suivante.
D'une liste à l'autre, l'itinéraire n'aura pas non plus la même longueur, ce qui les distinguera dans notre esprit. Enfin, si nous avons besoin d'utiliser l'itinéraire plusieurs fois par jour, nous pouvons en réserver une partie à la première liste, une autre à la seconde liste, etc. Ainsi les mélanges entre listes ne seront plus à redouter[16].

16. Voir dans le Cours 3 une autre méthode pour distinguer plusieurs listes successivement mémorisées sur un seul itinéraire : « *l'élaboration progressive* » préconisée par Kenneth Higbee.

## 4. L'élaboration progressive

Une autre solution, proposée par Kenneth Higbee, est plus originale : les éléments associés à chaque localisation de votre itinéraire dans la première liste, au lieu d'être chassés de votre mémoire pour laisser place aux éléments d'une deuxième liste, peuvent garder leur place et servir de support à la deuxième liste. C'est ce que Higbee nomme « élaboration progressive » : « Par exemple, si votre première localisation est votre *porte d'entrée,* et que le premier mot de trois listes successives est : *balançoire* pour la première liste, *chapeau* pour la deuxième liste, *poisson* pour la troisième liste, votre scène peut offrir le spectacle suivant : liste 1 - une balançoire suspendue à votre porte d'entrée ; liste 2 - un chapeau déposé sur la balançoire suspendue à votre porte ; liste 3 - un poisson coiffé d'un chapeau et se balançant sur la balançoire accrochée à votre porte d'entrée [17]. » Des expériences portant sur l'élaboration progressive ont donné de très bons résultats, avec des étudiants à l'université, des lycéens, des écoliers à l'école primaire et des enfants de l'école maternelle. A tous les âges, ce système stimulait la mémorisation et évitait les interférences entre listes successives à mémoriser.

17. K.L. Higbee : *Your Memory* (Englewood Cliffs, Prentice Hall), p. 119.

A chaque étape, il faut s'arrêter
le temps nécessaire pour visualiser l'image
clairement et dans tous ses détails

## Exercice : Entraînez-vous à l'élaboration progressive

**Choisissez tout d'abord un itinéraire précis, comportant 20 arrêts que vous notez ici :** ____________________

______________________________

______________________________

______________________________

**Puis formez trois listes de vingt éléments dans l'espace réservé à cet effet :**

| | *Première liste* | *Deuxième liste* | *Troisième liste* |
|---|---|---|---|
| 1. | ______ | ______ | ______ |
| 2. | ______ | ______ | ______ |
| 3. | ______ | ______ | ______ |
| 4. | ______ | ______ | ______ |
| 5. | ______ | ______ | ______ |
| 6. | ______ | ______ | ______ |
| 7. | ______ | ______ | ______ |
| 8. | ______ | ______ | ______ |
| 9. | ______ | ______ | ______ |
| 10. | ______ | ______ | ______ |
| 11. | ______ | ______ | ______ |
| 12. | ______ | ______ | ______ |
| 13. | ______ | ______ | ______ |
| 14. | ______ | ______ | ______ |
| 15. | ______ | ______ | ______ |
| 16. | ______ | ______ | ______ |
| 17. | ______ | ______ | ______ |
| 18. | ______ | ______ | ______ |
| 19. | ______ | ______ | ______ |
| 20. | ______ | ______ | ______ |

**A présent associez chaque élément de votre première liste avec l'un des arrêts de votre itinéraire.**
**Utilisez ensuite les éléments de votre deuxième liste, en les associant terme à terme avec ceux de la première liste.**

Si par exemple l'élément numéro 1 de votre première liste est « veste », et que vous avez, dans votre itinéraire, associé votre veste avec « le marchand de journaux » en l'imaginant tout simplement revêtu de votre veste, examinez à présent l'élément numéro 1 de votre deuxième liste ; supposons que cet élément numéro 1 soit « des fleurs ». Avec l'élaboration progressive, vous n'allez pas enlever en pensée votre veste au marchand de journaux. Non, ce premier élément reste à sa place. Mais vous allez associer l'élément 1 de la deuxième liste à l'association déjà formée pour la première liste : vous imaginez « des fleurs » à la boutonnière de votre « veste » revêtue par le marchand de journaux, vous humez leur parfum ; ou bien vous imaginez votre veste tatouée soudain de fleurs multicolores, etc.

**Passons maintenant à votre troisième liste.**

Admettons que l'élément numéro 1 de cette liste soit « chien ». Votre marchand de journaux reste revêtu de votre « veste », et cette veste porte toujours des « fleurs » à la boutonnière. Mais à présent, vous imaginez que du centre de chaque fleur pointe la tête d'un « chien » de garde qui se met à aboyer après vous dès que vous l'apercevez. Imaginez le bruit sans cesse amplifié de tous ces chiens qui sortent la tête du centre de chaque fleur comme d'une niche, et qui aboient à toute gueule. C'est une bonne image, vivante, amusante, que vous ne risquez pas d'oublier.

**Procédez de cette façon à l'élaboration progressive des vingt éléments de vos trois listes.**

Trois fois vingt égale soixante éléments. Qui pourrait croire que vous pouvez, en une séance, mémoriser soixante éléments ? Et pourtant cela vous sera facile en utilisant cette méthode. Alors, bon courage, et au travail ! Et ne manquez pas de tester votre mémorisation, une fois juste après avoir procédé à toutes les associations, une autre fois vingt-quatre heures plus tard ; et si vous désirez bien connaître vos possibilités, une troisième fois quand une semaine se sera écoulée.
Des petites cases sont préparées pour que vous y notiez les résultats des tests successifs de votre mémorisation par élaboration progressive :

| Nombre d'éléments retenus : | première liste | deuxième liste | troisième liste |
|---|---|---|---|
| Après la séance de mémorisation → | | | |
| 24 heures plus tard → | | | |
| Une semaine plus tard → | | | |

## 5. Se donner des repères

Au milieu du XVIIe siècle, Henry Herdson développa un système de repères ordonnés qui était destiné, selon lui, à surpasser la méthode des localisations ; car il conservait les avantages de l'itinéraire en ordonnant les termes à mémoriser selon une succession facile à retrouver ; mais il n'avait pas son inconvénient d'un choix arbitraire de localisations. Henry Herdson conseillait en effet de choisir pour cadre de la mémorisation la succession des lettres de l'alphabet, ou la succession des nombres, c'est-à-dire des suites de repères que nous avons l'habitude de sérier selon un ordre défini et immuable depuis notre enfance.

Cependant pour que ces signes abstraits (lettres ou nombres) deviennent un bon support de mémorisation, ils doivent être transformés en images plus concrètes. Herdson conseillait d'adopter, pour chaque repère abstrait, une image concrète qui rappelle la forme du signe concerné: par exemple une *bougie* pour le nombre *1*, une *orange* pour le nombre *0*, etc.

**Et n'oubliez jamais ces préceptes du parfait mnémoniste :**

1. Il ne faut pas se presser, mais procéder par étapes.
2. Il faut rendre les images visuelles claires et prégnantes.
3. Il faut que l'itinéraire prévu soit bien défini et mémorisé.
4. Il faut que l'association entre chaque image visuelle et chaque localisation sur l'itinéraire soit amusante (ou dramatique) et mouvementée.

En 1879, John Sambrook proposa de définir plutôt les correspondances entre signes (chiffres ou lettres) et images concrètes, en se fondant sur des rimes ou des allitérations qui font penser au signe quand on dit le nom de l'image.

*Repères en rimes :*

| | | |
|---|---|---|
| « Un - tribun | et | « A - villa |
| « Deux - bœufs | | « B - abbé |
| « Trois - toit | | « C - essai |
| « Quatre - pâtre | | « D - godet |
| Etc. | | Etc. |

*Repères par allitérations :*

| | | |
|---|---|---|
| « A - âne | et | « Un - humble |
| « B - bête | | « Deux - demi |
| « C - cerise | | « Trois - Trocadéro |
| « D - décoration | | « Quatre - Catherine de Medicis |
| Etc. | | Etc. |

Les comptines enfantines se servent de ces correspondances pour aider les débutants mémorisateurs à apprendre les lettres et les chiffres. Elles fournissent un matériel qui peut servir ici. De bonnes images sont fournies aussi par les vénérables alphabets illustrés, qui apprenaient les lettres aux enfants par l'intermédiaire de noms d'animaux ou de noms de choses. Nous pouvons y recourir si notre mémoire en a gardé des traces, ou si nous en retrouvons un dans un coin de notre bibliothèque.

**Exercice**

Le tableau de Tocquet [18] propose une mise en correspondance de :

1) la suite des nombres jusqu'à 30,

2) la suite des lettres de l'alphabet de A à Z,

3) une suite de mots concrets débutant chacun par la lettre qu'ils doivent représenter, pour former une image facile à associer avec des mots de listes à mémoriser,

4) ajoutez votre proposition.

| NOMBRE | LETTRE | MOT SERVANT D'IMAGE REPERE proposé | choisi par vous |
|---|---|---|---|
| 1 | A | Ane | .............. |
| 2 | B | Balai | .............. |
| 3 | C | Calot | .............. |
| 4 | D | Datte | .............. |
| 5 | E | Ecole | .............. |
| 6 | F | Femme | .............. |
| 7 | G | Galette | .............. |
| 8 | H | Hélice | .............. |
| 9 | I | Iris | .............. |
| 10 | J | Jambe | .............. |
| 11 | K | Kiosque | .............. |
| 12 | L | Lampe | .............. |
| 13 | M | Main | .............. |
| 14 | N | Nœud | .............. |
| 15 | O | Oreille | .............. |
| 16 | P | Pantoufle | .............. |
| 17 | Q | Quenouille | .............. |
| 18 | R | Rat | .............. |
| 19 | S | Sceau | .............. |
| 20 | T | Tableau | .............. |
| 21 | U | Urne | .............. |
| 22 | V | Veau | .............. |
| 23 | W | Wagon | .............. |
| 24 | X | Xylophone | .............. |
| 25 | Y | Yatagan | .............. |
| 26 | Z | Zèbre | .............. |
| 27 | | Spectre | .............. |
| 28 | | Huissier | .............. |
| 29 | | Raisin | .............. |
| 30 | | Tante | .............. |

18. R. Tocquet : *la Mémoire* (Paris, Julliard, 1967), p. 199.

A côté de chaque mot proposé comme repère concret par l'auteur cité, un espace laissé en blanc vous permet d'inscrire le mot que vous auriez, quant à vous, préféré. Par exemple pour « B », vous pouvez préférer « baie » (fruit) ou « bêe » (le bêlement d'un mouton), la sonorité de ces deux mots rappelant directement le nom de la lettre correspondante dans l'alphabet (de même que, selon Robert Tocquet, « spectre » est une onomatopée de « vingt-sept » et « tante » de « trente ».
Pour « X », vous pouvez préférer à xylophone, si vous n'êtes pas familier avec cet instrument de musique, l'image d'un polytechnicien parce qu'on le dit « élève de l'X ». Pour « Y , si « yatagan » n'évoque pas aussitôt l'image d'un sabre recourbé turc, vous pouvez insérer « yack », le bœuf des Indes si souvent représenté dans les alphabets. Plus vous réfléchirez aux images qu'il vous sera facile d'utiliser, plus vite vous les mémoriserez à titre de repères mnémoniques.

*Exemple I*
Une fois ce système de références assimilé, exercez-vous à l'utiliser pour les listes de mots que vous aurez besoin de retenir par cœur. Le mode d'emploi ne diffère pas des précédents, chaque couple *repère - mot à apprendre* formant une association en image dans votre esprit.
Ainsi, si vous devez retenir le début de trois strophes de notre hymne national : « Allons enfants de la Patrie »... « Nous entrerons dans la carrière »... et « Amour sacré de la Patrie »..., vous pouvez imaginer, avec les repères du tableau de Robert Tocquet (ici soulignés deux fois) :

1) Un « A très long » perché sur un petit âne,
2) des balais en grand nombre qui « entrent » en se bousculant dans une « carrière » de pierres,

3) une représentation de l'« Amour », fils de Vénus dans la mythologie, avec son arc et ses flèches, et qui porte crânement un calot militaire sur la tête.

Vos repères, lorsqu'ils seront bien assimilés, peuvent être vus ornés de vives couleurs, qui les distingueront des nouveaux mots à apprendre, moins familiers, et par conséquent moins richement colorés.
Et grâce à ces repères ordonnés, vous n'aurez plus à hésiter quant à la succession correcte des strophes à mémoriser.

*Exemple II*
Reprenant l'exemple (déjà utilisé plusieurs fois) du commerçant en vins qui a plusieurs activités à ne pas oublier, nous imaginons leur liste « dossiers » - « ami » - « vin en bouteilles » - « lettres » associée comme suit aux repères :

1) un petit âne avance allégrement sous une haute charge de « dossiers » ;

2) votre « ami » vous téléphone avec un récepteur téléphonique qui a la forme d'un balai ; ou bien il s'amuse à épousseter votre appareil téléphonique avec un balai géant... ;

3) des bouteilles de vin, dans une caisse, attendent sur votre bureau que vous leur prêtiez attention ; elles sont en effet chacune coquettement coiffées d'un calot militaire;

4) des dattes s'échappent d'enveloppes de lettres entrouvertes, ou bien elles servent de timbre à ces enveloppes...

*Avantages*

Pour le commerçant, ces activités doivent se succéder dans un ordre bien défini. Les repères ordonnés rappelleront cet ordre, au fur et à mesure qu'elles seront effectuées.

Mais si vous désiriez retrouver le troisième terme de la liste uniquement, sans vous préoccuper des autres termes, la méthode des repères vous le fournit sans que vous ayez à repasser par toutes les associations précédentes, comme ce serait nécessaire avec la méthode de la chaîne, ou de l'histoire, ou de l'itinéraire. Vous savez que le troisième repère est calot, et vous retrouvez directement le terme qui lui est associé : caisse de bouteilles coiffées chacune d'un petit calot militaire. Il en est de même de n'importe quel mot, quelle que soit la place qu'il occupe dans la liste : le dixième, le vingtième, le trentième sont retrouvés aussi facilement. Cette qualité des repères, d'être sériés selon un ordre numéroté, les rend préférables à toute autre méthode dans les cas où ce numéro d'ordre peut présenter de l'intérêt.

CHAPITRE 10

# huitième cours — comment retenir des mots

Savoir citer au bon moment le mot adéquat... Nous voici dans le domaine des écueils les plus fréquents de la mémoire.

Une expérience de Ian Hunter illustre comment une liste de mots se succédant au hasard est mémorisée par un groupe d'étudiants non entraînés, et par un autre groupe d'étudiants entraînés en mnémotechnique.

La tâche paraît facile : les étudiants ont tous à mémoriser dix mots simples, mais sans relation entre eux. On leur recommande de noter d'avance sur leur feuille de papier les numéros de 1 à 10, et on les prévient qu'ils devront placer de mémoire, en face de chaque numéro, le mot correspondant. Puis on leur lit la liste suivante de mots associés à un numéro, à raison d'un élément (nombre ou mot) toutes les deux secondes :

---

1 - SUCRE, 2 - JONQUILLE, 3 - BATEAU, 4 - TIGRE, 5 - COLLIER, 6 - TABLE, 7 - PLUME, 8 - TASSE, 9 - MONTAGNE, 10 - MERLE.

---

Voici les résultats obtenus par deux groupes de 32 sujets [1] :

| Nombre de mots retenus | 4 mots ou moins | 5 | 6 | 7 | 8 | 9 | 10 |
|---|---|---|---|---|---|---|---|
| Nombre de sujets du groupe non entraîné | 0 | 5 | 11 | 9 | 3 | 2 | 2 |
| Nombre de sujets du groupe entraîné | 0 | 0 | 1 | 2 | 4 | 8 | 17 |

## Le groupe non entraîné

Même avec des mots aussi simples, le groupe non entraîné n'a pas réussi dans sa grande majorité à retenir les dix mots, mais six ou sept d'entre eux, ce qui corrobore les recherches de tous les spécialistes à ce sujet [2]. Ian Hunter considère que l'on peut distinguer quatre ordres de difficultés expliquant ces maigres résultats avec des mots simples sans relation entre eux :

1) Un nombre de dix mots excède l'empan de mémoire spontanée de la plupart d'entre nous. « Avec une liste de trois mots, tous les étudiants auraient réussi à cent pour cent », remarque Hunter.

2) L'absence de lien entre les mots nuit à leur assimilation mnémonique. S'ils formaient un ensemble doté d'un sens (comme une phrase de dix mots ou une suite de dix nombres, par exemple), ils seraient facilement retenus.

3) Le rythme adopté pour lire ces mots aux étudiants joue aussi un rôle : énoncés plus lentement, au rythme

1. Ian Hunter : *Memory* (Harmondsworth, Penguin Books, 1973), p. 286.
2. G.A. Miller : « The Magical Number Seven, plus or minus Two : Some Limits on our Capacity for Processing Information », in *Psychological Review* 63 (2), 81-97, mars 1956.

d'un élément toutes les dix secondes, par exemple, ils auraient des chances d'être mieux mémorisés.

4) La liste n'est énoncée qu'une fois aux étudiants. Répétée plusieurs fois, elle serait de mieux en mieux reproduite.

Comment les étudiants essaient-ils de surmonter ces difficultés ? La plupart d'entre eux adoptent la technique des répétitions cumulées : après l'énoncé de chaque mot, ils répètent mentalement le premier mot, puis le premier et le second mot, puis les trois premiers mots, etc. Mais bientôt le rythme auquel les mots sont énoncés ne laisse plus un intervalle suffisant pour répéter mentalement toute la suite des mots déjà entendus. Alors l'étudiant se trouve devant un dilemme : ou continuer à répéter les mots déjà enregistrés sans prêter l'oreille à celui qui vient d'être énoncé et qui vient interrompre la répétition mentale ; ou abandonner la répétition des mots déjà entendus pour entreprendre une nouvelle suite de répétitions cumulées. Certains étudiants adoptent le compromis suivant : ils continuent à se répéter mentalement les cinq ou six premiers mots et se contentent d'écouter les nouveaux mots énoncés, sans tenter de les inclure dans la série répétée mentalement. Certains essaient de suivre le décompte des mots sur leurs doigts pour enregistrer leur numéro d'ordre. D'autres essaient de classer mentalement les mots par catégories. Mais tous avouent s'être sentis débordés par la tâche, ayant trop à faire en trop peu de temps.

Quand les étudiants doivent ensuite noter ce qu'ils ont retenu, la reproduction mnémonique reflète le procédé de mémorisation adopté : certains étudiants comptent les mots sur leurs doigts ; certains se contentent d'écrire en face des premiers numéros de leur feuille les premiers mots retenus parce qu'ils ont pu être répétés mentalement ; s'ils sont doués, ils leur adjoignent un ou deux des derniers mots entendus. En ce qui concerne les mots du milieu de la liste, ils sont rarement retenus, ou dans un ordre qui n'est pas toujours le bon [3]. Ceux qui ont procédé à un regroupement des mots par catégories reproduisent souvent des mots au sens analogue, mais à la forme différente de ceux de la liste.

Bien entendu, si on demande à ces sujets non entraînés de reproduire la liste de dix mots dans le sens inverse de la numérotation, ils sont complètement perdus et en retrouvent nettement moins que lors de la reproduction directe.

## Le groupe entraîné

Le second groupe de 32 sujets a passé la même épreuve que le premier groupe. Mais avant de procéder à la mémorisation de la liste de dix mots numérotés, le second groupe a été mis au courant de la méthode mnémotechnique des « repères » décrite au Cours 7. Les étudiants apprenaient tout d'abord les « repères en rimes » du type décrit page 258.

« Un - tribun
Deux - bœufs
Trois - toit », etc. [4]

Tout en apprenant ces repères, ils devaient s'efforcer de visualiser clairement les mots qui riment avec chaque numéro (un tribun, deux bœufs, etc.), en les imaginant

3. Cette constatation est en accord avec les résultats obtenus par François Richaudeau sur un groupe de 47 sujets non entraînés en mémorisation (expériences décrites dans : « La Mémoire et le langage », *Psychologie,* n° 30, p. 49-55 ; F. Richaudeau : *la Lisibilité* (Paris, C.E.P.L.-Denoël, 1969) ; F. Richaudeau : *le Langage efficace* (Paris, C.E.P.L., 1973).

4. L'expérience étant faite en anglais, les équivalences rimées étaient les suivantes : « One is a bun ; two is a shoe ; three is a tree ; four is a door ; five is a hive ; six is sticks ; seven is heaven ; eight is a gate ; nine is wine ; ten is a hen » (cf. Hunter, ouvrage cité, p. 288).

pourvus de détails typiques et précis et si possible amusants. Enfin l'instructeur leur expliquerait comment faire de bonnes associations entre deux images, l'une correspondant à l'image repère d'un numéro, l'autre à un mot quelconque à retenir : « Quand je vous dis un numéro, pensez au mot qui rime avec ce numéro, par exemple tribun pour le numéro un ; puis quand vous entendez le mot quelconque, reliez-le avec le précédent d'une manière frappante. Si par exemple le premier mot quelconque est mule, imaginez un tribun chevauchant une mule, ou galopant sur une mule, ou perdant l'équilibre et passant par-dessus la tête de sa mule qui s'arrête brusquement... Plus l'image sera drôle ou étrange, mieux ce sera. Faites cela avec chaque couple numéro-mot que je vous dirai. Mais chaque fois que vous avez bien enregistré votre association numéro-mot, oubliez-la, éliminez-la de votre esprit, pour vous concentrer sur l'association suivante. La règle est de comparer seulement deux images à la fois et de ne jamais chercher à revenir en arrière pour essayer de se souvenir d'une partie antérieure de la liste[5]. »

En se reportant au tableau des résultats (page 265, on voit que le second groupe a beaucoup mieux réussi la tâche que le premier groupe : plus de la moitié des étudiants ont reproduit correctement les dix mots, alors que seulement deux étudiants du premier groupe avaient pu le faire. Et six mots retenus — score le plus fréquent du premier groupe — ont été le résultat d'un seul étudiant du second groupe.

Lorsqu'on a ensuite demandé aux sujets entraînés de reproduire la liste de dix mots dans le sens inverse de la numérotation, ils l'ont fait sans difficulté. Ils ont aussi

5. I. Hunter : *Memory* (Harmondsworth, Penguin Books, 1973), p. 289.

pu fournir le mot correspondant à n'importe quel numéro de la liste, même mentionné dans le désordre. C'est là une performance dont les sujets du premier groupe étaient bien incapables.
Hunter ajoute qu'au cours des années pendant lesquelles il a entraîné plus de huit cents étudiants avec ce système mnémonique, la plupart ont toujours vu leurs performances s'améliorer de façon spectaculaire. Cependant, un faible pourcentage d'étudiants ne parvient pas à cette amélioration. Hunter estime que dans ce cas-là, l'étudiant décide probablement en son for intérieur de ne pas appliquer la règle mnémotechnique et de garder ses habitudes anciennes de mémorisation ; ou bien, il ne peut résister à revenir en arrière pour revoir la partie antérieure de la liste pendant le temps où il devrait former de nouvelles associations. Retenons cette remarque comme une mise en garde concernant les obstacles à l'utilisation efficace de la mnémotechnique.

Cette expérience est instructive. Elle montre à quel point les méthodes mnémotechniques facilitent la rétention et l'évocation des listes de mots, particulièrement s'ils sont sans lien entre eux.
Mais quelle méthode choisir parmi toutes celles énumérées dans le Cours 7 ? Tout d'abord certaines méthodes se prêtent mieux que d'autres à certains types de matériel : les repères sont destinés tout spécialement aux listes numérotées ; l'histoire, la chaîne, ou les localisations aux listes de mots concrets... Il y a par ailleurs un problème d'entraînement, de familiarité avec telle ou telle méthode.
Examinons, pour les cas les plus fréquents de listes de mots à mémoriser, quelles méthodes conviennent le mieux.

### Listes d'activités diverses

Nous avons journellement besoin de mémoriser des listes d'emplettes à faire, des rendez-vous importants, et des tâches diverses à accomplir. Ces listes, lorsqu'elles sont notées dans un agenda, ne sont pas toujours à portée de la main ; lorsqu'elles sont résumées sur une feuille volante, elles s'égarent facilement. Il est donc pratique de prendre l'habitude, à titre de garantie supplémentaire, de les mémoriser par la mnémotechnie. Pour celui qui est entraîné à ces méthodes, l'effort est minime et le résultat très fiable.

Ce n'est pas seulement au moment du passage à l'acte que les listes d'activité mémorisées sont commodes à retrouver.

Il arrive souvent aussi qu'au moment où l'idée vient qu'il faudra faire telle chose à tel moment, il soit impossible de la noter aussitôt. Un peu plus tard, quand vous avez la main sur le bloc-notes ou l'agenda, il est trop tard : l'idée s'est envolée, il n'y a plus moyen de la retrouver. Cela est particulièrement fréquent lorsque l'idée nous vient au milieu de la nuit. Nous hésitons alors à allumer la lumière, à nous lever pour aller chercher bloc-notes et crayon. Nous risquons de réveiller d'autres membres de la famille, nous risquons de nous réveiller trop nous-même, et ensuite de ne plus retrouver le sommeil. Il est bien pratique, dans de tels cas, de recourir aux méthodes mnémotechniques pour enregistrer aussitôt chaque idée importante qui nous vient à l'esprit. Cela nous évite l'anxiété de perdre l'idée et nous permet de nous rendormir content : le lendemain au réveil, les associations formées ont toutes les chances d'être retrouvées.

Cela devrait devenir une coutume régulière. De même que nous nous lavons les dents et que nous prenons un petit déjeuner au réveil, de même nous pouvons prendre l'habitude de commencer la journée par un passage en revue, bloc-notes à la main, des différentes idées mémorisées au cours de la soirée ou de la nuit qui vient de s'écouler, pour les répartir, selon leur nature, dans les différents secteurs d'activité de la journée.

**Exercice : entraînez-vous**

1) *Visualiser.* Il s'agit tout d'abord de traduire chaque activité en un mot facilement interprétable en image, et qui ne prête pas à confusion.
Exemple : « Je dois demain écrire une lettre à tante Lisa. »
Premier mot clé qui vient à l'esprit : « lettre ».
Il risque d'être un peu vague, surtout si nous le visualisons sous la forme d'une feuille de papier couverte de lignes d'écriture : cela peut s'appliquer à mille autres tâches possibles. En revanche, une enveloppe avec l'adresse bien lisible de tante Lisa, avec son nom en énormes majuscules, a plus de chances de conserver sans problème le souvenir de la tâche à accomplir. On peut aussi imaginer l'enveloppe portant une mini-photo de tante Lisa en guise de timbre, ou sa fleur préférée ornant l'enveloppe ainsi que la lettre pliée à l'intérieur. Une autre image efficace serait la visualisation de tante Lisa elle-même recevant, ouvrant, et lisant cette lettre dans son jardin ou dans sa chambre.

2) *Classer.* L'activité étant traduite en une image prégnante, il s'agit de la classer, de l'ordonner de façon à savoir comment la retrouver le moment venu. Un souvenir, même s'il est bien enregistré, ne revient pas forcément à l'esprit au moment opportun. Nous allons donc le classer de manière à être sûr de le retrouver quand il sera temps de le mettre à profit.
Nous pouvons décider qu'il viendra en première position (ou en deuxième, troisième, etc.) parmi nos activités du lendemain. Nous l'associerons alors avec un numéro d'ordre selon la méthode des repères.
Exemple : « Demain la lettre à tante Lisa doit être écrite après deux autres activités plus urgentes déjà mémorisées. »

*Les repères*
Je choisis donc un repère chiffré pour enregistrer cette activité en troisième place dans mon emploi du temps. Le Cours 7 énumère différents types de repères chiffrés. A moi de choisir ceux qui me conviennent.
Si j'ai choisi les « repères en rimes », au chiffre trois correspond l'image d'un toit : sur le toit de la maison de tante Lisa tombe une pluie de lettres timbrées à son effigie (ou toute autre association qui vous conviendra).
Avec les « allitérations », c'est Trocadéro qui correspond au chiffre trois. J'imagine donc sur l'esplanade du Trocadéro le vent qui soulève un tourbillon de lettres voilant la vue de la tour Eiffel ; ou une bande de jeunes sportifs descendant la piste de skate-board du Trocadéro en brandissant chacun une lettre pour tante Lisa ; ou toute autre association qui vous conviendra. Selon la liste des « équivalences nombre-lettre », le nombre trois correspond à « calot ». La lettre à tante Lisa, dans cette perspective, prend la couleur et la texture d'un calot

militaire, tout en gardant en haut à droite son timbrage à l'effigie de la tante Lisa.

Grâce à ce classement raisonné, je n'aurai pas de difficulté à retrouver que ma troisième activité de la journée, demain matin, doit être une activité de correspondance familiale. Si par malheur (ou par négligence) je ne gardais pas assez de temps pour m'acquitter de cette tâche, je ne l'oublierais pas pour autant, mais il m'incomberait alors de la reclasser parmi les tâches à faire l'après-midi ou le lendemain, en associant « lettre à tante Lisa » à un nouveau numéro d'ordre. Cette petite gymnastique mentale renforcerait mon souvenir de la tâche inaccomplie à exécuter.

Une autre façon de classer les activités prévues pour le lendemain consiste à associer l'image correspondant à chacune d'elles avec une image exprimant l'heure à laquelle nous jugeons qu'elle pourrait avoir lieu. Selon ce système, j'associe alors « lettre à tante Lisa » avec onze (si 11 heures du matin me paraît une heure disponible pour cela) ou quinze (si l'après-midi convient mieux) ou encore vingt-deux (pour 10 heures du soir). Ces heures seront associées avec l'image d'une lettre par le même processus que lorsqu'il s'agissait d'un numéro d'ordre affecté à cette activité. Pour ne pas oublier qu'à telle heure telle chose est prévue, il conviendra soit de noter dans son agenda les activités telles qu'elles ont été mémorisées, et de consulter l'agenda à intervalles réguliers, soit de passer en revue régulièrement en esprit les activités prévues heure par heure, à chaque fois que l'une d'entre elles se termine.

*Les localisations*

Pour ceux qui craignent qu'un enchaînement des activités prévues par numéro d'ordre, ou selon un horaire déterminé, ne correspond pas à leur façon d'agir, à cause de la rigidité du système, d'autres méthodes peuvent mieux convenir : l'histoire ou la chaîne qui relient les images correspondant à chaque activité prévue de façon souple et amusante peuvent être plus stimulantes pour certains. Les localisations jalonnant un itinéraire judicieusement choisi sont très « parlantes ». Car, en prévoyant sur l'itinéraire une activité pour le lendemain, vous pouvez vous représenter en train d'accomplir les différentes activités qui précèdent, puis en arriver à celle-là en un lieu où vous vous trouverez réellement au moment choisi pour l'accomplir. Dans cette optique, la lettre que vous devez écrire à tante Lisa sera peut-être la troisième prévue depuis le matin, mais il suffira de l'associer à l'image de votre bureau, non encombré des affaires du jour, pour vous inciter à vous occuper de cette tâche dès votre entrée dans cette pièce favorable à la correspondance.

*Les catégories*

Enfin un autre aide-mémoire pour les tâches à accomplir un jour donné est si évident que nous l'utilisons spontanément et bien souvent. Mais il n'est pas inutile de le citer, à cause de sa grande efficacité. C'est le classement des activités prévues par catégories. Si je décide qu'il faut que j'écrive demain à tante Lisa, alors que ce jour est chargé de rendez-vous à l'extérieur, il n'est pas rationnel de s'obstiner à caser cette tâche-là entre deux sorties qui empêcheront d'y penser en temps voulu. Mieux vaut la prévoir avec d'autres lettres à écrire, en lui donnant simplement un numéro d'ordre pour ne pas l'oublier, ou en l'enchaînant à des activités de nature analogue, qui favoriseront cette tâche au lieu de l'entraver.

## Les noms propres

Tous ceux qui ont de nombreuses relations sociales le savent : retrouver au bon moment le nom d'une personne, même si on ne l'a rencontrée que brièvement, est un atout précieux dans la vie. Il est donc particulièrement utile de cultiver sa mémoire des noms propres. Pourquoi sommes-nous alors si souvent incapables, malgré des efforts méritoires, de retrouver le nom d'une personne, et parfois même quand on nous l'a présentée peu de temps auparavant ?

A.D. Yarmey a écrit sur ce sujet un article au titre évocateur : « Je reconnais votre visage mais je ne peux me souvenir de votre nom : un nouveau cas du phénomène de mot-sur-la-langue »[6]. Car les spécialistes se sont penchés sur ce problème. Et ils proposent nombre de méthodes pour y remédier. Passons-les en revue.

*Anticiper*

Les parents savent combien la mémoire d'un enfant qui apprend à parler ou à lire est inconstante, et combien de fois il faut lui redire certains mots avant qu'il ne les maîtrise. Cependant John Holt cite l'intéressante remarque d'une mère à propos de sa fille qui apprenait à lire : « Cela n'arrive pas souvent, mais c'est curieux : quand elle demande elle-même un mot, elle ne l'oublie jamais[7]. » Cette observation est très juste, mais elle n'est pas aussi curieuse que cette mère le pensait. Notre mémoire enregistre et retient infiniment mieux la réponse à un problème personnel que ce qui lui parvient parmi d'autres sollicitations extérieures, sans recherche de sa part.

6. Voir « Memory and Cognition », 1 ; 287-290, 1973.
7. John Holt : *How Children Learn* (Harmondsworth, Penguin Books, 1967), p. 89.

Les noms propres de relations mondaines ou professionnelles qu'on nous présente se trouvent plus souvent dans le second cas que dans le premier : le nom est murmuré trop vite, souvent à peine audible ; il peut être précédé et suivi d'autres noms avec lesquels il se confond ; et nous pouvons nous-même être pris dans une conversation qui empêche notre esprit d'être vraiment attentif au nom prononcé.
Comment, dans de telles conditions, enregistrer de façon durable tel ou tel nom particulier ? Ce n'est pas notre « mémoire des noms » qu'il faut accuser de défaillance dans un tel cas, mais les conditions d'enregistrement par trop défavorables.

La préparation permet d'améliorer beaucoup l'enregistrement des noms propres. Il faut savoir d'avance que nous aurons à enregistrer des noms qui seront peut-être difficiles, qui nous seront peut-être dits trop vite ou de façon peu compréhensible. C'est en y pensant à l'avance que l'on trouve des parades à ces difficultés.
La première parade consiste à mobiliser son attention au bon moment. Même pris dans une conversation intéressante, il faudra vous en abstraire suffisamment pour enregistrer efficacement les noms des personnes que l'on vous présentera. La préparation aide à mobiliser son attention, de manière à écouter activement le nom qui vous est dit.

*S'assurer que l'on comprend*
Participer activement à une présentation, c'est d'abord parler lentement et clairement, en articulant, pour celui qui énonce le nom ; c'est ensuite écouter avec attention pour celui qui apprend le nom.
Kenneth Higbee estime que la mémoire des noms propres

augmente facilement de 50 % en s'habituant, d'une part à articuler mieux, de l'autre à écouter mieux le nom [8]. Cependant, même en faisant attention, un nom difficile ne peut être correctement identifié à la première audition. Lorsqu'il vous paraît nécessaire de connaître vraiment le nom de l'interlocuteur présenté, si les circonstances vous le permettent sans que vous passiez pour impoli ou ridicule, demandez qu'on vous le répète, en le redisant après le présentateur, en l'épelant même au besoin à haute voix pour vous-même, de manière que votre interlocuteur puisse vous corriger si vous avez mal compris (c'est fréquent, les noms prennent tant de tournures inattendues).

*Répéter le nom plusieurs fois*

La répétition est ici un moyen d'action efficace contre l'oubli. Robert Tocquet cite à ce propos la méthode utilisée par un grand avocat, qui savait capter et retenir un nom de la manière suivante : « Ah ! disait-il par exemple, vous vous appelez Monsieur Duchemin. Comme c'est curieux, j'ai connu un Jules Duchemin à Lyon. Quel homme charmant était ce Duchemin ! Seriez-vous parent avec ce Jules Duchemin ? Je suis ravi de vous rencontrer, Monsieur Duchemin ! [8] »

C'est là une manière aimable de graver dans sa mémoire le nom de la personne rencontrée, tout en lui donnant l'occasion d'ajouter à la présentation sèche de son nom quelques précisions biographiques qui l'illustrent utilement. Si on en a l'occasion, il est bon de renouveler ce type de répétition du nom associé à des commentaires sur la vie de l'interlocuteur, pour mieux consolider le souvenir de son nom.

8. R. Tocquet : *la Mémoire* (Paris, Julliard, 1967), p. 120.

*Se méfier des interférences*
Le souvenir d'un nom est particulièrement menacé de distorsion par les interférences proactives et rétroactives (voir Cours 6). Il faut prendre garde à ne pas appeler M. Lerat une nouvelle connaissance dont le nom est Lechat, ou M. Pommier un M. Poirier. Cela dénote un manque d'attention dans l'enregistrement de l'image attachée à leur nom qui pourrait les vexer.
Car le nom patronymique est une étiquette personnalisée à laquelle la plupart des gens sont, en leur for intérieur, très attachés.

*Trouver une image visuelle concrète*
Une nouvelle connaissance n'attache pas d'importance à une formulation erronée de son nom, et rectifie avec bonne humeur l'énoncé. Il faut en profiter pour répéter le nom correct, tout en cherchant activement une représentation visuelle de ce nom, que l'on tentera d'associer au visage ou à la silhouette de l'interlocuteur.
Robert Tocquet conseille de ne pas craindre les associations les plus bizarres, à condition que le nom soit retenu correctement : « C'est ce qui a été fait pour les noms suivants, qui n'ont pas été spécialement choisis, puisqu'il s'agit des premiers noms d'une liste d'élèves :

M. Bachelot est bachelier
M. Bar a une tête de poisson
Mlle Bouvier garde les vaches
M. Ducrocq a des dents de loup
Mlle Ferré est très intelligente
M. Hardy est peureux
M. Laforest habite les bois [9]. »

9. R. Tocquet : *la Mémoire* (Paris, Julliard, 1967), p. 163.

Ce genre d'associations serait facile à accumuler. Mais il ne faut pas se contenter de jeux de mots aisés ; il faut veiller à rendre ces associations signifiantes, en réfléchissant à la personne qui porte le nom que l'on désire retenir efficacement.

Penser, pour retenir le nom de M. Bachelot, qu'il est bachelier, n'est pas en soi très distinctif, car beaucoup de personnes passent le baccalauréat. Réfléchissons mieux au cas de M. Bachelot : est-il pour lui important d'avoir passé cet examen ? Est-il content de la position sociale que cela lui a permis d'atteindre ? A-t-il un air intellectuel ? Ce sont de telles considérations qui nous feront retenir que c'est lui, et pas un autre, qui porte le nom de Bachelot.

L'association suivante est visuellement plus prégnante.

Penser, pour retenir le nom de M. Bar, que sa tête ressemble à celle d'un poisson a des chances de former une bonne association, parce qu'elle contient des éléments visuels faciles à retrouver. Il en est de même pour M. Ducrocq, si réellement nous trouvons que sa dentition a quelque chose de féroce qui rappelle un loup. Le simple jeu de mots ne suffit pas. Il faut prendre le temps de bien visualiser l'idée qui permettra ultérieurement de retrouver le nom en revoyant le visage.

### Noms longs et difficiles

Cependant beaucoup de noms patronymiques sont malaisés à retenir parce qu'ils sont longs ou compliqués, ou parce qu'ils ont une consonance inhabituelle. Comment retenir de façon durable des noms comme : Arbogast, Higonenc ? Plus difficile encore, comment retenir les noms à sonorité étrangère, comme : Zandfaust, Stichelboot, Herschlikowitz ?

*Les connaissances culturelles*

Ici toutes les ressources de la mnémotechnique doivent entrer en jeu. Mais tout d'abord, nos connaissances culturelles : il est bien certain que des notions, sur la région d'où provient le nom, sur sa prononciation, sur ses origines étymologiques, sont d'un grand secours ; en outre, de telles connaissances impliquent que notre mémoire est déjà familiarisée avec d'autres mots du même type, ce qui aide beaucoup à leur enregistrement.

De bonnes connaissances historiques permettent de retrouver dans le nom Arbogast celui d'un général d'origine franque qui joua un rôle politique vers la fin de l'Empire romain. Higonenc devient facile à retenir si l'on connaît la région du sud-ouest de la France, où des patronymes similaires abondent.

*Le travail d'analyse*

Bien entendu, on ne peut pas tout connaître. Pour les noms qui ne se rattachent pas à des notions connues de nous, le mieux est de procéder par analogies : on cherche à quoi la sonorité générale du nom pourrait nous faire penser.

Dans ce travail d'analyse, tout doit entrer en jeu :

— le nombre des syllabes peut être compté (ainsi la mémoire des chiffres jouera) ;

— le rythme d'énonciation de ces noms peut être cherché (pour la mémoire auditive) ;

— les particularités orthographiques peuvent être notées (Arbogast commence par A, Higonenc comment par Hi ; les deux noms se terminent par une consonne : t et c) ;

— des allitérations, rimes et assonances familières peuvent être cherchées ; etc.

*Le rébus visuel*

Mais la méthode mnémotechnique la plus conseillée pour ces mots difficiles, c'est l'analogie visuelle du type rébus. Par exemple :

— Arbogast commence presque comme « Arbre » ; si « gast » était son fruit, on pourrait dire que c'est un « Arbre au gast », image facile à visualiser.

Comment serait le fruit que porterait cet « arbre au gast » ? « Gasté » bien entendu, c'est-à-dire gâté, pourri (en vieux français). Imaginons un arbre couvert de pommes pourrissantes, tout en nous répétant le nom de « Arbogast », et nous le retiendrons plus facilement.

Mais un danger nous guette, dans ce type d'aide mnémonique : pour mettre au point notre rébus visuel, nous avons quelque peu déformé le mot initial : « Arbogast » est devenu « Arbrogast » dans notre rébus. Il y a là un certain inconvénient qu'il ne faut pas sous-estimer. Si vous savez que votre prononciation des mots est facilement perturbée, si vous faites parfois des lapsus (« langue qui fourche »), ne vous fiez pas sans restriction à la méthode des rébus visuels. Elle est excellente pour retenir l'aspect général du nom, mais elle ne le respecte pas dans tous ses détails. Faites donc de fréquentes répétitions à voix haute de l'énoncé correct du mot, pour ne pas vous laisser influencer par les déformations introduites par le rébus visuel.

L'exercice page suivante vous permettra de savoir si vous avez facilement « la langue qui fourche », quand vous apprenez un nom difficile.

## Exercice : avez-vous tendance à faire des lapsus ?

**Dans les paires de mots suivantes, cochez l'expression qui vous paraît la bonne.**
**Exemple :**
**a) Mémotechnique**
**b) Mnémotechnique**
**Il fallait cocher « Mnémotechnique » et non « Mémotechnique », car cette expression est dérivée, non de « mémoire » comme on pourrait s'y attendre, mais de « Mnémosyne », la déesse de la Mémoire chez les anciens Grecs.**

1 - a) Fier comme d'Artagnan
b) Fier comme Artaban

2 - a) Soucis pécuniaires
b) Soucis pécuniers

3 - a) Le voleur a pénétré par infraction
b) Le voleur a pénétré par effraction

4 - a) Le bœuf miroton
b) Le bœuf mironton

5 - a) Agoniser d'injures
b) Agonir d'injures

6 - a) Une amanite phalloïde
b) Une anamite phalloïde

7 - a) La tête d'oreiller
b) La taie d'oreiller

8 - a) Eccœtera
b) Etcœtera

9 - a) Une voix de Centaure
b) Une voix de Stentor

10 - a) Un crime inexprimable
b) Un crime inexpiable

11 - a) Un aéropage
b) Un aréopage

12 - a) La pierre d'échappement
b) La pierre d'achoppement

13 - a) Avoir les oreilles rebattues
b) Avoir les oreilles rabattues

14 - a) Invoquer saint Antoine
b) Evoquer saint Antoine

15 - a) Des mots invertis
b) Des mots intervertis

16 - a) L'incendie provient d'un coupe-circuit
b) L'incendie provient d'un court-circuit

17 - a) Regard glabre
b) Regard glauque

18 - a) Caparaçonné
b) Carapaçonné

19 - a) Vemianine
b) Veniamine

20 - a) Cap Canaveral
b) Cap Carnaveral

**corrigé**

Réponses correctes : 1-b, 2-a, 3-b, 4-a, 5-b, 6-b, 7-b, 8-b, 9-b, 10-b, 11-b, 12-b, 13-a, 14-a, 15-b, 16-b, 17-b, 18-a, 19-b, 20-a.

Si vous avez 18 à 20 réponses correctes : les lapsus occasionnels que vous pouvez commettre parfois au cours d'une conversation n'affectent pas votre connaissance réelle du mot juste. Vous pouvez utiliser la méthode des rébus visuels pour mieux retenir les noms difficiles sans risque d'introduire une connaissance biaisée des mots.

Si vous avez 15 à 17 réponses correctes : attention, les lapsus vous guettent. Votre familiarité avec la langue n'est pas toujours parfaite. Prenez garde, si vous utilisez la méthode des rébus visuels pour mieux retenir les noms, à ne pas introduire des « à peu près » dans votre mémoire qui nuiraient à votre maîtrise du mot exact à employer.

Au-dessous de 15 réponses correctes : votre mémoire a tendance à confondre certains mots semblables, ce qui vous rend vulnérable au lapsus. La méthode des rébus visuels pour mieux retenir les noms risque d'aggraver cette tendance, si vous n'y prenez garde. Essayez donc de combattre les risques d'interférences par des exercices fréquents de comparaison de mots : n'hésitez pas à consulter très souvent le dictionnaire, dès qu'une possibilité de confusion vous apparaît. Essayez d'être très attentif aux mots qui se ressemblent tout en étant porteurs d'un sens différent.

L'encadré de la page 288 vous présente le genre de danger à éviter, dans la décomposition des mots que l'on cherche à mémoriser.

## Noms à consonance étrangère

Le problème des noms qui ont une origine étrangère est évidemment plus difficile à maîtriser, parce qu'ils possèdent moins d'analogies valables dans notre langue. Quelques notions d'anglais aident à retenir correctement Smithson, Higbee ou Postman (en anglais, *smith* signifie « forgeron », *son* signifie « fils », « Smithson » est donc : « le fils du forgeron » ; *high* signifie « haut », bee signifie « abeille », pour « Higbee » on peut donc penser à « une abeille qui vole haut » ; Post signifie « poste », *man* signifie « homme », « Postman » veut dire « postier ») ; quelques notions d'allemand sont utiles pour retenir « Reitman » ou « Rothkopf » (qui veulent dire respectivement : « homme à cheval » et « tête rouge »), etc.
Par conséquent, lorsqu'on se trouve en présence d'un nom provenant d'un pays dont on connaît un peu la langue, il faut chercher de préférence à relier les syllabes qui le composent aux mots du pays d'origine. C'est la méthode la plus sûre pour éviter les déformations ultérieures du souvenir enregistré.
Mais ce n'est pas toujours possible. Alors on aura recours, comme pour les noms difficiles de notre langue, aux analogies visuelles que l'on choisira aussi proches que possible du mot à retenir. La tâche est évidemment moins aisée si le mot a un aspect très différent des mots français. Mais tant que nous nous en servons dans notre pays, nous n'avons pas besoin de nous préoccuper de la prononciation correcte dans la langue d'origine. Nous nous fonderons sur la prononciation usuelle de ces noms en France.

Exemple : « Zandfaust »
— La seconde partie de ce nom, « Faust », est un nom célèbre en France par deux opéras qui racontent la

légende de Faust aux prises avec le diable. Nous pouvons nous en servir sans le franciser.
« Zand » peut devenir « du sang de », pour former l'image visuelle prégnante : « Du sang de Faust » ruisselant sur la scène...
— Mais on peut aussi, si l'on veut, franciser phonétiquement tout l'ensemble, qui devient alors « son défaut » ou « sonne faux », en traduisant « Zan » par « son » ; ou « gens de faux », en traduisant « Zan » par « gen »...
— Etc.

*Suite page 289*

**Des règles pour enrichir votre mémoire des mots**
Lorsque vous avez capté au vol une nouvelle expression évitez de l'essayer prématurément en société. Parlez-en plutôt avec des personnes de votre cercle familial, ou vérifiez-la dans le dictionnaire, afin de vous assurer que vous l'avez correctement saisie et retenue.
Mais ne la laissez pas dormir dans le fond de votre mémoire. Vous risqueriez de l'y oublier.

## Exercices

**A votre tour de vous évertuer à tirer des analogies imagées des noms suivants, proposés à titre d'exemple :**

« Stickelboot » :

Notre suggestion :

« Stickel » devient « ce ticket »
« boot » devient « des bottes »
D'où l'image adoptée serait : « ce ticket (pour acheter des) bottes. »

« Herschlikowitz » :

Notre suggestion :

« Hersch » = une « arche » (comme celle de Noé)
« liko » = couleur de coque-« licot »
« witz » = qui avance « vite »
« Herschlikowitz » devient ainsi « une arche rouge qui va vite »

Continuez à pratiquer régulièrement de tels exercices, pour mémoriser des noms qui vous seront directement utiles.

**« Il est vraisemblable que tous mes lapsus ne sont jamais le produit du hasard [10] »**

J'écris le présent texte dans l'auberge d'un village suisse vaudois, lové au fond de la vallée creusée par un cours d'eau, mi-rivière, mi-torrent : la « Sarine ». Ma fille, âgée de douze ans, a tout de suite retenu ce dernier nom, sans doute parce que sa mémoire est supérieure à la mienne, peut-être aussi parce qu'elle est plus impressionnée que moi par ces paysages alpins qu'elle découvre pour la première fois. Mais je suis un peu vexé de ne pas me souvenir du nom de cette rivière quand, au cours des promenades, nous l'évoquons.

Je crois enfin avoir trouvé et j'articule : la « Zarine », ce qui me vaut quelques nouveaux quolibets ; mais la fois suivante, j'articule correctement la « Sarine » le *s* étant prononcé à la façon d'un *ç*. Que s'est-il passé ? Vexé de ma mauvaise mémoire, j'y ai remédié en formulant une association mentale ; mais je n'ai réussi, la première fois, qu'à moitié en commettant un lapsus.

L'association ? Etant dans un paysage de neige, j'ai enchaîné mentalement : neige — Russie, Russie — tsarine, tsarine — Sarine. Consciemment ou inconsciemment, nous utilisons fréquemment ce processus d'association pour apprendre de nouveaux mots (...) C'est parce que l'avant-dernier chaînon de mon association mentale était « tsarine », mot au sein duquel le *s* se prononce *z*, que tout naturellement j'ai prononcé pour le chaînon final « Zarine » (au lieu de la prononciation correcte « Sarine »).

10. C'est aussi l'opinion d'un pionnier de la neurophysiologie, Karl Spencer Lashley. Lire à ce sujet « Slips of the Tongue », par Victoria A. Fromkin, in *Scientific American,* déc. 1973, p. 110.

Je ne puis naturellement, pour expliquer l'origine de mes lapsus, que me référer à un exemple où la formation du lapsus est explicable parce qu'elle était consciente. Mais il est vraisemblable que tous mes lapsus, que mes fautes d'orthographe ou de style ne sont jamais — ou presque jamais — gratuits, ne sont jamais le produit du hasard. Considérés en fonction de mon milieu culturel externe — des lois de son langage —, ce sont des anomalies illogiques. Considérés en fonction de mon milieu intérieur, de ma personnalité, de mon dictionnaire mental particulier, de mes règles habituelles de combinaisons de lettres, des phonèmes, des mots de ce dictionnaire mental, tous mes lapsus ne sont que des créations linguistiques personnelles, à la fois spontanées, naturelles et logiques.

F. Richaudeau : *Voyage au centre de ma mémoire*, in Psychologie, n° 53, p. 29.

## Les mots abstraits

Au cours des études et dans sa profession, on a souvent besoin de mémoriser des mots plus ou moins abstraits et compliqués. Voyons quelles sont les meilleures méthodes pour ce faire.

### *Mots isolés*

Il arrive parfois, au cours de nos lectures, que nous butions sur un mot nouveau. S'il nous paraît important, nous arrêtons notre lecture, nous cherchons son sens exact dans le dictionnaire ; puis nous continuons à lire, satisfaits de l'avoir appris. Si notre mémoire des mots est bonne, ce processus suffira à nous mettre au courant

des mots nouveaux dont nous avons besoin dans le travail et dans les loisirs.
Mais la mémoire des mots nouveaux ne fonctionne pas toujours à volonté. Un mot nouveau doit parfois être recherché deux fois, trois fois, sans être pour autant bien retenu. Entre le reconnaître dans un document écrit et le retrouver au moment où on a besoin de le dire ou l'écrire, il y a un écart qui peut se révéler très gênant. Les méthodes mnémotechniques combleront cet écart.

*Rattacher un mot abstrait à une image concrète*
Comme dans le cas des noms propres à retenir, il s'agit tout d'abord de trouver des images concrètes qui nous aident à fixer le mot difficile dans notre mémoire. Prenons un exemple.
Le médecin vous a prescrit des bains de pied à l'*alun*. Vous désirez discuter de cette prescription avec un ami ; puis acheter une boîte de ce produit chez le pharmacien. Comment être sûr de bien redire ce mot nouveau ?

1) *Définition et description*
Le dictionnaire vous indique que l'alun est un sulfate double d'alumine et de potasse et vous donne une description de ses effets et de ses différents usages. Ces indications vous fournissent des notions intéressantes sur le produit lui-même, mais aussi une analogie facile avec un mot d'usage plus courant qui peut vous aider à fixer ce mot nouveau dans votre mémoire.

2) *Analogie verbale*
« Alun » - « alumine » - « aluminium », l'analogie phonétique qui relie ces trois mots permet d'utiliser « aluminium », mot d'usage plus courant, pour évoquer l'« alun », le mot nouveau à mémoriser.

3) *Visualisation*
Il ne reste plus qu'à imaginer sous une forme visuelle concrète un objet en aluminium, casserole, batterie de cuisine, aile d'avion, ou toute autre image qui vous vient à l'esprit lorsqu'on vous dit « aluminium ».

4) *Association*
Cet objet d'aluminium sera relié en pensée aux bains de pieds que vous a prescrits le médecin, vous permettant de remonter d'« aluminium » à « alun » dès que vous aurez besoin d'utiliser ce mot nouveau.

*Mots compliqués*
Mais il arrive que le mot nouveau à mémoriser soit long et compliqué. Cela le rend difficile à englober dans un mot unique de rappel. Nous utiliserons alors soit l'étymologie, soit la technique du rébus visuel, soit la petite phrase humoristique de rappel, comme nous l'avons indiqué pour les noms propres.

Exemple : « dolichocéphale »
Le dictionnaire indique qu'il s'agit du « crâne allongé d'avant en arrière qui caractérise certaines races humaines ».
Etymologie : ce mot se décompose en dolikhos, qui veut dire en grec « allongé » et kephalê, qui veut dire en grec « tête ». Cette étymologie peut suffire, à elle seule, à permettre de retenir le mot. En particulier kephalê se retrouve dans d'autres expressions connues, comme « avoir des céphalées » = avoir mal à la tête.
Rébus visuel : un personnage appelé « D au lit chaud s'affale ».
Petite phrase humoristique de rappel : « Dolly » est « chaussée » de chaussures « pâles ».

## Exercice

**Chercher différents moyens mnémotechniques est utile pour bien retenir un mot difficile. Cette recherche vous fait penser au mot, l'examiner sous tous ses aspects, donc bien le fixer dans la mémoire ; et les phrases de rappel imaginées sont des indices facilitant l'identification du mot, quand il s'agit de le retrouver.**

**Appliquez les méthodes passées en revue aux trois mots suivants :**

« Vaticiner » :
1) *Définition* ______
2) *Analogie verbale* ______
3) *Visualisation* ______
4) *Association* ______

« Panophtalmie »
1) *Définition* ______
2) *Analogie verbale* ______
3) *Visualisation* ______
4) *Association* ______

« Anthelmintique »
1) *Définition* ______
2) *Analogie verbale* ______
3) *Visualisation* ______
4) *Association* ______

Faites de même pour des mots difficiles qui vous intéressent personnellement :

______

______

______

______

______

*Listes de mots abstraits*

Nos études nous ont habitués à faire face également à des tâches de mémorisation plus austères. Au lieu d'approfondir le sens d'un mot nouveau, considéré en lui-même, il arrive que nous ayons à absorber en un temps très limité une liste de nombreux mots difficiles. Par exemple au moment des examens.

Parfois, même dans un tel cas, il est bon de prendre le temps d'analyser en détail un ou deux termes trop indigestes pour être retenus tels quels. Mais il faudra vous résoudre, pour la plupart d'entre eux, à les enregistrer sans les détailler. Pendant les cours que vous avez suivis, le professeur a utilisé ces termes et vous a familiarisé avec eux. Il s'agit à présent de les mémoriser rapidement, afin de pouvoir les dire ou les écrire à l'examen.

Heureusement, lorsque beaucoup d'étudiants ont eu les mêmes listes de mots difficiles à apprendre, leurs efforts successifs ont laissé des traces. Il existe des recettes toutes faites pour ingurgiter plus aisément certaines listes de mots difficiles.

*Utilisation des initiales*

Ainsi, pour les étudiants en médecine, les *douze paires de nerfs crâniens* s'intitulent :

| | |
|---|---|
| Olfactifs, | Faciaux |
| Optiques, | Auditifs, |
| Moteurs oculaires communs, | Glosso-pharyngiens, |
| Pathétiques, | Pneumogastriques, |
| Trijumeaux, | Spinaux, |
| Moteurs oculaires externes, | Grands hypoglosses. |

Pour les évoquer plus aisément dans l'ordre exact, voici la phrase classique formée de mots dont la première

lettre (ou la première syllabe) est la même que celle des douze paires de nerfs crâniens à mémoriser :
« Oh Oui, Mon Paletot, Tu M'as Fait Assez Grelotter Pendant Six Grands Hivers. »

Et pour les étudiants en géologie, voici selon le même principe la succession des *périodes successives du paléozoïque :*
Cambrien
Silurien
Dévonien
Carbonifère
Permien
dont la succession sera mieux retenue grâce à la phrase :
« Cambronne, s'il eût été dévot, n'eût pas carbonisé mon père. »

Robert Tocquet propose aux étudiants en astronomie, pour retenir la succession des planètes à partir du Soleil (Mercure, Vénus, Terre, Mars, Jupiter, Saturne, Uranus, Neptune et Pluton), la phrase suivante dont les mots commencent par les mêmes initiales :
« Monsieur, Vous Travaillez Mal - Je Suis Un Novice Pardi ![11] »

Kenneth Higbee propose aux étudiants en géographie, pour retenir les noms de treize premiers Etats d'Amérique du Nord qui se sont fédérés pour constituer les Etats-Unis, dans l'ordre où ils se sont groupés, de créer une petite histoire du genre de :
« Une dame de Delaware prend un billet à la gare de Pennsylvanie. Elle met son nouveau jersey (= New

11. R. Tocquet : *la Mémoire* (Paris, Julliard, 1967), p. 164.

Jersey) dans sa valise, va voir son amie Georgia dans le Connecticut, puis s'endort comme une masse (Massachusetts) en fumant une Maryland chez sa cousine Caroline (Caroline du Sud) de New Hampshire. Mais Virginie de New York arrive elle aussi chez Caroline (Caroline du Nord) en venant du nord. On la renvoie à Rhode Island[12]. »

Une telle historiette, toute élémentaire qu'elle soit, accélère beaucoup la mémorisation de ces noms. Une élève de Kenneth Higbee l'a enseignée à sa classe de 33 élèves. Deux semaines plus tard, 26 des 33 élèves savaient encore leur liste des premiers Etats, dans l'ordre chronologique correct, performance si rare que le directeur de l'école fut appelé pour assister à la récitation.

Selon les études que vous faites, la profession à laquelle vous vous préparez, vous avez des listes de termes différents à mémoriser. Choisissez donc l'une ou l'autre des méthodes décrites, et appliquez-la aux listes qui vous causent le plus de difficultés. Vous rendrez ainsi la mémorisation plus rapide et la rétention des termes plus durable.

12. K. Higbee : *Your Memory* (Englewood Cliffs, Prentice Hall, 1977), p. 104.

**Associations multiples**

Si nous voulons être sûr de bien retenir des mots nouveaux, mieux vaut ne pas se contenter d'un type d'apprentissage unique ; des associations de types variés permettront de faire travailler la mémoire dans différents secteurs auxquels les mots nouveaux peuvent être rattachés. Leur évocation sera grandement facilitée si de nombreux chemins mènent à eux.

**Comment lutter contre la distraction**

« Je suis distrait, j'oublie tout. Comment faire pour l'éviter ? Quelles sont les méthodes mnémotechniques pour lutter contre la distraction ? »

Il y en a, bien entendu. Elles se nomment :

ORGANISATION. Si vous abandonnez au hasard le soin de vous rappeler ce que vous avez à faire un jour donné, il y a peu de chances que le hasard fasse bien les choses. De nombreuses méthodes s'offrent à vous pour remplacer le hasard dans ce domaine. Il faut que vous en choisissiez une, et que vous vous exerciez sérieusement à la mettre en pratique. Ce peut être la méthode de la chaîne, ou de l'histoire, ou des localisations, ou des repères (voir le Cours 7), ce peut être l'agenda ou le bloc-notes. Peu importe, toutes ces méthodes sont excellentes. Ce qui compte, c'est de s'en servir régulièrement.

MOTS CLÉS. Quand la méthode est choisie, exercez-vous à trouver un mot clé qui résume la chose importante que vous ne devez pas oublier. Ce peut être un rendez-vous, symbolisé par le nom de la personne à rencontrer, ce peut être un achat, résumé dans le nom de l'objet à acheter, ce peut être un travail, etc. Exercez-vous à visualiser le mot clé choisi sous une forme concrète et frappante (voir le Cours 3).

ASSOCIATION. Le mot clé étant visualisé, il ne reste plus qu'à l'intégrer dans le système d'associations mnémotechniques que vous aurez choisi : chaîne, histoire, itinéraire, ou tout autre. Ce système, en organisant votre activité, vous évitera les oublis dus à la distraction (voir le Cours 4).

CHAPITRE 11

# neuvième cours

# l'orthographe des mots

« Dans l'alphabet il n'y a pas de raison que le L soit placé devant le R et que le B soit la deuxième lettre de l'alphabet plutôt que la septième. C'est pourtant ainsi, qu'on le veuille ou non. Il suffit de l'avoir appris (et non deviné) pour le savoir une bonne fois pour toutes. De même, il n'y a que l'observation attentive des mots rencontrés au cours des lectures et la consultation du dictionnaire qui peuvent vous apprendre s'il y a ou non des tirets dans un mot composé (pomme de terre et eau-de-vie), si un nom est masculin ou féminin (un viscère et une patère, un indice et une oasis...), s'il faut ou non un accent (abîme mais cime ; cône mais conique...), s'il faut ou non redoubler une consonne (une trappe mais une attrape...), s'il faut ou non un « h » (exhorter mais exorbitant...) [1]. »
Il faut donc recourir au dictionnaire dès que nous avons un doute, afin de fixer l'image correcte du mot dans notre mémoire. Le dictionnaire fournit aussi des indications étymologiques : en nous donnant les origines du mot dans le passé, il justifie certaines règles de l'orthographe et facilite ainsi leur mémorisation. Mais les règles conduisent au labyrinthe des exceptions, qui sont hélas,

1. S. Sainderichin : *Ecrire en bon français... Pourquoi pas ?* (Neuilly-sur-Seine, éd. Hommes et techniques, 1965), p. 40.

nombreuses et qu'il faut bien mémoriser à leur tour. Les méthodes mnémotechniques se révèlent fort utiles.

## L'étymologie

Lorque vous hésitez sur l'orthographe correcte d'un mot, et que vous avez recours au dictionnaire pour la vérifier, un coup d'œil aux renseignements étymologiques placés entre parenthèses avant la définition du mot permet bien souvent d'en mieux fixer les particularités orthographiques dans la mémoire.

Ce type de vérification nous montrera que, dans un nom, l'accent circonflexe est en général la trace d'un « s » qui à l'origine suivait la voyelle porteuse de l'accent, et qui a disparu depuis. Ainsi « âne » était en latin asinus, « châtrer » était castrare, « maître » était magister.

Nous voyons aussi que « doigt » se prononçait digitus en latin, ce qui explique la terminaison en « g » plus « t » de ce mot. Une manière de s'en souvenir est de penser à l'adjectif français « digital », qui est de même origine, et qui rappelle qu'il y a avant le « t » un « g » devenu muet en français mais que l'orthographe conserve pour les mots de cette famille : « doigt », « doigté », « doigter », « doigtier »...

Des constatations analogues permettent d'enregistrer que « cerf » prend un « f » muet final, car il était dit en latin cervus, reconnaissable encore dans « cervidé » (f et v sont des consonnes interchangeables dans l'évolution de la langue) ; « corps » dérive de corpus, reconnaissable dans « corporel », etc.

On verra que le grec ikhthus, qui signifie « poisson », a donné « ichtyosaure », qui s'écrit avec « icht », mais que le latin ictus, qui signifie « coup », a donné « ictus » (affection subite qui frappe comme un coup), écrit « ict ».

Le mot grec kuklos, qui signifie « cercle », vous aidera à vous rappeler que « bicyclette » s'écrit avec i dans la première syllabe et y dans la deuxième syllabe. En effet l'étymologie de bicyclette est la suivante : bi qui veut dire deux (comme nous le savons tous) et kuklos, mot grec signifiant cercle, change son u en y selon la règle générale du u grec. Alors que pour « cycliste » la lettre « y » vient avant la lettre « i ».
En français, le préfixe « hypo » et le préfixe « hippo » se prononcent de la même manière. Mais il devient facile de choisir entre leurs deux orthographes, très différentes, lorsqu'on sait qu'en grec hupo signifie « au-dessous » et hippos « cheval ». On n'hésitera plus à écrire « hypocondrie », (état de dépression), « hypogée » (excavation ou tombeau souterrain) ; mais « hippocampe » (petit cheval marin) et « hippodrome » (champ de courses).
Les mots d'origine germanique prennent un « k » là où les mots d'origine latine prennent un « c ». Il est donc utile de savoir que « un diktat » nous vient de l'allemand, tandis qu'une « dictature » vient du latin.
Ainsi, pour mieux retenir l'orthographe des mots, il est toujours recommandé, lorsqu'on les cherche dans le dictionnaire, de vérifier leur origine. Et si l'on veut faire des progrès rapides dans ce domaine, il est bon d'avoir un carnet de notes où on les regroupe par familles de même origine. Ce classement par catégories est très favorable à une mémorisation efficace. On retrouvera :
— sous Grec les mots qui prennent « y » pour le son i, « ph » pour le son f, « th » pour le son t, « ch » pour le son k (exemple : gynécée, pléthore, phlegmon, chœur) ;
— sous Latin les mots en « a suivi d'une consonne double » (acc, agg...) résultant de la contraction du préfixe « ad » (aller vers) avec la consonne qui commence le mot principal (exemple : accent, du latin « ad » = vers, et

« cantus » = chant ; aggraver, du latin « ad » = vers, et « gravis » = lourd) ;
— sous Allemand, Anglais, Arabe... les mots qui prennent k ou ck pour c (exemple : képi, de l'allemand « Kappe » = bonnet ; knock-out de l'anglais « to knock out » = battre jusqu'à mettre hors de combat ; khôl, de l'arabe « kohol » = substance noire pour maquiller les yeux) ;
— sous Italien les mots se terminant en « a, o » sans consonne muette finale (exemple : opéra, de l'italien « opera » = œuvre ; piano, de l'italien « piano-forte » = doucement et fortement, c'est-à-dire instrument de musique successeur du clavecin qui permet de mieux nuancer l'intensité du son émis).

L'esprit de ces langues, leur type d'apport à notre langage nous apparaîtront mieux ainsi, et renforceront notre mémorisation de leurs particularités orthographiques.

## Quelques particularités :

Il est utile de connaître l'orthographe et le sens de ces :

**I – PREFIXES LATINS**

| Orthographe | Sens | Utilisation | En français |
|---|---|---|---|
| AMBI | Deux | Ambidextre | Utilisation des 2 mains |
| ANTÉ | Avant | Antédiluvien | Avant le déluge |
| INTER | Entre | Interclasser | Intervalle entre 2 classes |
| PER | A travers | Perforer | Traverser en trouant |
| POST | Après | Postopératoire | Après une opération |
| RÉTRO | En arrière | Rétroactif | Ramener en arrière |
| SUB | Sous | Subjuguer | Mettre sous le joug |
| SUPER | Au-dessus | Supermarché | Vaste magasin |
| TRANS | A travers | Transcontinental | Traverser un continent |

## II – PREFIXES GRECS

| Orthographe | Sens | Utilisation | En français |
|---|---|---|---|
| ANTHROPO | Homme | Anthropophage | Mangeur d'hommes |
| CHROMO | Couleur | Chromogène | Produit de la couleur |
| CHRONO | Temps | Chronologie | Science des dates historiques |
| HELIO | Soleil | Héliothérapie | Traitement par le soleil |
| HIPPO | Cheval | Hippodrome | Champ de courses |
| HYPER | Au-dessus en excès | Hypermnésie | Excitation anormale de la mémoire |
| HYPO | Au-desssous | Hypomnésie | Mauvaise mémoire |
| KILO | Mille | Kilogramme | Mille grammes |
| ORTHO | Droit | Orthographe | Correcte façon d'écrire |
| POLY | Nombreux | Polyvalent | Efficace dans plusieurs cas différents |
| THEO | Dieu | Théologie | Science de la religion |
| THERMO | Chaleur | Thermomètre | Mesure de la température |

## III – TERMES ANGLAIS

| | | | |
|---|---|---|---|
| BOW | Incliner | Bow-window | Fenêtre formant saillie par rapport au mur |
| BAND | Lien, groupe | Jazz-Band | Groupe de musiciens de jazz |
| BOY | Garçon | Boy-scout | Enfant éclaireur |
| LUNCH | Déjeuner | Lunchonette | Endroit où l'on peut déjeuner rapidement |
| KIT | Équipement | Radio-kit | Matériel nécessaire pour construire soi-même sa radio |
| QUICK | Rapide | Quick-service | Établissement où l'on est servi rapidement |
| SINGLE | Seul | Singleton | Carte qui est seule de sa couleur |
| SKATE | Patin | Skate-board | Planche à roulettes |
| SKETCH | Esquisse | | |
| SNOW | Neige | Snow-boot | Chaussures caoutchoutées pour la neige |
| YACHT | Bateau de plaisance | Yachting-club | Société de sports nautiques |

## Les exceptions

Hélas, l'orthographe, dans notre langue, n'est pas toujours logique. Dès qu'on y a mis en valeur une régularité, des exceptions apparaissent. A côté du préfixe latin « ad » qui, en se mêlant à la première consonne du mot principal, fournit beaucoup de verbes commençant par « a et double consonne », il y a le préfixe grec « a privatif », qui marque l'absence ou le contraire d'une chose, et n'engendre pas de double consonne à sa suite (exemple : acotylédone, sans cotylédon, du grec « a » privatif et « kotylê » = cavité).
Les manuels de grammaire et d'orthographe qui enseignent ces règles et leurs exceptions sont nécessairement d'apparence si touffue que bien des bonnes volontés s'y heurtent sans espoir. Comment faire pour les assimiler de façon satisfaisante ?
Il faut tout d'abord s'armer de modestie et de patience. L'orthographe française est trop complexe pour pouvoir être assimilée dès la première tentative. Le travail ne peut se faire que par de fines touches répétées de nombreuses fois. Il faut aussi une dose suffisante de curiosité pour la langue, sa formation, ses particularités actuelles, son évolution.

## Les pièges du bilinguisme

Le bilinguisme complique beaucoup l'apprentissage de l'orthographe : il y a, dans les langues apparentées, des mots de même origine qui parfois ont pris dans chaque langue une orthographe différente [2].
Les lectures en anglais, par exemple, peuvent brouiller notre connaissance de l'orthographe en français : adresse s'écrit « address » en anglais, tout en se prononçant de

2. Ce qui conduit à des phénomènes d'interférence proactive. Pour leur description et les conseils pour lutter contre ce type d'interférences, voir Cours 6.

la même façon ; dîner s'écrit « dinner » en anglais, et langage « language ».
Il faut prendre garde à ces faux frères, examiner avec attention leurs différences orthographiques et, éventuellement, leur différence de sens aussi : « address » s'emploie pour adresse au sens de « lieu où habite un correspondant », mais pas au sens « habileté, dextérité ».

### Ayez recours à votre mémoire visuelle

Attaquez-vous aux difficultés rencontrées en leur accordant une attention suffisante. Pour cela, prenez le temps de les noter. Une ou plusieurs fois selon l'importance qu'elles ont dans votre champ d'activité actuel.
Si beaucoup de termes anglais, par exemple, sont utilisés dans votre profession, il ne sert à rien de vouer aux gémonies tout ce qui n'est pas français. Notez une fois, deux fois, trois fois les expressions qui vous causent des difficultés, en pensant au sens et à la forme du mot, de manière à associer l'image écrite à l'image pensée.
Même les plus petits détails sont importants pour distinguer les mots : un simple accent circonflexe permet de différencier la tache (qui souille) et la tâche (qu'il faut accomplir). Si vous ne respectez pas de telles différences, minimes mais essentielles, vos écrits risquent d'être mal compris par ceux qui vous liront.

### Ayez recours à votre mémoire auditive

Prononcez à mi-voix les lettres des mots que vous avez tendance à mal orthographier. Pendant que vous les vérifiez dans le dictionnaire et les récrivez sur votre cahier ou votre feuillet, il faut que chacune des lettres de ces mots mal aimés s'insère dans une petite ritournelle qui chante dans votre tête, pour être facilement rappelée quand vous aurez à vous servir du mot. « b. e. a. u.-

c. o. u. p. » par exemple est une ritournelle utile à apprendre sur un mode chantonné. Ainsi la difficulté orthographique s'intègre dans un ensemble rythmé qu'on n'oublie plus.

Une autre méthode auditive consiste à prononcer les lettres qui sont habituellement muettes dans un mot, et d'insérer ce mot dans une phrase qui illustre son sens : « un coup (prononcé "couppe") de poing (prononcé "poingue"), le temps (prononcé "tèmepse") qui passe », etc.

Le « h » qui, en français, ne s'entend pas, peut être aspiré comme on le fait en anglais ou en allemand, de manière à le fixer phonétiquement dans la mémoire. Le « y » qui, en français, sonne comme un « i », peut pour qu'on l'en distingue, être prononcé « u » comme en grec ancien ou en allemand.

Le côté comique de telles déformations est favorable à leur assimilation mnémonique.

**Ayez recours à votre mémoire motrice et sensorielle**

Ecrire plusieurs fois un mot, en surveillant dans le dictionnaire ses particularités orthographiques, renforce le geste correct. Et celui-ci a plus d'importance dans notre façon d'écrire qu'on ne le pense communément. Une secrétaire qui tape vite et bien le français s'en aperçoit à ses dépens quand elle doit dactylographier un texte dans une autre langue. L'écriture manuscrite est faite elle aussi d'habitudes graphiques intériorisées. On le constate quand, par exemple, un lapsus gestuel nous fait écrire « ch » pour « sh » anglais ou pour « sch » allemand. Pour lutter contre ce genre d'erreur, il faut éduquer le geste moteur en trouvant des occasions d'écrire et de récrire la particularité orthographique qui nous fait problème.

Marcel Didier et Paul Banvard conseillent de stimuler aussi notre imagination motrice et sensorielle en associant un geste qui rappelle le mot à orthographier avec le fait d'écrire ce mot : « Ainsi, pour fixer dans votre mémoire en même temps la différence graphique et la distinction de sens entre le lobe de l'oreille et le lob [3] d'un joueur de tennis, écrivez par exemple le mot lobe après vous être pincé le bas de l'oreille, puis écrivez lob après avoir mimé le coup de raquette qui fait passer la balle au-dessus de l'adversaire. Même s'il s'agit d'un mot abstrait, comme éducation, faites appel à votre mémoire motrice en l'écrivant, non pas isolément, mais dans une expression où il prendra vie : par exemple l'éducation physique [4]. »

3. Balle qui vole très haut au lieu de passer à ras du filet qui sépare les deux côtés du court de tennis.
4. M. Didier et P. Banvard : *Méthode active d'orthographe* (Paris, Bordas, 1972), p. 8.

### Exercice

**Que désignent les mots « côte », « cote », « cotte » ?**
**Epelez chacun d'eux. Faites vivre ces mots concrets par le geste ou l'évocation, puis écrivez-les de mémoire. Vérifiez l'orthographe.**

**Même exercice en distinguant par leur graphie et par leur sens :**

« cou », « coup », « coût » ;
« cœur », « chœur » ;
« hanche », « anche » ;
« flanc », « flan » ;
« canne », « cane » ;
« coin », « coing » ;
« pain », « pin » ;
« pinson », « pinçon » ;
« ver », « vers » ;
« coq », « coke » ;
« mal », « mâle » ;
« ris », « riz » ;
« paie », « paix » ;
« fois », « foi » ;
« aine », « haine » ;
« penne », « peine » ;
« aller », « haler », « hâler » [5].

5. Même référence, p. 9.

## Faites appel aux méthodes mnémotechniques

Un manuel d'orthographe contient des règles que l'on apprend et que l'on exerce à l'école. Un des classiques du genre est par exemple :

— Les mots se terminant en « ou » prennent au pluriel un « s » (exemple : clous).

Mais à peine la règle est-elle énoncée que l'on passe aux exceptions :

— Sept mots se terminant en « ou » ne suivent pas la règle et prennent au pluriel un « x ». Ce sont : « bijou, caillou, chou, genou, hibou, joujou, pou. »

Cette liste représente un souvenir de classe si impérissable qu'elle a été prise pour cible par plusieurs littérateurs humoristiques [6]. Toute personne cultivée sait énoncer ces sept mots en « ou » qui prennent un « x » au lieu d'un « s » au pluriel ; on serait en revanche embarrassé d'en citer autant qui suivent la règle et prennent un « s » au pluriel. Faites-en l'essai avec vos amis, et vous le constaterez.

C'est dire que les exceptions aux règles prennent une place considérable dans l'apprentissage de l'orthographe correcte. Voyons comment les méthodes mnémotechniques facilitent cet apprentissage.

Pratiquement toutes les méthodes passées en revue dans le Cours 7 peuvent être utilisées pour mémoriser les listes de mots qui posent un problème en orthographe : la <u>chaîne</u>, l'<u>histoire</u>, les <u>localisations</u>, les <u>repères</u> sont aussi efficaces les uns que les autres pour des listes de mots concrets, donc faciles à visualiser, comme « bijou, caillou, chou... »

6. En particulier Alphonse Allais et Robert Desnos.

Voici comment procéder.

Si votre système mnémotechnique préféré est la chaîne :
1) - Vous reliez l'image d'un « bijou » avec l'image d'un « caillou ». Vous pouvez imaginer par exemple un bijou splendide, rivière de diamants ou tiare ornée de perles et de rubis ; et au milieu, bien en évidence, un gros caillou bien terne et quelconque, qui forme un contraste frappant avec les pierres précieuses étincelantes qui l'entourent.
2) - Vous reliez l'image d'un caillou avec celle d'un chou. Par exemple : tous les cailloux qui pavent l'allée de votre jardin se mettent à pousser sous forme de petites têtes de choux qui, en grandissant, font de votre allée un tapis fortement bosselé...
3) - Vous reliez l'image d'un chou avec celle d'un genou..., etc.

Si votre système mnémotechnique préféré est l'histoire :
1) - Vous reliez « bijou » avec vous-même : par exemple, vous vous voyez vous-même couvert d'une rivière de diamants somptueuse.
2) - Vous enchaînez sur « caillou » : déambulant avec votre rivière de diamants, vous trébuchez soudain sur un gros caillou.
3) - Vous enchaînez sur « chou » : le caillou qui vous a fait trébucher vous fait tomber en plein sur un gros chou qui s'écrase et dont l'odeur frappe votre odorat sensible..., etc.

Si votre système mnémonique préféré est l'itinéraire :
1) - Arrivant dans votre entrée, vous découvrez un beau « bijou » pendu à la patère où vous accrochez habituellement votre manteau. Vous l'en décrochez et vous en ornez le cou.

2) - Entrant dans votre cuisine, vous découvrez sur la table un gros « caillou » posé bien en évidence sur un plat. Vous prenez le plat, le posez...
3) - sur le réfrigérateur. Et voici que le caillou est devenu un plat de « choux » fort appétissant..., etc.

Si votre système mnémonique préféré est le système des repères :
Vous associez « bijou », « caillou », « chou »... soit avec une liste de repères chiffrés (« tribun » pour 1, « bœufs » pour 2, « toit » pour 3, etc.), soit avec une liste de repères alphabétiques (« villa » pour A, « abbé » pour B, « essai » pour C, etc.) ; ou toute autre liste de repères ordonnés que vous préférez.

### Comment retenir les mots abstraits

Ceux qui sont doués d'une riche imagination pourrait tenter d'appliquer les méthodes mnémotechniques directement aux mots abstraits. Mais cela présente des difficultés. Il y a donc souvent intérêt à procéder selon la technique décrite dans le Cours 8 sous la rubrique « Noms longs et difficiles » : il s'agit de chercher à ces mots abstraits des équivalents phonétiques concrets, mots à la sonorité semblable ou succession de mots concrets formant comme un petit rébus visuel.

> En latin, rebus veut dire « au moyen d'objets concrets ». Ainsi le « rébus » remplace chaque syllabe, notion abstraite, par l'image d'un objet concret dont le nom a une sonorité semblable à la syllabe en question. Un mot long devient de cette manière une succession d'images. On devient vite habile à ce jeu avec de l'exercice.

Prenons pour exemple la règle d'orthographe suivante :
— Un son nasal s'écrit avec une voyelle suivie de n. Mais si le son nasal est suivi d'une syllabe qui commence par m, b, ou p, le « n » qui devrait le terminer s'écrit « m ». Exemple : lampe, limbe, rampe, etc.
— Exception : dans « néanmoins », « an » garde son « n » final.
Les manuels donnent sept exceptions de ce type, dont six sont des mots concrets faciles à visualiser (« bonbon, bonbonnière... », etc.). Mais que faire de « néanmoins », qui n'est pas un mot concret ?
Cherchons un petit rébus permettant de visualiser les syllabes dont « néanmoins » est composé. Nous pouvons nous représenter par exemple : un visage avec le « nez en moins » (=néanmoins), comme ceci :

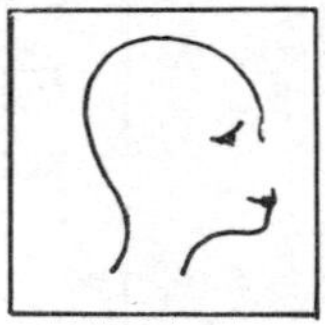

Ce visage avec le « nez en moins » sera facile à inclure dans une liste mémorisée par les systèmes d'association habituels.

## Exercices

**Afin de vous familiariser avec ces diverses méthodes et afin de déceler celle qui vous convient le mieux, voici quelques règles d'orthographe dont vous essayerez de mémoriser les listes d'exceptions avec chacune des méthodes mnémotechniques décrites.**

**Prenez quatre grandes feuilles de papier. Inscrivez en titre, au sommet de chaque feuille, une des méthodes mnémotechniques : sur la première feuille** « La chaîne », **sur la seconde** « L'histoire », **sur la troisième** « Localisations », **sur la quatrième** « Repères ». **Vous utiliserez ces feuilles à tour de rôle pour y noter soit sous forme de dessins (si vous aimez dessiner), soit sous forme de phrases, vos associations visuelles pour mémoriser les listes d'exceptions aux règles citées ci-dessous.**

*Règle d'orthographe n° 1 :* Entre deux voyelles, « s » se prononce comme « z », sauf s'il est redoublé (exemple : la chasse).

*Exceptions à mémoriser :* asexué, cosinus, parasol, préséance, soubresaut, tournesol, ultrason, vraisemblable.

*Règle d'orthographe n° 2 :* Les mots commençant par « ac » prennent deux « c » (exemple : accuser).

*Exceptions à mémoriser :* acacia, académie, acolyte, acajou, acompte, acoustique, acrobate, acuité, acupuncture.

*Règle d'orthographe n° 3 :* Les mots commençant par « ap » prennent deux « p » (exemple : appuyer).

*Exceptions à mémoriser :* apaiser, apercevoir, apéritif, apiculteur, apitoyer, aplanir, aplatir, aplomb.

## La souplesse dans l'application des méthodes mnémotechniques

Comme nous l'avons remarqué déjà dans le chapitre sur la mémorisation des mots, il ne faut pas faire d'une seule méthode mnémotechnique une panacée. A chaque problème particulier, il faut chercher la méthode la plus favorable pour le résoudre rapidement. Parfois plusieurs méthodes peuvent s'allier heureusement.

Les problèmes d'orthographe ne s'énoncent pas toujours sous forme de règles simples suivies d'exceptions. Certains mots complexes présentent des problèmes en eux-mêmes, certaines règles complexes aussi.

Il faut sur ces cas-là faire un travail d'analyse particulier. Et si possible associer plusieurs méthodes pour bien les retenir.

Les associations peuvent comporter, à la place des images visuelles simples, également des assonances familières, des rimes, un certain rythme verbal ou chiffré.

Quelques exemples illustreront cette nécessité de souplesse dans l'adoption de méthodes pour bien retenir les cas difficiles.

## Exemple d'un mot difficile : « parallélogramme »

Il apparaît tout de suite que ce mot long et difficile est un composé de deux termes mathématiques : « parallèle » et « gramme ».

Si notre problème consistait à retenir ces deux termes, nous pourrions créer un petit rébus visuel associant deux droites « parallèles » à la notion de « gramme ». Mais le problème ici n'est pas de retenir ces mots, c'est l'orthographe correcte de « parallélogramme » qui nous intéresse.

L'erreur orthographique la plus fréquente pour ce mot, consiste à intervertir le « l » isolé et le double « l », en écrivant : « parallèle ». Cette tendance est due probablement à la fréquence des adjectifs féminins se terminant en « elle » : belle, immortelle, etc.

*L'analyse attentive*
Lorsqu'on s'est aperçu que « parallèle » prend d'abord un double « l », puis la terminaison « èle », cette analyse détaillée peut suffire à fixer l'orthographe correcte dans l'esprit, et s'étendre à tous les termes dérivés : « parallélogramme », « parallélépipède », « parallélisme », etc. Cependant le problème du redoublement des « l » placés de façon peu commune retentit sur les autres consonnes, qui font à leur tour problème : on en vient à se demander si le « r » ne devrait pas être redoublé aussi, ou si le « m » doit l'être.

*Le décompte chiffré et rythmé*
Le mieux, pour bien fixer les choses dans l'esprit, est de faire un décompte chiffré des consonnes, et de le mémoriser sur un mode rythmé ; ainsi :

| | |
|---|---|
| mot difficile | parallélogramme |
| décompte chiffré | 1 1 2 1 2 2 |
| ritournelle rythmée | « pa-ra-llé-lo-gra-mme, un - un - deux - un - deux - deux » |

que l'on peut chantonner en faisant monter la voix d'un ton chaque fois que deux consonnes apparaissent ensemble, puis de même chaque fois que le décompte dit « deux » et non « un ».

Ce genre de ritournelles, très en vogue à l'aube des apprentissages verbaux sous le nom de comptines, est un moyen mnémotechnique excellent. Il ne faut pas hésiter à s'en servir à l'âge adulte également.

## Exemple d'une règle difficile à mémoriser

Voici la règle telle qu'elle est présentée en classe de français :

> « Tous les noms féminins terminés par le son « é », qui ne sont pas en « té » ou « tié », s'écrivent « ée ». Ex. : la soirée. Exception : la clé (clef).
> Les noms féminins terminés par « té » ou « tié » ne prennent pas d'« e ». Ex. : la clarté, la moitié. Exceptions : les noms indiquant un contenu : l'assiettée, et ces cinq noms : la dictée, la jetée, la montée, la pâtée, la portée. »

Quelle est la meilleure méthode pour mémoriser une règle de ce type ? Mémoriser les termes donnés en exemple et les exceptions ne suffit pas ici : la règle est si complexe qu'au moment de s'en servir lors d'un travail écrit, on risque de ne pas retrouver l'élément nécessaire pour mettre l'orthographe correcte.
Il vaut mieux dans un tel cas analyser la règle à loisir. Sa formulation est abrégée ci-dessus. Il y a des parties à ajouter pour la comprendre dans toutes ses implications ; car où vient se ranger un mot en « ée » comme « le lycée », par exemple ? Reformulons donc la règle :
1) en allant à la ligne chaque fois qu'une nouvelle idée apparaît,
2) en reliant verticalement les emboîtements d'idées, qui formeront ainsi « un arbre », forme de présentation plus proche du travail de notre cerveau que l'enchaînement linéaire de l'écriture habituelle.

*Première idée présentée*
Voici une règle sur des noms qui se terminent par le son « é ».

*Seconde idée*
Si ces noms sont au féminin, ils s'écrivent « ée ».
Exemple : « la soirée ».
Exception : « la clé ».

*Lacune* qui apparaît alors : Comment se comportent les noms au masculin. Nous avons été alertés par le mot « lycée », qui est masculin, et qui prend un « ée » final comme s'il était féminin. A revoir dans notre tableau final.

*Troisième idée*
Les noms féminins terminés par « té » ou par « tié » ne prennent pas de « e » final.
Exemple : « la clarté, la moitié ».
Exception 1 : Les noms indiquant un contenu. Exemple : « l'assiettée ».
Exception 2 : Cinq noms qui n'indiquent pas un contenu et qu'il faut donc mémoriser à part, parce qu'ils sont : a) féminin, b) terminés en « té », donc ne devant pas prendre de « e » final et qu'ils en prennent un tout de même : « Dictée, jetée, montée, pâtée, portée. »

Essayons à présent de suivre les méandres de cette règle compliquée, en la présentant <u>en arbre</u> :
Présentée sous la forme algorithmique d'un arbre, la règle complexe des terminaisons en « é » devient plus facile à mémoriser. D'une part la présentation graphique est visuellement plus assimilable ; d'autre part elle a permis de séparer plus nettement les différents paliers du raisonnement introduit par cette règle ; elle est donc intellectuellement aussi plus assimilable. En outre, ce travail de débroussaillement suffirait à lui seul à fixer de façon durable le contenu de la règle analysée.

## PRÉSENTATION «EN ARBRE» D'UNE REGLE COMPLIQUÉE.

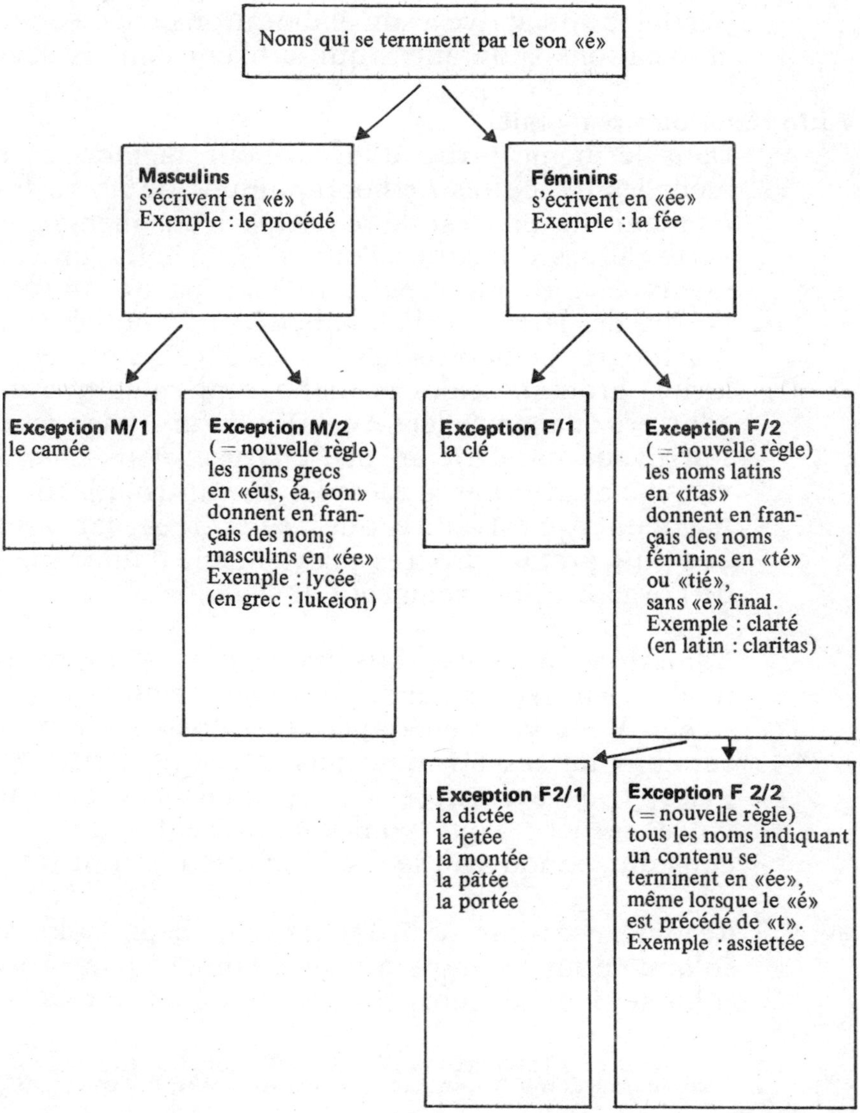

L'analyse détaillée d'une règle complexe est donc en elle-même un puissant moyen mnémotechnique. Car notre participation active à son élaboration crée de nombreuses associations spontanées qui la fixent dans le cerveau.

**Votre répertoire personnel**

Dans le même ordre d'idées, pour mémoriser durablement les difficultés orthographiques de notre langue, le meilleur moyen c'est de participer vous-même à la découverte de ces difficultés. Pour cela, achetez un carnet, ou mieux encore un répertoire aux pages divisées selon l'ordre des lettres de l'alphabet. Vous y noterez vos fautes d'orthographe habituelles (en les corrigeant), et les singularités grammaticales et orthographiques que vous rencontrerez dans vos lectures. Dès qu'une page de ce répertoire vous paraîtra un peu chargée, vous chercherez si vous ne pouvez pas la recopier en y introduisant un ordre particulier, c'est-à-dire une règle créée par vous-même. Les plus grands progrès proviennent d'une amélioration de l'organisation, remarque E. Tulving [7].

Admettons que vous vous aperceviez ainsi que vous avez tendance à hésiter sur les mots se terminant en « se » et « ce ». Vous vous êtes aperçu à plusieurs reprises d'inversions de ces terminaisons, et, consultant le dictionnaire, vous avez noté les terminaisons correctes dans votre carnet ; vous voulez à présent éviter d'avoir à consulter à nouveau le dictionnaire à leur sujet.

Recopiez ces cas à problème sur deux colonnes, une colonne pour les mots qui se terminent par « se » et une colonne pour les mots qui se terminent par « ce ». Voici

7. E. Tulving : « The Effect of Alphabetical Subjective Organization on Memorizing unrelated Words », in *Canadian Journal of Psychology*, 16, 185-191, 1962.

ce que cela peut donner, par exemple :

| dépense | commence |
|---|---|
| immense | vacance |
| réponse | mince |
| | rance |

Vous pouvez appliquer à ces deux listes distinctes une des méthodes mnémotechniques apprises. Mais peut-être serez-vous plus stimulé en cherchant votre façon personnelle d'assimiler ces différences d'orthographe qui vous causent du souci. Voici une méthode personnelle inventée par un de nos élèves :

**La méthode des « chefs de file » connus** :
1) Il a choisi deux « chefs de file », mots dont la terminaison en « se » et en « ce » ne lui posait pas de problème parce qu'elle était déjà bien assimilée. Ces « chefs de file » sont : « pense » et « science ».

2) Chaque « chef de file » commence une phrase qui doit contenir tous les cas problèmes (peu importe si la phrase n'a pas un sens très profond !).

Grâce au « chef de file » bien connu, les terminaisons des mots qui le suivent deviennent évidentes.
Voici les deux phrases mnémotechniques imaginées selon cette méthode :
Pour « se » : « Pense à ta réponse pour cette dépense immense ! »
Pour « ce » : « La science l'a fait mince et rance pour les vacances qui commencent. »

A la suite de cet effort personnalisé, les terminaisons en « se » et « ce » n'ont plus posé de problème à cet élève. N'hésitez pas à faire de même pour vos problèmes d'orthographe. Cherchez vos rimes, vos assonances, vos décomptes et organisations qui fixeront dans votre mémoire les subtilités et nuances de l'orthographe correcte.

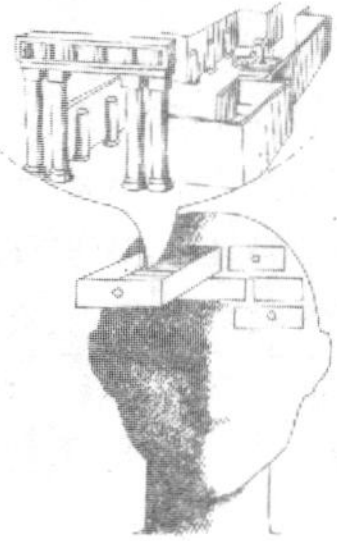

**Pour améliorer votre orthographe**

L'orthographe ne se devine pas. Elle s'apprend comme la table de multiplication ou la liste des départements. Quand vous hésitez sur l'orthographe d'un mot, recourez au dictionnaire et recopiez ce mot autant de fois que ce sera nécessaire pour être sûr de le retenir.

**Entre deux termes, dont l'un vous est familier et l'autre moins, préférez le premier si vous n'avez pas de dictionnaire sous la main.**

Sven Sainderichin : *Ecrire en bon français... Pourquoi pas ?* (Neuilly, Ed. Hommes et Techniques, 1965), p. 52.

Pour bien orthographier, ce dont nous avons besoin avant tout ce sont des exercices.

John Holt : *The Underachieving School* (Harmondsworth, Penguin Books, 1974), p. 79.

CHAPITRE 12

# dixième cours

# les mots d'une langue étrangère

« Les relations internationales se développent à un rythme sans précédent. En 1860, un Français sur 10 000 était sorti de France ; en 1960 un Français sur quatre voyage à l'étranger ; bientôt l'homme ou la femme qui n'auront pas eu l'occasion de voyager à l'étranger seront des oiseaux rares. [...] De nouveaux pays nous apportent désormais leur contribution scientifique, et il faudra bientôt savoir lire dix à vingt langues étrangères [1]... »
« *Si una lingua esset in mundo...* », souhaitait Leibniz : « S'il y avait une langue unique sur la terre... » Peut-être ce souhait se réalisera-t-il peu à peu, peut-être le babélisme d'aujourd'hui se mêlera-t-il progressivement de façon à former une seule langue. Mais nous en sommes loin aujourd'hui. Il faut se résoudre à sortir de sa tour d'ivoire et à apprendre des langues étrangères.
Cette nécessité urgente a fait faire à l'enseignement des langues, depuis quelques décennies, de prodigieux progrès. Une floraison de méthodes nouvelles commence à faire ses preuves. On a le choix, selon ses goûts, selon les buts poursuivis, entre une dizaine de techniques efficaces.

1. P. Burney : *les Langues internationales* (Paris, Presses Universitaires de France, « Que Sais-je ? », 1966), p. 6.

Une brève description de ces techniques et de leurs avantages permettra à chacun de sélectionner celle d'entre elles qui lui paraît la plus favorable à son type de mémoire.

### Mémorisation de listes de mots

Autrefois, la technique la plus répandue pour apprendre une langue étrangère était sans conteste la mémorisation de listes de mots. Cette méthode n'est plus à la mode aujourd'hui, car on s'est aperçu que les mots sont moins durablement retenus quand on les apprend hors de leur contexte.

Cette méthode est cependant souvent encore indispensable pour parer au plus pressé : savoir dire ou écrire l'essentiel d'un message urgent, pour lequel aucun traducteur n'est disponible. Alors le style télégraphique (sans liaisons grammaticales) suffit à se faire comprendre, et l'apprentissage de listes de mots sortis de leur contexte habituel se justifie. Tout débutant qui n'hésite pas à prendre directement contact avec les ressortissants d'un autre pays doit savoir prononcer quelques dizaines de mots, les plus courants, pour parer aux premières nécessités dans ses contacts linguistiques.

*Les substituts concrets*

Pour bien retenir de telles listes de mots, les systèmes mnémotechniques sont très utiles. Mais il convient de faire une adaptation particulière aux méthodes décrites dans le Cours 7 : même s'il symbolise un objet concret et facile à visualiser, un mot prononcé dans une nouvelle langue ne signifie encore rien de tel pour l'apprenti linguiste. Un substitut concret doit être trouvé dans sa propre langue pour pouvoir être associé efficacement au mot français correspondant. Exemple : « mouse » =

souris (en anglais). Mais « mouse » ne peut évidemment pas être mémorisé par l'association de l'image d'une souris, pour « mouse » en anglais, avec une autre souris, pour « souris » en français. Il faut trouver un substitut français pour le mot « mouse » anglais.
Nous avons déjà rencontré ce type de transposition, lorsque nous avons examiné comment retenir des noms propres ou des mots abstraits longs et difficiles (voir : « le rébus visuel », Cours 8). On cherchait un équivalent sonore plus facile à retenir en images que le mot initial. Mais lorsque ce sont les mots d'une langue étrangère qu'il s'agit de mémoriser, les équivalents recherchés posent un problème particulier. En effet, la prononciation exacte n'est pas toujours respectée dans les « rébus visuels ». Cela n'a pas d'importance pour les mots français, car nous en connaissons bien la prononciation exacte[2]. Il n'en est pas de même des mots d'une langue qui nous est encore inconnue. Il ne faut jamais se fier à l'orthographe écrite du mot pour ne pas acquérir des habitudes de prononciation erronées, difficiles à rectifier une fois que le mot est fixé dans la mémoire[3]. Il ne faut donc pas hésiter à consulter la transcription phonétique de chaque mot dans le dictionnaire (surtout en anglais, qui réserve bien des surprises de prononciation). Et si décidément aucun mot français ne reproduit fidèlement la prononciation étrangère, il faut adopter des substituts approchés ; mais en restant conscient du danger inhérent à une mémorisa-

2. En principe tout au moins ; voir la mise en garde du Cours 8 : « Avez-vous tendance à faire des lapsus ? »
3. Le petit ouvrage de A. Bullas et J. Guéritte : *Un secret pour apprendre en un temps record le vocabulaire des langues étrangères* (Paris, Aubanel, 1958), nous paraît un guide dangereux, lorsqu'il conseille par exemple d'imaginer « un broc rempli au ruisseau » (p. 37) pour mémoriser « brook » qui signifie bien en anglais « ruisseau », mais qui se prononce « broûc » et non « broc » ; ou « il a renversé son bock sur mon livre (p. 45) pour mémoriser « book » qui signifie bien « livre », mais dont l'équivalent phonétique « bouc » existe bel et bien en français.

tion inexacte dans une langue encore peu connue. Parfois une transcription du début du mot suffira pour l'évoquer sans introduire d'inexactitude. On peut aussi chercher deux ou trois substituts donnant chacun une version approchée différente de la prononciation, de manière à lui rester aussi fidèle que possible.

## Vocabulaire anglais

Si vous avez à mémoriser la liste suivante de mots anglais: « meadow, sugar, cheese, fish, dudgeon, warrant, hungry, rainbow, querulous, barrister », le mieux est de les écrire en colonne d'un côté de la feuille de papier, et leur traduction en français de l'autre côté, à droite de la feuille. Entre ces deux colonnes, on peut noter les substituts concrets qui viennent à l'esprit (phonétiques et orthographiques).

Un modèle vous en est fourni ci-après.

---

**Meadow** (Signifie : **Prairie**)

*1) Prononciation :*

Sa prononciation peut être trouvée dans le dictionnaire, dans la partie Anglais-Français, juste après le mot lui-même.
On trouve ainsi que « Meadow » se prononce : m-è-d-o-ou.
Quels mots français concrets cette prononciation évoque-t-elle ?
Peut-être : « Mède » ou « Médor »...
Cherchez votre propre solution : ______________________

*2) Orthographe :*

Pour se rappeler l'orthographe de « Meadow », on peut dire : « mais à doux... »

*3) Association visuelle*

Les substituts phonétique et orthographique étant définis, on passe à l'association visuelle qui doit relier le mot anglais avec sa traduction française. Par exemple : « Je vois Médor dans la Prai-

rie » rappelle la prononciation de « Meadow » associée à sa traduction française « prairie ».
Ou, si on ajoute le substitut orthographique au substitut phonétique, on peut mémoriser la phrase :
« Mais à doux Médor, il faut une Prairie ».

Donnez votre propre solution à cette sorte de rébus phonétique :

______________________________

______________________________________________

Procédons au même travail associatif pour les trois mots suivants de la liste à mémoriser :

---

**Sugar** (Signifie : **Sucre**)

*Prononciation :* ch-ou-gu-eu-r

*1) Substitut phonétique :* choux-gueux
Association visuelle pour la phonétique : « Je vois les choux de ce gueux remplis de sucre. »

*2) Substitut orthographique :* Sue,gar !
Association visuelle pour l'orthographe et la phonétique : « Sue, gar ! Car tes choux, gueux, ne valent pas mon sucre. »

---

**Cheese** (Signifie : **Fromage**)

*Prononciation :* t-ch-i-z

*1) Substitut phonétique :* (Aaaa) tchiii !
Association visuelle pour la phonétique : « J'éternue dans mon fromage : atchiiiz ! »

*2) Substitut orthographique :* chaise.
Association visuelle pour l'orthographe et la phonétique : « Assis sur une chaise, j'éternue : atchiiiz ! dans mon fromage. »

---

## Exercice

**Reprenons la liste ci-dessus de dix mots anglais à mémoriser par des associations visuelles fondées sur des substituts concrets. Nous avons examiné ensemble comment procéder avec les premiers mots de cette liste. Inscrivez dans le tableau suivant, soit votre interprétation personnelle de la méthode, soit le modèle fourni s'il vous convenait. Puis continuez la liste, armé d'un dictionnaire pour : 1) la prononciation, 2) la traduction en français de chaque mot anglais. Formez des associations visuelles frappantes.**

**Meadow** **Signifie :** ____________

*Prononciation :* ____________________

*Substitut phonétique :* ____________________

*Substitut orthographique :* ____________________

*Phrase d'association visuelle :* ____________________

____________________

**Sugar** **Signifie :** ____________

*Prononciation :* ____________________

*Substitut phonétique :* ____________________

*Substitut orthographique :* ____________________

*Phrase d'association visuelle :* ____________________

____________________

**Cheese** Signifie : ________

*Prononciation :* ________________________________

*Substitut phonétique :* ________________________________

*Substitut orthographique :* ________________________________

*Phrase d'association visuelle :* ________________________________

________________________________________________

**Fish** Signifie : ________

*Prononciation :* ________________________________

*Substitut phonétique :* ________________________________

*Substitut orthographique :* ________________________________

*Phrase d'association visuelle :* ________________________________

________________________________________________

**Dudgeon** Signifie : ________

*Prononciation :* ________________________________

*Substitut phonétique :* ________________________________

*Substitut orthographique :* ________________________________

*Phrase d'association visuelle :* ________________________________

________________________________________________

**Warrant** Signifie : ______

*Prononciation :* ______

*Substitut phonétique :* ______

*Substitut orthographique :* ______

*Phrase d'association visuelle :* ______

______

**Hungry** Signifie : ______

*Prononciation :* ______

*Substitut phonétique :* ______

*Substitut orthographique :* ______

*Phrase d'association visuelle :* ______

______

**Rainbow** Signifie : ______

*Prononciation :* ______

*Substitut phonétique :* ______

*Substitut orthographique :* ______

*Phrase d'association visuelle :* ______

______

______

**Querulous** **Signifie :** ____________

*Prononciation :* ____________________________________________

*Substitut phonétique :* ____________________________________________

*Substitut orthographique :* ____________________________________________

*Phrase d'association visuelle :* ____________________________________________

____________________________________________

**Barrister** **Signifie :** ____________

*Prononciation :* ____________________________________________

*Substitut phonétique :* ____________________________________________

*Substitut orthographique :* ____________________________________________

*Phrase d'association visuelle :* ____________________________________________

____________________________________________

## Testez à présent ce que vous avez retenu

**Masquez tout d'abord avec une feuille de papier les mots appris avec leur signification, ci-dessus. Puis essayez d'apparier correctement ces mots dans les deux colonnes ci-dessous.**
**(Exemple : 1, Meadow va avec c, Prairie.)**

| | | | |
|---|---|---|---|
| 1 - Meadow | 6 - Warrant | a - Sucre | f - Arc-en-ciel |
| 2 - Querulous | 7 - Hungry | b - Colère | g - Poisson |
| 3 - Cheese | 8 - Sugar | c - Prairie | h - Autorisation |
| 4 - Rainbow | 9 - Dudgeon | d - Avocat | i - Affamé |
| 5 - Fish | 10 - Barrister | e - Fromage | j - Plaintif |

### Corrigé

1-c, 2-j, 3-e, 4-f, 5-g, 6-h, 7-i, 8-a, 9-b, 10-d.

L'exercice qui vient d'être donné était fondé sur des mots anglais. Mais bien entendu le système fonctionne de la même manière en toute autre langue pour laquelle nous devons apprendre des listes de mots.

### Le budget d'apprentissage

Dans un mois, vous devez passer un examen de langue, et vous sentez que votre vocabulaire est insuffisant ou incertain. Ou bien, dans un mois vous partez en vacances pour un pays étranger dont vous ne savez pas la langue, mais où vous voudriez être capable de demander quelques renseignements aux gens du pays que vous rencontrerez. Vous avez donc besoin, en un laps de temps limité, d'apprendre un nombre de mots limité.
Pour y parvenir, établissez un « budget d'apprentissage ». Deux cents mots nouveaux, bien mémorisés, peuvent suffire à vous faire réussir votre examen ou vos vacances, ou trois cents mots peut-être... Avec trois cents mots, on peut dire énormément de choses, s'ils sont judicieusement choisis.
Pour être sûr que dans un mois ces trois cents mots seront sus et bien sus, il ne faut pas vous fier à votre bonne volonté ou votre fantaisie. Il faut faire des plans précis d'apprentissage. Tous les jours un peu ; pas trop pour que les mots s'impriment dans votre mémoire, mais pas trop peu, pour arriver au bout de votre programme. Vous avez déjà deviné où nous voulons en venir : il suffit de diviser le nombre de mots que vous désirez savoir par le nombre de jours disponibles pour l'apprentissage : 300 mots divisés par trente jours, par exemple, font 10 mots à mémoriser par jour. Ce n'est pas beaucoup ; vous pouvez vous sentir déçu que l'appel à votre bonne volonté soit si minime. Mais justement, ce n'est pas trop pour les apprendre bien, très bien même.

D'ailleurs si, au début, vous voulez en apprendre 20 par jour, au lieu de 10, cela est tout à fait recommandé. Car mieux vaut ne pas se faire d'illusions : malgré votre volonté de mémoriser 300 mots, il est vraisemblable que certains jours seront défavorables à votre apprentissage, et qu'à la fin du mois, vous saurez 200 plutôt que 300 mots au total. Prendre un peu d'avance au début, quand votre courage pour le faire est à son maximum, est donc une bonne précaution. Par la suite, efforcez-vous de maintenir avec le plus de régularité possible les dix mots par jour que vous vous êtes fixés.

### Système cumulatif de révision

Mais comment faire, lorsqu'on apprend tant de mots à la suite les uns des autres, pour les retenir pendant tout un mois ? Là aussi la méthode est très simple : dès votre deuxième jour de mémorisation, avant d'aborder votre seconde liste de dix mots, vous essayerez de vous réciter la première liste de dix mots apprise le premier jour. Si ces mots ne vous reviennent pas tous, vous les relirez, vous relirez aussi les associations visuelles qui doivent vous aider à les retenir, vous essayerez d'en trouver éventuellement une meilleure là où un mot vous a échappé, vous vous les réciterez à nouveau. Et c'est ensuite seulement que vous mémoriserez votre seconde liste de mots. Le troisième jour, vous récitez les deux premières listes de dix mots et ensuite seulement vous mémorisez la troisième liste de dix mots. Et ainsi de suite.

Quand la liste de mots à réviser est devenue trop longue (au bout de 100 mots par exemple, c'est-à-dire dix listes de 10 mots), vous l'abandonnez pour étudier la deuxième centaine de mots de la même manière. Mais vous refaites une révision complète de temps à autre. Les révisions successives gravent profondément les mots dans votre mémoire, et rendent leur évocation plus facile et rapide qu'on ne l'imagine au début. Au bout d'un certain temps de révisions cumulatives, on peut se réciter des listes très longues en très peu de temps. Et le stade intermédiaire des associations visuelles devient inutile. Les petites phrases associatives du type « Mais à doux Médor il faut une Prairie » doivent être abandonnéees en cours d'apprentissage, pour ne pas ralentir le processus de révision. Elles restent néanmoins pour la plupart nichées au fond de la mémoire, et en resurgissent au besoin.

### Les méthodes globales

La vie moderne nous met aujourd'hui si souvent en demeure de nous exprimer en langue étrangère, que l'apprentissage formel d'une langue tel qu'on le pratiquait autrefois, en se fondant sur la grammaire et la lecture d'œuvres classiques, paraît peu efficace pour arriver à un résultat pratique et rapide. On a donc cherché et on a trouvé des méthodes plus directes pour arriver à ce résultat, le plus urgent : savoir s'exprimer dans le langage courant de l'homme de la rue. Ces méthodes peuvent être regroupées sous le terme générique de « méthodes globales ». Car elles partent toutes d'unités lexicales plus larges à mémoriser qu'autrefois : au lieu de mots, ce sont les phrases dont on part. Comment donc mémoriser efficacement des phrases en langue étrangère ? De nouveaux concepts sur la notion d'apprentissage entrent ici en jeu.

### Revenir aux méthodes de l'enfance

Historiquement, cette petite révolution pédagogique fut inaugurée par les manuels de la méthode « Assimil ». Plusieurs innovations firent leur succès : les listes de mots à mémoriser étaient reléguées à l'arrière-plan, les textes étaient découpés en courtes sous-phrases faciles à retenir et bourrées d'effets comiques, encore renforcés par des images drôles illustrant certaines sous-phrases. Un disque accompagnant le manuel permettait un travail personnel chez soi.

Matériel amusant, utilisable chez soi pour un travail personnel actif ; mémorisation de courtes phrases d'usage courant, utilisation d'un matériel audiovisuel moderne : la plupart des éléments qui font aujourd'hui le succès des méthodes globales se trouvaient réunis. Il ne restait qu'à développer ces composantes pour un renouvellement de l'enseignement des langues.

Des novateurs nombreux ont poursuivi cette tâche, chacun insistant sur un aspect différent. Caleb Gattegno relance le goût pour les langues vivantes aux Etats-Unis par sa « méthode silencieuse » pour le maître mais active pour l'élève donnant une grande place à leur implication personnelle à leur volonté d'apprendre [4]. Le Centre d'expression spontanée dramaturgique et linguistique combine dynamique de groupe et expression spontanée pour retrouver le mode d'apprentissage de l'enfant, dans un « mélange d'émotions, de silences, de relation avec les autres qu'est la vie de tous les jours [5] ». Beaucoup de méthodes audiovisuelles insistent sur l'image comme support pour mémoriser des expressions en langue étrangère. Dans les lycées pilotes, on expérimente l'effet de travaux pratiques au cours desquels les élèves, par petits groupes, peuvent prendre l'initiative de créations personnelles [6]. Enfin d'U.R.S.S. et de Bulgarie nous viennent

*Suite page 334*

4. Lire, de P. Wehle : « J'enseigne le français sans ouvrir la bouche », in *Psychologie*, n° 78, p. 17-26. (Voir l'encadré p. 332.)
5. Lire, de P.-F. Moreau : « L'expression spontanée », in *Psychologie*, n° 68, p. 15-19.
6. Lire, de H. Gantier : *l'Enseignement d'une langue étrangère* (Paris, Presses Universitaires de France, 1968).

**La méthode silencieuse de Caleb Gattegno :**
les élèves parlent, tandis que le professeur reste silencieux.

Entrez en pensée dans une salle de classe de l'université de l'Etat de New York, à Purchase. Un groupe de personnes, une vingtaine environ, sont assises face à un professeur. Ce professeur reste muet et le restera tout le temps de la leçon. Pourtant, ces vingt personnes sont là pour apprendre le français. A l'aide d'une baguette, l'enseignant, sans prononcer un mot, leur désigne des sons imprimés en couleurs sur un grand tableau en carton. Les élèves prononcent en suivant la baguette *un, on, in, an.* Puis, d'un autre mouvement de la baguette, toujours sur le tableau, l'enseignant relie une consonne, *b* par exemple, à un des sons précédents, *on.* Et les élèves disent *bon.*
Ainsi guidés par le maître qui continue à indiquer des sons, ils finissent par dire : *nous buvons un bon vin blanc.* Ils énoncent une phrase qu'ils n'ont jamais entendue, pas même prononcée par le maître. De cette phrase, ils ne connaissent et ne comprennent toujours pas le sens.
Bien sûr, le résultat n'a pas été obtenu au premier essai. Certains élèves ont trouvé instinctivement la bonne prononciation de *vin* ou de *blanc ;* d'autres, au contraire, prenaient des intonations fantaisistes qui auraient heurté les oreilles des Français ; le maître, toujours sans ouvrir la bouche, indiquait avec sa baguette les élèves qui avaient trouvé le son correct. Les autres se sont peu à peu réglés sur eux. Si bien qu'après une heure et demie de leçon un Français pénétrant inopinément dans la pièce

aurait reconnu des phrases entières avec l'intonation, l'élocution et le rythme de sa propre langue.
Il ne pourrait cependant deviner que ceux qui prononcent ces phrases n'ont absolument aucune idée de leur sens, ni même de leur orthographe puisqu'ils ont relié des sons, et non des mots entièrement et correctement écrits sur le tableau.
S'il demandait ce que signifie cet étrange phénomène, le visiteur apprendrait qu'il est arrivé aux premiers exercices d'une classe de langue enseignée par la « méthode silencieuse », et que les étudiants ont appris à prononcer ces phrases d'eux-mêmes, sans que le professeur profère un seul son dans cette langue étrangère.
Une situation aussi inhabituelle se produit fréquemment de nos jours aux Etats-Unis. Le créateur de cette étrange méthode d'enseignement de langues étrangères est le docteur Caleb Gattegno. L'activité professionnelle du docteur Gattegno porte sur la recherche de techniques et de matériels pédagogiques dans de nombreux domaines autres que le langage. D'où le nom de l'école qu'il a créée à New York et dont les résultats spectaculaires ont fait la renommée : « Solutions pédagogiques ». On peut y suivre différents séminaires dont la durée varie d'un week-end à une semaine et faire partie d'ateliers dont les activités s'étendent de l'enseignement des langues étrangères à l'éducation des sourds.

(Philippa Wehle : « J'enseigne le français sans ouvrir la bouche », in *Psychologie*, n° 78, p. 17.)

deux techniques qui explorent les possibilités de mémorisation surprenantes de notre cerveau lorsqu'il est dans un état intermédiaire entre la veille et le sommeil : ce sont les méthodes hypnopédiques et suggestopédiques [7].

Ces innovations, dont l'efficacité commence à être reconnue, pénètrent jusque dans l'enseignement traditionnel : les langues modernes ne s'enseignent plus à l'école par la décomposition phonétique et grammaticale d'abord ; les élèves mémorisent, puis jouent en classe, de petits sketches tirés de situations courantes de la vie. Le « serinage », répétition monotone d'éléments sortis de tout contexte signifiant, est évité. La participation active des élèves leur procure une meilleure rétention mnémonique, et une plus grande facilité d'évocation des phrases utiles dans diverses circonstances.

### Comment appliquer ces techniques nouvelles

Beaucoup de figures dominantes, parmi les innovateurs dans la pédagogie des langues, insistent sur l'utilité, voire la nécessité d'avoir un guide pour réussir pleinement ces apprentissages. Ainsi, Georgi Lozanov souligne-t-il l'importance de la « suggestion positive » émanant d'un professeur correctement formé à sa méthode. Le professeur inspire calme et confiance en soi, sentiments qui facilitent la mémorisation de la nouvelle langue.

Si vous vous sentez bloqué dans vos capacités d'apprendre par des échecs subis au cours d'apprentissages antérieurs, il est recommandé que vous vous inscriviez à un cours de formation moderne en langue, plutôt que de faire cavalier seul : le cours vous offrira des interlocuteurs immédiats, professeur et élèves, qui mettront vos

7. Lire, de B. Belanger : *la Suggestologie* (Paris, Retz, 1978).

nouveaux apprentissages directement à l'épreuve de la pratique, ce qui est la meilleure façon de reprendre confiance en ses aptitudes.
Mais si vous vous sentez libre de toute appréhension et doté d'assez de volonté pour mener à bon terme l'apprentissage souhaité, disques et cassettes accompagnant des manuels modernes permettent d'apprendre chez soi, à toute heure disponible et de façon efficace les bases d'une langue nouvelle.

### Conditions qui favorisent ce type d'apprentissage

*Les phrases courtes*
Comme unité de base de mémorisation, on s'est aperçu que la phrase courte est aussi facilement retenue que le mot. Et il est plus facile de placer une phrase courte dans une conversation qu'un mot isolé. La phrase courte comme unité de base est donc plus utile. En outre, elle évite bien des considérations grammaticales et bien des explications théoriques sur les locutions de la langue qu'on apprend, car elle les contient et permet de les assimiler naturellement, comme pour sa propre langue.

*Les situations réalistes*
Les cours modernes de langue ne partent plus d'écrits de la littérature (ceux-ci sont étudiés par les étudiants avancés), mais de scènes de la vie réelle, comme l'étudiant en rencontrera s'il se rend dans le pays où cette langue est parlée. Cela l'incite à mémoriser plus activement les tournures de phrase présentées ; il sait qu'il pourra s'en servir bientôt dans la réalité.

*S'entendre soi-même parler*
Pour celui qui désire vérifier sur-le-champ ses performances en intelligibilité, des cassettes à double piste

ménagent des intervalles de silence pendant lesquels l'étudiant peut s'enregistrer lui-même en train de prononcer ce qu'il vient d'entendre. Cela contribue à l'amélioration à la fois de la mémorisation et de la prononciation des termes appris.

## Méthodes d'approfondissement

Pour celui qui possède déjà des bases sérieuses dans une langue et qui désire les approfondir, diverses méthodes actives s'offrent à lui :

*Lectures*

Plusieurs librairies sont spécialisées dans la vente d'ouvrages en langues étrangères. On les trouve au voisinage des ambassades et consulats des pays concernés. En débutant par des lectures faciles et de préférence abondamment illustrées (journaux, bandes dessinées, livres d'humour, revues), en cherchant à deviner le sens des mots nouveaux par leur contexte, pour éviter le recours fréquent au dictionnaire qui coupe le fil de la compréhension, la lecture de matériel en provenance du pays même dont vous apprenez la langue fait faire de grands progrès en vocabulaire, en tournures de phrases et en compréhension des particularités du pays.

*Télévision et radio*

D'excellents cours en langue étrangère passent parfois à la télévision. Mais ils sont hélas peu fréquents et pas toujours programmés à des heures d'écoute commodes pour celui qui travaille. La radio, en revanche, permet, sur ondes courtes, de capter à toute heure du jour et de la nuit des émissions dans la langue des pays qui nous entourent. Pour un débutant, la première audition d'une telle émission peut paraître décourageante, surtout si l'audition est brouillée par des postes voisins. Il peut alors sélectionner des émissions nocturnes, qui sont en général plus nettes, et les enregistrer sur magnétophone. Bientôt l'oreille apprend à discerner, dans le fil du discours incompréhensible, des mots familiers, puis des morceaux de phrases familières. Ainsi, peu à peu, il s'accoutumera, en faisant passer et repasser la même émission enregistrée, à la forme des phrases ; il pourra la mémoriser, et faire de même ensuite avec d'autres émissions. Cette méthode est très efficace pour qui la pratique sérieusement.

*Cinéma*

Les films en version originale sous-titrée sont un moyen idéal de progresser en langue étrangère. En effet, l'image et le sous-titre français accompagnent l'énoncé des répliques en langue étrangère en leur donnant un sens immédiat. Celui qui veut faire tout son profit de cette méthode mnémotechnique moderne peut enregistrer sur magnétophone les dialogues du film, puis les réentendre par la suite aussi souvent qu'il voudra, avec le souvenir de l'intrigue déjà connue comme fil conducteur. Il peut même s'astreindre à reproduire par écrit les passages intéressants de ces dialogues, puis à les mémoriser. Il aura là un matériel inépuisable d'amélioration de sa connaissance de la langue parlée. Toutefois il est recommandé d'éviter au début les intrigues policières : le parler des truands est difficile à décrypter avec un dictionnaire usuel, et leur prononciation n'est pas immédiatement intelligible. Les drames psychologiques bourgeois forment un meilleur point de départ pour la mémorisation du langage courant.
(Voir le dialogue de l'encadré p. 338 avec ses corrections successives. C'est un excellent moyen de progresser.)

**Dialogue du film « Honeymoon »**

Vu en version originale sous-titrée, enregistré au magnétophone, puis retranscrit par un étudiant, avec les corrections que des auditions successives de la bande enregistrée lui ont permis d'apporter.

— Are you the ambassador ?

— No, I am Mr. O'Toole, of the foreign marriage department. I have one thing I have to know if you considered the matter of your American citizenship. I would be glad to send in our hotel to discussing the matter with you.

— Mr. O'Toole, if you like, may I have your number. I phone you back.

— I should kike to talk to Mr. O'Toole, please.

— What about ?

— Is about my fiancée. This is Baron Van Lubber speaking.

— How do you do, Baron ? I would like to talk to Miss Butt-Smith.

— You are duly concern about my future wife state, Mr. O'Toole.

La première transcription comporte des erreurs auditives, grammaticales ou orthographiques. Il ne faut pas en rester là. L'étudiant a tout de suite souligné d'un trait ondulé les passages qui ne lui paraissaient pas bien retranscrits. En relisant, puis réécoutant le texte, il a vu et entendu la formulation correcte dans la plupart des cas (elle est rajoutée à la main). C'est ce travail de réaudition et de correction grammaticale du texte qui permet de progresser dans la mémorisation des tournures de phrase en usage dans le langage parlé.

*Rédaction*

C'est vers douze ans en général que s'éveille le désir de correspondre avec des amis. Beaucoup de parents et enseignants, attentifs à la stimulation que cette activité fournit à notre mémoire des mots et tournures de phrases, aident les jeunes à se trouver un correspondant dans le pays dont ils apprennent la langue.

Vous pouvez vous aussi chercher des occasions d'écrire dans la langue que vous apprenez, soit à un correspondant, soit pour vous-même. L'essentiel est que vous vous accoutumiez à aligner ces tournures de phrases que vous avez mémorisées, en leur donnant le sens et la continuité d'un texte qui se suit.

*Relaxation*

Nous avons vu dans le Cours 6 que l'esprit mémorise plus rapidement et retient mieux les apprentissages faits dans un état de détente voisin de l'endormissement que les tâches apprises en état de tension et de stress. Il peut être fructueux pour vous d'apprendre les techniques de détente et de leur consacrer une partie de votre budget-temps avant chaque séance d'apprentissage des langues[8]. Georgi Lozanov a montré que ce type de mémorisation était particulièrement favorisé par un état de détente satisfaisant. L'apprentissage des langues n'est en effet pas un apprentissage logique ; il est recommandé de le pratiquer en mettant hors circuit nos facultés « raisonneuses », qui se heurtent et s'insurgent contre les innombrables incohérences linguistiques.

8. Consulter à ce sujet *la Sophrologie*, par les Dr H. Boon, Y. Davrou et J.-C. Macquet (Paris, Retz-C.E.P.L., 1976).

*Musique*

Comme l'indique l'encadré ci-contre, Georgi Lozanov a montré également que la musique était un facteur actif de mémorisation du rythme des phrases dans une langue étrangère. Les œuvres musicales mélodieuses et peu rapides éveillent des émotions qui s'associent aux phrases, aux mots mémorisés et facilitent leur assimilation efficace.

Il conseille, pour ceux qui les aiment, les œuvres préclassiques et classiques : Albinoni, Vivaldi, Scarlatti, Bach, Haendel, Gluck, Haydn, Mozart, Beethoven, etc., pour cette détente en musique. Les œuvres romantiques : Wagner, Schumann, Brahms, sont moins conseillées, à cause des émotions fortes que leur musique véhicule. Et Lozanov déconseille la musique vocale, à cause des textes chantés qui transmettent des images toutes faites et empêchent l'imagination de construire les siennes.

En revanche, si l'art vocal n'est pas considéré en raison de sa musicalité seulement, mais suivi mot à mot dans la langue que l'on apprend, il fournit une occasion originale et efficace de mémoriser de longs poèmes, souvent fort beaux. Mais il faut pour cela n'acheter que des enregistrements accompagnés du texte complet, chanté dans la langue d'origine. Pour l'anglais, un oratorio de Haendel par exemple, pour rester dans l'époque classique, ou plus près de nous, des negro spirituals, des opérettes de Broadway, du jazz, du rock sont d'excellents « professeurs » de prononciation. Mais cela à condition de ne pas se cantonner dans l'écoute passive de détente (qui sert à consolider des apprentissages antérieurs) ; il faut considérer l'écoute de ces œuvres vocales comme des périodes d'apprentissage en elles-mêmes.

*Suite page 344*

### La musique rétablit l'harmonie entre les deux hémisphères cérébraux

Le professeur D. Leman, après avoir étudié le rôle de la musique pendant l'enseignement des langues, en résume les effets comme suit :
1. Elle régule l'activité des facultés conscientes et inconscientes de l'apprenant dont elle garantit l'équilibre intérieur.
2. Pendant la présentation du nouveau matériel didactique, elle éveille chez l'étudiant, des images esthétiques qui réduisent au minimum la tension intellectuelle si typique de toute autre situation pédagogique.

Entre la musique et la matière linguistique s'établit alors une relation de « correspondance » au sens baudelairien : si le courant des stimuli verbaux se dirige vers l'hémisphère gauche, les ondes sonores musicales s'acheminent vers l'hémisphère droit en mettant l'apprenant dans un état spécial. Rythmes et mélodies agissent d'autant plus efficacement que l'étudiant se trouve dans une posture confortable, assis dans un fauteuil, les muscles relâchés.
Loin d'être simplement un placebo, comme le prétendent certains auteurs, la musique influe activement sur l'activité nerveuse du cortex, ce qui se traduit, au niveau physiologique, par des sensations de lourdeur et de chaleur comme cela se produit pendant d'autres formes de psychothérapie.
Pour les psychologues et les psycho-linguistes, le lien entre son et parole demeure très intime : derrière toute parole de qualité il y a une attitude fondamentalement musicale. Les gens qui savent bien parler,

mais aussi les grands maîtres de l'écriture, sont des musiciens du langage, ils modulent leur phrase dans un rythme et une sonorité qui touchent la sensibilité profonde de l'auditeur ou du lecteur.

Utilisée dans des situations pédagogiques, la musique joue le rôle puissant de catalyseur d'énergie psychique, stimulant non seulement l'imagination, mais aussi la réflexion des étudiants. Pourtant, malgré le nombre d'expériences concluantes, personne, avant le Dr Lozanov et son équipe, n'avait pensé à intégrer la musique à l'intérieur du processus éducatif global comme composante d'une méthode — la méthode suggestopédique d'enseignement des langues. Si l'un des objectifs de cet enseignement est d'activer l'hémisphère droit, siège des émotions, la place primordiale de la musique en suggestopédie est évidente. A cet égard, la suggestopédie rejoint la musicothérapie : les formes musicales influent sur le système nerveux végétatif et sur l'inconscient en passant par l'oreille gauche pour atteindre, graduellement, l'hémisphère droit du cerveau.

Dans le cadre de la théorie lozanovienne, le but fondamental de la musique est de rétablir l'harmonie entre les deux hémisphères en vue d'une meilleure cohésion psycho-physiologique de l'individu (l'effet de Setchenov). A partir de cet état spécial, l'étudiant devient plus réceptif et parviendra à assimiler plus facilement la matière qui lui est destinée, en l'occurrence le lexique et la grammaire de la langue étrangère, répartis sur un nombre de leçons bien déterminé.

Mais quelle est la part d'influence suggestive qu'exerce la musique sur le processus de l'apprentissage linguistique ?

Des recherches intéressantes dans ce sens se font à l'Institut de suggestologie de Sofia, mais aussi au Département de mnémologie de l'université de Leipzig. Les professeurs y analysent, dans une optique comparée, la rentabilité d'un large éventail de méthodes visant à mettre à profit les possibilités de l'inconscient. Ces méthodes — relaxopédie, hypnopédie, hypnosopédie — s'expérimentent conjointement, mais les résultats des recherches ne sont pas encore publiés. En revanche, les chercheurs de l'Institut de suggestologie présentent des statistiques convaincantes qui permettent de conclure que la musique, pendant les classes suggestopédiques, n'influence pas directement la mémoire spontanée ou immédiate mais qu'elle renforce considérablement la mémoire à long terme.

9. B. Belanger : *la Suggestologie* (Paris, Retz, 1978), p. 213.

*Jeux*

Georgi Lozanov conseille enfin les activités de jeu après une séance de mémorisation fatigante. Ses cours comportent des séances de jeu actif, non intellectuel, comme de se lancer un ballon, des périodes de création amusante sous forme de sketches, concours, devinettes, proverbes et courtes poésies. Mais de telles activités peuvent-elles être pratiquées au cours d'un apprentissage individuel ?

Nous répondrons par l'affirmative : il suffit de se rendre compte qu'en actualisant de façon ludique le savoir acquis, on le fixe dans un contexte agréable qui donne envie de l'utiliser souvent, pour trouver des occasions de « jouer » de façon analogue avec la langue que l'on apprend. L'anglais, par exemple, imprègne le vocabulaire de beaucoup de sports : au lieu d'en faire usage de façon automatique, réfléchissons à ces termes, retrouvons leur sens d'origine, cherchons à les prononcer comme un Anglais et non comme un Français, pratiquons-les avec nos partenaires sportifs ou dans la conversation à table, entraînons nos amis dans ce jeu ; ils y prendront goût eux aussi.

Ce sont là des méthodes variées qu'il vous est facile d'appliquer à tout apprentissage des langues que vous entreprendrez. Elles contribueront à le rendre efficace, mais aussi distrayant, stimulant, intéressant.

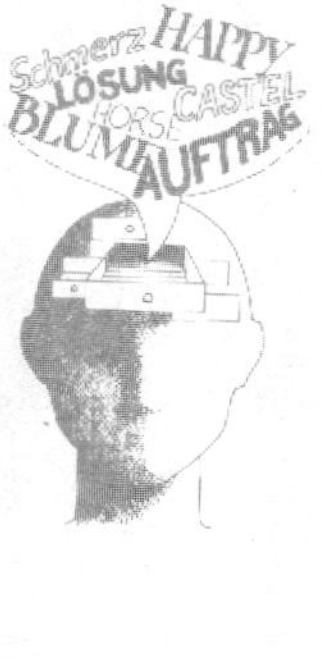

**Modèle de dialogue utilisé dans l'enseignement suggestopédique**

« DIXIEME DIALOGUE »
(Version canadienne utilisée à Toronto)

| BON VOYAGE ! | HAVE A NICE TRIP ! |
|---|---|
| *P. Beauchemin* | |
| Hélas, Suzanne, il faut nous séparer. | Unfortunately, Suzanne, we have to part. |
| Je dois te faire mes adieux. | I must bid you farewell. |
| Hier soir, j'ai reçu un télégramme. | I received a telegram, yesterday. |
| Je pars d'urgence pour Detroit. | I am leaving immediately for Detroit. |
| *Suzanne* | |
| Pas possible ! | Really ! |
| Tu nous quittes si tôt que ça ? | You are going to leave us so soon ? |
| *P.B.* | |
| Je suis navré, Suzanne, mais je n'ai pas d'autre choix. | I am very sorry, Suzanne, but I don't have a choice. |
| *Suzanne* | |
| Tu as vraiment décidé ? | So, you have really made up your mind ? |
| Quand pars-tu ? | When are you leaving ? |
| (Etc.) | (Etc.) |

CHAPITRE 13

# onzième cours

# nombres et formules

Notre mémoire immédiate des chiffres a été particulièrement étudiée par les psychologues[1]. Voici, par âge, combien nous retenons de chiffres en moyenne :

2 chiffres à deux ans et demi
3 chiffres à trois ans
4 chiffres à quatre ans et demi
5 chiffres à sept ans
6 chiffres à dix ans
7 chiffres entre quinze et trente ans
6,5 chiffres entre trente et cinquante ans
6 chiffres entre cinquante et soixante ans

Ensuite le déclin s'accélère plus ou moins selon la santé de chaque individu.
Les recherches selon le sexe n'ont pas fourni de meilleurs résultats pour les hommes que pour les femmes, contrairement à ce qui était attendu. Si différence il y a, elle doit provenir plutôt des intérêts et des rôles différents des deux sexes dans la vie.
Ces recherches montrent que nos aptitudes naturelles, en ce qui concerne la mémoire immédiate des chiffres, ne

1. En particulier dans les travaux de A. Binet et D. Terman sur les enfants, de D. Wechsler et G.A. Miller sur les adultes.

semblent pas très étendues. Le recours à la mnémotechnie se révèle particulièrement fructueux lorsqu'il s'agit de mémoriser des séries de chiffres bruts.

## Les repères phonétiques

Nous avons vu, dans le Cours 7, les systèmes de Herdson, Sambrook, etc., qui remplacent les chiffres de 1 à 10 ou à 20 par des repères concrets permettant des perceptions visuelles plus faciles à retenir. Dans les Cours suivants, nous avons vu comment faire usage de ces numérotations concrètes pour ordonner dans notre mémoire des séries d'informations.

Il existe un autre système de codage des nombres qui permet des combinaisons très nombreuses pour une mémorisation particulièrement efficace. On peut en retracer les origines jusqu'en 1648, année de publication par un certain Winckelmann d'un ouvrage mentionnant cette méthode. Les mnémonistes lui donnent des noms variés : « nombres et consonnes », « code chiffre-lettre », « alphabet chiffré », etc. Nous l'appellerons méthode « des repères phonétiques ». Sa version la plus efficace fut mise au point en 1813 par Gregor von Feinaigle[2] : il proposa d'établir une correspondance entre chiffres et phonèmes en choisissant pour chaque chiffre la lettre de l'alphabet qui lui ressemble visuellement le plus. Ainsi, on peut voir par exemple une ressemblance visuelle entre le chiffre 8 et le f manuscrit : ce chiffre et cette lettre sont tracés tous les deux avec une double boucle. Nous pouvons utiliser cette relation visuelle pour faire correspondre 8 et f. Mais le phonème f n'est pas particulièrement fréquent dans la langue française. Il est commode de lui adjoindre d'autres phonèmes apparentés : ph, v et

2. R. Grey : *Memoria Technica* (Londres, 1730), est aussi une amélioration de la méthode de Winckelmann.

w. Dans le même ordre d'idées, le chiffre 6 et la lettre j manuscrite peuvent être reliés parce qu'ils se terminent tous deux vers le bas par une boucle ; mais « ch », phonème apparenté à « j », servira lui aussi à représenter le chiffre 6.

Voici donc le tableau de Gregor von Feinaigle adapté à la langue française :

| Chiffre | Phonemes | Motif de la correspondance proposee |
|---|---|---|
| 1 | t, d | t ou d sont tracés avec un seul jambage |
| 2 | n, gn | n est tracé avec deux jambages ; gn lui est apparenté |
| 3 | m | m est tracé avec trois jambages |
| 4 | r | r est le phonème qui termine le chiffre quatre |
| 5 | l, ll mouillé | l est le symbole de 50 en chiffres romains |
| 6 | j, ge, ch | j manuscrit se termine en bas par une boucle, tout comme 6 ; ch lui est phonétiquement apparenté |
| 7 | k, c dur, que, g dur | k et 7 sont visuellement apparentés |
| 8 | f, ph, v, w | f manuscrit s'écrit avec deux boucles comme 8 |
| 9 | p, b | p et b sont écrits un peu comme des 9 retournés |
| 0 | z, s, ce | zéro commence par un z s est phonétiquement apparenté à z |

L'abbé Moigno, assistant de l'académicien François Arago et passionné de mnémotechnie, a composé une phrase faite de monosyllabes dont les initiales suivent les équivalences chiffre-phonème du tableau de Feinaigle :

| Dieu | ne | me | rend | la | joie | qu'à | vos | pieds | saints |
|---|---|---|---|---|---|---|---|---|---|
| 1 | 2 | 3 | 4 | 5 | 6 | 7 | 8 | 9 | 0 |

En apprenant cette phrase, on retient facilement les différents phonèmes traduisant les chiffres de 1 à 9 (plus 0). Et voici une deuxième phrase du même type, mais qui commence, elle, par 0 pour nous mener ensuite de 1 à 9 :

| Sot, | tu | nous | mens, | rends | les | chants | que | fit | Pan |
|---|---|---|---|---|---|---|---|---|---|
| 0 | 1 | 2 | 3 | 4 | 5 | 6 | 7 | 8 | 9 |

Armé de ces deux phrases, vous maîtriserez vite toutes les finesses du tableau des équivalences entre chiffres et phonèmes de Gregor von Feinaigle. D'ailleurs, si aucune des deux phrases ne vous paraît réussie, forgez-vous en une bien à vous selon le même principe. C'est un excellent exercice pour retenir le tableau de Feinaigle.

### Comment s'en servir

Les chiffres étant des signes abstraits peu favorables à la perception visuelle, nous allons, grâce aux équivalences avec des phonèmes que nous venons d'établir, les transformer en mots, unités que notre cerveau mémorise mieux. Voici comment : à chaque consonne représentant un chiffre, nous allons ajouter la (ou les) voyelle(s) qui contribueront à les assembler en mots. Par exemple : le chiffre 1 correspondant aux consonnes « d » et « t » peut devenir « dé » ou « dieu » ou « tu » ou « toit », etc. ; le chiffre 2 correspondant à la consonne « n » peut devenir « ne », « non », « nous », « nid », etc. ; et ainsi de suite.
On le voit par ces exemples, seules les consonnes qui sont prononcées sont comptabilisées : le « s » terminal de « nous », le « t » qui termine « toit », le « d » qui termine « nid » ne comptent pas puisqu'on ne les entend pas. Dans « compter », seuls « c » = 7 et « t » = 1 interviennent, le « p » n'étant pas prononcé ; « compter » correspond donc au nombre 71. De même les doubles consonnes, étant prononcées comme une seule consonne,

ne comptent que pour un chiffre : « motte » correspond au chiffre 37 et non « 377 ». Dans le même ordre d'idées, la terminaison « tion », qui se prononce « sion » dans « nation » ou « potion », ne représente pas 1, mais 0 selon ce système.

Quant à « x », il n'apparaît pas dans le tableau, car on le prononce comme deux consonnes différentes : « k » suivi de « s », ce qui ne peut pas compter pour un chiffre ; mais dans les rares cas où « x » est prononcé comme « s » : « Bruxelles » par exemple, on peut l'utiliser pour représenter le chiffre 0.

En pratique, voici comment se servir des repères phonétiques pour retenir des nombres utiles. Les numéros de téléphone sont de ce point de vue un matériel inépuisable. Admettons que vous ayez à retenir le numéro de téléphone : 359-84-16. Vous commencez par aligner ces nombres, avec leurs correspondances phonétiques au-dessous, ainsi :

| 3 | 5 | 9 | - | 8 | 4 | - | 1 | 6 |
|---|---|---|---|---|---|---|---|---|
| m | l | b | | f | r | | d | j |
| | ll | p | | v | | | t | ch |

Puis vous cherchez comment insérer entre ces consonnes des voyelles qui en fassent des mots. 359 peut former par exemple : « mélopée » ; 84 peut être traduit par « fera » ; et 16 par « tache ». Nous obtenons ainsi une petite phrase : « mélopée fera tache ».

Autres phrases composées avec ces consonnes : « Mille baies feront tiges » ou : « Molly peut voir Dijon » ou : « Mille pieds ont viré Doge » ou : « Mal ou bien faire touche » ou : « Mon lapin, viens ! te dis-je ». Parmi ces formules, on choisit celle qui plaît, celle qui est susceptible d'être visualisée pour retenir facilement ce numéro.

Autrefois, les indicatifs téléphoniques commençaient par

trois lettres, ce qui les rendait plus faciles à retenir que les indicatifs en chiffres actuellement en usage. On voit là à quel point notre cerveau préfère les mots aux chiffres. Les mots n'ont même pas besoin de correspondre à une image pour remplacer avantageusement les chiffres. Paul Chauchard propose de se constituer une réserve d'indicatifs transcrits en mots, pour les rendre aussi faciles à retenir que les anciens indicatifs en lettres : 076 devient par exemple « Celui Que J'aime »[3].

3. P. Chauchard *Connaissance et maîtrise de la mémoire* (Paris, C.E.P.L., 1968), p. 179.

### Exercice

**Faites vos propositions avec les chiffres suivants et notez-en ici d'autres qui vous seront directement utiles, avec votre transcription.**

### Exercice

254 votre proposition : ____________________
344 ____________________
355 ____________________
508 ____________________
. . . . ____________________
. . . . ____________________
. . . . ____________________
. . . . ____________________

Nous examinerons plus en détail le problème de la mémorisation des numéros de téléphone dans quelques pages.

### Tableau de mots clés

Vous trouverez à la fin de ce cours un tableau de mots clés correspondant aux nombres de 0 à 99, que vous pourrez consulter pour faciliter vos recherches de correspondances chiffres-phonèmes. On les a fait rimer en « on » pour les rendre plus facilement mémorisables. Les vingt premiers sont reproduits ici, à titre d'exemple [4]. Avec eux, on peut déjà former de nombreuses combinaisons.
1 à 9 : Thon Non Mont Rond Lion Jonc Gond Fond Bond
10 à 19 : Tison, Dindon, Tignon, Démon, Tronc, Talon, Donjon, Dagon, Typhon, Tampon.

Mais ne vous en tenez pas à ces modèles. Formez vous-même des combinaisons de phonèmes. C'est le plus sûr moyen de les retenir. Il n'est d'ailleurs pas nécessaire de se contenter d'un mot isolé traduisant en phonèmes le nombre que vous voulez mémoriser. Ce mot clé peut être entouré d'autres mots destinés à rappeler à quoi sert le mot clé. En voici trois exemples :

1) « Rome fut fondée à proximité de sept collines »
Mot clé : « collines » = c, l, n, donc la date de 752.

2) « Robespierre mourut sous le couperet »
Mot clé : « couperet » = c, p, r, donc la date de 794 (pour 1794).

3) « Avocat lettré qui plaide avec beaucoup d'éloquence » car le numéro de téléphone de cet avocat est « Littré 15.70 » (d, l, k, s).

4) « Mon blanc manteau est chez la ravaudeuse »
Mot clé : « ravaudeuse » = r, v, d, s = 4810
qui correspond à l'altitude du Mont-Blanc.

4. Même référence.

## Utilisation des repères phonétiques

En se fondant ainsi sur le tableau de repères phonétiques élaboré par Gregor von Feinaigle, l'abbé Moigno était parvenu à retenir une quantité étonnante de dates historiques et de données géographiques. Voici ce qu'il raconte à ce sujet : « Que de fois il m'est arrivé d'étonner et presque d'agacer François Arago[5], en le forçant accidentellement de constater ce que j'avais appris par la mnémotechnie ! Je me trouvais plus d'une fois dans son cabinet de travail, au moment où il préparait le dépouillement de la correspondance de l'Académie des sciences. Quand elle lui apportait, par exemple, une nouvelle mesure de l'une des principales montagnes du globe, son premier soin était de la comparer à la hauteur déjà consignée dans l'Annuaire, et l'Annuaire avait disparu sous la masse énorme de volumes, brochures, etc., qui encombraient toutes les tables. Après l'avoir laissé longtemps chercher en vain, je me hasardais à lui demander le nom de la montagne dont il s'agissait. S'il me nommait le mont Rose, le Vignemale, le Chimborazo, le mont Cervin, l'Himalaya, etc., je lui répondais aussitôt : 4 638 m, 3 298 m, 6 310 m, 4 482 m, 8 882 m, etc., etc., et il me menaçait, en riant, de me faire brûler comme sorcier...

Dans notre siècle, plus que dans tous les autres, les données numériques à retenir vont se multipliant sans cesse indéfiniment et, sans la mnémotechnie, on n'en retiendrait qu'un nombre infiniment petit, tandis qu'avec elle on en retiendra un nombre immense[6]. »

5. Entré à l'âge de vingt-trois ans à l'Académie des sciences pour ses travaux remarquables en physique, François Arago vécut de 1812 à 1896.
6. Cité par Robert Tocquet : *la Mémoire* (Paris, Julliard, 1967), p. 156.

Voici des dates historiques que Robert Tocquet [7] propose de mémoriser comme suit : « On peut supprimer le 1 du millésime, lorsqu'on sait que l'événement se situe après l'an mille. Le mot, qui exprime ce millésime, se trouve ainsi simplifié. » C'est ce que nous avons fait à partir du quatrième exemple de cette liste :

*Bataille de Soissons :* Après la bataille de Soissons, Clovis humilié prit sa REVANCHE (*r, v, ch* = 486).

*Bataille de Poitiers :* A cette bataille, Charles Martel chassa les Sarrazins de nos COMMUNES (*c, m, n* = 732).

*Soumission des Lombards et des Saxons à Charlemagne :* Des Lombards et des Saxons, Charlemagne fut le CONQUÉRANT (*c, q, r* = 774).

*Bataille de Crécy :* Perdue par Philippe VI, elle permit aux Anglais de continuer leur MARCHE (*m, r, ch* = 346), soit 1 346.

*Mort de Jeanne d'Arc :* Elle mourut à Rouen de brûlures sans REMÈDE (*r, m, d* = 431) soit 1 431.

*Bataille d'Ivry :* Avec son panache blanc, Henri IV portait la victoire partout où IL PASSAIT (*l, p, s* = 590) soit 1 590.

*Bataille de Denain :* Le maréchal de Villars disait : « On ne s'est jamais si bien battu QU'A DENAIN (*q, d, n* = 712) soit 1 712.

*Prise de Port-Mahon :* La prise de Port-Mahon fut annoncée au son des CLOCHES (*c, l, ch* = 756) soit 1 756.

*Bataille de Valmy :* Valmy couronna une heureuse CAMPAGNE (*c, p, n* = 792) soit 1 792.

7. R. Tocquet : *la Mémoire* (Paris, Julliard, 1967), p. 161-162.

*Mort de Robespierre :* Par un juste retour des choses d'ici-bas, Robespierre mourut sous le COUPERET ($c$, $p$, $r$ = 794) soit 1 794.

*Bataille d'Austerlitz :* Cette bataille acharnée coûta 20 000 FUSILIERS ($f$, $s$, $l$ = 805) soit 1 805.

*Bataille de Waterloo :* Pour l'Empereur, elle fut FATALE ($f$, $t$, $l$ = 815) soit 1 815.

*Avènement de Louis XVIII :* Louis XVIII fut ramené en France par les alliés dans leurs VOITURES ($v$, $t$, $r$ = 814) soit 1 814.

*Avènement de Charles X :* Le règne de Charles X FUT ONÉREUX ($f$, $n$, $r$ = 824) soit 1 824.

*Avènement de Louis-Philippe :* Louis-Philippe eut une ombrelle FAMEUSE ($f$, $m$, $s$ = 830) soit 1 830.

*Avènement de la Deuxième République :* La Deuxième République eut des adeptes FERVENTS ($f$, $r$, $v$ = 848) soit 1 848.

*Avènement de Napoléon III :* Napoléon III eut des passions VIOLENTES ($v$, $l$, $t$ = 851) soit 1 851.

*Proclamation de la Troisième République :* Par la Troisième République, l'Empire FUT CASSÉ définitivement ($f$, $c$, $s$ = 870) soit 1 870.

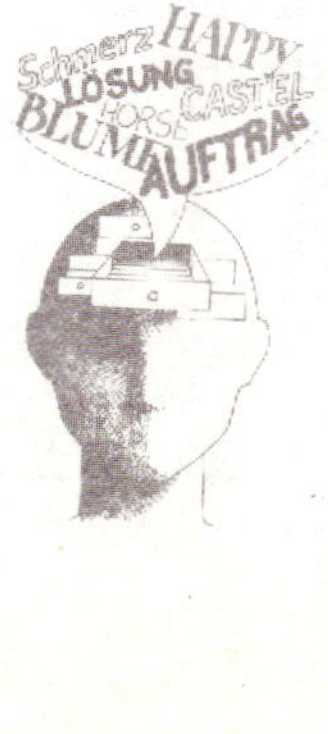

## Exercices

Le système des repères phonétiques vous permet de mémoriser sans problème des dizaines de chiffres, en éliminant leur apparence abstraite. Mais pour en profiter, il faut apprendre à le manier sans problème. Commençons donc par faire quelques exercices de transposition des chiffres en lettres et des lettres en chiffres, afin de savoir coder et décoder sans peine les mots repères établis selon ce système.

### Exercice 1

**Apprenez donc les repères phonétiques du tableau de la page 348 (ou celui de la page 260 s'il vous convient mieux). Puis remplissez les lignes restées en blanc dans le tableau suivant, en inscrivant la lettre ou les lettres correspondant aux chiffres indiqués. Et vous vérifierez avec le corrigé si les réponses que vous avez données sont justes.**

| | | | |
|---|---|---|---|
| 0 ____ | 3 ____ | 4 ____ | 8 ____ |
| 6 ____ | 7 ____ | 2 ____ | 9 ____ |
| 1 ____ | 4 ____ | 3 ____ | 5 ____ |
| 7 ____ | 0 ____ | 8 ____ | 2 ____ |
| 5 ____ | 9 ____ | 1 ____ | 6 ____ |

### Exercice 2

**A présent indiquez les chiffres correspondant aux mots suivants :**

| | | | |
|---|---|---|---|
| caisse .... | violon .... | souris .... | cher .... |
| robe .... | poire .... | raton .... | salon .... |
| cime .... | marin .... | amère .... | million .... |
| dessous .... | araignée .... | cousin .... | voir .... |
| manger .... | nager .... | laisser .... | guigne .... |

### Corrigé 1

| | | | |
|---|---|---|---|
| s,z | m | r | f,v |
| j,ch | k,g | n,gn | b,p |
| d,t | r | m | l,ll |
| k,g | s,z | f,v | n,gn |
| l,ll | b,p | d,t | j,ch |

### Corrigé 2

| | | | |
|---|---|---|---|
| 70 | 85 | 04 | 64 |
| 49 | 94 | 41 | 05 |
| 03 | 34 | 34 | 35 |
| 10 | 42 | 70 | 84 |
| 36 | 26 | 50 | 72 |

## Exercice 3

**Cherchez les mots correspondant aux chiffres suivants : pour cela, pensez à tous les aspects que peut prendre une consonne et aux différentes consonnes correspondant à un chiffre.**

| | | | | | | | |
|---|---|---|---|---|---|---|---|
| 55 | ........ | 67 | ........ | 37 | ........ | 64 | ........ |
| 36 | ........ | 76 | ........ | 42 | ........ | 88 | ........ |
| 51 | ........ | 80 | ........ | 13 | ........ | 92 | ........ |
| 19 | ........ | 42 | ........ | 50 | ........ | 63 | ........ |
| 41 | ........ | 28 | ........ | 96 | ........ | 70 | ........ |

Pour cette épreuve, nous ne donnons pas de corrigé, chaque nombre pouvant produire de nombreuses traductions en mots.

Exemple : 55 peut être transformé en « allèle (caractère héréditaire), alléluia, allons là, la foule, l'allant, l'aile, le loup, l'élu, les lits, lilas, Lili, Lille (ville du Nord), Lola, lolo, Lonlay (ville de Charente), louez-le, loulou, Lule (fleuve de Suède), Lulle (alchimiste célèbre), Lulli (musicien renommé), oh lala, etc. »

## Exercice 4

**Codez en chiffres les proverbes suivants :**

Chat échaudé craint l'eau froide

---

Il ne faut pas vendre la peau de l'ours
avant de l'avoir tué

---

Mieux vaut prévenir que guérir

---

On n'apprend pas à un vieux singe
à faire des grimaces

---

## Corrigé 4

6 61 74 5 841
5 2 8 9 814 5 9 1 540 8 1 584 1
294 9 8 06 84 1 7430
5824 941 05 7 0 58 1

Ces quelques exercices ont dû vous permettre d'assimiler bien des subtilités des repères phonétiques. Continuez à vous y accoutumer, en vous servant des titres du journal que vous lisez, des noms de l'annuaire téléphonique, etc., pour vous habituer à décoder des mots en chiffres ; et, d'autre part, en vous servant de tous les chiffres que vous rencontrez pour vous habituer à coder les nombres en mots. Ce faisant, vous rencontrerez des cas intéressants, des mots qui correspondent directement à un numéro que vous désirez retenir. Vous les insérerez dans une phrase-clé qui vous permettra d'avoir toujours le numéro à votre disposition dans votre mémoire.

Cet entraînement à coder les nombres en mots et décoder les mots en nombres peut aussi se transformer en jeu de société amusant que l'on fait avec des amis. Il comporte un nombre de combinaisons infini, ce qui est intéressant pour l'imagination. Alors n'oubliez pas de vous exercer régulièrement à coder et décoder les nombres, au moyen des repères phonétiques.

**Repères phonétiques en initiales**

Mais si le nombre de chiffres à mémoriser dans un même ensemble est toujours croissant, la recherche d'un mot ou de plusieurs mots qui correspondent à ce très long nombre devient pénible et difficile. On peut alors abandonner le système des syllabes qui forment un mot pour un autre système, très proche : celui des mots, dont l'initiale seule est significative. Exemple :
« Bien Retenir Nombres et Formules » représentera le nombre 9428, dans ce système.

## Exercices

**Transformez en chiffres les initiales des mots dans les phrases suivantes :**

Qui veut voyager loin, ménage sa monture : ____________

Un tiens vaut mieux que deux tu l'auras : ____________

Pierre qui roule n'amasse pas mousse : ____________

Rira bien qui rira le dernier : ____________

Nous sommes loin du compte : ____________

## Corrigé

7885303, 1737115, 974293, 497451, 20517.

| | **Notez ici en chiffres :** | **Traduisez-le en consonnes :** |
|---|---|---|
| — Votre numéro de téléphone : | ____________ | ____________ |

**Cherchez une phrase dont les initiales correspondent à ces consonnes :**

____________

— Votre numéro de carte d'identité : ____________ ____________

**Cherchez une phrase dont les initiales correspondent à ces consonnes :**

____________

— Votre numéro de compte bancaire : ____________ ____________

**Cherchez une phrase dont les initiales correspondent à ces consonnes :**

____________

— Votre numéro de Sécurité sociale : ____________ ____________

**Cherchez une phrase dont les initiales correspondent à ces consonnes :**

____________

— Le numéro d'immatriculation de votre véhicule : ____________

**Cherchez une phrase dont les initiales correspondent à ces consonnes :**

____________

— Autre numéro dont vous avez souvent besoin : ____________

**Cherchez une phrase dont les initiales correspondent à ces consonnes :**

## Les numéros de téléphone

Revenons à ce problème déjà évoqué quelques pages plus haut.

Les numéros de téléphone sont un cas où il est important de retenir sans erreur certains nombres.

Autrefois, dans la région parisienne, ces numéros commençaient par le nom du central téléphonique concerné : ELYsées, BALzac, etc. ; les trois premières lettres de ces noms étaient composées sur le cadran du téléphone comme si c'étaient des chiffres. Aujourd'hui, ces indices en mots ne suffisant plus, l'administration du téléphone les a convertis en chiffres, et les numéros de téléphone ont pris un aspect plus abstrait, se composant de sept chiffres, ce qui est moins facile à retenir qu'un nom et quatre chiffres.

Beaucoup de cadrans téléphoniques portent encore l'assemblage de lettres et chiffres qui permettaient de former sur le cadran les numéros composites nom-chiffres ; et beaucoup d'usagers continuent à se servir du nom du central appris depuis longtemps pour composer les numéros qui s'y prêtent. Mais les cadrans modernes n'ont plus que des numéros. Pour parvenir à s'en servir, il est utile de mémoriser les correspondances entre lettres et chiffres des cadrans d'autrefois. Ce n'est pas une tâche difficile, les lettres suivant l'ordre alphabétique bien connu, et se groupant trois par trois à côté des dix chiffres ; avec toutefois 1, 6 et 0 qui comportent les exceptions suivantes :

— 1 n'est accompagné d'aucune lettre ;
— 6 s'associe à deux lettres seulement, M et N ;
— 0 s'associe avec deux lettres dont l'aspect s'en rapproche, et qui sont sorties de l'ordre alphabétique usuel pour cette raison.

Voici donc ce tableau téléphonique à mémoriser :

| | | | | | | | |
|---|---|---|---|---|---|---|---|
| 1 | | 4 | G, H, I | 7 | P, R, S | 0 | O, Q |
| 2 | A, B, C | 5 | J, K, L | 8 | T, U, V | | |
| 3 | D, E, F | 6 | M, N | 9 | W, X, Y | | |

On peut l'apprendre comme une comptine : « Deux — A, B, C ; trois — D, E, F ; quatre — G, H, I... », etc. ; ou par la logique : pour les chiffres 2, 3, 4, 5, compter les lettres par ordre alphabétique trois par trois, pour 6 compter deux lettres, M et N, le O étant associé avec le chiffre 0 qui lui ressemble graphiquement, pour les chiffres 7, 8 et 9 les lettres suivantes trois par trois, en sautant le Q qui est lui aussi associé au O ; le Z n'apparaît pas dans cette liste. Ainsi ELYsées devient, par cette transformation : 359. BALzac devient, par cette transformation : 225.

Ainsi, grâce à l'apprentissage de ce tableau simple, vous pouvez continuer à mémoriser les numéros de téléphone

**Exercice**

**Appliquez cette transformation aux trois indicatifs ci-dessous et aux indicatifs importants pour vous :**

DIDerot : ____________________

GOBelins : ____________________

KELlermann : ____________________

Indicatifs personnels : ____________________

____________________

____________________

sous la forme : nom + 4 chiffres, qui est plus commode à retenir que sept chiffres successifs.
Cependant ce système a été abandonné par l'Office du téléphone parce qu'il avait à attribuer des numéros trop nombreux. Les noms de centraux téléphoniques n'étaient pas assez divers ; ils introduisaient des doublets dans les trois premiers chiffres au lieu d'épuiser les combinaisons de trois chiffres possibles. Parmi les numéros de téléphone que nous avons à mémoriser, il y en a donc de plus en plus qui commencent par trois chiffres sans nom support. Servons-nous donc du tableau de Feinaigle pour les rendre plus aisément mémorisables.

Examinons par exemple le cas des indicatifs 555, 567, 779. Comment trouver de bons mots clés en utilisant les repères phonétiques du tableau de Feinaigle ?

555 :
correspond aux consonnes « l » ou « ille » trois fois. Essayons d'intercaler des voyelles : « lalala », « lalali », « lalili », « lelila »... Ah, voici une possibilité : « les lilas », qui peut former la phrase « Les lilas sont fleuris... » comme dans la chanson ; ou toute autre association visuelle évoquant le propriétaire du numéro de téléphone auquel correspond cet indicatif.

567 :
correspond aux consonnes « l » ou « ille », puis « j » ou « ch », puis « k » ou « g ». Essayons quelques combinaisons : « lajaca », « lejeque », « lijiqui »... ou encore « lachaga », « lechegue », « lichigui », etc.
Ah ! « Le chèque » pourrait s'insérer dans une phrase, ou bien « le jockey », ou « le joug » ; ou encore « Ces lichee, Guy, sont délicieux ! »

791 :
correspond aux consonnes « k » ou « g », puis « b » ou « p », puis « d » ou « t ». Essayons quelques combinaisons : « cabada », « gapata », « gabada »... Ah ! « gambada » pourrait faire l'affaire, par exemple dans une phrase comme « Il gambadait comme un poulain »...

Pour trouver de bonnes solutions à ce genre de petits problèmes, il faut laisser à l'imagination toute latitude ; il faut laisser l'esprit divaguer un moment, en répétant simplement toutes les consonnes disponibles. On peut se

**Exercez-vous avec les indicatifs suivants :**

965 :
correspond aux consonnes : ____________
Combinaisons possibles : ____________

Solution adoptée : ____________
Phrase correspondante : ____________

359 :
correspond aux consonnes : ____________
Combinaisons possibles : ____________

Solution adoptée : ____________
Phrase correspondante : ____________

225 :
correspond aux consonnes : ____________
Combinaisons possibles : ____________

Solution adoptée : ____________
Phrase correspondante : ____________

livrer à cet exercice à n'importe quel moment de la journée, pourvu que l'on choisisse une période d'inaction : pendant les voyages en métro, en autobus, lorsqu'on fait la queue, lorsqu'on attend chez le médecin, le dentiste, à la gare...

La seule consigne importante, c'est de s'accoutumer à tenir compte des sons prononcés, et non de l'orthographe. Mais par ailleurs toutes les fantaisies sont possibles : adopter une solution en un mot (exemple : « gambadait ») ou en plusieurs mots (exemple : « Les lilas », « le joug »...) ; insérer cette solution au début de

**Exercez-vous à présent avec les indicatifs de vos correspondants téléphoniques les plus utiles pour vous :**

. . . :
correspond aux consonnes : ______
Combinaisons possibles : ______

Solution adoptée : ______
Phrase correspondante : ______

. . . :
correspond aux consonnes : ______
Combinaisons possibles : ______

Solution adoptée : ______
Phrase correspondante : ______

. . . :
correspond aux consonnes : ______
Combinaisons possibles : ______

Solution adoptée : ______
Phrase correspondante : ______

la phrase clé (exemple : « Les lilas sont fleuris ») ou au milieu de la phrase clé (exemple : « Ces lichee, Guy, sont délicieux »). On peut même accepter comme solution une partie d'un mot plus long si on ne craint pas le risque de ne plus se rappeler quelle est la partie clé (exemple : pour l'indicatif 555, on pouvait choisir « lalala » pris dans un refrain du type « Tralalala itou... »).

## Retenir nombres et formules en sciences

On doit, en sciences, charger sa mémoire de quantité de nombres et formules. On nous a fait comprendre, en classe, comment ces nombres et ces formules ont été découverts ; on nous a démontré logiquement leur raison d'être, leur justesse et leur cohérence. Mais au moment des examens, le temps manque pour repasser par toutes ces considérations logiques ; mieux vaut connaître par cœur le nombre et la formule nécessaires pour résoudre les problèmes posés. Et plus tard, au cours de la vie professionnelle, ces structures rationnelles risquent de nous être sorties de l'esprit ; le jour où nous avons à nouveau à nous en servir, nous ne savons plus par quel bout les retrouver. Là encore, le nombre ou la formule bien mémorisés sont la meilleure garantie qu'on pourra retrouver tout le système logique qu'ils condensent.

Il y a ainsi une quantité de notions scientifiques qu'il est bon de mémoriser très sûrement, afin d'être certain de les avoir toujours à sa disposition. Pour quelques cas classiques cela est même si évident que tous les étudiants se repassent de bouche à oreille la solution magique pour les retenir : l'utilisation des méthodes mnémotechniques. Partons donc de ces cas classiques pour examiner comment on peut, grâce à la mnémotechnie, mémoriser durablement les nombres et formules scientifiques.

*Le nombre Pi* (3, 141 592 653 589 793 238 462 643 383 279...)
Le rapport du périmètre du cercle à son diamètre est un nombre constant, qui est intéressant à plus d'un titre : il permet de calculer différentes valeurs utiles en géométrie à deux et à trois dimensions (cercles et sphères) ; mais aussi il possède une particularité rare en calcul : ce nombre, approximativement égal à la fraction 22/7 (selon Archimède) ou, mieux, à 355/112 (selon Pierre Metius), vaut environ 3,1416, mais ses décimales se succèdent ensuite à l'infini sans ordre aucun. Par le calcul différentiel, une machine électronique a pu en déterminer 2 000 sans qu'on y ait trouvé la moindre rythmicité. Cette particularité rare a frappé les imaginations. Les mnémonistes, ont mis au point différentes méthodes pour retenir un nombre élevé de décimales de ce nombre curieux, qui sert parfois de modèle pour une succession de nombres disposés véritablement au hasard.

1) *En alexandrins*
Les quatre alexandrins suivants sont faits de mots qui comportent chacun le nombre de lettres correspondant au chiffre de Pi qu'ils représentent :

Le premier mot, « Que », a trois lettres, et le premier chiffre de Pi est 3.
Le second mot, « j », a une lettre, et le second chiffre de Pi est 1.
Le troisième mot, « aime », a quatre lettres, et le troisième chiffre de Pi est 4, etc.

Pour retrouver les décimales du nombre Pi, on note donc sous chaque mot de ces vers le chiffre correspondant au nombre de lettres qui forment le mot :

«Que j'aime à faire apprendre un nombre utile aux sages :
3 1 4 1 5 9 2 6 5 3 5

Immortel Archimède, artiste, ingénieur,
8 9 7 9

Qui de ton jugement peut priser la valeur ?
3 2 3 8 4 6 2 6

Pour moi ton problème eut de féconds avantages.»
4 3 3 8 3 2 7 9

De cette manière, la succession des nombres décimaux de Pi qui étaient sans rapport entre eux et par là difficilement mémorisables devient une suite de mots dont « la construction respecte les lois de la syntaxe, comporte des rimes et dégage un sens [8] ». Les règles d'association syntaxiques, sémantiques et logiques qui relient les mots rendent le quatrain ci-dessus aisément mémorisable.

2) *En repères phonétiques*

L'abbé Moigno a cherché à appliquer la méthode des repères phonétiques au nombre Pi. Il a trouvé une succession de mots dont les syllabes répondent aux exigences du tableau de Gregor von Feinaigle, et avec ces mots il a formé de petites phrases, comme suit :

«Maint terrier des lapins ne gèle
3 14 1 59 265

Ma loi veut bien, combats mieux, ne méfais !
3 5 8 9 7 9 3 2 3 8

Riants jeunes gens, remuez moins vos mines
4 6 2 6 43 3 8 3 2

Qu'un bon lacet nous fit voir à deux pas
7 9 50 2 8 8 4 1 9

8. F. Richaudeau : *la Lisibilité* (Paris, C.E.P.L., 1969), p. 112.

Que ton jabot moins bombé m'écoule
7 1 69 3 9 9 3 7 5

Ton soliveau ne s'est pas corrompu
1 0 5 8 2 0 9 7 4 9

Rend roulant bien nos mises convoitées
4 4 5 9 2 3 0 7 8 1

Cher à ses gens, ni fâcheux, ni sans foi
6 4 0 6 2 8 6 2 0 8

Beau bien viager nos voisins m'ont ravi
9 9 8 6 2 8 0 3 4 8

Nous l'aimerons ne tendant qu'à sa joie.»
2 5 3 4 2 1 1 7 0 6

---

Cette succession de dix petites phrases fournit 99 décimales de Pi, à raison de 10 par ligne. Elles permirent à l'abbé Moigno (déjà cité) d'étonner encore son maître, le savant physicien François Arago [9] : « Un jour il se vanta de savoir par cœur les seize premiers chiffres du rapport de la circonférence au diamètre. — Que vous êtes mal tombé, maître, m'écriai-je, si vous me demandez les dix chiffres successifs à partir du soixantième, je vous dirai : 4, 4, 5, 9, 2, 3, 0, 7, 8, 1. Il m'arrêta, presque courroucé [10]. »
Quant à nous, il nous est facile de voir comment l'abbé Moigno parvenait à une telle performance : il suffit de réciter mentalement la septième ligne du tableau ci-dessus pour connaître « les dix chiffres successifs du nombre Pi à partir du 60e ». Alors que « savoir par cœur les seize premiers chiffres » de la succession désordonnée des

9. Voir ci-dessus, p. 348.
10. Cité par R. Tocquet, *la Mémoire* (Paris, Julliard, 1967), p. 156.

décimales de Pi paraît déjà une performance à un savant physicien.

Remarquons néanmoins que l'abbé Moigno s'orientait avec aisance dans son tableau mnémonique du nombre Pi parce qu'il l'avait élaboré et longuement poli lui-même ; mais ses petites phrases, tout ingénieuses qu'elles soient et plus faciles à retenir que les chiffres décimaux bruts de Pi, manquent de l'élégance de l'alexandrin précédent. On les retient moins bien, car leur sens n'est pas toujours évident, les mots étant sélectionnés pour leur adaptation au système phonétique et non à la phrase. Le sens s'interrompt d'ailleurs d'une phrase à la suivante, ce qui n'est pas le cas de l'alexandrin. Mais il est certain que notre cerveau retient mieux les mots que les chiffres, même si les phrases formées ne sont pas très adroites. D'autre part, dans le système phonétique, les mots sont porteurs de plus de chiffres (un chiffre par syllabe) que dans le système du nombre de lettres correspondant aux chiffres (un chiffre par mot). L'alexandrin permet donc de mémoriser beaucoup moins de décimales du nombre Pi que le tableau de l'abbé Moigno avec ses phrases plus maladroites mais sa structure organisée.

*L'inverse de Pi*

Une autre astuce mnémonique permet de retenir quelques décimales du chiffre inverse de Pi :

Il est, en effet, plus commode, lorsqu'on a à diviser un nombre par Pi, de le multiplier par 1/Pi = 0,3183098...

« Pour retenir ce nombre, il suffit de se souvenir de cette phrase : Les 3 journées de 1830 ont renversé 89 [11]. » En effet, cette phrase contient les chiffres : 3, puis 1830, puis 89 qui, renversé, donne 98. En assemblant ces chiffres, on retrouve les décimales 1/Pi = 0,3 1830 98.

11. R. Tocquet : *la Mémoire* (Paris, Julliard, 1967), p. 203.

La méthode est donc ici à nouveau différente : ce ne sont plus des mots qui représentent des chiffres par une convention raisonnée. Ce sont des chiffres qui sont eux-mêmes pris dans une phrase. On les retient aisément si on connaît un peu l'histoire de France. Leur succession, légèrement retouchée en fonction du jeu de mots « ont renversé 89 » qui a ici un sens à la fois historique et mnémotechnique, fournit donc les décimales cherchées.

**Nombre de jours pour chaque mois de l'année**

Astuce mnémonique connue : on trouve, en suivant les creux et les bosses des jointures entre les doigts et la main, que les mois qui comportent trente et un jours (bosses) alternent avec les mois de trente jours (creux) ; avec toutefois deux mois de trente et un jours (deux

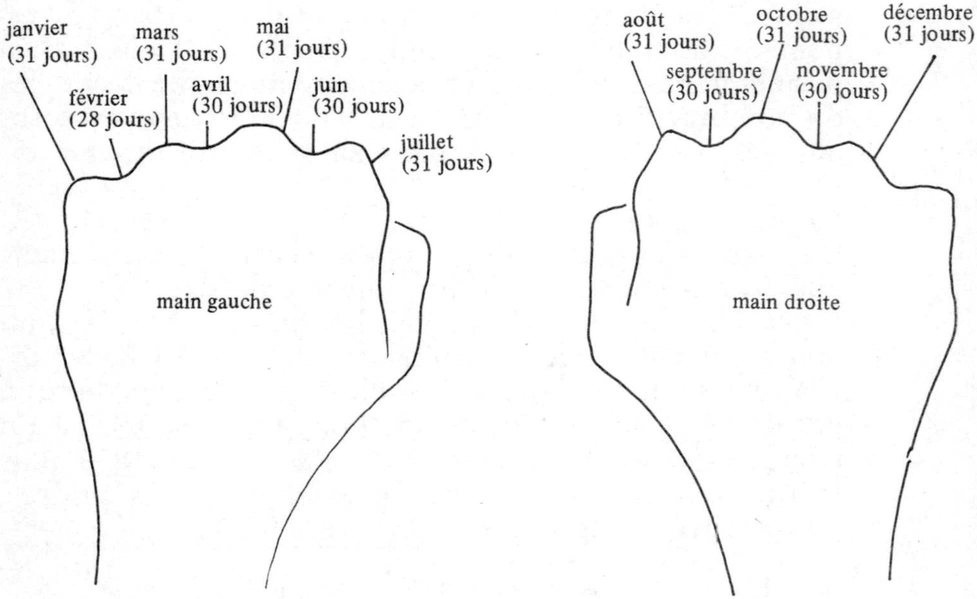

bosses) qui se suivent quand on passe d'une main à l'autre ; et le mois de février qui forme une exception dont il faut se rappeler : il est dans un creux et devrait donc comporter trente jours, mais n'en a que vingt-huit, sauf l'année bissextile où il en comporte 29.

*Repères pour les mois de l'année*
Si nous avons besoin de mémoriser des dates, Kenneth Higbee [12] propose de se constituer un système de repères en cherchant des mots concrets qui riment ou qui commencent comme les douze mois de l'année :

TABLEAU D'ALLITÉRATIONS POUR LES DOUZE MOIS DE L'ANNÉE

Permet de visualiser plus facilement les dates à retenir

| | | |
|---|---|---|
| **I** | **Janvier** | **Jambon** |
| **II** | **Février** | **Fève** |
| **III** | **Mars** | **Marsouin** |
| **IV** | **Avril** | **Aviron** |
| **V** | **Mai** | **Maison** |
| **VI** | **Juin** | **Jument** |
| **VII** | **Juillet** | **Gilet** |
| **VIII** | **Août** | **Outil** |
| **IX** | **Septembre** | **Serpent** |
| **X** | **Octobre** | **Octopus** |
| **XI** | **Novembre** | **Naufrage** |
| **XII** | **Décembre** | **Descente** |

Un tel système est très vite appris, surtout si nous l'agrémentons de trouvailles personnelles, remplaçant celles de ces images qui ne nous conviennent pas. Il peut rendre de grands services pour ne pas oublier les dates importantes dans l'année (anniversaires, vacances, congés, fêtes de famille, mais aussi rendez-vous professionnels un peu éloignés dans le temps, échéances

12. *Your Memory* (Englewood Cliffs, Prentice-Hall, 1977), p. 131.

importantes, etc.). Les apprentis historiens pourront y trouver leur compte pour les moments historiques utiles à mémoriser.

## Il faut varier les tactiques

Pour retenir nombres et formules, on le voit, il y a un choix de tactiques extrêmement variées. Toute tactique efficace est bonne à retenir ; même des jeux de lettres ou de mots plus simples comme ceux qui permettent de savoir que :

— Quand le croissant de lune forme un D, il est Croissant : ☽

et quand il forme un C, il est Décroissant : ☾

— L'Ordonnée d'un graphique commence par un O : elle monte vers le haut (même son) ;

et l'ABScisse commence par ABS : elle reste en bas (mêmes lettres, arrangées autrement).

## Il faut chercher la structure logique d'abord

Mais il est une composante de la mémorisation efficace qu'il ne faut pas sous-estimer : c'est l'organisation, la logique des arrangements. Nous en avons parlé dans le Cours 4. Sans être toujours apparente, elle sous-tend néanmoins d'une manière ou d'une autre beaucoup des systèmes décrits ci-dessus. Et si on oublie son importance, on risque de tomber dans l'absurdité.

Tel le mémorisateur prodige Veniamine qui s'évertuait à mémoriser par son système d'associations visuelles, élément par élément, un tableau chiffré contenant des nombres organisés si simplement qu'on pouvait le retenir tout entier d'un seul coup d'œil dès qu'on en percevait la structure. Le mnémoniste Robert Tocquet paraît à son tour peu convaincant [13] lorsqu'il propose tout un

13. R. Tocquet : *la Mémoire* (Paris, Julliard, 1967), p. 159.

travail de transformation en repères phonétiques pour retenir le nombre 2 345. Car il s'agit là d'un nombre que le cerveau retient très facilement par la simple observation de la succession ordonnée des chiffres qui le composent (2, 3, 4, 5).
En science, on peut souvent retenir nombres ou formules par la compréhension de leur structure logique. Il faut toujours commencer par chercher une telle structure. Mais lorsqu'elle n'existe pas (exemple : les décimales du nombre Pi), il ne faut pas hésiter à recourir aux méthodes mnémotechniques. On a intérêt d'ailleurs, même pour une formule bien comprise, si elle est complexe, si le raisonnement pour la retrouver est long, si on risque de la confondre avec une autre formule semblable, à la mémoriser de deux manières :
1) en comprenant sa structure,
2) en l'apprenant par la mnémotechnie.
Deux garanties valent mieux qu'une.

## Quand structure et mnémotechnie vont de pair

*Exemple I*
Je dois retenir le nombre 581215. Avant de le transformer en repères phonétiques, ou autre système d'équivalences en mots, j'examine les chiffres dont ce nombre est composé. Si j'y découvre des corrélations logiques, elles seront plus rapides à assimiler pour mon cerveau que les associations visuelles. Or je découvre que :
de 5 à 8, il y a trois unités en plus ;
de 8 à 12, il y a quatre unités en plus ;
de 12 à 15, il y a trois unités en plus.
« Plus trois », « plus quatre », « plus trois » : ce rythme alterné en chiffres peut être un repère mnémotechnique aussi efficace qu'un rythme lié aux mots. *Mais* il faut en outre se rappeler que ce nombre débute par le chiffre

5..., 5, 3, 4..., cela peut se mêler dans notre esprit. Il est prudent de relier ces remarques sur la structure du nombre en question par des associations visuelles du type habituel en mnémotechnie.

*Exemple II*
Je dois retenir le numéro de téléphone d'un collègue de bureau : 225.53.23. En examinant ce numéro, je remarque que, dans le bureau, il y a 2 secrétaires qui ont 25 ans, mon fils a 5 ans, la fille de mon collègue a 3 ans ; il ne me reste plus qu'à découvrir un autre personnage dans le même milieu qui ait 23 ans, et je retiendrai ce numéro sans transcription phonétique, par la simple observation des singularités de sa structure. *Mais* il faut me rappeler que les âges changent chaque année : l'année prochaine je serai obligé d'opérer des soustractions pour retrouver le numéro correct. Si d'ici là je ne l'ai pas mémorisé à force de m'en servir, il sera prudent d'avoir recours aux repères phonétiques classiques.

*Exemple III*
Pour trouver la moyenne d'une série de valeurs, la formule statistique est

$$m = \Sigma x/n$$

C'est-à-dire : « La moyenne est la somme des valeurs, divisée par leur nombre. » Première chose à faire : bien comprendre comment s'utilise en pratique chaque symbole de cette formule. Lorsqu'ils sont bien compris, on ne risque guère de les oublier.
*Mais :* on apprend ensuite, à partir de cette formule générale, quantité de formules spécifiques, à utiliser dans tel ou tel cas, et qui ressemblent à la première tout en s'en différenciant par des détails importants.
Chaque formule différente doit être comprise en elle-

même ; mais pour être bien sûr de ne pas les confondre, il est prudent de les mémoriser aussi par des moyens mnémotechniques.

Or une formule utilise des lettres au lieu de chiffres, et ces lettres sont reliées par des symboles différents des chiffres. Ce ne sont pas les repères phonétiques qui peuvent s'appliquer ici. Voyons comment procéder.

## Les formules

Les symboles mathématiques sont si nombreux, ils continuent à proliférer à une cadence si rapide qu'il n'existe pas de système tout fait pour les transcrire en associations visuelles. Chaque mnémotechnicien propose une transcription différente pour tel ou tel symbole ; et il conseille à son lecteur de chercher l'image visuelle qui lui convient le mieux dans chaque cas.

Pour les lettres de l'alphabet, le plus simple est d'utiliser les images repères proposées page 259 : A = Ane, B = Balai, C = Calot, etc.

Mais, bien entendu, selon les formules à mémoriser, d'autres repères visuels peuvent vous paraître préférables. Adoptez-les sans hésiter. C'est ce qui vous vient le plus facilement à l'esprit qui a le plus de chances d'être bien retenu.

Les formules mathématiques utilisent aussi beaucoup de lettres d'autres alphabets : alphabet grec, hébreux, majuscules qui n'ont pas le même sens que les minuscules, etc. Il faut chaque fois commencer par comprendre bien à fond la raison d'être de tel ou tel signe. Puis on lui cherche une image commode à retenir.

L'encadré ci-contre explique comment s'y prenait le mémorisateur Veniamine. On voit qu'il ne possédait pas de système préparé d'avance, mais qu'il laissait son imagination divaguer et saisissait au passage les idées frap-

*Suite page 378*

**Comment Veniamine mémorisait une formule**

Vers la fin de 1934, on avait donné à Veniamine une formule inventée de toutes pièces et sans aucun sens :

$$N. \sqrt{d^2 . \times \frac{85}{vx}} \quad \sqrt[3]{\frac{276^2{,}86\,x}{n^2b\,.\,v\,264}} \; . \; SV \; \frac{1624}{32^2} \; . S^2.$$

Veniamine examina la formule avec une grande attention, la porta à ses yeux à plusieurs reprises, l'éloigna de lui, resta quelques instants les yeux fermés ; ensuite il rendit le papier, fit une pause pour « réviser » intérieurement ce qu'il avait retenu, et sept minutes plus tard il reproduisait la « formule » sans la moindre erreur.

Voici comment il rapporte les méthodes employées par lui pour la mémorisation :

« Neuman (N) sortit, donna un coup de bâton (.). Il regarda un grand arbre qui ressemblait à une racine ($\sqrt{\ }$) et se dit qu'il n'y avait rien d'étonnant si l'arbre était desséché et ses racines dénudées : il était déjà là lorsque j'avais construit ces deux maisons ($d^2$), et il donna un autre coup de bâton (.). Il dit : ces maisons sont vieilles, il faudra mettre une croix dessus ($\times$), cela va augmenter de capital, il y avait placé 85 mille (85). Le toit le sépare (—) et en bas il y a un homme qui joue du termenvox (??) (vx). Il se tient près de la poste, et à l'angle de la rue — il y a une grosse pierre (.) pour empêcher les camions de heurter la maison. Il y a aussi un square avec un grand arbre ($\sqrt{\ }$) et trois corneilles sur ses branches ($\sqrt[3]{\ }$). Ici j'ai simplement mis un 276, et dans le

« carré » j'ai posé une boîte carrée d'un emballage de cigarettes (2), avec l'inscription « 86 »... Ce chiffre était inscrit de l'autre côté de la boîte, on ne le voyait pas du côté où je me trouvais, et comme je ne m'en suis pas approché, je ne l'ai pas aperçu au moment de me le rappeler... X — un homme inconnu en pardessus noir s'est approché du mur (—), plus loin il y a un lycée de jeunes filles ; il avait rendez-vous avec la lycéenne (n) — jeune, élégante, vêtue d'un ensemble gris ; en parlant il essaie de briser les lattes de la clôture avec un pied puis avec l'autre (2), et elle, la lycéenne — elle n'est pas jolie, fi ! (V)... Puis je me retrouve à Réjitsa... Là, à l'école, il y a un grand tableau noir... Le cordon vole — et je mets un point (.). Sur le tableau est inscrit 264, plus loin j'inscris n 2 b. Je suis à l'école. Ma femme a posé la règle, je me trouve assis moi, Solomon Veniaminovitch (SV) et je vois chez mon voisin une inscription $\frac{1624}{32^2}$. Je regarde ce qu'il est en train d'écrire ; derrière moi il y a deux lycéennes (2) ; elles regardent et lancent un "sss ! plus bas !" (S) pour ne pas qu'il s'en aperçoive. »

A.R. Luria : *Une prodigieuse mémoire* (Neuchâtel, Delachaux et Niestlé, 1970), pp. 46-47.

pantes qui lui venaient. On remarque néanmoins que pour les lettres majuscules de la formule, il choisit chaque fois de les transcrire par un nom propre qui commence par cette lettre. Il se rappelle ainsi plus sûrement que la lettre est majuscule dans la formule. Les lettres minuscules sont données par des objets commençant par elles. Le signe x est visualisé par Veniamine sous la forme d'une croix ; le signe $\sqrt{\ }$ est évoqué comme les branches d'un arbre, et quand ce signe est surmonté d'un petit 3 (« racine cubique de... »), il l'indique en perchant 3 corneilles sur les branches ; le signe « à la puissance 2 » n'a pas de transcription systématisée.

Markoff et ses collaborateurs [14] proposent, pour le signe = soit un aigle, qui est phonétiquement proche du mot « égal », soit une échelle, qui le rappelle un peu graphiquement, soit une balance, qui le rappelle intellectuellement.

Les mêmes auteurs proposent l'image d'une racine pour le signe $\sqrt{\ }$ car le même mot est utilisé pour la notion concrète « racine d'un arbre » et la notion abstraite « racine carrée d'un nombre ».

Kenneth Higbee [15] propose : « Les lettres seront représentées par les repères alphabétiques ; les nombres seront représentés par les repères phonétiques ; les symboles seront représentés par des objets qui vous rappellent ces symboles. A titre d'exemple, le signe "racine carrée" ($\sqrt{\ }$) peut être représenté par une maison carrée, le signe "divisé par" (/) peut être représenté par une diapositive, le signe Pi ($\pi$) peut être représenté par une pie, le signe "plus" (+) peut être représenté par une croix. »

14. D. Markoff, A. Dubin et D. Carcel : *How to Remember Anything* (New York, Memory School Publishing, 1975), p. 119.
15. K. Higbee : *Your Memory* (Englewood Cliffs, Prentice-Hall, 1977), p. 148.

## Exercice

**En vous inspirant des suggestions des auteurs cités ci-dessus, établissez votre propre liste d'images visuelles correspondant aux symboles mathématiques les plus courants :**

| Le symbole | Votre image préférée |
|---|---|
| $+$ | ______________________ |
| $-$ | ______________________ |
| $\times$ | ______________________ |
| / ou : | ______________________ |
| $\sqrt{\ }$ | ______________________ |
| ( ) | ______________________ |
| $...^2$ | ______________________ |
| $=$ | ______________________ |

## Applications

**Essayez à présent de mettre en application ces images pour tester leur efficacité et éventuellement les ajuster mieux.**

Nous vous proposons à titre d'exemple la formule mathématique qui permet de calculer le volume d'une sphère dont on connaît le rayon r :

$$V = 4/3\, \pi\, r^3$$

Cette formule peut être représentée par les images suivantes :

Une sphère – une échelle – un rond (lien de serviette, anneau etc.)
V = 4

– une diapositive – un mont – une pie – un rat à la triple tête
/ 3 $\pi$ $r^3$

**Donnez ici votre propre solution à cette formule :**

______________________________________________

______________________________________________

______________________________________________

**Puis, pour mémoriser la succession des signes mathématiques dans cette formule, formez des associations entre leurs images qui vous permettent de les retenir, en utilisant la méthode de** la chaîne, **de** l'histoire, **ou de** l'itinéraire, **à votre convenance :**

$\sqrt{\ }$ est associé à : ______________________

= est associé à : ______________________

4 est associé à : ______________________

/ est associé à : ______________________

3 est associé à : ______________________

$\pi$ est associé à : ______________________

$r^3$ est associé à : ______________________

**Selon votre spécialité, vous avez différents types de formules à retenir. Cherchez celles qui vous sont le plus nécessaires. Notez-les dans les espaces réservés ci-dessous à cet effet. Trouver les images visuelles qui vous permettront de former de bonnes associations. Puis enchaînez ces images visuelles selon la méthode mnémotechnique que vous préférez.**

*Formule I à mémoriser :* ______________________

Cette formule peut être représentée par les images suivantes :

Symboles : ______________________

Images : ______________________

Symboles : ______________________

Images : ______________________

Symboles : ______________________

Images : ______________________

Associations formées avec ces images :

*Formule II à mémoriser :*

Cette formule peut être représentée par les images suivantes :

Symboles :

Images :

Symboles :

Images :

Symboles :

Images :

Associations formées avec ces images :

*Formule III à mémoriser :*

Cette formule peut être représentée par les images suivantes :

Symboles :

Images :

Symboles :

Images :

Symboles :

Images :

Associations formées avec ces images :

**Tableau de mots clés correspondant aux nombres de 1 à 99**

| unité / dizaine | 0 s,z | 1 t,d | 2 n,gn | 3 m | 4 r | 5 l,ll | 6 j,ch | 7 k,gue | 8 f,v | 9 p,b |
|---|---|---|---|---|---|---|---|---|---|---|
| **00 s,z** | son | thon | nom | mont | rond | lion | jonc | gond | fond | bond |
| **10 t,d** | tison | dindon | tenon<br>tonneau | démon | tronc | talon | donjon | toquons | typhon | tampon |
| **20 n,gn** | noçons | notons | Nanon<br>nounou | nommons | Néron | nylon | nichons<br>nageons | nigaud | n'avons<br>neveux | Nippon<br>napons |
| **30 m** | maçon | Meudon<br>maton | minon<br>moignon | Mammon<br>moment | marron | melon | mangeons<br>mâchons | moquons | mi-fond | aime<br>bon |
| **40 r** | raison<br>ruisseau | raton | rognon | Raymond<br>rimons | rirons | raillons<br>rayon | rageons<br>ruche | Aragon | rêvons | répons<br>ruban |
| **50 l,ll** | leçon | ludion<br>laiton | linon | limon | larron | lit<br>long | logeons<br>léchons | lagon | lavons | Lapon<br>lampion |
| **60 j, ch** | chausson | jeton<br>chaton | Junon | jument | charron | jalon | jugeons | gigot | chiffon | jambon<br>chapon |
| **70 k,gue** | gazon | coton | quignon<br>guignon | cumin<br>gommons | Caron<br>groin | galon<br>colon | cochon | cocon | gaffons | capon |
| **80 f,v** | vison | photon<br>vidons | fanion | fumons | front<br>vairon | félon<br>vallon | fâchons<br>vagin | faucon<br>wagon | vivons | va bien<br>Vauban |
| **90 p,b** | poisson<br>boisson<br>poison | bâton | pignon | poumon | perron | plomb<br>ballon | pigeon | Picon<br>bougon | Buffon<br>buvons | bubon<br>babouin |

Dans ce tableau, notre choix simplificateur s'est porté sur <u>les rimes en « on</u> ». Les mots clés sont ainsi plus faciles à retenir, pour ceux qui désirent avoir à leur disposition un mot facile à visualiser pour n'importe quel nombre entre 0 et 100.
N'hésitez pas à ajouter, au-dessous des mots clés proposés, tous les mots qui peuvent vous convenir mieux. La rime en « on » n'a rien d'obligatoire. Nous lui avons fait déjà quelques faux bonds lorsque l'intelligibilité le recommandait (exemples : 63 = « jument », 73 = « cumin »).

CHAPITRE 14

# douzième cours

# retenir une conférence, un texte...

Vous assistez à des conférences, vous lisez des articles de journaux ou de revues, vous achetez des livres ; bref vous vous instruisez. Mais à votre regret, une fois la conférence terminée, le livre ou la revue refermés, trop souvent le discours entendu s'envole, l'argumentation lue se dissipe, et il ne vous reste le lendemain même pas de quoi alimenter la conversation avec des amis.
Rien de plus fâcheux en effet que de commencer une phrase prometteuse sans être capable de la terminer :
— « Hier j'ai entendu une conférence sur... voyons... quel sujet ? et de... voyons... quel auteur ?... » Vos amis attendent la suite ; elle ne vient pas, et vous restez confus de ne pas avoir retrouvé en temps voulu les mots qui vous auraient permis de traduire pour les autres le plaisir que vous avez pris à vous documenter. Comment éviter ce genre de déception ?

**Le titre**

La première chose qu'il faut savoir citer correctement, si l'on veut faire part aux autres de ce que l'on vient d'entendre ou de lire, c'est le sujet traité. Le titre de la conférence, de l'article ou du livre résume ce sujet de façon intéressante. Le mieux est de la mémoriser textuellement. Si le titre est facile, il suffira de retenir un mot clé qui rappellera le titre entier lorsque vous l'évoquerez. Si le titre est difficile, on peut apprendre tous les mots qui le composent par la mnémotechnie. Cela prend plus de temps mais c'est plus sûr. Donnons-en quelques exemples.

Voici des *titres faciles ;* apprendre un mot clé peut suffire pour les retrouver en entier.
**L'apprentissage de la sérénité**
**Les médecines naturelles**
**Vive le tennis !**

Les *titres ci-dessous sont plus difficiles.* Il vaut mieux apprendre tous les mots principaux qui les composent.
**Norbert Elias, historien des mentalités**
**La rhétorique au service de la publicité**
**Congrès des sciences de l'information et de la communication**

Et enfin voici des *titres trop difficiles* pour être compris de vos interlocuteurs. A ne pas citer textuellement, mais à résumer de préférence par un mot clé plus facile.
**La construction ergative et les structures élémentaires de l'énoncé**
**La glottochronologie**
**Comparaison des structures factorielles d'une batterie de tests obtenues par deux méthodes d'analyse et de rotation**

## Titres faciles

On trouve, dans l'encadré ci-contre, des titres de difficulté croissante. Les trois premiers sont des titres faciles. Il suffit pour ces derniers de mémoriser un mot clé qui résume l'essentiel de leur contenu et permette de les retrouver facilement tout entiers. Pour le premier,

« L'apprentissage de la sérénité », c'est le terme « sérénité » qui fournit le message original du titre. C'est donc ce terme que l'on doit nécessairement retenir. Pour le second, « Les médecines naturelles », les deux termes principaux, « médecines » et « naturelles » sont d'importance égale. On peut, selon ses intérêts personnels, choisir de retenir l'un plutôt que l'autre. Mais généralement on choisira de mémoriser les deux. Dans le troisième titre : « Vive le tennis ! », il n'y a aucun doute que c'est « tennis » qui forme le mot clé.

Comment mémoriser efficacement le (ou les) mot clé choisi ? Il faut tout d'abord former une image visuelle frappante du mot. Dans ces titres faciles, l'image est généralement évidente : un « personnage en extase » pour la « sérénité », des « plantes médicinales » récoltées dans un cadre rustique et verdoyant pour les « médecines naturelles », un « joueur de tennis » sur un court, pour « Vive le tennis ». Il se peut toutefois que « le personnage en extase » n'évoque pas immédiatement le terme précis de « sérénité » si ce terme ne vous est pas habituel.

Il est prudent alors d'associer à l'image du personnage une autre image qui, d'une manière détournée vous rappelle tout ou partie de « sérénité », puisque ce terme est essentiel à retrouver : on peut utiliser le verbe « serrer » pour former cette association de secours ; ou bien on peut se servir d'un jeu de mots qui amène une nouvelle image : la « sérénité » fait de vous un être « serein », mot homophone de l'oiseau chanteur dénommé « serin » (ou « canari »). L'image d'un petit oiseau dans une cage peut soutenir votre mémoire en cas de défaillance dans l'évocation du mot « sérénité ».

## Titres plus difficiles

Ces titres contiennent des mots rares ou des noms de personnalités relativement peu connues. Il vaut la peine de leur appliquer un système mnémotechnique comme s'il s'agissait d'une liste de mots séparés, si l'on veut être sûr de les retrouver en temps opportun.
Examinons comment procéder pour le premier des trois titres difficiles cités dans l'encadré ci-contre : « Norbert Elias, historien des mentalités. »

**Norbert :**
1) Des prénoms plus usuels peuvent aider à retrouver ce prénom relativement rare : « Nora » + « Robert » seront reliés, en remarquant qu'on retient la première moitié de l'un et la seconde moitié de l'autre pour composer « Norbert ».
2) On peut aussi, si on le préfère, chercher un rébus en images. Par exemple on imagine une girouette en fer forgé dont la flèche est pointée en direction du N qui indique le « nord » ; pour la première partie du nom ; et pour sa deuxième partie, on évoque, soit un « ber » (mot archaïque pour « berceau » servant aujourd'hui à désigner les étais qui maintiennent un navire en position verticale pendant son lancement), soit l'étang de « Berre » (si l'on connaît, la région d'Aix-en-Provence), soit un « Berbère » (membre d'une tribu d'Afrique du Nord).

**Elias :**
1) Pour ceux qui connaissent les *Livres des Prophètes* de la Bible, l'image d'un prophète ancien suffira à évoquer ce nom.
2) Une « aile » associée à une « liasse » de billets de banque permet également de mémoriser efficacement ce nom.

**Historien :**

Mot plus facile à retrouver, il n'est pas indispensable de l'inclure dans la liste des termes à traiter par la mnémotechnique. Cependant, il peut être prudent de le traiter de la même manière que les mots qui l'entourent.

1) Si votre imagination peut vous fournir une vision bien typée d'historien, ce mot fera image par lui-même.

2) Sinon on peut former le rébus suivant : « histo » + « rien », « histo », tissu organique (en grec « histos ») se rencontre dans des mots composés de biologie et de chimie ; s'il vous est connu, évoquez une des figures en couleurs de votre manuel qui l'illustre. Sinon utilisez des mots approchants, comme « histrion », « hystérie », ou même « hosto » ; l'un de ces termes, associé avec « rien », servira à évoquer « historien ».

**Des mentalités :**

Un thé à la « menthe » ou un bonbon à la « menthe » ou une sauce à la « menthe » peuvent être associés avec un patient « alité » pour évoquer « mentalité ».

Une fois cette liste d'images mise au point, il reste à enchaîner ces images selon l'un des systèmes mnémotechniques classiques : l'histoire, la chaîne ou l'itinéraire, à votre convenance. Vous serez sûr alors de pouvoir retrouver fidèlement, au moment où vous en aurez besoin, le titre exact que vous aurez enregistré ainsi : « Norbert Elias, historien des mentalités ».

Si vous procédez souvent à l'enregistrement précis de tous les termes d'un titre difficile, votre esprit s'habituera si bien à se préoccuper du libellé exact des titres que vous désirez retenir qu'il en retiendra de plus en plus sans travail particulier en mnémotechnique. Vous verrez que vous serez surpris par cette aptitude qui se créera peu à peu dans votre esprit bien entraîné.

### Exercice

**Entraînez-vous donc avec les deux titres difficiles suivants qui sont proposés à votre sagacité dans l'encadré de la page 385 : « La rhétorique au service de la publicité », puis « Congrès des sciences de l'information et de la communication ».**

**Poursuivez ensuite cet entraînement, en utilisant les titres des articles et ouvrages intéressants que vous avez lus, et ceux de cours et conférences intéressants que vous avez suivis. Prenez soin de vérifier l'efficacité de votre entraînement mnémonique en citant avec exactitude ces titres lorsque vous parlerez de ces sujets avec votre entourage.**

## Titres trop difficiles

Un titre court, même s'il est difficilement intelligible, peut toujours être mémorisé par les méthodes de la mnémotechnique. Exemple : l'encadré 385 cite « la glottochronologie » comme un titre très difficile ; mais le titre est court ; on peut donc le transformer en rébus visuel, par exemple sous la forme « glotte + chronologie », qui permettra de le mémoriser textuellement.

Mémoriser textuellement ce titre vous permettra de montrer votre culture, votre habileté linguistique à vos interlocuteurs. Pour ceux d'entre eux qui ont fait du grec (ou qui ont l'habitude de lire les indications étymologiques fournies par les dictionnaires), ce titre sera évocateur, s'ils reconnaissent dans la première partie de ce mot, glôtta, qui veut dire « langue » en grec, et dans la deuxième partie khronos = « temps » et logos = « discours », éléments suffisants pour deviner qu'il s'agit d'un exposé sur la façon dont le langage s'ordonne dans le temps.

Mais ceux auxquels vous pourrez citer un tel titre n'auront généralement ni le temps ni le désir de se livrer à un tel déchiffrage. Ils ne vous comprendront pas et vous en voudront de les laisser dans l'ignorance. Mieux vaut rendre utilisable directement ce que l'on mémorise. Dans le cas d'un titre très difficile à comprendre, nous conseillons de ne pas le mémoriser tel quel, mais d'apprendre à résumer par un ou deux mots clés plus courants l'essentiel de ce qu'il veut dire. Ce sont ces mots clés plus compréhensibles qui serviront d'une part à vous rappeler ce que vous avez lu ou entendu sur ce sujet, d'autre part,à vous permettre d'en parler avec d'autres personnes de façon utile et intéressante.

Voici, à titre d'exemple, comment les trois titres très difficiles cités dans l'encadré de la page 385 peuvent être résumés par des mots plus courants :

— **La construction ergative et les structures élémentaires de l'énoncé :**
Etude grammaticale de la phrase (mot clé à mémoriser : <u>Grammaire</u>)

— **La glottochronologie :**
Les changements du vocabulaire d'une langue dans le temps (mot clé à mémoriser : <u>Linguistique</u>)

— **Comparaison des structures factorielles d'une batterie de tests obtenues par deux méthodes d'analyse et de rotation :**
Tests psychologiques contrôlés par la statistique (mot clé à mémoriser : <u>Tests</u>)

Ce travail de résumé préalable est nettement plus utile que la tentative de mémoriser ces titres très difficiles en entier :
1) il réduit à un ou deux mots clés le travail de mémorisation ;
2) il nous oblige à comprendre le sujet traité dans l'exposé lu ou entendu ;
3) il nous oblige aussi à le dire de façon intelligible, pour nous-même et pour les autres.

### Le nom de l'auteur

Après le titre, c'est le nom de l'auteur qui est le plus intéressant à savoir citer correctement. Nous avons examiné en détail, dans le Cours 8, comment mémoriser les noms propres faciles et difficiles. Les conseils et exercices de ce cours s'appliquent sans modification dans ce cas.
Exercez-vous donc, grâce au Cours 8, puis avec des exemples de livres, articles, cours ou conférences lus ou entendus vous-même, à retenir le nom des auteurs de ces exposés. Exercez-vous surtout à mettre à profit les noms mémorisés ; n'hésitez pas à orienter la conversation vers ces sujets, de manière à vous donner l'occasion de vérifier que vous savez, au moment opportun, citer le sujet avec le nom de l'auteur qui l'a traité. L'intérêt que vous susciterez chez vos interlocuteurs sera nettement renforcé par une citation exacte du sujet et du nom de l'auteur. Au lieu de vous cantonner en société dans le rôle passif de celui qui écoute les autres, vous serez à votre tour écouté, vous prendrez de l'assurance, vous serez consulté par de moins savants que vous sur les domaines où vous aurez brillé.

### Le contenu du texte

Le contenu du texte est évidemment encore plus important à bien mémoriser que le titre et le nom de l'auteur. Et pour mémoriser, la condition fondamentale est de l'avoir d'abord compris.
Comment faire pour bien comprendre un texte ? Cela dépend de son style, et, comme pour le titre, de son niveau de difficulté.

### La lecture

En ce qui concerne livres et articles, bien comprendre pour bien retenir est un problème que nous avons traité de façon approfondie dans notre Cours de lecture rapide[1]. Reprenons ici les points principaux traités.

*Avant tout il faut comprendre le texte*

Pour bien comprendre un texte, nos souvenirs scolaires nous portent à lire les textes comme ils se présentent à nous et avec une sage lenteur. Mais contrairement à l'opinion courante, la lecture lente entrave la compréhension. On comprend mieux en lisant vite. Tous les travaux expérimentaux sur le question le prouvent (voir encadré). La lecture conventionnelle, qui aborde le texte par le début, avec l'intention de le suivre dans tous ses méandres, néglige un facteur essentiel pour bien comprendre : l'intérêt personnel que nous devons porter à ce que nous lisons. Le message de l'auteur qui nous concerne peut se trouver n'importe où dans le texte, au début, au milieu ou à la fin. Si nous tardons à le découvrir, notre attention baissera et nous ne retiendrons pas ce que nous lirons. Plus nous lisons lentement un texte et plus nous absorbons de détails dès la première lecture, moins nous avons de chances de le retenir.

*Il faut aller droit à l'essentiel*

Pour bien retenir ce que nous lisons, il faut que nous y prenions de l'intérêt ; et pour que notre intérêt soit suscité, il faut que nous découvrions très vite ce que nous attendons du texte. Pour cela, toutes les techniques sont bonnes, mais la meilleure est très probablement de survoler le texte, lors de la première lecture, d'aller de page en page ou de chapitre en chapitre, en captant un mot ici, un sous-titre là, pour prendre une vue d'ensemble de la structure du texte.

1. *Cours de lecture rapide*, par François Richaudeau, Michel et Françoise Gauquelin (Paris, Retz-C.E.P.L., 1re édition, 1966).

### Mémoire et lecture

A l'issue d'une série d'expériences nous avons remarqué que la capacité de mémoire immédiate (ou « empan ») des lecteurs rapides était supérieure à celle des lecteurs lents. Au cours d'une autre série d'expériences nous avons constaté la même supériorité des lecteurs rapides au niveau de la mémoire à moyen terme. Un lecteur qui lit trop lentement, par exemple un jeune enfant qui épelle le texte à haute voix, lettre par lettre, n'a plus, à la fin d'une phrase, le souvenir des premiers mots de cette phrase et ne peut la comprendre... et par conséquent la retenir.

Un lecteur rapide, au contraire, « domine » une suite importante de mots et peut-être de phrases, perçoit mieux les liaisons entre les informations successives, pénètre mieux la pensée de l'auteur, en déduit des enchaînements d'idées plus cohérents... et comme on ne retient bien que l'ensemble des notions reliées par un fil conducteur d'associations, ce lecteur rapide retient mieux.

Dans la lecture d'écrémage ou « super-lecture », le lecteur entraîné «balaie» visuellement la page imprimée, la parcourant en tous sens et peut ainsi réaliser une synthèse quasi immédiate des multiples éléments d'information. Il s'affranchit alors du raisonnement linéaire à progression chronologique inhérent à la lecture intégrale et au discours oral. La mémoire immédiate, en lecture intégrale, permet seulement au lecteur traditionnel de se souvenir du début d'une phrase lorsqu'il en déchiffrait la fin et ainsi d'en saisir le sens. En « super-lecture », elle autorise la confrontation, la conjonction d'éléments issus de plusieurs phrases.

F. Richaudeau : *la Lisibilité* (Paris, C.E.P.L., 1969), p. 55-57.

*Il faut découvrir le procédé d'exposition de l'auteur*
Le procédé d'exposition classique, celui que l'on rencontre le plus souvent dans les exposés techniques ou scientifiques, commence par la thèse de l'auteur. Cette thèse est illustrée ensuite par des faits qui viennent s'insérer logiquement à la suite les uns des autres. Enfin ces faits sont discutés de manière à dégager une conclusion de l'ensemble de la démonstration. L'impression qui se dégage d'un tel texte est un processus logique qui va de la cause à l'effet sans se départir d'une ligne droite. Des considérations théoriques précèdent toujours l'exposé des faits. Voici un schéma illustrant la démarche de ce type d'exposé :

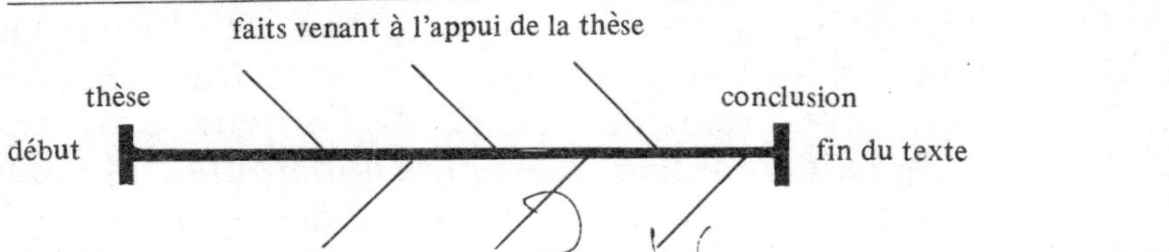


Le procédé opposé au procédé d'exposition classique peut être dénommé « exposé foisonnant ». Un plan existe, mais il est peu visible. On ne trouve pas d'exposé général de la thèse dès le début, mais une accumulation de faits et d'anecdotes avec parfois des retours en arrière dont la thèse se dégagera peu à peu. L'abord d'un tel texte est donc plus attrayant. Mais les conclusions générales s'en dégagent moins nettement. Voici le schéma correspondant à ce type de texte, qui se rencontre le plus souvent dans les écrits littéraires ou historiques :

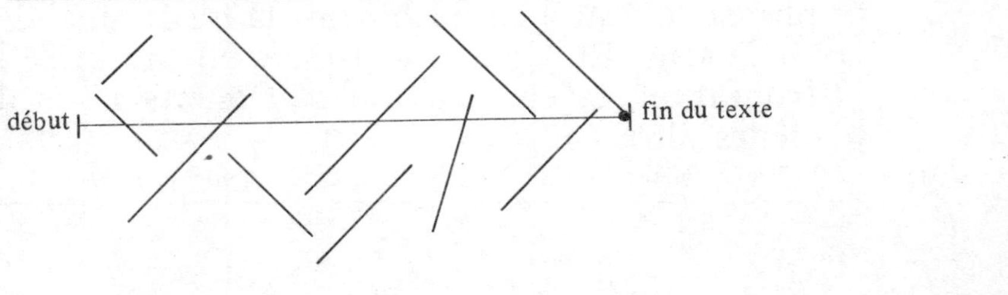

Selon que l'un ou l'autre de ces procédés domine, notre lecture sera différente. Dans le procédé d'exposition classique, on peut se contenter d'examiner attentivement le début, la thèse de l'auteur, et passer ensuite rapidement sur l'exposé des faits (à moins que l'un d'entre eux nous importe particulièrement), pour étudier tout de suite la conclusion proposée.
Dans le procédé d'exposition foisonnant, l'œil passe au contraire en revue de nombreux faits, sautant de l'un à l'autre, pour deviner quelle thèse l'auteur défend, en évitant de s'attarder sur l'un d'entre eux qui risquerait de nous faire perdre l'idée générale qui se dégage de l'ensemble.

*Il faut réfléchir à ce que nous voulons retenir du texte*
Après avoir pris rapidement connaissance de l'ensemble du texte, il faut s'arrêter un moment de lire, et s'interroger sur le profit que nous pouvons tirer de cette lecture. Si rien dans ce texte ne nous importe pour le moment, nous pouvons le mettre provisoirement de côté, quitte à le reprendre s'il se révèle un jour plus adapté à nos préoccupations du moment. Si, à l'opposé, tout nous a paru de la plus haute importance dans ce texte, il faut le reprendre, crayon en main, le lire en prenant des notes sur une feuille qui nous aidera à résumer son contenu pour mieux l'assimiler, ou même en annotant directement le livre ou la revue, pour conserver la trace de ce qui nous a paru essentiel dans cette lecture approfondie, et retrouver ultérieurement ces points essentiels sans avoir besoin de tout relire. Mais le plus souvent, c'est entre ces deux extrêmes que se situera notre désir de retenir le contenu du texte : quelques points nous en paraîtront dignes d'attention ; ce seront alors ces points particuliers que nous lirons de près et annoterons.

### Lorsqu'on suit des cours ou conférences

Lorsque, au lieu d'être lecteur, on est auditeur, il est aussi important de trouver rapidement les lignes de force de la pensée de l'auteur pour parvenir à la mémoriser. Mais on ne peut pas pour cela user des mêmes techniques : le déroulement de cette pensée doit être suivi linéairement dans l'ordre prévu par l'auteur, sans que nous puissions sauter en avant ou revenir en arrière comme cela est possible dans la lecture. La passivité plus grande de l'auditeur par rapport au lecteur est compensée par la présence de l'auteur, ses intonations, ses gestes, ses mimiques donnent plus de chaleur humaine à sa parole et mobilisent plus facilement notre attention. Mais veillons à ce que cela ne se fasse aux dépens de ce que nous comprendrons et retiendrons. Que nous restera-t-il du message de l'auteur, lorsqu'il sera sorti de la salle ?

Pour retenir ce message plusieurs techniques sont à notre disposition : écouter seulement avec attention, ou prendre des notes écrites, ou enregistrer tout ce que dit l'auteur avec un magnétophone. Notre décision sur la méthode la mieux adaptée dépend à la fois de nous et de l'orateur : notre intérêt pour le sujet qu'il va traiter est-il fort ou faible ? et lui-même sera-t-il concis ou prolixe ?

Si l'orateur utilise un langage concis, il y a intérêt à prendre beaucoup de notes. Tout ce qu'il dit a de la valeur. Le magnétophone, qui enregistre tout ce qui est dit, présente dans ce cas un réel avantage. Mais si l'orateur est verbeux, et dit en cent mots ce qu'il pourrait résumer en dix mots ou moins, prendre des notes assez espacées est plus rentable. L'essentiel sera, dans ce cas, de prêter suffisamment d'attention au discours prolixe pour capter les moments importants, noter les faits, les arguments cruciaux dont il est émaillé, en négligeant les détours et les fioritures. Dans un tel cas,le danger ne sera pas d'être trop lent pour tout noter, mais bien d'être trop peu attentif pour percevoir les points importants du discours. Si on les laisse passer, on ne les mémorisera pas. Cependant, l'abondance des notes à prendre dépend aussi des desseins de l'auditeur. S'il assiste à une conférence pour se distraire, sans que le sujet traité lui importe beaucoup, il peut écouter sans prendre la peine de consigner par écrit ce qui est dit ; mais s'il écoute un cours pour passer un examen important, il doit noter le plus possible de ce qui est dit ; peu importe qu'il y ait certaines répétitions, tout peut être utile pour être sûr de réussir l'examen.

### Inconvénient du magnétophone

L'enregistrement au magnétophone paraît à certains pallier toutes les difficultés : peu importe que l'orateur soit bon ou mauvais, qu'il dise peu ou beaucoup de choses importantes ; l'appareil enregistre, donc la bande magnétique va conserver toutes les informations utiles. Mais cette attitude de démission intellectuelle face à la machine est redoutable. Ce n'est pas lorsqu'un discours est enregistré sur bande magnétique qu'il nous est utile, c'est lorsque nous avons compris et mémorisé son message.
Une fois le discours enregistré sur magnétophone, il nous faut donc le réentendre, et durant cette nouvelle audition le résumer en notes écrites. Le magnétophone n'est donc en aucune façon un substitut à la notation des informations apportées par un cours ou une conférence. Il est simplement un relais, parfois utile.

### Pour retenir, il faut restructurer les informations

Les notes que nous avons prises, soit pendant que l'orateur parlait, soit après en écoutant l'enregistrement au magnétophone, il reste à les mémoriser. Procédons alors comme au cours de la lecture d'un livre : restructurons la pensée de l'auteur en fonction de ce que nous voulons en retenir. Plus nous retravaillerons ces notes en fonction de nos préoccupations actuelles, mieux nous les assimilerons.

Il est recommandé de laisser des traces bien visibles de ce travail d'organisation des données par des soulignés, par des encadrés, par des schémas, par des flèches, par l'utilisation de crayons marqueurs de diverses couleurs, etc. Ces traces bien visibles nous permettront de retrouver sans peine, chaque fois que cela sera utile, l'essentiel des informations mémorisées. A chacune de ces révisions, elles se graveront mieux dans notre mémoire.

**Révision synthétique finale**

Les étudiants de Kenneth Higbee lui ont signalé que c'était le conseil suivant qui les avait le plus aidés dans la mémorisation de cours universitaires : ne jamais terminer une séance sans réciter mentalement les points principaux du texte appris [2].

Cette règle est efficace pour plusieurs raisons. Tout d'abord elle oblige l'esprit, dans un survol rapide, à condenser mentalement l'ensemble de la leçon, ce qui aide à la fixer dans la mémoire. Ensuite cette révision rapide sert de répétition supplémentaire. Enfin elle évite des pertes de temps et d'efforts : une telle synthèse facilite l'évocation ultérieure du texte mémorisé. En son absence, tout risque d'être à revoir à la séance suivante, avant que l'enchaînement des faits puisse se faire dans l'esprit.

Pourquoi si peu d'étudiants font-ils une révision synthé-

2. K. Higbee : *Your Memory* (Englewood Cliffs, Prentice Hall), p. 64.

tique après avoir étudié un cours ? Pourquoi laissent-ils l'oubli effacer une bonne partie de leur travail avant d'en reprendre l'étude ? Peut-être par crainte de l'effort final exigé par une telle synthèse.

Cette révision synthétique peut être faite à haute voix devant un tiers. Elle a ainsi l'avantage de vous préparer à une véritable situation d'examen. Il faut rechercher de telles occasions de réviser à haute voix devant un interlocuteur, même si on craint que sa présence inhibe l'évocation des souvenirs. C'est la meilleure manière de découvrir les points faibles de votre synthèse mentale du texte à mémoriser. Une courte révision supplémentaire par relecture du texte le fixera de manière plus solide dans votre mémoire, si une telle séance s'est révélée difficile.

### Situer dans l'espace et le temps les idées mémorisées

Nous venons de passer en revue comment assimiler et retenir les idées contenues dans une conférence, un article, un livre. Disons encore quelques mots des méthodes pour pouvoir les restituer de façon satisfaisante même si un certain temps s'écoule avant que nous en ayons besoin.

Nous avons beaucoup parlé de l'aptitude instinctive, très développée en nous, de situer une association d'idées en un lieu donné ; nous avons vu le parti que, depuis l'Antiquité, les mnémonistes on su tirer de cette aptitude : les images que nous associons avec des lieux (*loci*) seront retrouvées ultérieurement plus facilement que les images non localisées.

Mais nous pouvons reprendre ici cette constatation dans un autre contexte où elle se révèle aussi utile : pour retrouver, après un laps de temps assez long, une idée lue ou entendue, rien de tel que de faire l'effort de la localiser. Si notre mémoire nous permet de retrouver où et quand nous l'avons perçue et comprise, elle nous reviendra dans tous ses détails.

Dans le Cours 3, nous avons cité Simonides (le plus ancien mnémoniste connu) et Veniamine (un mémorisateur contemporain) se référant d'abord aux lieux associés au souvenir qu'ils cherchent à évoquer. Lorsqu'ils ont bien retrouvé les lieux en pensée, l'idée qu'ils cherchent revient elle aussi. Prenez l'habitude d'en faire autant pour retrouver les idées comprises au cours de vos lectures ou des cours et conférences entendus. Dites-vous d'abord : — Où étais-je quand on m'a parlé de cela ou quand ai-je lu ceci ? Comment étaient l'environnement, l'interlocuteur, le livre ou la revue consultés ? A quel endroit de la pièce étais-je assis ? Comment l'idée a-t-elle surgi ? Ce genre de question qui, à première vue, paraît accessoire à l'idée, suscite des associations visuelles qui contribuent fortement à la faire revenir. Rappelons-nous aussi à ce sujet la manière dont les souvenirs d'enfance reviennent à Marcel Proust, quand il goûte la madeleine trempée dans du thé.

**Si vous êtes vous-même le conférencier**

Si vous êtes vous-même le conférencier, il ne s'agira plus de mémoriser les idées des autres, mais les vôtres, telles que vous voulez les communiquer à vos auditeurs. Pour être facilement compris par l'auditeur, le discours oral doit être différent du langage écrit, il doit comporter une syntaxe plus simple, et des répétitions plus nombreuses des mots ou des idées importantes [3]. C'est pourquoi les spécialistes déconseillent de rédiger entièrement la conférence pour la mémoriser et la réciter par cœur devant

3. Cela est rendu nécessaire par la faible capacité de notre mémoire à court terme. Voir sur cette question les tests et l'explication donnés par François Richaudeau dans *les Secrets de la communication efficace* (Paris, Retz-C.E.P.L., 1975), p. 77.

le public[4]. Mais l'improvisation aussi a des inconvénients : saura-t-on ordonner suffisamment sa pensée pour bien la faire comprendre ? Ce sont donc les notes, plus ou moins détaillées, qui sont le meilleur support d'une conférence : elles laissent place à l'improvisation, tout en l'ordonnant selon un plan préparé d'avance [5].
La synthèse de notre pensée en notes succinctes est en elle-même déjà un exercice de mémorisation : les notes font ressortir les mots clés du discours comme autant de repères des points importants à ne pas oublier. Les apprentis orateurs peuvent consulter, à la Bibliothèque de l'Ordre du barreau de Paris, les notes laissées par des orateurs connus non seulement pour leur système de travail dévoilé par ces notes, mais aussi comme de petits tableaux peignant à grands traits le cheminement de leurs démonstrations. (Voir l'exemple ci-contre.)

Prenez soin, vous aussi, d'illustrer par vos notes les différentes étapes de votre conférence : titres, sous-titres, suivis de mots clés, entrecoupés de blancs plus ou moins larges, seront des repères visuels précieux pour mémoriser votre plan, à la fois dans les idées qu'il structure et dans la forme qu'il délimite graphiquement.
Voici comment procédait le bâtonnier Fourcade pour bien mémoriser les notes de ses plaidoiries : « Aussi bon ouvrier dans la méthode qu'artiste dans l'exécution, il savait mettre à son service toutes sortes de mémoires. La mémoire visuelle pour le dessin même qu'il donnait à la phrase sur le feuillet qui devait la lui rappeler, la mémoire auditive, car, avant de l'écrire ou même en la notant, il devait se la redire sinon tout haut, du moins à mi-voix,

4. En particulier Yves Furet, dans *Savoir parler en toutes circonstances* (Paris, Retz-C.E.P.L., 1975), p. 153.
5. Pour les problèmes que pose la préparation du plan et de la documentation, voir Françoise Gauquelin : *Savoir communiquer* (Paris, C.E.P.L., 1970), pp. 103-116.

Notes du bâtonnier Chenu
**Extrait d'un plan pour plaidoyer d'assises**
(Original conservé à la Bibliothèque de l'Ordre du barreau de Paris)

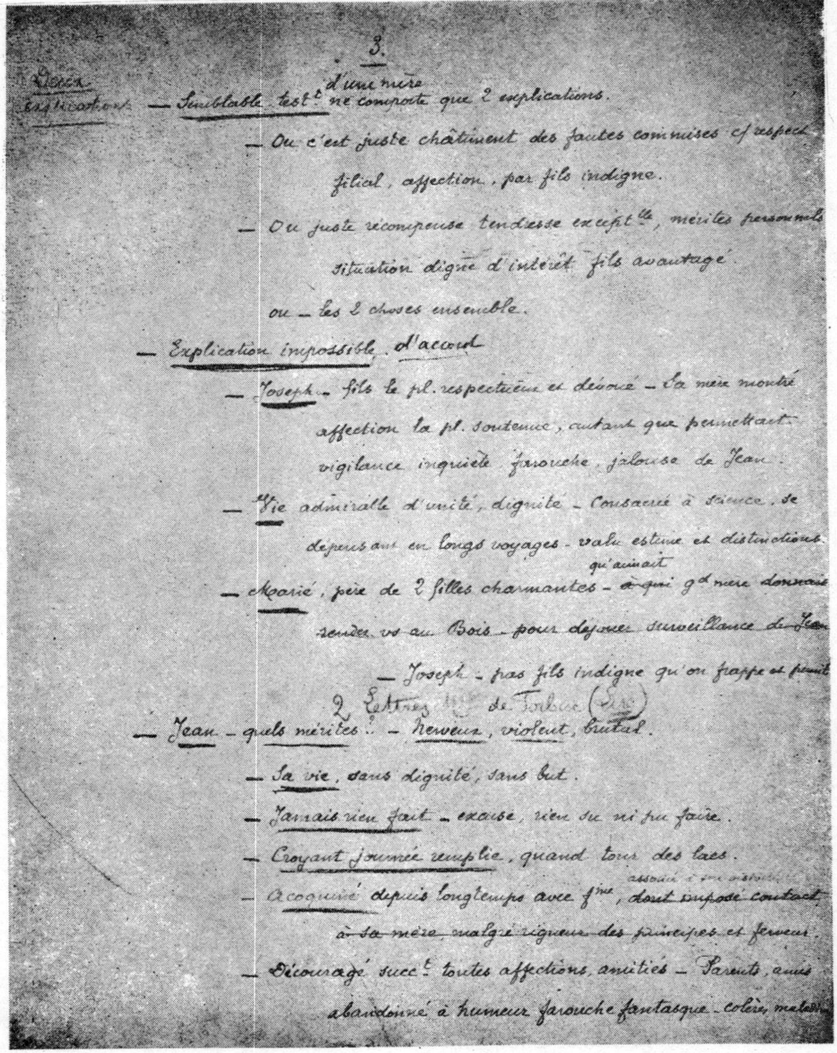

et enfin la mémoire verbo-motrice en relisant ces notes quelques heures avant de prononcer sa plaidoirie [6]. » Inspirez-vous de cet exemple pour mémoriser d'abord visuellement par vos notes, puis à la fois verbalement et dans vos gestes par des exercices d'improvisation devant le miroir, les conférences que vous devez préparer.

## Le mot à mot d'un texte

Mais il arrive qu'on ait à redire mot à mot tout ou partie d'un texte. Ce peut être un exposé qui vous paraît trop important pour être improvisé, ou un texte écrit par d'autres (passages littéraires importants, poésies, pièces de théâtre). Les dons pour retenir un texte mot à mot sont inégaux. Si votre quiz montre que vous êtes avant tout auditif, vous retiendrez plus facilement le mot à mot d'un texte que si vous êtes avant tout visuel.

La technique pour le faire est tout d'abord de vous imprégner du texte, en le relisant plusieurs fois : silencieusement pour bien pénétrer les idées qu'il contient et la façon dont ces idées s'enchaînent ; puis à mi-voix un certain nombre de fois, pour apprendre son rythme, la sonorité des mots qui le composent. On procède ensuite à la mémorisation par répétition et récitation qui ont été décrites dans le Cours 2 (v. pages 72 à 87), en ménageant des pauses, en procédant à de fréquentes révisions, pour la rendre plus efficace.

## Le système des relais

Ce système est couramment employé par les acteurs pour éviter un trou de mémoire entre deux phrases. Il consiste à enchaîner le dernier mot d'une tirade au premier mot de la tirade suivante par une association mnémotechnique

6. A. Toulemon : *Portraits d'avocats* (Paris, Dalloz, 1965).

frappante qui soutiendra la mémoire normale en cas de défaillance. Ce procédé peut servir aussi pour ne pas rater un discours à la fin d'un banquet de fête, pour une harangue politique, pour un exposé devant des étudiants, pour un texte scientifique expliqué dans un congrès... Toutes les fois que l'on prend la parole en public et que l'on craint de perdre le fil du discours, on peut se prémunir là-contre par le système des relais.

Dans ce système, ce n'est plus l'idée principale de chaque paragraphe que l'on résume par un mot clé, base d'associations mnémotechniques. Les mots clés à associer sont ici, d'une part, le dernier mot d'une tirade, d'autre part, le premier mot de la tirade suivante. Donnons-en un exemple tiré d'une tragédie célèbre : *le Cid* de Corneille. Voici le début de la scène 5, acte I :

DON DIÈGUE :
Rodrigue, as-tu du cœur ?

DON RODRIGUE :
Tout autre que mon père
L'éprouverait sur l'heure.

DON DIÈGUE :
Agréable colère !
Digne ressentiment à ma douleur bien doux !
Je reconnais mon sang à ce noble courroux ;
Ma jeunesse revit en cette ardeur si prompte.
Viens, mon fils, viens, mon sang, viens réparer ma honte ;
Viens me venger.

DON RODRIGUE :
De quoi ?

DON DIÈGUE :
D'un affront si cruel,
Qu'à l'honneur de tous deux il porte un coup mortel :
D'un soufflet. L'insolent en eût perdu la vie ;
Mais mon âge a trompé ma généreuse envie :
Et ce fer que mon bras ne peut plus soutenir,
Je le remets au tien pour venger et punir.

Dans ce passage, voici les enchaînements que doit établir Don Diègue : Heure — Agréable ; De quoi ? — D'un affront.
Et voici ceux de Don Rodrigue : Cœur — Tout autre ; Venger — De quoi ?

Ces enchaînements peuvent être mémorisés selon le système de la chaîne, de l'histoire ou de l'itinéraire (de préférence imaginé alors sur la scène même où sera jouée la pièce pour bien assurer les répliques). Robert Tocquet [7] propose d'assurer les relais par des phrases mnémoniques, telles que :

« Que cette heure était agréable ! », « Il n'y a pas de quoi parler d'un affront »... « Mon cœur est tout autre depuis que je vous ai rencontrée », « Je dois le venger de quoi donc au fait ? »

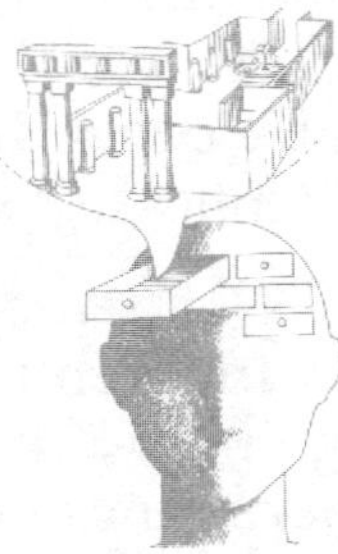

7. R. Tocquet : *la Mémoire* (Paris, Julliard, 1967), p. 155.

### Exercice

**Vous pouvez vous exercer de façon semblable à mémoriser des enchaînements d'un paragraphe à l'autre dans l'extrait de discours suivant, portant sur le sujet qui nous occupe. (Nous avons souligné ces enchaînements dans le texte.) Notez dans les lignes préparées à la fin du texte des phrases mnémoniques contenant les expressions soulignées, pour assurer le relais d'un paragraphe au suivant.**

« Bien que le rôle de la mémoire soit méprisable au point de vue *artistique*, il n'en est pas moins fondamental pour tout diseur. Il y a là une *nécessité* à laquelle nul ne peut échapper. Parler en public ou réciter devient un supplice pour qui n'est pas absolument sûr de sa mémoire : la préoccupation des mots à trouver interdit toute spontanéité, toute sincérité ; et les auditeurs percevant fatalement cette torture du diseur, il se crée autour de celui-ci une atmosphère de crainte et de pitié extrêmement pénible, et qu'à tout prix il faut éviter.

Les diseurs adroits savent pourtant donner le change aux auditeurs en cas d'absence de mémoire. Ils savent avant tout rester maîtres d'eux-mêmes et ne manifester aucun trouble. Ils "prennent un temps" dans la pensée qu'ils viennent d'exprimer, attendant ainsi le secours d'un souffleur ou, ce qui vaut souvent mieux, de leur propre jugement. Ils peuvent ainsi se ressaisir, improviser adroitement ou simplement omettre le passage embarrassant pour attaquer le suivant. Tout cela n'est que duperie en vérité, mais vaut cependant mieux que la trop sincère manifestation d'une faiblesse.

Les textes appris *lentement* sont ceux dont un diseur se souvient le plus longtemps : il ne faut donc pas attendre le dernier moment pour livrer un texte à la mémoire. Beaucoup de personnes trouvent un grand profit à faire le travail que nous indiquons le soir avant le sommeil.

Il semble bien que les idées étrangères s'assimilent pendant la nuit avec plus de facilité et de liberté.

Les moyens mnémotechniques applicables à la diction sont rigoureusement personnels, les formes de la mémoire variant suivant les individus. Aussi chacun doit-il découvrir quelles sont les ruses mnémotechniques qui lui serviront davantage (images, rapport d'un texte avec des souvenirs personnels, nombre des idées déjà développées).

Dans une transition délicate, l'on peut toujours glisser un rapport entre l'idée qui vient de finir et le mot qui commence une phrase suivante. Ces rapports peuvent être puérils, mais, comme ils restent secrets, personne ne protestera, et le diseur facilitera la tâche de sa mémoire, ce qui est l'important. Le principe général est celui-ci : on se rappelle plus facilement une idée ou un jugement qu'un ou plusieurs mots ; de même que l'on se souvient mieux d'une chose concrète que d'une abstraction.

Mais, encore une fois, c'est à chaque individu qu'il appartient de se créer sa mnémotechnie propre. »

Conseils du professeur Georges Leroy, in : Yves Furet, *Savoir parler* (Paris, Retz-C.E.P.L., 1975), pp. 151-152.

## Le système des indicatifs

Les « relais » mémorisés procurent l'enchaînement du dernier mot d'un paragraphe au premier mot du paragraphe suivant. Mais dans un texte où les relais nécessaires sont très fréquents, on peut procéder d'une manière plus économique : au lieu de relier le dernier mot d'un paragraphe au premier mot suivant, on mémorise uniquement les premiers mots de chaque alinéa.

Cela est recommandé pour mémoriser un poème difficile dont chaque nouveau vers pose un problème. Reprenons, à titre d'exemple, la fable de La Fontaine *Simonides préservé par les Dieux* donnée comme exercice à la fin du Cours 2 p. 96. Elle n'est guère facile. Pour être sûr de ne pas rester bloqué en cours de récitation, on peut se faire une liste à part du premier mot de chaque ligne, pour l'inclure dans une phrase mnémonique que l'on se construit pour se garantir des trous de mémoire. Comme ceci, par exemple :

« <u>On</u> ne peut louer trois sortes de personnes :
<u>Les dieux</u>, sa maîtresse, et son roi.
<u>Malherbe</u> le disait, j'y souscris, quant à moi :
<u>Ce sont</u> maximes toujours bonnes.
<u>La louange</u> chatouille et gagne les esprits.
<u>Voyons</u> comme les dieux l'ont quelquefois payée. »

« On devine que <u>les dieux</u> de <u>Malherbe</u>, <u>ce sont</u> <u>la louange</u> et la gloire, <u>voyons</u> donc. »

Ou bien on peut former avec ces premiers mots de chaque ligne une chaîne mnémotechnique :

<u>On</u> — <u>les dieux</u> : des images de <u>dieux</u> grecs, dans le style des peintures sur amphores antiques, avancent à quatre pattes en grognant « hon, hon, hon » comme des cochons.

Les dieux - Malherbe : une tête de Malherbe, telle qu'on la voit dans les manuels scolaires, domine un autel antique, dans un temple de style grec.

Malherbe - Ce : le nom propre de Malherbe se transforme dans mon esprit en « mauvaise herbe » (en reprenant le sens étymologique de ce nom). Je vois la pelouse de mon jardin bordée de « male herbe » qui se tord en forme de S S S S S.

Ce - la louange : placé sur un podium, un solennel monsieur Ce (qui porte pour être mieux identifié son nom comme un chapeau sur sa tête), loue avec des gestes d'admiration dithyrambique
un ange posté à côté de lui (l'ange peut aussi porter comme un diadème son nom: Laloue sur sa tête).

La louange - Voyons : Flatté de la louange, l'ange s'adresse avec un sourire aimable à monsieur Ce, et lui répond : « Voyons ».

Bien entendu, ce petit travail supplémentaire ne doit pas être fait à chaque poème que l'on apprend. Il est nécessaire dans un cas très difficile ; ou dans un cas très important, où l'on craint d'être tout à coup paralysé par la peur. Une telle préparation supplémentaire donne plus de sécurité, donc plus de confiance en soi, lorsque le moment vient d'affronter des auditeurs.

**Pour bien retenir l'essentiel d'un texte :**
Ne vous pressez pas, procédez par étapes.
Sélectionnez soigneusement vos mots clés.
Cherchez pour les mots clés abstraits des images aisément visualisables.
Etablissez des associations frappantes entre ces images.

## Conclusion

L'homme a toujours cherché à perfectionner ses capacités naturelles au moyen d'outils et de techniques de plus en plus précis. La capacité de retenir les événements vécus, les informations récoltées est une aptitude d'une grande importance pour apprendre à vivre mieux. C'est pourquoi elle a fait l'objet, depuis des temps très anciens, d'études sur les moyens de s'en servir de façon efficace. Des résultats pratiques et théoriques ont été obtenus. Cette quête est loin d'être terminée, elle se poursuit dans les laboratoires. Mais bien des enseignements peuvent être mis à profit.
L'introduction de cet ouvrage nous a montré les points théoriques et pratiques qui paraissent bien acquis aujourd'hui.

Les Cours 1 à 6, se fondant sur les points acquis, vous ont enseigné comment améliorer votre mémoire naturelle : comment vous mettre en forme, comment mémoriser efficacement par la répétition, comment mieux percevoir ce que vous devez retenir, comment mieux structurer les informations, comment vous servir de vos sentiments et de votre inconscient en plus de votre logique pour bien mémoriser.

A partir du Cours 7, nous vous avons fait pénétrer dans les subtilités de la « mémoire artificielle » : de nombreux systèmes mnémotechniques permettent à ceux qui les connaissent de renforcer leurs aptitudes naturelles de façon si efficace qu'elle paraît presque miraculeuse pour le non-initié.
Les Cours 8 à 12 examinent quelles méthodes naturelles et quels systèmes mnémotechniques s'adaptent le mieux aux divers domaines où nous rencontrons souvent des

problèmes de mémorisation : les mots, l'orthographe, les langues étrangères, les nombres et formules, les conférences, les articles et livres.

La mémoire nous est apparue ainsi comme un organe d'une grande complexité : il ne faudrait pas parler de « notre mémoire » mais de « nos mémoires ». Aucune mémoire n'est parfaite, au dire de son possesseur. Mais nous avons vu qu'il ne faut pas s'en tenir à ce type de critique défaitiste ; car aucune mémoire n'est sans valeur. En général, nous ne savons pas tirer parti des qualités nombreuses de la nôtre. Souhaitons que cet ouvrage vous ait incité à accomplir le travail de préparation nécessaire pour développer ces qualités et les faire fructifier. Il faut de l'énergie et de la patience pour cela, comme pour tout apprentissage valable. Mais les résultats récompensent vite ces efforts. C'est là ce que nous souhaitons que vous ayez éprouvé en suivant ce Cours. Et nous souhaitons aussi qu'il vous ait donné le désir de continuer sur cette voie.

CHAPITRE 15

# annexe recherches modernes sur la mémoire

Comment s'opèrent les enregistrements mnémoniques ? Et comment ces enregistrements sont-ils conservés par l'organisme ? Pour les philosophes grecs ils siégeaient dans le cœur d'où s'échappait le « pneuma », sorte de souffle éthéré qui faisait se mouvoir les êtres animés. Ce n'est qu'au XVII^e siècle que Willis désigna le cerveau comme siège de la mémoire ; et Descartes supposait qu'un fluide en sortait pour animer les êtres selon les lois de l'hydraulique qui fait jaillir les jets d'eau des jardins « à la française ».

Au XIX^e siècle, la phrénologie de Gall (ou étude des bosses du crâne) donna la première impulsion aux recherches sur les localisations de diverses « facultés de l'âme », dont la mémoire. Gall situait le siège de la mémoire derrière les yeux ; une bonne mémoire rendait selon lui les yeux « saillants et pochetés ».

Aujourd'hui, on ne situe plus une faculté de mémoire en une région délimitée du cerveau ; on admet que différentes régions sont spécialisées dans la fixation des acquisitions mnémoniques, et que le stockage et le rappel de ces acquisitions mettent en jeu le cortex tout entier.

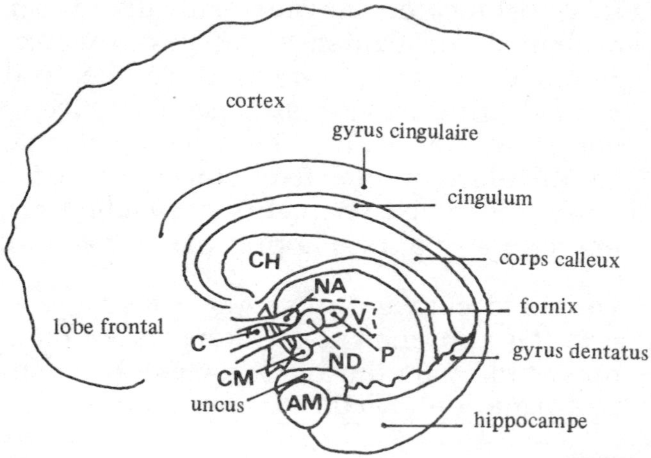


**La région de l'hippocampe dans le cerveau humain**
Figure extraite de *A la recherche de la mémoire,* par Georges Ungar (Paris, Fayard, 1976), p. 44.
*Abréviations :* AM = noyau amygdalien, C = commissure antérieure, CH = commissure de l'hippocampe, CM = corps mamillaire, NA = noyau antérieur du thalamus, ND = noyau dorsal médian du thalamus, P = pulvinar, V = troisième ventricule.

« L'ablation bilatérale de l'hippocampe, une formation paléocorticale [1] qui faisait partie primitivement de l'appareil olfactif, abolit la consolidation de la mémoire. Les sujets oublient à mesure qu'ils apprennent. Des symptômes d'amnésie ont été observés aussi après lésions des corps mamillaires, du noyau dorso-médian et de la portion médiane du pulvinar dans le thalamus et par interruption des voies par lesquelles ces centres communiquent avec le reste du système nerveux (cingulum et fornix) [2]. »

1. Formation parmi les plus anciennes du cerveau.
2. Voir dans la figure ci-dessus l'emplacement de ces différentes régions des centres cervicaux. Extrait de *A la recherche de la mémoire,* par Georges Ungar (Paris, Fayard, 1976), p. 45.

L'importance des noyaux centraux du cerveau a été mise également en évidence par les travaux de l'Américain James Olds. Ayant implanté des électrodes dans le cerveau de rats (cet organe est chez eux une version plus simple du nôtre), il a relié chaque électrode à une petite calotte électronique, fixée sur la tête de l'animal, qui fournissait des renseignements sur le cheminement de l'influx nerveux au cours d'apprentissages simples.

Olds a découvert ainsi que « les différentes parties du cerveau apprenaient à différents moments ; l'hypothalamus apprenait durant les vingt premières associations. La formation réticulaire apprenait au cours des dix asso-

(J. Olds :
« Comment le cerveau apprend »,
in *Psychologie*, n° 69, p. 53.)

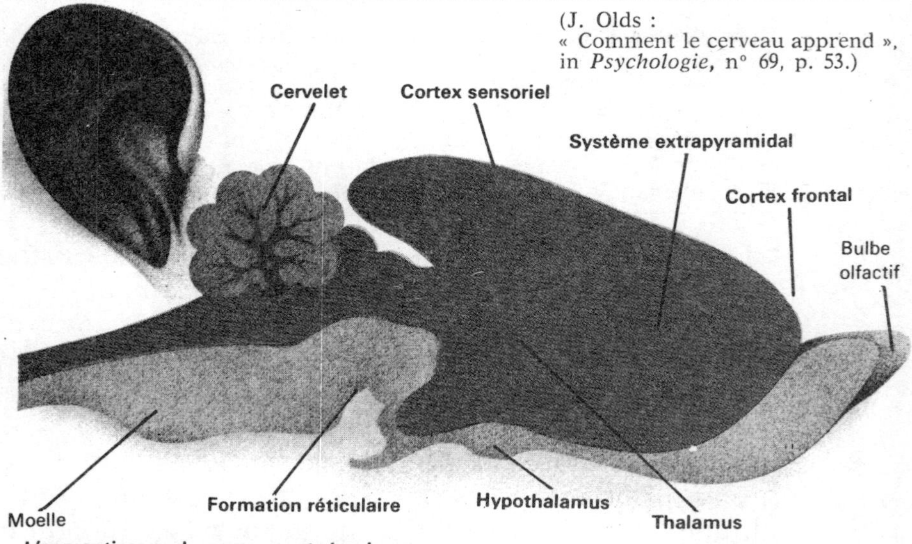


**L'apprentissage du mouvement chez le rat**
Les recherches montrent que les différentes parties du cerveau apprennent à différents moments.
L'apprentissage commence dans l'hypothalamus,
puis se déplace graduellement vers la formation réticulaire, le système moteur extrapyramidal et le cortex sensoriel,
atteignant le cortex frontal seulement après que le mouvement du rat a été parfait.

ciations suivantes [...]. Le système moteur extrapyramidal apprenait ensuite, à mesure que l'animal commençait à se déplacer vers la nourriture. Le cortex sensoriel apprenait lorsque le mouvement devenait facile et assuré. Le cortex frontal n'apprenait que lorsque les mouvements étaient devenus parfaits. Ces différences laissaient supposer l'existence d'une division du travail parmi les différents systèmes du cerveau [...]. Le message montait le long du trajet auditif à la vitesse approximative de deux millièmes de seconde par position et provoquait une accélération de l'activité des cellules nerveuses dans toutes les positions par lequelles il passait [3]... »

Les noyaux internes du cerveau agissent donc comme une gare de triage de l'information, décidant de son aiguillage vers les couches supérieures du cerveau ou de son rejet vers l'oubli [4]. L'acquisition mnémonique est un système complexe au cours duquel des mécanismes conscients et inconscients entrent en jeu.

## Les registres sensoriels

Ce qui nous permet de retenir une information, c'est donc d'abord un mécanisme automatique, plus ou moins inconscient.

Ce premier niveau de la mémoire rassemble « tous les registres sensoriels qui sont supposés conserver l'information transmise par les récepteurs (œil, oreille, etc.) pendant un temps très court, de l'ordre de quelques secondes en moyenne, temps au bout duquel l'information est définitivement perdue dans ces registres. Selon certains auteurs, il existerait un registre pour chaque modalité sensorielle, de sorte que l'on pourrait avoir un registre visuel, auditif, articulatoire, olfactif, etc. Il

3. J. Olds : « Comment le cerveau apprend », in *Psychologie*, n° 69, p. 50.
4. Ces aiguillages sont illustrés par une analogie avec un circuit hydraulique dans le schéma de François Richaudeau page suivante.

**Analogie avec un circuit hydraulique des relations entre la mémoire à court terme et la mémoire à long terme**

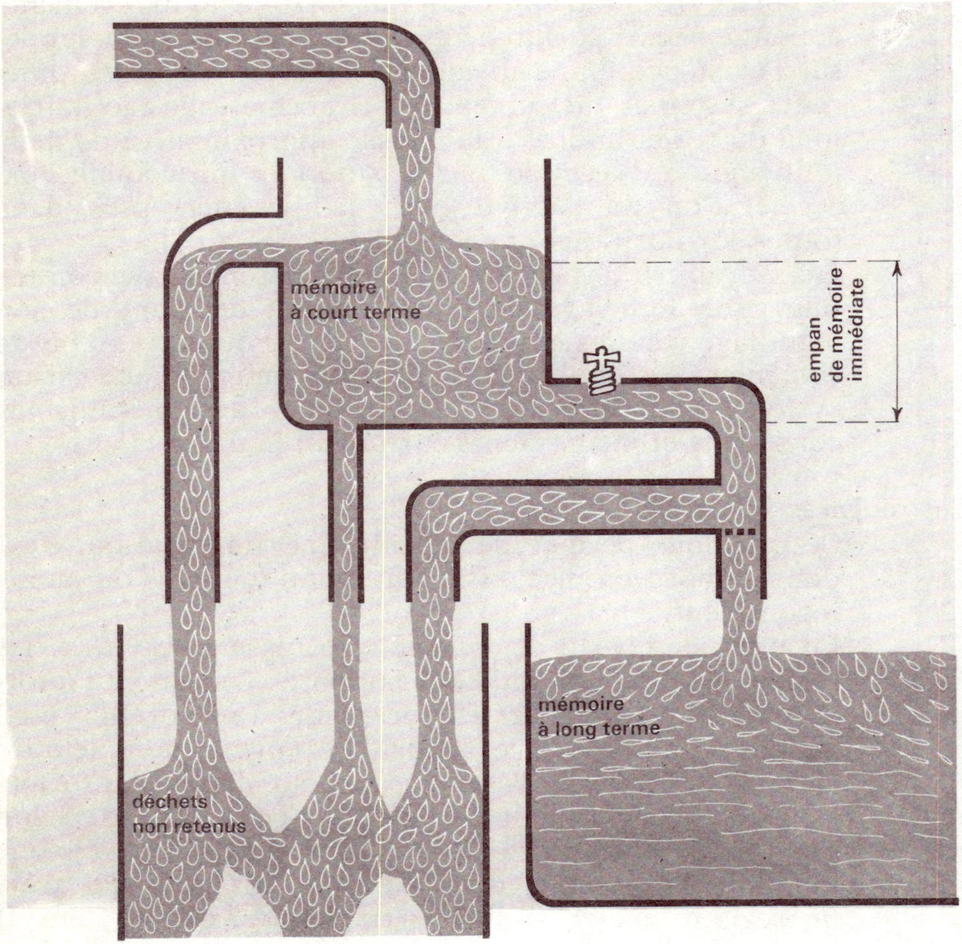

est important de noter qu'ici le terme de registre ne signifie pas qu'il y a un bloc de cellules nerveuses dans lequel l'information serait gardée, mais ce terme doit être considéré comme une représentation fonctionnelle commode (...).
Le registre visuel conserve l'information pendant moins d'une seconde [5], et le registre auditif pendant trois à cinq secondes [6] ».

## La mémoire à court terme

Si le premier niveau de la mémoire est constitué par les registres sensoriels, le deuxième niveau, appelé « mémoire à court terme », est une « mémoire temporaire de travail, d'une durée de plusieurs secondes, dont la fonction essentielle est d'appliquer certains programmes de traitement sur l'information des registres. Ces programmes sont appelés processus de contrôle et sont, selon les auteurs, placés sous la dépendance du sujet. Un de ces processus de contrôle est l'autorépétition qui permet de renvoyer indéfiniment l'information dans les registres auditif et articulaire. Ce processus permet de conserver à volonté une partie de l'information pendant que d'autres opérations sont appliquées dans la mémoire temporaire de travail. Pendant tout le temps où l'information est dans la mémoire temporaire, celle-ci est copiée, et ces copies sont transférées dans un troisième niveau, la mémoire permanente [7]. L'information copiée et transférée n'est jamais oubliée en principe, sauf dans des cas pathologiques de lésions du cerveau, etc.

5. Pour la moyenne des sujets. Mais il semble que cette aptitude varie beaucoup et que certains possèdent une mémoire visuelle immédiate de l'ordre de plusieurs minutes. Voir Haber : *Eidetic Images, Contemporary Psychology* (San Francisco, Freeman, 1971), p. 158.
6. A. Lieury : (communication inédite).
7. Ce troisième niveau de la mémoire est appelé le plus souvent « mémoire à long terme ».

Toutes les informations accumulées en mémoire permanente peuvent théoriquement être récupérées en mémoire temporaire et permettre des codes plus appropriés pour l'information nouvelle [8] ».

Les spécialistes considèrent donc que la mémorisation se déroule en trois grandes étapes. Broadbent, de Cambridge, fut le premier, en 1958 [9], à proposer un modèle de type cybernétique concernant le traitement de l'information au cours de la mémorisation. Trop particulier, ce modèle fut modifié par d'autres auteurs. Il en existe actuellement des dizaines. Parmi ceux-ci, celui d'Atkinson et Shiffrin, deux psychologues-mathématiciens de l'université Stanford en Californie, représente une synthèse assez complète des mécanismes de la mémorisation [10]. Cette synthèse comprend les trois niveaux suivants [11] :

**Modèle de la mémoire humaine**

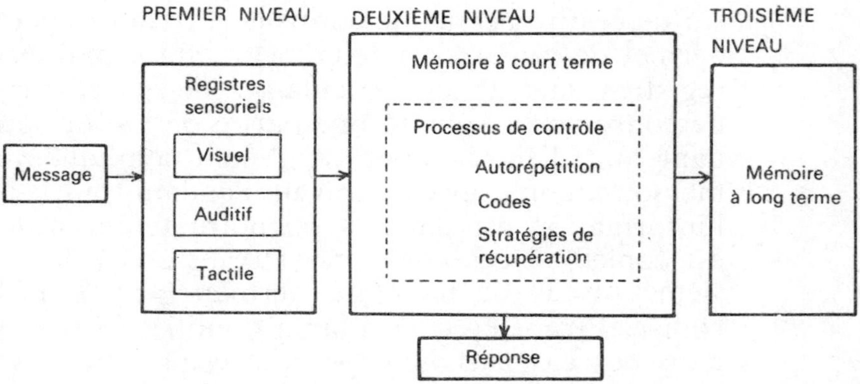


8. A. Lieury : (communication inédite).
9. D.E. Broadbent : *Perception and Communication* (New York, Pergamon Press, 1958).
10. R.C. Atkinson et R.M. Shiffrin : « Human Memory : a proposed system and its control processes », in K.W. Spence et P.I. Spence, *the Psychology of Learning and Motivation* (New York, Academic Press, 1968).
11. R.C. Atkinson et R.M. Shiffrin, in *Scientific American*, août 1971.

## L'évocation des souvenirs

Malgré les progrès réalisés, il reste encore bien des mystères dans la physiologie de la mémoire. En effet, une fois que les souvenirs sont enregistrés dans la mémoire à long terme, comment le cerveau procède-t-il à leur extraction lorsque nous voulons nous rappeler quelque chose ? On n'en sait à peu près rien.

Karl H. Pribram, neuropsychologue à l'université Stanford, s'est préoccupé du mécanisme de l'évocation des souvenirs. Il constate que « le cerveau crée un modèle neural de l'environnement, une estimation en référence de laquelle les stimulations sont évaluées constamment [12] ». Pour qu'une telle réévaluation constante des enregistrements du cerveau soit possible, Pribram estime qu'ils doivent être de nature holographique (voir l'explication de ce qu'est un hologramme en physique dans l'encadré ci-contre) : « Considérons l'arrivée des impulsions nerveuses à une série de synapses [13]. Lorsque les influx afférents proviennent de deux sources au moins, il y a production d'interférences. On a démontré l'existence de ces phénomènes d'interférences dans le cortex du cervelet, et il est donc vraisemblable qu'ils se produisent au niveau d'autres tissus corticaux [14]. »

L'enregistrement des informations par interférences, à la manière d'un hologramme, expliquerait, d'une part, l'aptitude fantastique du cerveau à emmagasiner des informations, d'autre part celle non moins étonnante à les mettre en relation, et enfin diverses particularités de l'évocation des souvenirs :

— Tout d'abord le fait étrange qu'un enfant qui apprend l'alphabet avec des lettres d'un centimètre de haut

*Suite page 422*

12. K.H. Pribram : « Du nouveau sur notre cerveau », in *Psychologie*, n° 24, pp. 46-47.
13. Synapse : point de jonction entre deux fibres nerveuses.
14. K.H. Pribram : *ibid.*

**Qu'est-ce qu'un hologramme ?**

« Inventée en 1948 par Dennis Gabor, de l'Imperial College of Sciences de Londres, mais exploitée seulement après la mise au point du laser par Leith et Upatnjeks en 1962, l'holographie est un procédé de photographie en relief dont le principe est fondé sur les interférences lumineuses.
Si on lance deux cailloux dans un étang, sur le plan d'eau non troublé, on verra se former, autour des points d'impact, des ondes concentriques allant en s'élargissant et finalement se rencontrant. En se heurtant, ces ondes, rondes au départ, formeront des figures complexes, les interférences.
Si on lançait une pluie de graviers, il se formerait des interférences encore plus compliquées, mais entièrement déterminées par le nombre de cailloux, leur poids, leur distance les uns par rapport aux autres, etc. Les faisceaux lumineux, phénomènes ondulatoires, produisent également en se heurtant des interférences dont les figures sont déterminées exactement par la nature physique des faisceaux.

Dès lors, le principe de l'hologramme est de projeter sur une plaque sensible les interférences produites par la rencontre d'un laser avec une partie de ce faisceau réfléchi par un objet. Les interférences sont exactement déterminées, d'une part, par la nature du laser, d'autre part, par l'objet qui ne renvoie que certaines caractéristiques de l'autre faisceau. Ainsi, la plaque sensible a la propriété, quand elle est traversée par le même laser, de produire l'image de l'objet dont les interférences ont retenu les caractéristiques.

L'image de l'objet, l'hologramme, possède deux propriétés originales dues à la diffraction de la lumière. La diffraction, c'est la capacité de l'onde de se propager en cercles concentriques à partir d'un point, de telle sorte que si un nénuphar (dans notre exemple de tout à l'heure) casse les ondes à la surface de l'eau, celles-ci vont se reformer identiques à elles-mêmes. Ainsi les interférences de notre hologramme sont produites non seulement par la lumière venant de la partie visible de l'objet, mais aussi par la lumière venant des faces cachées de celui-ci, ce qui fait de l'hologramme une photographie en relief, un fantôme de l'objet.

Regarder à travers l'hologramme sous différents angles nous permet de voir l'image de l'objet sous différents angles.

La deuxième propriété, c'est que chaque point de l'hologramme contient la même figure interférente, résultat du choc en différents points des mêmes ondes. Si l'on casse l'hologramme, chaque petit hologramme régénère la totalité de l'image de l'objet, quoique plus floue.

Rien n'interdisant d'imaginer des hologrammes à partir d'autres phénomènes vibratoires, la grande originalité de Pribram a été de penser que certaines ondes électriques du cerveau seraient des hologrammes [...] : chaque synapse serait le lieu d'interférences entre les ondes électriques et, à des étages supérieurs, les hologrammes interféreraient entre eux pour donner des hologrammes plus complexes. »

(Extrait de : Alain Lieury, « Les quatre R de la mémoire », in *Psychologie*, n° 75, p. 29.)

reconnaît néanmoins immédiatement sur un panneau publicitaire un « A » haut de six mètres.

— Ensuite le fait qu'une stimulation électrique à certains endroits du cerveau, par une électrode, puisse faire revivre au patient des scènes complètes de son passé « comme s'il y était ».

— Il y a aussi l'observation frappante que la mémoire à long terme paraît travailler avant tout sur des images.

Pribram remarque que la puissance de ce mécanisme a été négligée autant dans la théorie que dans l'éducation, sauf dans l'Antiquité où la mnémotechnie faisait grand cas de l'image [15].

— Enfin un point de repère minime peut suffire à permettre le rappel de souvenirs nombreux. Ils se présentent d'abord dans un enchevêtrement flou, qui est symptomatique des interférences holographiques. L'épisode du petit morceau de madeleine trempé dans une tasse de thé, dont le goût ressuscite, de façon ténue d'abord, puis de plus en plus complète et envahissante, les souvenirs d'enfance de Marcel Proust, en est un exemple classique. (Cet épisode est reproduit dans le cours 3.)

## La biochimie de la mémoire

Au début de ce siècle, le système nerveux était vu comme une machine électrique dont le fonctionnement ne requérait pour ainsi dire pas d'apport énergétique externe.

Mais cette conception mécaniste fut battue en brèche quand on s'aperçut, vers 1920, que les besoins en oxygène du cerveau étaient plus importants que ceux des autres organes.

15. Le Cours 3 expose comment on peut se servir de l'aptitude de notre mémoire à retenir longtemps les images visuelles. La deuxième partie de cette Méthode (Cours 7 à 12) en montre les applications pratiques par la mnémotechnie.

« Jusqu'aux environs de 1920, on doutait même que la fonction nerveuse, comme toutes les autres fonctions organiques, ait besoin d'énergie. Cette opinion était fondée sur l'observation de nerfs périphériques isolés qui conservaient leur excitabilité pendant de longues périodes de temps en l'absence de toute source d'énergie apparente. On s'est donc aperçu avec surprise, il y a une cinquantaine d'années, que les besoins en oxygène du cerveau étaient considérables, dépassant ceux de presque tous les autres organes, et que la sensibilité du cerveau au manque d'oxygène était notablement plus élevée que celle de tous les autres tissus. Dès lors, les sources métaboliques de l'énergie qui actionne le système nerveux sont devenues un des objets de préoccupation dominants de la neurochimie.

« Aux yeux de ceux qui voyaient le système nerveux comme un ensemble de conducteurs électriques, la discontinuité d'un système composé d'unités discrètes ne présentait tout d'abord aucune difficulté. Il suffisait de supposer que le courant bioélectrique franchissait simsimplement "d'un bond" la synapse d'un neurone. Aussi, lorsque, en 1904, un jeune physiologiste anglais, Elliott, a proposé que la transmission synaptique pouvait se faire par l'intermédiaire d'un mécanisme chimique, il s'est heurté au scepticisme et même à l'hostilité de ses collègues. L'idée a cependant fait son chemin et, en 1921, Otto Loewi a présenté la première preuve expérimentale de ce qui est devenu par la suite la "doctrine neurohumorale". La proposition fondamentale de cette doctrine est que la transmission de l'influx d'un neurone à l'autre se fait non par le passage direct du phénomène bioélectrique à travers la synapse mais au moyen de la libération par le neurone présynaptique d'un médiateur

ou transmetteur chimique qui agit à son tour sur le neurone post-synaptique.[16] »
Helmholz montra aussi que l'influx nerveux se propage à une vitesse beaucoup plus lente que le courant électrique : au lieu de 300 000 km/s, l'influx nerveux ne parcourt que 10 à 100 mètres par seconde. On considère aujourd'hui que l'influx nerveux passe de neurone en neurone par des mouvements ioniques perpendiculaires à l'axone (voir le schéma ci-dessous).

**Schéma d'un neurone**

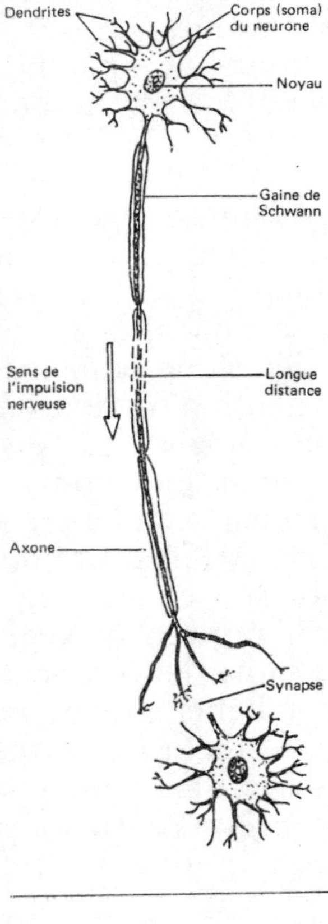


De chaque neurone partent différentes fibres ou *axones*, qui se terminent en arborescences ou *dendrites*. Chaque dendrite s'applique sur d'autres cellules ou fibres nerveuses, leur transmettant l'influx nerveux, indiqué par des flèches) à travers une *synapse*, point de contact entre les deux membranes provenant chacune d'un neurone différent. La figure montre à quel degré ces points de contact peuvent se diversifier (voir *La Recherche*, n° 58, vol. 6, p. 673).

16. G. Ungar : *A la recherche de la mémoire* (Paris, Fayard, 1976).

« Vers la fin des années 1960, il y eut beaucoup d'agitation dans la presse américaine, lorsque plusieurs laboratoires eurent annoncé que des choses apprises par un être vivant semblaient avoir été transférées à un autre être vivant. Des planaires, conditionnés pour se contracter à un signal lumineux, étaient donnés comme nourriture à des planaires non conditionnés — qui se comportaient alors comme s'ils avaient absorbé le conditionnement avec cette nourriture. On injectait des extraits de cerveau de rats, conditionnés à un comportement donné, à des rats "neufs", qui apprenaient alors ce comportement en un temps record[17]. » Depuis ces expériences des pionniers du transfert chimique de souvenirs, McConnell[18] et Ungar[19], des centaines de chercheurs ont reproduit ces effets. Pour aller plus loin dans la démonstration qu'il existerait une chimie de la mémoire, George Ungar et son équipe ont conditionné en dix-huit mois plus de quatre mille rats à éviter l'obscurité ; et ils ont prélevé le cerveau des animaux conditionnés, pour y rechercher la substance active. Les 5 kilos de cerveaux de rat leur ont permis d'isoler 300 microgrammes de produit pur, dont ils déterminèrent la structure chimique. C'était un peptide, c'est-à-dire une chaîne d'acides aminés, de nature analogue à l'A.D.N. qui contient le code génétique d'un individu dans le noyau de chacune des cellules de son organisme.

La nature chimique de la « molécule du souvenir » était déterminée ; il restait à identifier sa structure. La quantité de produit pur récoltée par George Ungar ne pouvait y suffire. Wolfgang Parr réussit alors à synthétiser la

17. M. Ferguson : *la Révolution du cerveau* (Paris, Calmann-Lévy, 1974), p. 283.
18. Voir *Journal of Neuropsychiatry*, 3 (suppl. 1), p. 42, 1962.
19. Voir *Nature*, n° 207, p. 301, 1965.

molécule en question de manière artificielle. Injectées à des rats non conditionnés, les peptides synthétiques provoquèrent chez eux le réflexe d'évitement du noir. Cette première « molécule de la mémoire » artificielle fut dénommée par George Ungar, la scotophobine [20].

L'A.D.N., porteur du code génétique de l'individu, ne quitte pas le noyau de la cellule. Mais il peut transmettre son message à l'A.R.N., son double voyageur qui ira porter le message aux protéines qui élaborent l'organisme de l'individu en question. George Ungar admet que ces processus établiront dans le cerveau de nombreux circuits innés, les « protocircuits », qui forment une véritable « mémoire de l'espèce ».

Mais l'individu étant capable d'apprentissages au cours de sa vie, aux « protocircuits » innés s'ajoutèrent peu à peu des « métacircuits », c'est-à-dire des trajets marqués par les peptides dont Ungar a démontré qu'ils transformaient le comportement d'un animal non conditionné en réactions conditionnées.

Les travaux du Suédois Holger Hyden vont aussi dans ce sens : au cours d'un apprentissage, une protéine spéciale apparaît dans les régions du cerveau mises en jeu par l'apprentissage. Hyden pense que l'A.R.N. intervient dans la synthèse de cette protéine. Les trains d'ondes de l'influx nerveux porteur de l'information nouvelle se convertiraient en une forme moléculaire sous laquelle ils seraient conservés [21].

A côté du code complet des protéines qui semblent matérialiser un apprentissage, J. von Neumann admet que les protéines peuvent parfois enregistrer un code abrégé,

20. Expériences résumées dans *Naturwissenschaften*, n° 60, p. 307, 1973.
21. Comptes rendus du IV$^{e}$ Congrès international de biochimie (Vienne, 1959), p. 64.

simplification qui permettrait l'enregistrement mnémonique à un niveau hiérarchique plus élevé. Plusieurs protocircuits seraient alors réunis en un « métacircuit » marqué par une seule molécule d'A.R.N. au lieu de plusieurs. Le langage offrirait des modèles de ce type de simplification de niveau symbolique plus élevé. Le codage chimique des protéines se prête justement à de telles simplifications [22].

## Nos deux hémisphères cérébraux

« On pense à gauche, on aime, on rêve, on imagine à droite », nous révèlent Robert E. Ornstein et David Galin, à San Francisco, Paul Bakan, en Colombie britannique, Thomas Budzynski, à Denver (Colorado) : l'hémisphère gauche du cerveau, qui est dominant chez presque tous les droitiers et chez les deux tiers des gauchers, est activé surtout par les messages verbaux ; il semble être le siège de la logique, de l'abstraction et de l'analyse ; l'hémisphère droit, non dominant, est activé surtout par les images ; abandonnant les raisonnements à l'hémisphère gauche, il semble spécialisé dans les synthèses intuitives [23].

Les informations parvenant au cerveau sont donc traitées de manière différente par chaque hémisphère cérébral. Mais l'hémisphère gauche impose en général ses conclusions. Ce n'est que sous l'emprise d'une émotion violente que l'hémisphère droit peut prendre le pas et imposer des réactions non logiques. La fatigue ou l'état de somnolence aussi peuvent restreindre l'activité de

22. G. Ungar : *Progress in the Neurosciences and Related Fields* (New York, Plenum Press, 1974), p. 41.
23. Consulter *Psychologie*, n$^{os}$ 44 (p. 27), 89 (p. 33) et 95 (p. 42).

l'hémisphère gauche, qui est alors relayé par l'hémisphère droit.

Ce sont de patientes observations pratiquées sur des malades atteints de lésions d'un hémisphère cérébral (soit l'hémisphère droit, soit le gauche, soit encore la liaison entre les deux, appelée « corps calleux » — voir le schéma p. 99) qui ont permis de constater la disparité des modes d'action de chaque hémisphère. Les malades atteints à l'hémisphère gauche deviennent aphasiques, c'est-à-dire qu'ils ne comprennent plus les messages verbaux ; les malades atteints à l'hémisphère droit ne savent plus voir une image les yeux fermés...

Selon Ornstein et Galin, les modes de pensée de nos deux hémisphères se complètent, le cerveau sélectionnant le plus approprié et inhibant l'autre, selon les circonstances. Cette spécialisation des deux hémisphères paraît une prérogative humaine, liée à l'évolution du langage [24]. Mais elle n'a rien d'absolu. L'étude des aphasiques (privés de l'hémisphère gauche) a montré que leur hémisphère droit, quoique moins sensible aux messages verbaux, peut néanmoins les capter s'ils sont composés de mots concrets plutôt qu'abstraits, s'ils sont prononcés lentement, ou mieux encore s'ils sont chantés. La parole monotone n'est pas bien captée par l'hémisphère droit. Pour l'activer, il faut moduler la voix, comme on le fait si ce qu'on dit est émouvant.

Ces observations permettent de comprendre que la mémorisation ne se fait pas de la même manière dans l'hémisphère gauche et dans l'hémisphère droit : le pre-

24. R.W. Sperry : « The Great Cerebral Commissure », in *Scientific American*, 210 (1), janvier 1964.

mier retient surtout les informations structurées selon des règles logiques, et le second celles qui lui parviennent sous une forme imagée, ainsi que l'ont montré Begg et Paivio sur différents types de phrases [25].
Les méthodes de mémorisation qui utilisent des états de demi-sommeil, de relaxation ou de suggestibilité accrue favorisent la mémorisation intuitive, en profitant des périodes où l'hémisphère gauche désactivé laisse l'hémisphère droit prendre le relais. Tout un système mnémonique habituellement mis en veilleuse par les apprentissages logiques peut ainsi redevenir actif.

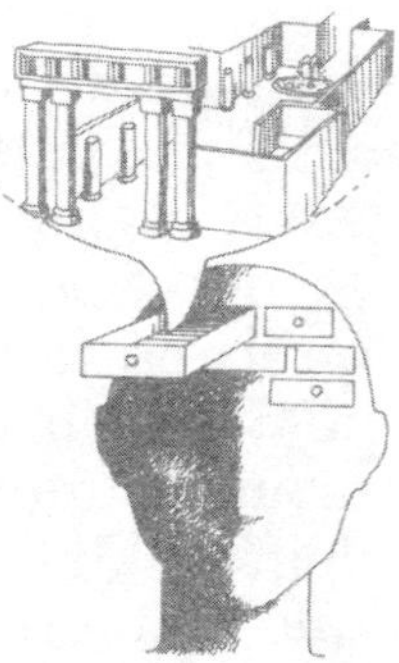

25. I. Begg et A. Paivio : « Concreteness and Imagery in Sentence Meaning », in *Journal of Verbal Learning and Verbal Behaviour*, 8:821-827, 1969.

CHAPITRE 16

# annexe les mémorisateurs prodiges

## Petite histoire des mémoires extraordinaires

De l'Antiquité jusqu'à nos jours, chaque siècle a eu ses cas de mémoire extraordinaire. Il est intéressant de les recenser afin de déceler ce qui faisait la force de ces sujets.

Cicéron, ayant étudié l'art de la mnémotechnie dans une école de rhétorique, résume cette technique dans un petit traité, Ars memorativa, et cite à l'appui de son art deux hommes célèbres, à son époque pour l'usage exceptionnellement efficace qu'ils en faisaient : « Et qu'on ne dise pas que cette abondance d'images charge et accable la mémoire, qu'elle brouille même ce que nous aurions retenu tout naturellement. J'ai vu, moi, des hommes d'un grand mérite et d'une mémoire prodigieuse, Charmadas à Athènes, en Asie Métrodore de Scepsis, qui est encore vivant paraît-il ; et tous deux m'ont assuré que, à la façon dont on trace des caractères sur la cire, ils gravaient au moyen d'images, dans des emplacements choisis, ce

qu'ils voulaient se rappeler [1]. » Et Quintilien, contestant les dons naturels de Métrodore de Scepsis, rend par là même implicitement hommage à sa technique : « Ce qui me surprend le plus, c'est comment Métrodore a pu trouver trois cent soixante lieux dans les douze signes du zodiaque. Sans aucun doute, il s'agissait là de la vanité et de la vantardise d'un homme qui se glorifiait d'une mémoire dont la force extraordinaire devait plus à l'art qu'à la nature [2]. »
Est-ce l'« art » ou la « nature » qui fait les talents exceptionnels ? Le débat va se renouveler à travers les siècles. En général, ces deux facteurs se combinent ; car ceux qui sont doués pour mémoriser s'intéressent à améliorer leur talent et découvrent alors spontanément certaines techniques puissantes, celles-là mêmes qui sont enseignées par les mnémonistes de profession.

L'art avait son mot à dire, lorsque Sénèque le Rhéteur, professeur de rhétorique, parvenait à répéter deux mille mots dans l'ordre dans lequel on les lui avait donnés. Mais il lui fallait en outre un grand talent naturel quand il faisait dire par deux cents de ses élèves un vers chacun leur tour, et récitait ensuite tous ces vers, capable de les dire à l'endroit comme à l'envers en commençant par celui qui avait été dit en dernier pour remonter jusqu'au premier [3].

La Renaissance a eu son lot de mémorisateurs prodiges : Pic de La Mirandole, philosophe et érudit de la seconde moitié du XV^e^ siècle, par exemple, était, au dire de ses contemporains, capable de répéter après une seule lec-

1. Cité par F.A. Yates, dans : *l'Art de la mémoire* (Paris, Gallimard, 1975), p. 31.
2. Même référence, p. 35.
3. Même référence, p. 28.

ture n'importe quel texte ; et l'on racontait même qu'il était en mesure de le redire à l'envers également, en commençant par le dernier mot pour finir par le premier. On disait aussi que Joseph Scaliger, un autre érudit, avait réussi en vingt et un jours à mémoriser toute l'Iliade et l'Odyssée. Quant au philosophe flamand Juste Lipse, il savait par cœur toute l'Histoire de Tacite. Giordano Bruno fut admis en la présence du roi de France Henri III à cause de sa réputation de magicien de la mnémotechnie : son livre De Umbris Idearum était censé faire la synthèse de tout le savoir de son temps par cent cinquante thèmes en images faciles à visualiser [4].

C'est évidemment la redécouverte, à cette époque, des écrits des Anciens décrivant l'art mnémotechnique qui fournit à ces érudits avides de savoir l'arme secrète permettant de réaliser ces performances. Mais il n'est pas toujours sans danger de faire preuve de facultés mnémoniques exceptionnelles. L'histoire de Giordano Bruno en fournit la preuve. Ce dominicain avait appris en cachette les textes originaux des Epîtres de saint Paul et d'autres livres mis à l'Index. On le suspecta de mettre en doute les dogmes de l'Eglise. On l'emprisonna et on l'excommunia. Devenu apostat, il mena une vie errante, séjourna à Genève, à Paris, à Venise. Mais le seigneur qui l'hébergeait, Jean Mocenigo, n'ayant pas réussi à percer les secrets de sa prodigieuse mémoire, en devint jaloux et le livra à l'Inquisition. Giordano Bruno fut condamné comme hérétique et brûlé vif sur le Campo di Fiore, à Rome. Sa statue s'élève aujourd'hui sur l'emplacement même du bûcher et rappelle les dangers qu'il y avait à vouloir transcender le savoir et les pouvoirs mnémoniques ordinaires de son temps.

4. F. Yates : *Giordano Bruno and the Hermetic Tradition* (Chicago, The University of Chicago Press, 1964).

Un autre savant de la Renaissance, Léonard Euler, savait par cœur toute l'Enéide de Virgile. D'une famille de mathématiciens, il montra une grande précocité dans l'art du calcul mental ; et découvrit de nouvelles lois en mathématique à l'âge mûr. Beaucoup de mathématiciens qui, à leur maturité, se firent connaître avaient ainsi montré une grande précocité dans leur enfance. Blaise Pascal en est un exemple célèbre. Mais l'hypermnésie apparaît plus encore chez les futurs grands musiciens. On doit évidemment citer ici Wolfgang Amadeus Mozart, et sa performance extraordinaire à la Chapelle Sixtine où son père l'avait emmené en 1770 à l'âge de quatorze ans pour entendre le Miserere d'Allegri. La partition de cette messe était la propriété du chœur de la Chapelle Sixtine, et ne devait pas sortir de l'enceinte du Vatican. Son père lui ayant expliqué cela, le jeune Wolfgang s'amusa, par esprit de contradiction, une fois rentré chez lui, à jeter sur le papier le Miserere entendu. Et il retourna le lendemain l'écouter à la Chapelle Sixtine, pour vérifier secrètement l'exactitude de sa transcription. Il s'en déclara satisfait : elle était fidèle à l'origine. A l'âge de treize ans, le jeune Mendelssohn jouait sans partition les fugues de Bach et les sonates de Beethoven les plus difficiles. Et les cas de chefs d'orchestre dirigeant sans partition des œuvres entières ne sont pas rares.

Dans le domaine visuel, la palme des performances mnémoniques va tout naturellement aux peintres et aux artistes graphiques. Un cas impressionnant est le portrait d'Erasme par Holbein qui est exposé à l'école des Arts décoratifs. Ce portrait est une copie de l'original qui se trouve au Louvre. Et voici comment cette copie fut réalisée : le jeune Alphonse Legros, élève de l'école des

Arts décoratifs, avait été envoyé au Louvre par son professeur pour y copier le portrait d'Erasme. Legros, n'ayant pas réussi à faire tenir debout le chevalet qu'il avait emporté, décida d'apprendre tout simplement le tableau « par cœur » en examinant en détail sa structure et sa facture. De retour à l'atelier, il reproduisit le tableau avec une exactitude remarquable. D'autres artistes sont parvenus à reproduire de manière aussi fidèle des chefs-d'œuvre détruits par le feu ou volés à leur propriétaire.

Les très grands hommes d'Etat ont bien souvent une mémoire exceptionnelle. Ce sont souvent le don d'observation et la mémoire des chiffres qui dominent chez eux. Une telle mémoire est décrite par les historiens chez Louis XIV, chez Napoléon. De celui-ci on raconte qu'il connaissait l'effectif de chacun de ses corps d'armée et le nombre d'armes dont ils disposaient. Témoin cette anecdote : au cours d'une de ses incessantes inspections, l'Empereur voit passer un régiment de chasseurs à cheval qui changeait de cantonnement. Il fait appeler le colonel et lui dit : « Votre régiment est porté sur les états comme ayant mille deux cents combattants. Bien que vous n'ayez pas encore été engagé avec l'ennemi, il n'y a pas là plus de huit cents cavaliers. Que sont devenus les autres ? » Le colonel resta interdit. Il n'ignorait pas qu'une portion de son unité s'était attardée avant de rejoindre le bivouac. Mais il n'avait pas prévu qu'il rencontrerait l'Empereur sur sa route et que celui-ci, d'un seul coup d'œil, s'apercevrait des absences [5].

La mémoire des langues est aussi un atout pour réussir. Dans l'Antiquité déjà, le roi Mithridate, qui comptait sous sa domination vingt-deux nations, s'était rendu

5. Baron général de Marbot : *Mémoires* (Paris, Hachette, 1967).

populaire en haranguant chaque corps de ses soldats dans la langue de leur contrée d'origine, et en se montrant capable d'appeler un grand nombre de ses soldats par leur nom. Au XVIIe siècle, François de Beauchâteau devint célèbre pour sa connaissance des langues : à l'âge de huit ans, il parlait le grec, le latin, le français, l'espagnol et l'italien. Il fut reçu à la cour et le cardinal Mazarin lui fit cadeau d'une pension de cinq cents livres. Au XVIIe siècle aussi, on cite le cas de Philippe Baratier, qui savait plusieurs langues à douze ans, qui obtint le titre de docteur en philosophie à dix-neuf ans, mais qui mourut à cet âge sans avoir pu faire usage de ses talents dans la vie. Au XIXe siècle, un autre phénomène apparaît en Allemagne : Karl Witte est capable, à l'âge de sept ans et demi, de lire des textes en allemand, en français, en latin, en grec, en italien et en anglais. A neuf ans, ayant acquis autant de connaissances qu'un jeune homme de dix-huit ans, il fut autorisé à s'inscrire à l'université de Leipzig. Quant au futur grand philosophe John Stuart Mill, il se révéla capable d'apprendre le grec dès l'âge de trois ans. Avant l'âge de douze ans, il avait absorbé les livres d'un nombre d'auteurs impressionnant, et s'initia lui-même à la géométrie, à l'algèbre, au calcul différentiel, aux sciences, à la logique et à l'économie politique. Mais le plus grand génie linguistique semble avoir été le cardinal Giuseppe Gasparo Mezzofanti : il était renommé pour savoir parler 114 langues et 72 dialectes ; il en lisait couramment 58 en citant des pages entières de ses lectures ; et il pouvait passer pour un autochtone dans 54 langues au moins.

Dans la langue même du sujet, on constate qu'une bonne mémoire visuelle et linguistique permet une lecture étonnamment rapide et efficace. Le cas de Balzac est connu :

dès l'âge de douze ans, une véritable fringale de lecture lui permit d'acquérir des connaissances très vastes. « Il dévorait des livres de tout genre, et se repaissait indistinctement d'œuvres religieuses, d'histoire, de philosophie, de physique... Son œil embrassait sept à huit lignes d'un coup et son esprit en appréciait le sens avec une vélocité pareille à celle de son regard, souvent même un mot dans la phrase suffisait pour lui en faire saisir le suc[6]. » De même Théodore Roosevelt et John F. Kennedy remplissaient d'étonnement leur entourage par leur capacité exceptionnelle d'assimilation des documents écrits. Le trajet de l'œil d'un lecteur prodige, Jacques Bergier, a été étudié en laboratoire. Au lieu d'évoluer de gauche à droite le long de chaque ligne, l'œil de Jacques Bergier effectuait sur la page un itinéraire en zigzag assez voisin de la diagonale. Les tests de mémorisation effectués après ce déchiffrage en diagonale montrent que Jacques Bergier identifiait en un point de fixation un très grand nombre de signes correspondant à la valeur de plusieurs lignes. La vitesse de lecture étant proportionnelle au nombre de signes par point de fixation, Jacques Bergier lisait environ deux millions de signes à l'heure en lecture intégrale, soit dix fois plus qu'un lecteur moyen[7]. Cette technique très efficace de lecture semble liée à une excellente mémoire immédiate du sujet[8]. Elle engendre en retour une amélioration des connaissances qui permet à la mémoire à long terme de s'enrichir également.

6. A. Maurois : *Prométhée ou la Vie de Balzac* (Paris, Hachette, 1965), cité par François Richaudeau, dans son introduction à : *Méthode de lecture rapide* (Paris, C.E.P.L., 1966), p. 11.
7. Travaux du Centre d'étude et de promotion de la lecture, effectués dans le laboratoire de Lille, même référence, pp. 20 à 24.
8. Voir les travaux de François Richaudeau, dans *la Lisibilité* (Paris, C.E.P.L., 1969), pp. 226 et 257 à 259.

Les jeux radiophoniques ou télévisés ont révélé certaines mémoires hors du commun pour le plus grand étonnement de nos contemporains.

« Inscrit au cours de langues orientales, Jean Baer apprenait le russe, le chinois, l'arabe, l'hébreux, le persan et le turc, lorsqu'il se présenta au jeu de Pierre Bellemare. Sa mémoire stupéfia la France entière. Ce fut au point que certains télespectateurs se demandèrent si les épreuves n'avaient pas été truquées. Il fut aisé de démontrer que Jean Baer appartenait bien à cette catégorie de prodiges doués d'une mémoire phénoménale et dont les exploits ont toujours déconcerté les observateurs. Pendant des semaines, il avait compulsé des dizaines et des dizaines d'ouvrages. Il n'avait jamais fait de fiches. Il se fiait entièrement à sa mémoire :

— "Quand une chose m'intéresse, expliqua-t-il, je la retiens automatiquement ; sinon... C'est ainsi que je n'ai jamais pu faire entrer les maths et les sciences dans ma tête..." Plus récemment, un autre jeu télévisé révéla un autre "incollable". Il s'agissait cette fois de questions inspirées par l'histoire du cinéma. Quand on songe que celle-ci est déjà vieille de quatre-vingts ans, et que la liste des films, des noms d'acteurs, des metteurs en scène est devenue vertigineuse, on mesure le tour de force réalisé par Francis Goubel, ce jeune Lillois, assistant de physiologie dans un laboratoire qui, durant onze semaines, triompha de chacune des épreuves auxquelles il fut soumis. Dans ce palmarès des mémoires d'élite mises en vedette par la télévision, deux noms sont encore à signaler : celui de Francis Pichon, professeur en retraite, qui fut consacré "homme du XX$^{e}$ siècle", et celui du Marseillais Victor Augé, qui, à soixante-douze ans, fut l'un des lauréats les plus populaires de l'émission "Pas une seconde à perdre"[9]. »

### Des cas étranges

Une exceptionnelle faculté mnémonique semble un atout pour mieux réussir dans la vie. Cependant une habileté hors du commun dans un secteur particulier de la mémoire n'est pas toujours reliée à un ensemble de facultés harmonieusement développées.
Certains calculateurs précoces deviennent à l'âge adulte de grands mathématiciens, tels Euler, Ampère, Gauss, Poincaré. Leur aptitude particulière s'est alors épanouie et intégrée dans une synthèse productive de l'ensemble du raisonnement. Mais d'autres « athlètes du calcul mental » n'intègrent jamais leur aptitude mnémonique à une activité productive. Paul Lidoreau, par exemple, était capable de trouver en vingt secondes la racine carrée d'un nombre de 15 chiffres. « Chaque soir, en guise de délassement, il décomposait en quelques minutes un nombre de six chiffres en une somme de cinq cubes parfaits et cinq carrés parfaits, en s'imposant comme servitude de retrouver le nombre en question au millionième près, ce qui entraînait la manipulation d'un océan de décimales. Et cet effarant exercice apaisait si bien sa pensée qu'il s'endormait, aussitôt la solution inscrite au tableau noir de sa vision intérieure[10]. » Cette capacité hors du commun était restée pour Paul Lidoreau une activité de jeu servant de détente, et sans relation avec sa profession : dans la vie il était patron d'une entreprise artisanale de travail du cuir, ne s'intéressait nullement aux mathématiques et se sentait même incapable de

9. C. Vallier, in *Connaissance et maîtrise de la mémoire,* par Paul Chauchard (Paris, C.E.P.L., 1968), p. 241.
10. A. Michel : « Lidoreau est mort », in *Planète,* n° 17, p. 141.

décrire par quel processus son cerveau effectuait ces performances exceptionnelles. « Je connais les premiers chiffres par cœur, mais le subconscient fait certains calculs. C'est évident... je n'ai pas le temps matériel de poser toutes les opérations. Les résultats me sont imposés [11]. »

Un autre de ces athlètes du calcul mental, Jacques Inaudi, était berger dans les Alpes piémontaises. Mlle Osaka fut une enfant retardée qui ne marcha et ne parla que vers quatre ans et demi et fréquenta à peine l'école. Or ayant assisté à une représentation d'un calculateur virtuose, elle se mit à apprendre les règles du calcul qu'elle ignorait. Mais elle fut arrêtée par les difficultés de la division, dont elle ne put jamais apprendre le mécanisme. Elle cessa donc de s'initier au calcul proprement dit et chercha à retenir des nombres de plus en plus grands. Ses progrès furent si remarquables qu'elle put s'exhiber en public comme le calculateur virtuose qu'elle avait admiré. Son bagage numérique mental paraissait indestructible : elle pouvait répondre sans erreur à toute demande de puissance des nombres entre 1 et 99, jusqu'à la dixième puissance, et pour les nombres de trois chiffres jusqu'à la huitième puissance ; elle pouvait donner le nombre d'heures, de minutes et de secondes vécus suivant l'âge du demandeur ; elle pouvait retenir tout un tableau couvert de nombres et les énoncer soit à l'endroit, soit à l'envers avec la plus grande aisance. Mais elle ne se souvenait d'aucune notion apprise à l'école, et n'avait même pas retenu l'ordre normal des lettres de l'alphabet.

De tels cas d'intelligence attardée, couplée avec une mémoire exceptionnelle dans un secteur de la pensée,

11. J. Mousseau : « Interview d'un calculateur prodige », in *Planète*, n° 3, p. 73.

sont dénommés « autistiques » par les psychiatres. On en rencontre jusque dans les institutions pour malades mentaux. L'année dernière, plus de 5 400 cas d'enfants autistiques étaient recensés dans 40 pays par l'Institut de recherches sur le comportement infantile à San Diego. Leurs aptitudes mentales étaient jugées comme inférieures à la limite fixée pour une scolarisation normale (Q.I. inférieur à 80, alors que la moyenne se situe à 100). Cependant, sur ces 5 400 enfants, 531 montraient des capacités extraordinaires dans un secteur donné, soit 10 % de l'échantillon total.
« — Arthur, combien font 6 427 × 4 234 ?
Arthur tourna la tête vers moi et répondit, lentement mais sans marquer aucune hésitation : — 27 211 918. Il avait parlé d'une voix suraiguë, mais nette. Son regard vide fixa de nouveau l'espace. Arthur, huit ans, impassible, semblait indifférent à tout ce qui se passait autour de lui [12]. »
Leurs dons sont divers : musique, mécanique, peinture, mathématiques ; et dans leur secteur privilégié leurs performances mnémoniques sont extraordinaires. Leur aptitude à se concentrer intensément sur le sujet spécifique qui les intéresse, leur tendance à fixer leur attention sur des détails, leur comportement parfois excentrique ressemblent à certaines particularités des grands génies de l'humanité. Et, curieusement, lorsqu'on parvient à guérir l'enfant de son autisme, il perd en général aussi ses dons de mémorisation exceptionnels.

Une hypermnésie transitoire peut apparaître parfois aussi chez un individu dont les fonctions cervicales sont mises en état d'alerte par la fièvre. Aimé Michel, homme de lettres et journaliste scientifique de renom, nous

12. B. Rimland : « Des idiots de génie », in *Psychologie*, n° 107, p. 41.

décrit un phénomène de ce type : « J'étais en classe de première. Quelques jours avant une composition de géométrie, j'attrapai la grippe et dus me mettre au lit. J'ambitionnais d'être premier à cette composition, et mon rival, qui était aussi mon meilleur ami, venait me narguer à mon chevet, le livre de géométrie sous le bras : "Quand on a 39,5 °C, disait-il, on ne révise pas. Tu seras second." Or, il advint qu'une nuit, pendant quelques heures, la fièvre eut sur ma mémoire l'effet des électrodes de Penfield [13], à cela près que je me rappelais exactement tout ce que je voulais. Les pages du livre de géométrie s'ouvraient l'une après l'autre devant mes yeux, avec leur pagination, leurs figures, les lettres des figures, les notes et jusqu'aux taches. Pendant ces quelques heures, je révisai mon cours dans une espèce de bienheureuse jubilation. Je fis même de tête plusieurs problèmes et m'émerveillai de voir la docile mobilité des figures de l'un d'eux qui comportait l'étude d'un lieu géométrique dans l'espace. Cela, hélas ! ne dura que le temps de ma fièvre. Mais quand je me levai, je savais mon cours par cœur et mon rival dut reconnaître quelques jours plus tard que la fièvre a parfois du bon [14]. »
Un autre phénomène particulier est la synesthésie, une activité de la mémoire tendant à relier différentes expériences sensorielles en un ensemble fortement interconnecté.
Le psychologue Luria a noté ce phénomène à diverses reprises, au cours de son étude du mémorisateur prodige Veniamine. Par exemple, si un bruit inattendu venait déranger Veniamine en train d'apprendre les nombres notés sur un tableau, Veniamine se plaignait d'« écla-

13. L'expérience de Penfield, stimulant avec des électrodes des centres cervicaux situés dans le lobe temporal de patients qu'il devait opérer, est décrite dans le Cours 5.
14. A. Michel : « Le Surhumain, des faits et des preuves », in *Planète*, n° 40, p. 155.

boussures » ou de « nuages de vapeur » qui lui rendaient la « lecture » du tableau difficile. Il prétendait ainsi « voir » certains sons ; il pouvait aussi les « sentir » comme un goût sur la langue, ou comme quelque chose de mou ou de piquant, de lisse ou de rugueux sur la peau. Quand la sonnette retentissait, Veniamine « voyait » une petite boule bondir, il « sentait » sous ses doigts quelque chose de rêche et sur sa langue un goût d'eau salée... Ces impressions en provenance de sources sensorielles variées renforçaient chez lui la fixation des souvenirs : « Je me guide non seulement d'après les images, mais toujours d'après l'ensemble des sensations produites par chaque image. C'est difficile à expliquer, ce n'est ni la vue ni l'ouïe... ce sont des sensations en général... D'habitude, je sens le goût et le poids du mot, et il ne me reste plus aucun effort à faire, le souvenir me revient tout seul... mais je ne peux pas décrire ça. Je sens glisser dans ma main quelque chose de gras, composé d'une quantité de points minuscules très légers, un léger chatouillement dans la main gauche — et je n'ai besoin de rien d'autre [15]. »

Un phénomène plus curieux encore que la mémorisation synesthésique est la mémoire eidétique des images. Celui qui possède cette aptitude peut examiner brièvement un tableau ou une page imprimée et projeter ensuite pendant un certain temps cette image sur un espace neutre. La mémorisation eidétique d'une image diffère de la simple rémanence sur la rétine d'un objet fixé trop longtemps : l'image eidétique est formée en promenant l'œil en différents points de l'image, sa durée est nettement plus longue chez les sujets doués, et les couleurs restent conformes au modèle, au lieu de s'inverser.

La rémanence sur la rétine d'un point lumineux que l'on a fixé se produit chez tout le monde ; en revanche la

15. A.R. Luria : *Une prodigieuse mémoire* (Neuchâtel, Delachaux et Niestlé, 1970),

mémorisation eidétique des images est une aptitude rarissime. Charles F. Stromeyer l'a étudiée chez une jeune femme peintre, qu'il décrit sous le nom d'Elisabeth, et qui possède cette aptitude à un degré rare : elle peut projeter mentalement à volonté sur sa toile l'image exacte d'un tableau ou d'un paysage qu'elle a préalablement fixé ; elle peut superposer cette image à un objet réel, de façon à voir par exemple une barbe sur un visage glabre ou un feuillage sur un arbre nu ; elle peut aussi revoir ainsi une page imprimée qu'elle a lue attentivement et relire ce qui s'y trouve, même si le contenu est dans une langue qu'elle ne connaît pas ; elle peut même recopier ce contenu. George Stratton a étudié la mémoire eidétique des Shass Pollaks « capables de donner la position de chaque mot dans chacune des pages des douze volumes du Talmud babylonien [16] ». Mais ce talent, très rare chez les adultes, se retrouve un peu plus fréquemment chez les enfants. Ralph Haber examina 500 écoliers, parmi lesquels il put identifier et étudier une cinquantaine de cas présentant une mémoire eidétique. Ces jeunes sujets étaient moins doués qu'Elisabeth ou les Shass Pollaks : leur image eidétique durait entre une et dix minutes seulement, après quoi elle se fanait progressivement sans qu'ils puissent rien faire pour la retrouver. Mais cette expérience, extrêmement sérieuse et documentée, a permis d'approfondir les modalités de cette aptitude, la plus curieuse étant l'incapacité de former une image eidétique si l'on fait nommer les composantes de l'image au lieu de laisser le sujet les voir seulement [17]. On retrouve ici l'opposition entre la spécialisation de l'hémisphère gauche et l'hémisphère droit du cerveau récemment découvert par différents chercheurs.

16. C.F. Stromeyer : « Une étrange capacité de notre cerveau : la mémoire eidétique », in *Psychologie*, n° 13, p. 43.
17. R.N. Haber : « Eidetic Images », in *Scientific American*, avril 1969, pp. 36-44.

# Index

## A


**Acrostiche** pages 152, 153
**Alimentation** page 56
**Allitération** pages 151, 152, 259
**Arbre (classification en...)** pages 134, 135, 314
**Art de la mémoire** pages 45, 48
**Association mentale** pages 49 à 51, 125, 236, 237
**Association «par remplacement»** pages 244, 245
**Association visuelle** pages 49, 127, 128, 130, 236, 244
**Autohypnose** pages 60, 182,183
**Axone** page 33


## B


**Biochimie de la mémoire** pages 422 à 427
**«Bit»** page 138


## C


**Chaîne (méthode de la)** pages 240, 241, 242, 243
**Chunks** pages 109, 138
**Circuit mémoriel** pages 31, 35, 36, 37, 38, 49, 50
**Concentration** pages 183, 184
**Conférence** pages 384, 391, 392 à 397, 400 à 403
**Conservation des données** page 69
**Curiosité** pages 174, 185, 186, 192, 193


## D


**Dendrite** page 33
**Détail** pages 139, 233, 234
**Disponibilité** pages 40, 41
**Distraction** pages 182, 183, 184, 296


## E


**Élaboration progressive** page 254
**Empan de mémoire** pages 86, 87
**Enregistrement des données** pages 69, 101, 146
**Environnement** pages 183, 207, 419
**Étymologie** pages 291, 298,299, 300
**Évocation des données** page 69
**Excitants** pages 53, 54, 212, 213
**Excitation** pages 195, 196


## FG


**Feedback** pages 82, 83
**Fonctionnement de la mémoire** pages 30 à 36
**Formation réticulaire** pages 197, 414
**Forme** pages 30, 31, 41, 42, 43, 44, 46, 48, 49, 51, 103
**Formule** pages 375 à 378
**Graphème** pages 42, 109
**Gestalt psychologie** voir psychologie de la forme


## H


**Hémisphère cérébral** pages 341 à 343, 427 à 429
**Hippocampe** pages 178, 179, 180, 413
**Histoire (méthode de l')** pages 238 à 240
**Hologramme** pages 419, 420, 421
**Hypnopédie** pages 200, 201, 343


## IJ


**Illusion d'optique** pages 103, 175, 176, 177, 178
**Image mentale** pages 104, 105
**Image visuelle** pages 111, 278, 279
**Indicatifs (système des...)** pages 408, 409
**Initiale** pages 293, 294, 295
**Intérêt** pages 11, 174, 175, 184
**Interférence** pages 136, 218 à 220, 278
**Interférence proactive** page 220
**Interférence rétroactive** page 221
**Itinéraire mémoriel** pages 43, 46, 246 à 253
**Jeux** page 344


## L


**Langue étrangère** pages 302, 303, 322, 323
**Lapsus** pages 49, 282 à 284, 288, 289
**Lieux (méthode de l'itinéraire)** pages 120 à 122, 246 à 250, 252, 253
**Liste (mémorisation d'une)** pages 265 à 269, 320, 321
**Loci (méthode des)** pages 113 à 115


## M


**Mémoire apparente** page 29
**Mémoire auditive** pages 25, 303, 304

**Mémoire à court terme** pages 42, 47, 76, 417
**Mémoire immédiate** pages 77, 86
**Mémoire à long terme ou permanente** pages 47, 76, 417
**Mémoire motrice** pages 304, 305
**Mémoire à moyen terme** page 76
**Mémoire réelle** page 29
**Mémoire sensorielle** pages 304, 305
**Mémoire visuelle** page 303
**Mémorisation eidétique** pages 443, 444
**Mémorisateur prodige** pages 25, 430 à 437
**Métaphore** page 48
**Méthode fragmentée** pages 84, 85
**Méthode globale** pages 84, 85, 330
**Méthodes mnémotechniques** pages 2, 306, 307, 308, 311, 312
**Méthode silencieuse** pages 332, 333
**Métonymie** page 48
**Mnémotechnie** pages 217, 218, 232 à 238, 373 à 375
**Mots abstraits** pages 111, 289 à 291, 293, 308, 309
**Mots clés** pages 296, 352
**Musique** pages 41, 67, 68, 206, 207, 340, 341, 342

# N

**Neurone** pages 33, 180, 181
**Nœud mémoriel** pages 31, 33, 36, 46
**Nom à consonance étrangère** pages 285, 286
**Nom long et difficile** pages 279, 280
**Nom propre** pages 275, 276
**Nombre** pages 347, 365 à 371
**Numéros de téléphone** pages 29, 360, 361 à 363

# O

**Organisation des données** pages 133 à 135, 137, 138
**Orthographe** pages 280, 297, 301, 302, 305 à 310, 318
**Oubli** pages 214 à 217

# P

**Perception mentale** pages 231, 232, 233
**Perception sensorielle** page 103
**Perception visuelle** pages 106, 235, 236
**Profil mnémonique** page 27
**Psychologie de la forme** page 42

# R

**Raisonnement** page 113
**Rappel mémoriel** pages 32, 33, 42, 43, 153, 154, 155
**Rébus visuel** page 281
**Registres sensoriels** pages 415, 417
**Relais (système des)** pages 403 à 405
**Relaxation** pages 57, 58, 59, 60, 68 à 69, 339
**Relaxopédie** pages 201, 202
**Réminiscence** pages 222 à 226
**Remplacement** pages 244, 245
**Repère** pages 258, 272, 273
**Repères phonétiques (méthode des...)** pages 347, 348, 349, 350, 351, 353, 354, 355, 358, 367
**Répétition** pages 73 à 75, 78, 84
**Répétition cumulée** pages 266, 267
**Réseau mémoriel** pages 34, 36
**Respiration** pages 54, 55, 65
**Rétention mnémonique** pages 25, 164, 248
**Rêve** pages 199, 200
**Rime** pages 150, 151
**Rythme** pages 149, 150

# S

**Sens** pages 43, 44, 45, 46
**Signes** pages 44, 104, 109
**Simplification** page 245
**Sommeil** pages 197, 198
**Sommeil hypnotique** page 204
**Sommeil paradoxal** pages 199, 200
**Sophrologie** page 41
**Sophropédie** pages 202, 203
**Souvenir** pages 69, 70, 125, 419
**Stress** pages 69 à 71
**Structure des données** pages 146 à 149
**Subvocalisation** page 72
**Surapprentissage** page 79
**Suggestologie** voir suggestopédie
**Suggestopédie** pages 203, 204, 205, 206, 207
**Synesthésique (acquisition)** pages 25, 51, 442

# T

**Titre** pages 384 à 390
**Training autogène** pages 41, 60 à 66
**Trous de mémoire** pages 194, 195

# Bibliographie


**BELANGER (B.) :**
*La Suggestologie*
(Paris, Retz, 1978)

— Les théories nouvelles du Dr Lozanov et leurs applications dans l'apprentissage des langues étrangères et des autres disciplines.

**BOON (H.), DAVROU (Y.) et MACQUET (J.-C.) :**
*La Sophrologie*
(Paris, Retz, 1976)

— Les méthodes de sophrologie empruntent à l'hypnose et à la relaxation mais elles font de l'individu son propre thérapeute et s'étendent à d'autres domaines, en particulier la pédagogie ; elles permettent au sujet d'accroître sa disponibilité, son attention et d'améliorer ainsi sa capacité de mémoriser.

**BULLAS (A.) et GUÉRITTE (J.) :**
*Un secret pour apprendre en un temps record le vocabulaire des langues étrangères*
(Paris, Aubanel, 1958)

— Quelques recettes mnémotechniques destinées aux lycéens.

**CHAUCHARD (P.) :**
*Connaissance et maîtrise de la mémoire*
(Paris, Retz, 1968)

— Bilan des recherches et découvertes sur les mécanismes de la mémoire, suivi d'exercices pratiques pour les mettre en application.

**Communication et Langages**
(Revue publiée par Retz depuis 1969)

— Traité des recherches sur les relations entre mémoire, lisibilité des textes, des illustrations de la publicité (consulter en particulier les numéros 21, 29, 30, 37).

**DAVROU (Dr Y.), LECLERCQ (F.)**
*Les étonnantes possibilités de votre mémoire par la sophrologie*
(Paris, Retz, 1982)

— Renverser les barrières entre inconscient et conscient pour un meilleur enregistrement et une meilleure restitution.

**EYSENCK (M.W.) :**
*Human Memory*
(Oxford, Pergamon Press, 1977)

— Ouvrage pour spécialistes, résumant les résultats des recherches actuelles sur les relations entre mémoire, apprentissage et différences individuelles.

**FURET (Y.) :**
*Savoir parler en toutes circonstances*
(Paris, Retz, 1975)

— Indique les méthodes des bons orateurs pour mémoriser efficacement leurs discours.

**GANTIER (H.) :**
*L'Enseignement d'une langue étrangère*
(Paris, Presses Universitaires de France, 1968)

— Quelques tentatives élaborées par les lycées pilotes en France pour renouveler l'apprentissage des langues étrangères, et en rendre la mémorisation moins abstraite.

**GAUQUELIN (F.) :**
*Savoir communiquer*
(Paris, Retz, 1970)

— Une partie de cet ouvrage est consacrée à la mémoire, en tant qu'élément fondamental de la communication avec les autres.

*Apprendre à apprendre*
(Paris, Retz, 1973)

— Sur un plan théorique puis sur un plan pratique, l'auteur montre comment un comportement autonome et actif de l'élève améliore notablement ses capacités de mémorisation et d'apprentissage.

**GAUQUELIN (M.) et GAUQUELIN (F.) :**
*La Psychologie moderne de A à Z*
(Paris, Retz, 1971)

— Une encyclopédie dont le 2e chapitre, «Le cerveau et le système nerveux» par Paul Chauchard, indique l'essentiel de ce qu'il faut savoir en neurophysiologie pour comprendre les mécanismes de la mémoire.

**HIGBEE (K. L.) :**
*Your Memory*
(Englewood Cliffs, Prentice Hall, U.S.A., 1977)

— Ouvrage destiné aux étudiants qui veulent améliorer leur mémoire : par la mnémotechnique. En se basant sur les recherches modernes, il renouvelle favorablement ce que les méthodes mnémotechniques avaient d'un peu aride et pédant à cause de leur long passé pédagogique.

**HOLT (J.) :**
*How children learn*
(Harmondsworth, Penguin Books, England, 1972)

— Observations pleines de vie, par un pédagogue qui pense qu'avant de faire ingurgiter le savoir aux autres il faut d'abord étudier les mécanismes d'acquisition naturels, à travers leur devenir génétique.

**HUNTER (I.M.L.) :**
*Memory*
(Harmondsworth, Penguin Books, England, 1973)

— Un classique sur la question.

**INGVAR (D.H.) :**
*Brain Research*
(no 107, p. 181) 1976

— Créateur de nouvelles méthodes permettant de dresser les cartes d'activité du cerveau, ce spécialiste décrit le rôle des différentes parties du cortex, en particulier les aires de traitement de l'information sensorielle, base de toute mémorisation.

**IRVING (R.) :**
*«Repetition and Learning», Scientific American*
(Août 1958)

— Compte rendu des recherches sur le nombre de répétitions nécessaires à la mémorisation de syllabes qui n'ont pas de sens.

**KIERAS (D. E.) :**
*«Good and bad structure in simple paragraphs ; effect on apparent theme, reading time, and recall».*
Journal of Verbal Learning and Verbal Behavior, no 17, pp. 13 - 28, 1978

— Comment fonctionne la mémoire devant des textes de structures variées.

**LÉVY (V.) :**
*Les Mystères du cerveau*
(Moscou, Éditions Mir, 1972)

— Fait le point des travaux accomplis par l'école pavlovienne, qui décrit la mémorisation comme une succession de conditionnements.

**LURIA (A. R.) :**
*Une prodigieuse mémoire*
( Neuchâtel, Delachaux et Niestlé, Suisse, 1970)

— La première étude complète et scientifique d'un mémorisateur prodige par le grand psychologue soviétique A.-R. Luria.

**MARKOFF (D.), DUBIN (A.) et CARCEL (D.) :**
*How to remember anything*
(New York, Memory School Publishing, 1975)

— Enseignement pratique de la mnémotechnique.

**MONNERET (S.) :**
*Savoir se relaxer*
(Paris, Retz, 1977)

**POSTMAN (L.) et KEPPEL (G.) :**
*Verbal Learning and Memory*
(Harmondsworth, Penguin Books, England, 1969)

**PRIBRAM (K. H.) :**
*Brain and Behavior 3 : Memory Mechanisms*
(Harmondsworth, Penguin Books, England, 1969)

**Psychologie**
(Revue publiée par Retz depuis 1970)

— Sous la signature de Bahrick, Budzinsky, Jenkins, Koestler, Lieury, Olds, Richaudeau, Ungar, etc., de nombreux articles décrivent les récents progrès faits dans la compréhension des mécanismes de la mémoire et dans ses applications.

**RENAUD (J.) :**
*Comment avoir plus de mémoire*
(Paris, Solar, 1977)

**RICHAUDEAU (F.) :**
*La Lisibilité*
(Paris, Retz, 1969)

— Le premier ouvrage moderne français traitant de la lisibilité typographique et de la lisibilité linguistique et montrant en particulier pour cette dernière ses rapports avec le fonctionnement de notre mémoire.

*Le Langage efficace*
(Paris, Retz, 1973)

— Ce livre prolonge l'ouvrage précédent en approfondissant les notions de lisibilité linguistique et en révélant les meilleures structures de phrases propices à une bonne mémorisation.

*La linguistique pragmatique*
(Paris, Retz, 1981)

— Un ouvrage à la fois théorique et concret, qui débouche directement sur une pédagogie de l'écriture.

**SAFÉRIS (F.) :**
*Une révolution dans l'art d'apprendre*
(Paris, Robert Laffont, 1978)

— Comment apprendre vite et mémoriser durablement par les méthodes de suggestopédie créées par le Dr Lozanov.

**TOCQUET (R.) :**
*La Mémoire*
(Paris, Julliard, 1967)

— Un tour complet sur la question, facile à lire.

**UNGAR (G.) :**
*A la recherche de la mémoire*
(Paris, Librairie Arthème Fayard, 1977)

— Par «l'inventeur» de la théorie de la mémoire chimique. Un ouvrage accessible aux non-initiés, traitant des problèmes généraux sur la mémoire.

**VIGNOLA (G.) :**
*Les Tests pour évaluer et développer la mémoire des enfants*
(Paris, Éditions de Vecchi, 1972)

**YATES (F. A.) :**
*L'Art de la mémoire*
(Paris, Gallimard, 1975)

— Un grand livre sur cette branche de la rhétorique ancienne : «l'art de la mémoire» qui, depuis l'antiquité grecque jusqu'à la renaissance, a profondément influencé la culture occidentale.

**YOUNG (J. Z.) :**
*The Memory System of the Brain*
(Berkeley and Los Angeles, University of California Press, 1966)

— Un anatomiste cherche par quelles voies le système nerveux parvient à diriger les informations qui parviennent au cerveau vers des centres de stockage, et comment ces informations peuvent ensuite en être extraites, ce qui le conduit à une analogie entre le fonctionnement de notre mémoire et celui d'un ordinateur extrêmement puissant.

Achevé d'imprimer en septembre 1989
sur les presses de
l'Imprimerie Carlo Descamps
à Condé-sur-l'Escaut
Dépôt légal : septembre 1982
Nº d'éditeur : 168
Nº d'imprimeur : 6039

Maquette :
**Ulrich Meyer**
Dessins
**Yolande Du Puytison**